독자의 1초를
아껴주는 정성을
만나보세요!

세상이 아무리 바쁘게 돌아가더라도 책까지 아무렇게나 빨리 만들 수는 없습니다.
인스턴트 식품 같은 책보다 오래 익힌 술이나 장맛이 밴 책을 만들고 싶습니다.
땀 흘리며 일하는 당신을 위해 한 권 한 권 마음을 다해 만들겠습니다.
마지막 페이지에서 만날 새로운 당신을 위해 더 나은 길을 준비하겠습니다.

KB072607

EFFECTIVE PYTHON, 2nd edition

Authorized translation from the English language edition, entitled EFFECTIVE PYTHON: 90 SPECIFIC
WAYS TO WRITE BETTER PYTHON, 2nd Edition, by SLATKIN, BRETT, published by Pearson
Education, Inc, publishing as Addison-Wesley Professional. Copyright © 2020 EFFECTIVE PYTHON: 90
SPECIFIC WAYS TO WRITE BETTER PYTHON.

All rights reserved. No part of this book may be reproduced or transmitted in any form or by any means,
electronic or mechanical, including photocopying, recording or any information storage retrieval system,
without permission from Pearson Education, Inc.

KOREAN language edition published by GILBUT PUBLISHING CO., LTD., Copyright © 2020.
KOREAN translation rights arranged with PEARSON EDUCATION, INC. through DANNY HONG
AGENCY, SEOUL KOREA

파이썬 코딩의 기술 개정2판

Effective Python, 2nd

초판 발행 · 2020년 10월 30일
초판 5쇄 발행 · 2022년 9월 20일

지은이 · 브렛 슬라킨
옮긴이 · 오현석
발행인 · 이종원
발행처 · (주)도서출판 길벗
출판사 등록일 · 1990년 12월 24일
주소 · 서울시 마포구 월드컵로 10길 56(서교동)
대표 전화 · 02)332-0931 | **팩스** · 02)323-0586
홈페이지 · www.gilbut.co.kr | **이메일** · gilbut@gilbut.co.kr

기획 및 책임편집 · 이원휘(wh@gilbut.co.kr) | **디자인** · 박상희 | **제작** · 이준호, 손일순, 이진혁
마케팅 · 임태호, 전선하, 차명환, 박민영, 지운집, 박성용 | **영업관리** · 김명자 | **독자지원** · 윤정아, 홍혜진

교정교열 · 전도영 | **전산편집** · 박진희 | **출력 및 인쇄** · 북토리 | **제본** · 신정문화사

▶ 잘못된 책은 구입한 서점에서 바꿔 드립니다.
▶ 이 책은 저작권법에 따라 보호받는 저작물이므로 무단전재와 무단복제를 금합니다.
   이 책의 전부 또는 일부를 이용하려면 반드시 사전에 저작권자와 (주)도서출판 길벗의 서면 동의를 받아야 합니다.
▶ 이 도서의 국립중앙도서관 출판예정도서목록(CIP)은 서지정보유통지원시스템(http://seoji.nl.go.kr)과
   국가자료종합목록구축시스템(https://kolis-net.nl.go.kr)에서 이용하실 수 있습니다.(CIP제어번호: CIP2020043394)

ISBN 979-11-6521-319-0 93000 (길벗 도서번호 080235)

정가 32,000원

독자의 1초를 아껴주는 정성 길벗출판사

길벗 | IT단행본, IT교육서, 교양&실용서, 경제경영서
길벗스쿨 | 어린이학습, 어린이어학

페이스북 · https://www.facebook.com/gbitbook
예제소스 · https://github.com/gilbutITbook/080235

똑똑하게 코딩하는 법

파이썬
코딩의
기술 개정2판

브렛 슬라킨 지음 | 오현석 옮김

길벗

우리 가족에게

2015년에 초판이 나왔을 때부터 이 책을 열정적으로 추천해왔다. 2판은 파이썬 3에 맞춰 확장되고 변경됐는데, 각자의 경험이나 수준에 관계없이 모든 파이썬 개발자에게 도움을 줄 수 있는 실용적인 파이썬 프로그래밍의 지혜가 담겨 있는 보물 상자다.

– 웨스 맥키니(Wes McKinney), 파이썬 판다스(Pandas) 프로젝트 창시자,
우르사 랩스(Ursa Labs) 이사

다른 언어를 쓰다가 파이썬을 사용하게 된 개발자라면, 파이썬이 제공하는 독특한 기능을 제대로 사용하기 위한 권위 있는 가이드로서 이 책을 활용할 것이다. 거의 20여 년간 파이썬을 사용해온 나 역시도 이 책에서, 특히 파이썬 3에 새로 도입된 특성과 관련해 유용한 트릭을 많이 배웠다. 이 책은 그대로 따라 할 수 있는 충고들로 가득하며, 파이썬 커뮤니티에서 '파이썬다운 코드'라고 말하는 코드가 어떤 것인지 정의할 때 매우 도움이 된다.

– 사이먼 윌리슨(Simon Willison), 장고(Django) 공동 창시자

나는 몇 년 동안 파이썬을 사용해왔고, 꽤 잘 안다고 생각했다. 그러다 이 책을 읽게 됐고, 팁과 테크닉으로 가득 찬 이 보물 상자 덕분에 내 파이썬 코드를 더 빠르게 실행시킬 수 있는 여러 가지 방법(예: 정렬된 리스트 검색 시 bisect를 사용하기), 오류를 줄일 수 있는 방법(예: 별표 식을 사용해 언패킹하기), 더 파이썬다운 코드를 작성하는 방법(예: zip을 사용해 여러 리스트를 동시에 이터레이션하기) 등을 배웠다. 또한, 2판에서는 왈러스 연산자, f-문자열, typing 모듈 등과 같은 파이썬 3의 기능을 빠르게 습득할 수 있다.

– 파멜라 폭스(Pamela Fox),
칸 아카데미 프로그래밍 코스(Kahn Academy Programming Courses) 창시자

드디어 파이썬 3가 파이썬 표준 버전이 됐고, 여덟 번의 마이너 릴리스를 거치면서 이미 수많은 기능이 추가됐다. 브렛 슬라킨(Brett Slatkin)은 2판을 가지고 돌아왔고, 파이썬 2 사용을 중단하고 파이썬 3를 도입할 때 필요한, 파이썬 관용어가 담긴 긴 새로운 목록과 직접적인 권장 사항들, 파이썬 3.8에 이르기까지 파이썬에 새로 소개된 모든 기능을 따라잡을 수 있는 해설을 담았다. 책의 앞부분에는 문자열이나 바이트 객체, f-문자열, 대입식(그리고 여러분이 몰랐을 수도 있는 대입식에 붙은 특별한 별명), 튜플의 나머지 원소를 모두 잡아내는 언패킹 등 새로운 파이썬 문법 및 개념과 관련된 수많은 팁 목록이 들어 있다. 뒷부분에서는 더 큰 주제를 다룬다. 뒤에서 다루는 모든 주제는 내가 몰랐거나 항상 다른 개발자들에게 가르치고자 노력했던 내용이다. 이런 주제에는 '메타클래스와 애트리뷰트'('메타클래스보다는 클래스 데코레이터를 사용하라'는 좋은 충고와 내가 익숙하지 않았던 __init_subclass__() 마법 메서드에 대한 소개가 들어 있다), '동시성'(가장 맘에 드는 충고는 '블로킹 I/O에는 스레드를 사용하지만, 병렬화를 위해 스레드를 사용하지 말라'이다), '강건성과 성능'('최적화하기 전에 프로파일링하라'는 충고가 주어진다) 등이 있다. 책의 모든 곳에서 최고로 멋진 실용적인 정보를 영리하게 설명하고 있으므로 각 절을 읽는 모든 순간이 즐거웠다. 또한, 책 전반에 주옥 같은 충고가 많이 들어 있으므로 나중에 이 책의 내용을 인용해 써먹는 것을 고려 중이다. '여러분이 올해 파이썬 책을 딱 한 권만 읽어야 한다면...'이라는 콘테스트가 있다면 이 책이 분명 1등을 차지할 것이다.

– 마이크 바이어(Mike Bayer), SQLAlchemy 창시자

브렛 슬라킨은 다시 한 번 파이썬 커뮤니티의 다양하고 속이 꽉 찬 실무 경험을 응축해내는 데 성공했다. 메타클래스나 동시성과 같은 색다른 주제부터 강건성, 테스트, 협업 등과 같은 필수적인 기본 요소까지, 갱신된 2판은 '파이썬다운' 것이 무엇인지에 대한 공감대를 형성해 다양한 독자에게 제공한다.

– 브랜든 로즈(Brandon Rhodes),
〈파이썬 패턴즈 가이드 홈페이지(https://python-patterns.guide)〉 저자

초보 프로그래머와 경험 많은 프로그래머 모두에게 훌륭한 책이다. 모든 코드 예제와 내용이 충실하고, 설명이 간결하면서도 철저하다. 2판은 파이썬 3에 대한 내용이 추가됐는데, 정말 환상적이다! 파이썬을 거의 20년간 사용해왔지만 이 책을 읽으면서 몇 페이지마다 새로운 것을 배웠다. 이 책에 담긴 충고는 모든 사람에게 도움이 될 것이다.

– 티투스 브라운(Titus Brown), UC 데이비스(UC Davis) 부교수

파이썬 코드를 작성하다가 좀 더 쉽고 명료한 코드를 작성하고 싶을 때, 알고 나면 쓸모 있는 신기한 파이썬 문법들이 궁금할 때, 구글링하다가 찾은 파이썬스러운 코드가 잘 해석되지 않을 때! 책장에 꽂아두고, 틈틈이 꺼내보고 싶은 책이다. 파이썬의 세계에 입문한 후, 좀 더 고급스러운 표현을 배우고 싶은 분들께 강력히 추천한다!

송석리_한성과학고등학교 교사

파이썬스러운 코드, 좀 더 나은 파이썬 코드를 작성하는 것은 생각보다 까다롭다. 쉽게 입문하고 쉽게 다룰 수 있다는 점이 관성처럼 코딩하는 함정에 빠뜨리기 때문인 것 같다. 오픈 소스나 뛰어난 사람의 좋은 코드를 분석해보기도 했지만, 의도나 맥락을 이해하기 어렵거나 시간이 오래 걸려 일단 따라 해보며 몸으로 부딪혀 익히곤 했다. 이 책은 그런 시행착오 과정에서 익히고 고민하던 것들을 꼼꼼히 다루고 설명해준다. '이건 몰랐지?'라는 식의 내용뿐만 아니라 타이핑, 협업, 테스트와 디버깅, 성능처럼 실무 협업 환경에서 유용한 내용이 이전 판보다 보완돼 더 유용해졌다. 파이썬을 사랑하는 사람으로서 추천할 수밖에 없는 책이다.

차경묵(한날)_Kay on the rails 블로그(https://blog.hannal.com)

최근 몇 년간 주로 사용하고 있는 언어가 파이썬임에도 파이썬다운 방법으로 써 왔는지 물어본다면 자신 있게 답하지 못할 것 같다. 여기에 그 마음의 빚을 갚을 노하우들이 모여 있다. 누군가에게 파이썬을 소개할 때 가장 먼저 '파이썬의 선(The Zen of Python)'을 떠올리게 된다. 파이썬의 잘 알려진 이스터에그인 '파이썬의 선'은 프로그래밍뿐만 아니라 인생과 관련해서도 여러 교훈을 준다. '아름다움이 추함보다 낫다'로 시작하는 파이썬의 철학을 읽고 있자면 한 편의 시를 읽고 있는 느낌마저 든다.

'파이썬의 선'처럼 파이썬다운 길은 어떤 길인가? 여기에 그 길이 있다. 이 책은 더 나은 파이썬 사용을 위한 꿀팁 모음집이다. 90개의 길이 독립적으로 놓여 있기 때문에 가장 궁금한 길 먼저 찾아가봐도 된다. 개정판이 출간되면서 꿀팁은 59개에서 90개까지 늘어났다. 파이썬으로 프로그래밍을 처음 시작하든 다른 언어를 사용하다가 파이썬을 배우든 상관없이 꿀팁을 통해 파이썬을 파이썬답게 사용하는 데 도움이 될 것이다.

박조은_오늘코드(https://www.youtube.com/c/todaycode)

파이썬 입문 과정을 마친 개발자가 반드시 읽어야 할 필독서인 〈파이썬 코딩의 기술(Effective Python)〉의 2판이 역서로 출간돼 무척 기쁘다. 2판에서는 최신 파이썬 버전의 신규 기능에 대한 설명이 더해져 무려 27개의 절이 추가됐으며, 일부 내용이 보강됨과 동시에 다소 크기가 컸던 절을 여러 개로 쪼개서 내용이 더욱 충실해졌다. 만약 여러분이 실무에서 매일 파이썬을 다루는 엔지니어라면, 여러분의 코드를 더욱 파이썬스럽게 만드는 비책을 여럿 습득할 수 있는 정말 좋은 기회가 될 것이다.

파이써니스타 여러분! 마지막으로 이 책을 읽으면서 알아둬야 할 키워드를 나열하니 꼭 찾아보세요! 제너레이터, 이터레이터, 데코레이터, 왈러스 연산자, 다형성, 메타클래스, 디스크립터, 동시성/병렬성, 스레드, 큐, 코루틴, 이벤트 루프, 비동기, 프로파일링, 모킹과 테스트, 가상 환경, 타입 힌트, 경고

조인석_〈초보자도 간단히 단숨에 배우는 파이썬〉 외 4권의 저자 & 파이썬 멘토 유튜브 채널 (https://www.youtube.com/ChoChris) 운영자

어떤 분들은 딱 데이터 사이언스 입문 과정을 통해 타이타닉 생존자 분석이나 웹 크롤링 예제를 다루면서 pandas를 이용해 데이터를 정리하거나 데이터를 시각화하는 과정을 재미있게 마쳤을 것이다. 또 어떤 분들은 다양한 머신러닝 개념을 활용해 iris 꽃 분류나 주택 가격 예측 등을 막 학습했을 것이다. 좀 더 공부한 분들은 어떤 형태든 상관없이, 즉 학교에서 수행하는 학기 프로젝트든 스스로 만든 목표든, 그 외 다양한 형태의 챌린지 등을 수행해서 큰 성취감을 느꼈을 수도 있다.

내 경우에도 그랬지만, 이런 단계를 막 지나고 좀 더 어려운 주제를 다루게 되면 당연히 작성하는 코드의 분량이 많아지고 복잡해진다. 그럴 때 이런 걱정이 생길 수 있다. '다른 사람들에게 이 코드를 보여주면 잘 작성했다는 말을 들을 수 있을까?', '지금 내가 올바른 습관으로 코드를 작성하고 있는 것일까?', '어떤 고수가 내 코드를 한번 봐줬으면...' 이런 생각이 든다면 이 책을 추천한다. 캐글 (Kaggle)이나 깃허브에서 자신보다 잘하는 것이 분명해 보이는 고수들을 만날 수는 있지만, 그 고수들이 효율적이고 괜찮은 코딩 습관을 일관성 있게 가르쳐 줄 수는 없을 것이다.

나 역시 이 책을 다시 만나는 것이 즐겁고, 또 남들보다 조금 일찍 만날 기회가 주어져서 고마울 따름이다.

민형기_PinkWink 블로그(http://pinkwink.kr)

파이썬 프로그래밍 언어는 잡아내기 어려운 독특한 강점과 매력이 있다. 다른 언어에 익숙한 프로그래머들 중 상당수가 파이썬이 제공하는 풍부한 표현력을 모두 수용하지 못하고 제한된 사고방식으로 파이썬에 접근하곤 한다. 일부 프로그래머는 다른 방향으로 너무 멀리 나아간 상황에서 파이썬 기능을 과도하게 사용하는 탓에 향후 큰 문제를 겪기도 한다.

이 책은 파이썬다운 방식으로 프로그램을 작성하는 방법, 파이썬을 사용하는 가장 좋은 방법에 대한 통찰력을 제공한다. 나는 여러분이 이미 파이썬 언어의 기본을 이해했다고 가정하고 그 위에서 이 책의 내용을 전개할 것이다. 이 책을 통해 초보 프로그래머는 파이썬의 능력에 대한 모범 실무 사례를 배우고, 경험 많은 프로그래머는 자신 있게 새로운 도구의 강점을 수용하는 법을 배울 것이다.

이 책의 목표는 여러분이 파이썬을 활용해 큰 효과를 낼 수 있도록 준비시키는 것이다.

이 책에서 다루는 내용

각 장은 광범위하지만 서로 연관된 항목(Better way)들로 구성됐으며, 흥미에 따라 항목을 건너뛰면서 읽어도 좋다. 각 항목에는 파이썬 프로그램을 더 효율적으로 작성하는 방법을 설명하는 간결하고 구체적인 가이드가 들어 있다. 항목에는 무엇을 하고 무엇을 하지 말아야 할지, 어떤 것을 피하고 파이썬의 여러 기능을 사용할 때 어떻게 균형을 잡아야 할지, (각 항목에서 설명하는) 이 선택이 왜 최선인지에 대한 조언이 들어 있다. 항목은 서로를 참조하기 때문에 각 항목을 읽으면서 잘 알지 못하거나 부족한 부분을 쉽게 채워 넣을 수 있다.

2판에서는 파이썬 3.8까지 이르는 파이썬 3(Better way 1: '사용 중인 파이썬의 버전을 알라' 참조)에 대해서만 초점을 맞췄다. 1판에 있던 항목은 모두 내용을 검토하고 수정했는데, 상당수는 엄청나게 많은 부분을 갱신해야 했다. 파이썬이 성숙함에 따라 모범 실무 사례가 바뀌면서 1판과 2판의 조언이 완전히 바뀐 경우도 있다. 2020년 1월 1일에 파이썬 2의 생명 주기가 끝났음에도 불구하고 주로 파이썬 2를 사용하는 독자가 있다면, 아마 1판이 더 유용할 것이다.

다른 언어에서는 기본 배포되는 공통 패키지가 그리 크지 않고 필요한 주요 기능을 (표준 라이브러리가 아닌) 다른 곳에서 찾아야 하는 경우가 많지만, 파이썬은 표준 라이브러리에 대해 '배터리 포함(실무 프로그램을 하는 데 필요한 것은 가능하면 모두 표준화해 포함시킴)' 접근 방식을 취한다. 이런 내장 패키지 중 상당수는 파이썬다운 관용어와 아주 밀접하게 연관돼 있기 때문에 이런 패키지들을 파이썬 언어 명세의 일부분으로 간주하는 편이 더 나을 것이다. 표준 모듈은 너무 커서 이 책에서 전체를 다룰 수는 없지만, 여러분이 꼭 알아야 하고 중요하다고 생각되는 패키지들은 포함시켰다.

1장 파이썬답게 생각하기

파이썬 커뮤니티는 어떤 고유한 스타일을 따르는 코드를 가리킬 때 '파이썬다운(Pythonic)'이라는 형용사를 사용한다. 파이썬의 관용어는 파이썬 언어를 사용하고 서로 협업하는 경험이 쌓이면서 시간이 지남에 따라 생겨난 것이다. 이 장에서는 파이썬에서 가장 자주 하는 일을 수행하는 가장 좋은 방법을 알려준다.

2장 리스트와 딕셔너리

파이썬에서 정보를 조직화하는 가장 일반적인 방법은 list에 값 시퀀스를 저장하는 것이다. 여기서 리스트를 자연스럽게 보완해주는 존재가 검색에 사용할 키와 키에 대응하는 값을 함께 저장하는 dict다. 이 장에서는 다목적 데이터 구조인 이 구성 요소들을 사용해 프로그램을 작성하는 방법을 다룬다.

3장 함수

파이썬 함수는 프로그래머가 원하는 일을 더 편하게 할 수 있도록 돕는 다양한 추가 기능을 제공한다. 일부는 다른 프로그래밍 언어에 있는 기능과 비슷하지만, 상당수는 파이썬의 고유한 기능이다. 이 장에서는 함수를 사용해 의도를 명확히 밝히고, 재사용성을 높이며, 버그를 줄이는 방법을 다룬다.

4장 컴프리헨션과 제너레이터

파이썬은 리스트, 딕셔너리, 집합 등을 쉽게 이터레이션하면서 다른 데이터 구조를 파생시킬 수 있는 특별한 문법을 제공한다. 파이썬은 함수가 점진적으로 (하나씩) 반환하는 이터레이션 가능한 값의 스트림을 만들 수 있게 허용한다.

이 장에서는 이런 기능을 사용해 성능을 높이고, 메모리 사용을 줄이며, 가독성을 향상시키는 방법을 설명한다.

5장 클래스와 인터페이스

파이썬은 객체지향(object-oriented) 언어다. 파이썬에서 원하는 작업을 처리하려면, 클래스를 새로 만들고 클래스들이 서로의 인터페이스와 계층 구조를 이용해 상호작용하는 방법을 정의해야 하는 경우가 자주 있다. 이 장에서는 클래스를 사용해 의도하고 있는 행동 방식을 어떻게 객체로 표현하는지를 보여준다.

6장 메타클래스와 애트리뷰트

메타클래스와 동적 애트리뷰트는 강력한 파이썬 기능이다. 이 기능을 사용하면 아주 특이하고 예상하기 어려운 동작을 구현할 수도 있다. 이 장에서는 여러분이 최소 놀람의 법칙을 따를 수 있도록 이런 메커니즘을 사용하는 일반적인 관용어를 다룬다.

7장 동시성과 병렬성

파이썬을 사용하면 여러 작업을 동시에 하는 것처럼 보이는 동시성 프로그램을 쉽게 작성할 수 있다. 또한, 파이썬에서는 시스템 콜, 하위 프로세스, C 확장을 통해 병렬적으로 작업을 처리할 수도 있다. 이 장에서는 이런 두 가지(동시 프로그래밍과 병렬 프로그래밍) 현저히 다른 상황에서 파이썬을 가장 잘 활용할 수 있는 방법을 다룬다.

8장 강건성과 성능

파이썬은 프로그램을 신뢰할 수 있도록 단단하게 만들 수 있는 기능과 모듈이 내장돼 있다. 또한, 파이썬은 최소한의 노력으로 성능을 더욱 향상시키고자 할 때 도움이 되는 도구도 제공한다. 이 장에서는 파이썬을 사용해 프로그램을 최적화함으로써 프로덕션에서 프로그램의 신뢰성과 효율성을 최대로 높이는 방법을 다룬다.

9장 테스트와 디버깅

코드를 작성하는 데 사용한 언어가 무엇이든 간에 자신의 코드를 항상 테스트해야 한다. 하지만 파이썬이 제공하는 동적인 기능은 파이썬 프로그램이 실행 시점에 독특한 오류를 발생시킬 위험을 증가시킨다. 다행히도 파이썬이 제공하는 동적인 기능을 활용하면, 테스트를 작성하고 잘못 동작하는 프로그램을 진단하기도 쉬워진다. 이 장에서는 파이썬에 내장된 테스트와 디버깅 도구를 다룬다.

10장 협업

파이썬 프로그램으로 협업을 하려면 코드를 작성할 때 신중해야 한다. 설령 혼자 일한다고 해도 다른 사람이 작성한 모듈을 어떻게 사용하는지 알고 싶을 때가 있다. 이 장에서는 파이썬 프로그램을 가지고 서로 협력하면서 일하는 데 필요한 표준 도구와 모범 실무 지침을 살펴본다.

이 책에 쓰인 관례

이 책에서 파이썬 코드는 고정폭(monospace) 글꼴로 표시하고, 문법 하이라이팅(syntax highlighting)으로 문법 요소를 알아보기 쉽게 했다. 한 줄이 너무 길면, 뒷부분을 다음 줄로 넘기면서 ➡ 기호를 사용해 실제로는 한 줄이라는 사실을 표현했다. 실제로는 코드가 있지만 설명하는 내용을 표현할 때 필요 없는 경우, 코드를 생략하기 위해 말줄임표(...)를 사용했다. 생략된 부분은 전체 예제 코드에서 확인할 수 있다.

코드 예제를 싣는 과정에서 책의 형식에 맞추거나 가장 중요한 부분을 강조하고자 어쩔 수 없이 파이썬 스타일 가이드 중 일부를 마음대로 변형해 사용(일종의 시적 허용으로 이해해주길 바란다)했다. 그리고 코드 예제 크기를 줄이기 위해 코드에 내포된 문서를 생략하기도 했다. 여러분의 프로젝트에서는 이런 식으로 스타일을 변형하지 말 것을 강력히 권한다. 대신 스타일 가이드(Better way 2:

'PEP 8 스타일 가이드를 따르라' 참고)를 따르고, 문서를 작성(Better way 84: '모든 함수, 클래스, 모듈에 독스트링을 작성하라' 참고)해야 한다.

이 책에 나온 대부분의 예제 코드에는 해당 코드를 실행하면 출력되는 내용을 덧붙였다. 여기서 '출력'은 콘솔이나 터미널 출력, 즉 파이썬 프로그램을 대화형 인터프리터(interpreter)에서 실행하면 볼 수 있는 내용을 뜻한다. 출력 부분은 고정폭 글꼴로 표시했고, 출력 앞에는 >>>라는 줄을 붙였다(>>>는 파이썬 대화형 인터프리터의 프롬프트(prompt)다). 이런 표시는 여러분이 코드를 파이썬 셸(shell)에 입력하면 이 책에 표시된 출력을 그대로 볼 수 있다는 뜻이다.

마지막으로 >>> 줄이 붙지 않고 고정폭 글꼴을 사용하는 부분도 있다. 이 부분은 일반 파이썬 인터프리터를 제외한 프로그램의 실행 결과를 보여준다. 이런 예제는 Bash(Bourne again shell)(본 어게인 셸)와 같은 명령줄 셸에서 프로그램을 실행해야 한다는 사실을 나타내기 위해 $ 문자로 시작하기도 한다. 이 명령을 윈도우나 (유닉스 계열이 아닌) 다른 운영체제에서 실행한다면 프로그램 이름과 프로그램에 전달하는 인자를 적절히 바꿔줘야 한다.

감사의 글

내 인생에서 수많은 사람들의 지도, 지원, 격려가 없었다면 이 책이 존재하지 못했을 것입니다.

'이펙티브 소프트웨어 개발 시리즈'를 쓴 스콧 마이어스(Scott Meyers)에게 감사드립니다. 나는 15살 때 처음 〈이펙티브 C++(Effective C++)〉를 읽었고, 프로그래밍과 사랑에 빠졌습니다. 스콧의 책이 나를 학문적 경험과 첫 번째 직업으로 이끌었습니다. (스콧 마이어스의 책과 제목이 비슷한) 이 책을 쓸 수 있었다는 사실에 전율을 느낍니다.

2판에 대해 심도 있고 사려 깊은 피드백을 제공해준 기술 리뷰어인 앤디 추(Andy Chu), 닉 코론(Nick Cohron), 앤드류 도란(Andrew Dolan), 애셔 만시넬리(Asher Mancinelli), 알렉스 마텔리(Alex Martelli)에게 감사드립니다. 구글 동료들의 리뷰와 제안에도 감사드립니다. 여러분의 도움이 없었다면 이 책은 이해하기 힘든 책이 됐을 겁니다.

2판 출간과 관련해 나와 함께 일한 피어슨 출판사의 모든 분께 감사드립니다. 전 과정에서 지원해주신 편집 임원 데브라 윌리엄즈(Debra Williams)에게 감사드립니다. 중요한 일을 해주신 개발 편집자 크리스 잔(Chris Zahn), 마케팅 매니저 스테파니 나키브(Stephane Nakib), 카피 편집자 캐서린 윌슨(Catherine Wilson), 시니어 프로젝트 편집자 로리 라이언스(Lori Lyons), 커버 디자이너 추티 프레저티스(Chuti Prasertsith) 등의 팀원들께도 감사드립니다.

1판을 쓰는 동안 지원해주신 트리나 맥도날드(Trina MacDonald), 브렛 캐넌(Brett Cannon), 타비스 러드(Tavis Rudd), 마이크 테일러(Mike Taylor), 리아 컬버(Leah Culver), 아드리안 호로바티(Adrian Holovaty), 마이클 레바인(Michael Levine), 마지아 니콜라이(Marzia Niccolai), 에이드 오시네예(Ade Oshineye), 카트리나 소스텍(Katrina Sostek), 탐 커틴(Tom Cirtin), 크리스 잔(Chris Zahn), 올

리비아 바세지오(Olivia Basegio), 스테파니 나키브(Stephane Nakib), 스테파니 질스(Stephanie Geels), 줄리 나힐(Julie Nahil), 도시아키 쿠로카와(Toshiaki Kurokawa) 외 모든 분께 감사드립니다.

지금까지 알아왔거나 함께 일했던 멋진 파이썬 프로그래머들인 앤서니 박스터(Anthony Baxter), 브렛 캐넌(Brett Cannon), 웨슬리 천(Wesley Chun), 제레미 힐튼(Jeremy Hylton), 알렉스 마텔리(Alex Martelli), 닐 노르위츠(Neal Norwitz), 귀도 반 로섬(Guido van Rossum), 앤디 스미스(Andy Smith), 그렉 스테인(Greg Stein), 카핑 예(Ka-Ping Yee)에게 감사드립니다. 여러분의 지도와 리더십은 정말 소중합니다. 파이썬에는 멋진 커뮤니티가 존재하며 나 자신이 이 커뮤니티의 일원이라는 사실이 행운이라 생각합니다.

여러 해 동안 밴드에서 가장 형편없는 연주자임에도 불구하고 나를 용납해준 우리 팀원들께 감사드립니다. 위험을 감수하도록 도와준 케빈 깁스(Kevin Gibbs)에게 감사드리고, 위험을 감수하는 것이 무엇인지 보여준 켄 애시크래프트(Ken Ashcraft), 라이언 베렛(Ryan Barrett), 존 맥알리스터(Jon McAlister), 나를 한 단계 더 성장시켜준 브랫 핏즈패트릭(Brad Fitzpatrick), 놀라운 공동 설립자인 폴 맥도날드(Paul McDonald)에게 감사드립니다. 배울 수 있도록 도와준 제레미 긴스버그(Jeremy Ginsberg), 잭 허버트(Jack Hebert), 존 스키젤(John Skidgel), 에반 마틴(Evan Martin), 토니 창(Tony Chang), 트로이 트림블(Troy Trimble), 테사 퍼피우스(Tessa Pupius), 딜런 로리머(Dylan Lorimer)에게 감사드리며, 멘토링을 해준 사그닉 낸디(Sagnik Nandy)와 왈리드 오제일(Waleed Ojeil)에게도 감사드립니다.

영감을 불어넣어주신 프로그래밍과 엔지니어링 선생님인 벤 첼프(Ben Chelf), 글렌 코완(Glenn Cowan), 빈스 휴고(Vince Hugo), 러스 르윈(Russ Lewin), 존 스템믈(Jon Stemmle), 데릭 톰슨(Derek Thomson), 대니얼 왕(Daniel Wang)에게 감사드립니다. 이 분들의 가르침이 없었다면 나는 프로그래밍과 파이썬 기술을 추구하지 않았을 것이고, 다른 사람을 가르칠 만한 안목도 갖추지 못했을 것입니다.

프로그래머가 되도록 목적 의식과 용기를 심어준 어머니께 감사드립니다. 성장하고 열정을 찾는 과정에서 롤 모델이 돼준 형, 조부모님, 그리고 나머지 가족들과 어릴 적 친구들에게 감사드립니다.

마지막으로 인생 여정에서 사랑과 지원, 웃음을 보내준 아내 콜린(Colleen)에게 감사합니다.

저자도 깊은 영향을 받았다고 서문에 적었지만, 나 역시도 수십년 전 스콧 마이어스의 이펙티브 시리즈를 읽으면서 큰 감명과 도전을 받았다. 그 후 다양한 프로그래밍 언어 분야에서 '이펙티브 …' 시리즈가 나왔고, 그중 상당수는 해당 언어에서 필독서로 자리잡았다. 번역자라면 누구나 필독서로 자리잡을 만한 책을 잘 번역해서 내놓고 싶은 욕심이 있을 것이다.

길벗과 처음으로 아카 관련 책을 작업하기로 한 후 계약서에 서명하러 간 자리에서 편집 담당자 분께 선물로 받았던 책이 바로 〈Effective Python 1판〉을 번역한 〈파이썬 코딩의 기술〉이었다. 이 책을 보면서 파이썬 프로그래머로서 큰 도움을 받았는데, 몇 년 후 이렇게 직접 2판 작업에 참여하게 돼서 너무 기쁘다. 2판은 1판에서 다루지 않았던 파이썬 3 관련 내용을 추가하면서 분량도 많이 늘어나고 내용도 충실해졌으며, 그간의 프로그래밍 패러다임 변화에 따라 바뀐 권장 코딩 방식 등이 반영됐다.

이 책은 코딩 기초를 떼고 파이썬 라이브러리의 사용법을 얼추 익힌, 초급에서 중급으로 발전하고 싶은 프로그래머가 꼭 읽어야 할 책이다. 이 책에서 설명하는 기본기를 확실히 체득하고 연습한 다음, 실전에서 다양한 코드를 읽고 작성해보며, 객체지향이나 함수형 프로그래밍, 비동기 프로그래밍 등과 같은 프로그래밍 패러다임을 다룬 책이나 인터넷 문서를 살펴보면서 실력을 쌓으면, 어디서 누구와 작업을 해도 신뢰할 만한 프로그래머라는 평가를 받으면서 일할 수 있을 것이다. 이 책을 읽은 독자들이 더 나은 프로그래머로 발전하고 파이썬 프로그래밍의 재미를 더 많이 느낄 수 있길 빈다.

2020년 8월 호주 브리즈번에서
오현석

예제 파일 내려받기

책에서 사용하는 예제 코드는 길벗출판사 웹사이트에서 도서명으로 검색해 내려받거나 다음 깃허브 저장소에서 내려받을 수 있습니다. 저자 깃허브에서는 저자가 정리한 원서의 코드를 내려받을 수 있습니다. 길벗출판사 웹사이트와 깃허브에서는 역자가 번역서 본문을 바탕으로 정리한 코드를 내려받을 수 있습니다.

- 길벗출판사 웹사이트: https://www.gilbut.co.kr/
- 길벗출판사 깃허브: https://github.com/gilbutITbook/080235
- 저자 깃허브: https://github.com/bslatkin/effectivepython

예제 파일 구조

예제 파일은 각 장별로, Better way별로 분류돼 있습니다.

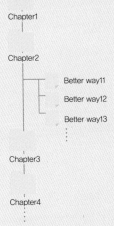

목차

3장 ▶ 함수 133

4장 ▶ 컴프리헨션과 제너레이터 175

5장 ▶ 클래스와 인터페이스 227

1

파이썬답게 생각하기

파이썬 관용어(idiom)는 파이썬 프로그래밍 언어 사용자들이 만들어왔다. 여러 해 동안 파이썬 커뮤니티 사람들은 특정 스타일을 따르는 코드를 묘사하기 위해 '파이썬답다(Pythonic)'라는 형용사를 사용해왔다. 파이썬다운 스타일은 컴파일러가 엄격히 통제하거나 사용하라고 강요하는 스타일이 아니다. 파이썬 언어를 사용하고 서로 협업하는 과정에서 자연스럽게 생겨난 스타일이다. 파이썬 프로그래머는 명시적인 것을 좋아하고, 복잡한 것보다 단순한 것을 좋아하며, 가독성을 최대한 높이려고 노력한다(파이썬 인터프리터에서 import this를 입력해 파이썬 기본 철학을 보여주는 '파이썬의 선(禪)(The Zen of Python)'*을 읽어보라).

다른 언어에 익숙한 프로그래머는 파이썬을 C++나 자바, 또는 자신이 가장 잘 아는 다른 언어처럼 작성하려고 노력할 수도 있다. 초보 프로그래머라면 파이썬으로 표현할 수 있는 광범위한 개념에 익숙해지는 중일 것이다. 여러분은 파이썬에서 가장 일반적인 작업을 수행하는 가장 좋은 '파이썬다운' 방

---

* 역주 https://wikidocs.net/7907에서 우리말 번역본을 볼 수 있다.

식을 알아야 한다. 이 방식은 여러분이 작성하는 모든 파이썬 프로그램에 영
향을 미칠 것이다.

BETTER WAY **1** 사용 중인 파이썬의 버전을 알아두라

이 책에 있는 대부분의 예제 코드는 파이썬 3.7(2018년 6월 배포) 구문
을 따른다. 조만간 널리 쓰이게 될 새로운 기능을 보여주기 위해 파이썬
3.8(2019년 10월 배포) 구문으로 작성한 예제도 몇 가지 있다. 파이썬 2는
다루지 않는다.

다양한 버전의 표준 CPython이 미리 설치된 컴퓨터도 많이 있다. 하지만 명
령줄에서 python을 실행할 때 디폴트로 어떤 버전이 실행될지는 명확하지 않
다. 일반적으로 python은 python2.7에 대한 별명이지만, 심지어 파이썬 2.6
이나 파이썬 2.5처럼 더 예전 버전인 경우도 있다. 여러분이 사용하는 파이
썬의 버전을 정확히 알고 싶으면 --version 플래그를 사용하라.

```
$ python --version
Python 2.7.10
```

파이썬 3는 보통 python3라는 이름을 사용한다.

```
$ python3 --version
Python 3.8.0
```

내장 모듈인 sys의 값을 검사하면 (파이썬 코드에서) 현재 실행 중인 파이썬
버전을 알아낼 수 있다.

```
import sys
print(sys.version_info)
print(sys.version)
```

```
>>>
sys.version_info(major=3, minor=8, micro=0,
➥releaselevel='final', serial=0)
3.8.0 (default, Oct 21 2019, 12:51:32)
[Clang 6.0 (clang-600.0.57)]
```

파이썬 핵심 개발자들과 커뮤니티는 파이썬 3를 활발하게 개발하고 끊임없이 개선시키고 있다. 파이썬 3에는 이 책에서 다루는 여러 가지 강력한 새 기능이 들어 있다. 파이썬에서 가장 널리 쓰이는 오픈 소스 라이브러리의 대다수는 파이썬 3와 호환되거나 파이썬 3에 초점을 맞춘다. 나는 모든 파이썬 프로젝트에서 파이썬 3를 사용하는 것을 강력히 추천한다.

파이썬 2는 2020년 1월 1일 **수명이 다했다**. 이제 더 이상 버그 수정, 보안 패치, 새로운 기능의 역포팅(backporting)이 이뤄지지 않는다. 파이썬 2가 더 이상 공식적으로 지원되지 않기 때문에 파이썬 2를 사용하는 데 따른 책임은 여러분에게 있다. 만약 파이썬 2로 작성된 코드를 사용해야 한다면 2to3(파이썬 설치 시 함께 설치됨)나 six('Better way 82: '커뮤니티에서 만든 모듈을 어디서 찾을 수 있는지 알아두라' 참고) 같은 도구의 도움을 받아 파이썬 3로 코드를 포팅하는 방안을 고려해보라.

기억해야 할 내용

- 파이썬 3는 파이썬 최신 버전이며 현재 가장 잘 지원되고 있다. 따라서 여러분은 프로젝트에서 파이썬 3를 써야 한다.
- 여러분의 시스템에 있는 파이썬 실행 파일이 여러분이 원하는 버전인지 확인하라.
- 파이썬 2는 사용하지 말라. 2020년 1월 1일부터 파이썬 2는 더 이상 지원되지 않는다.

BETTER WAY 2 PEP 8 스타일 가이드를 따르라

파이썬 개선 제안(Python Enhancement Proposal) #8, 또는 PEP 8은 파이썬 코드를 어떤 형식으로 작성할지 알려주는 스타일 가이드다.* 문법만 올바르다면 어떤 방식으로든 원하는 파이썬 코드를 작성해도 좋다. 하지만 일관된 스타일을 사용하면 코드에 더 친숙하게 접근하고, 코드를 더 쉽게 읽을 수 있다. 다른 파이썬 프로그래머들과 큰 커뮤니티의 공통된 코드 스타일을 공유하면 프로젝트를 수행할 때 더 쉽게 협력할 수 있다. 하지만 코드를 읽는 독자가 자기 자신뿐이더라도, 스타일 가이드를 따르면 나중에 코드를 수정하기 쉬울 뿐 아니라 흔히 저지르기 쉬운 실수도 피할 수 있다.

PEP 8은 깔끔한 파이썬 코드를 작성하는 방법을 아주 자세히 알려준다. 파이썬 언어가 개선되면 PEP 8도 계속 변하며, 온라인 가이드(https://www.python.org/dev/peps/pep-0008/)는 한번 읽어볼 만하다. 다음은 여러분이 꼭 따라야 하는 규칙이다.

공백

파이썬에서 공백(whitespace)은 중요한 의미가 있다. 파이썬 프로그래머들은 코드의 의미를 명확히 하는 데 공백이 미치는 영향에 특히 민감하다. 공백과 관련한 다음 가이드라인을 따르라(다음 설명에서 공백은 탭, 스페이스, 새 줄(newline) 등의 문자를 모두 합한 말이다).

- 탭 대신 스페이스를 사용해 들여쓰기하라.
- 문법적으로 중요한 들여쓰기에는 4칸 스페이스를 사용하라.
- 라인 길이는 79개 문자 이하여야 한다.†

---

* 역주 PEP 8 한국어 버전은 온라인에서 쉽게 찾을 수 있으며 https://wikidocs.net/7896에도 우리말 번역본이 있다.
† 역주 한글 한 글자는 시각적으로 영문 두 글자에 해당한다고 계산하는 것이 편하다.

- 긴 식을 다음 줄에 이어서 쓸 경우에는 일반적인 들여쓰기보다 4 스페이스를 더 들여써야 한다.
- 파일 안에서 각 함수와 클래스 사이에는 빈 줄을 두 줄 넣어라.
- 클래스 안에서 메서드와 메서드 사이에는 빈 줄을 한 줄 넣어라.
- 딕셔너리(dictionary)에서 키와 콜론(:) 사이에는 공백을 넣지 않고, 한 줄 안에 키와 값을 같이 넣는 경우에는 콜론 다음에 스페이스를 하나 넣는다.
- 변수 대입에서 = 전후에는 스페이스를 하나씩만 넣는다.
- 타입 표기를 덧붙이는 경우에는 변수 이름과 콜론 사이에 공백을 넣지 않도록 주의하고, 콜론과 타입 정보 사이에는 스페이스를 하나 넣어라.

명명 규약

PEP 8은 파이썬 언어의 여러 부분에 사용하는 이름을 어떻게 붙일지에 대한 고유 스타일을 제공한다. 이런 규약을 사용하면 코드를 읽을 때 각 이름이 어떤 유형에 속하는지 쉽게 구분할 수 있다. 이름과 관련해서는 다음 가이드라인을 따르라.

- 함수, 변수, 애트리뷰트(attribute)는 lowercase_underscore처럼 소문자와 밑줄을 사용한다.*
- 보호돼야 하는 인스턴스 애트리뷰트는 일반적인 애트리뷰트 이름 규칙을 따르되, _leading_underscore처럼 밑줄로 시작한다.
- 비공개(private)(한 클래스 안에서만 쓰이고 다른 곳에서는 쓰면 안 되는 경우) 인스턴스 애트리뷰트는 일반적인 애트리뷰트 이름 규칙을 따르되, __leading_underscore처럼 밑줄 두 개로 시작한다.
- 클래스(예외도 포함한다)는 CapitalizedWord처럼 여러 단어를 이어 붙이되, 각 단어의 첫 글자를 대문자로 만든다.†

---

* 역주 이런 식의 표기 방법을 뱀표기법(snake case)이라고 부른다.
† 역주 이런 식의 표기 방법을 파스칼표기법(PascalCase)이라고 부른다.

- 모듈 수준의 상수는 ALL_CAPS처럼 모든 글자를 대문자로 하고 단어와 단어 사이를 밑줄로 연결한 형태를 사용한다.
- 클래스에 들어 있는 인스턴스 메서드는 호출 대상 객체를 가리키는 첫 번째 인자의 이름으로 반드시 self를 사용해야 한다.
- 클래스 메서드는 클래스를 가리키는 첫 번째 인자의 이름으로 반드시 cls를 사용해야 한다.

식과 문

'파이썬의 선'에서는 '문제를 해결할 명백한 방법이 하나 있으며, 가급적이면 유일해야 한다'고 언급한다. PEP 8은 이런 가르침을 따라 식과 문장을 작성하는 스타일 규칙을 다음과 같이 정했다.

- 긍정적인 식을 부정하지 말고(if not a is b) 부정을 내부에 넣어라(if a is not b).
- 빈 컨테이너(container)나 시퀀스(sequence)([ ]나 ' ' 등)를 검사할 때는 길이를 0과 비교(if len(something) == 0)하지 말라. 빈 컨테이너나 시퀀스 값이 암묵적으로 False로 취급된다는 사실을 활용해 'if not 컨테이너'라는 조건문을 써라.
- 마찬가지로 비어 있지 않은 컨테이너나 시퀀스([1]이나 'hi' 등)를 검사할 때도 길이가 0보다 큰지 비교하지 말라. 대신 if 컨테이너가 비어 있지 않은 경우 암묵적으로 True로 평가된다는 사실을 활용하라.
- 한 줄짜리 if 문이나 한 줄짜리 for, while 루프, 한 줄짜리 except 복합문을 사용하지 말라. 명확성을 위해 각 부분을 여러 줄에 나눠 배치하라.
- 식을 한 줄 안에 다 쓸 수 없는 경우, 식을 괄호로 둘러싸고 줄바꿈과 들여쓰기를 추가해서 읽기 쉽게 만들라.
- 여러 줄에 걸쳐 식을 쓸 때는 줄이 계속된다는 표시를 하는 \ 문자보다는 괄호를 사용하라.

임포트

PEP 8은 모듈을 임포트(import)해 코드에 사용하는 방법에 대해서도 가이드라인을 제시한다.

- import 문(from x import y도 포함)을 항상 파일 맨 앞에 위치시켜라.
- 모듈을 임포트할 때는 절대적인 이름(absolute name)을 사용하고, 현 모듈의 경로에 상대적인 이름은 사용하지 말라. 예를 들어 bar 패키지로부터 foo 모듈을 임포트한다면 from bar import foo라고 해야 하며, 단지 import foo라고 하면 안 된다.
- 반드시 상대적인 경로로 임포트해야 하는 경우에는 from . import foo처럼 명시적인 구문을 사용하라.
- 임포트를 적을 때는 표준 라이브러리 모듈, 서드 파티 모듈, 여러분이 만든 모듈 순서로 섹션을 나눠라. 각 섹션에서는 알파벳 순서로 모듈을 임포트하라.

> **Note ≡** 파이린트(Pylint) 도구(https://www.pylint.org)는 파이썬 소스 코드를 분석하는 유명한 정적 분석기(static analyzer)다. 파이린트는 PEP 8 스타일 가이드를 자동으로 실행해주고, 파이썬 프로그램에서 저지르기 쉬운 다양한 유형의 오류를 감지해준다. 여러 IDE와 에디터도 자체 린트(lint) 도구나 린트와 비슷한 기능을 제공하는 플러그인을 지원한다.

기억해야 할 내용

- 파이썬 코드를 작성할 때는 항상 파이썬 개선 제안 #8(PEP 8) 스타일 가이드를 따르라.
- 큰 파이썬 커뮤니티와 공통된 스타일을 공유하면 다른 사람과 협력할 때 도움이 된다.
- 일관성 있는 스타일을 사용하면 나중에 자신이 작성한 코드를 직접 수정할 때도 더 수월해진다.

BETTER WAY 3 bytes와 str의 차이를 알아두라

파이썬에는 문자열 데이터의 시퀀스를 표현하는 두 가지 타입이 있다. 바로 bytes와 str이다. 아래 코드처럼 bytes 타입의 인스턴스에는 부호가 없는 8 바이트 데이터가 그대로 들어간다(종종 아스키(ASCII) 인코딩을 사용해 내부 문자를 표시한다).

```
a = b'h\x65llo'
print(list(a))
print(a)
```

```
>>>
[104, 101, 108, 108, 111]
b'hello'
```

str 인스턴스에는 사람이 사용하는 언어의 문자를 표현하는 유니코드 **코드 포 인트**(code point)가 들어 있다.

```
a = 'a\u0300 propos'
print(list(a))
print(a)
```

```
>>>
['a', '`', ' ', 'p', 'r', 'o', 'p', 'o', 's']
à propos
```

중요한 사실은 str 인스턴스에는 직접 대응하는 이진 인코딩이 없고 bytes에 는 직접 대응하는 텍스트 인코딩이 없다는 점이다. 유니코드 데이터를 이진 데이터로 변환하려면 str의 encode 메서드를 호출해야 하고, 이진 데이터를 유니코드 데이터로 변환하려면 bytes의 decode 메서드를 호출해야 한다. 두 메서드를 호출할 때 여러분이 원하는 인코딩 방식을 명시적으로 지정할 수도 있고, 시스템 디폴트 인코딩을 받아들일 수도 있다. 일반적으로는 UTF-8이 시스템 디폴트 인코딩 방식이다(항상 UTF-8이 디폴트인 것은 아니다. 자세한 내용은 다음을 참고하자).

파이썬 프로그램을 작성할 때 유니코드 데이터를 인코딩하거나 디코딩하는 부분을 인터페이스의 가장 먼 경계 지점에 위치시켜라. 이런 방식을 **유니코드 샌드위치**라고 부른다. 프로그램의 핵심 부분은 유니코드 데이터가 들어 있는 str을 사용해야 하고, 문자 인코딩에 대해 어떠한 가정도 해서는 안 된다. 이런 접근 방식을 사용하면 다양한 텍스트 인코딩(Latin-1이나 Shift JIS, euc-kr, cp949, Big5 등)으로 입력 데이터를 받아들일 수 있고, 출력 텍스트 인코딩은 한 가지로(UTF-8이 이상적이다) 엄격히 제한할 수 있다.

문자를 표현하는 타입이 둘로 나뉘어 있기 때문에 파이썬 코드에서는 다음과 같은 두 가지 상황이 자주 발생한다.

- UTF-8(또는 다른 인코딩 방식)로 인코딩된 8비트 시퀀스를 그대로 사용하고 싶다.
- 특정 인코딩을 지정하지 않은 유니코드 문자열을 사용하고 싶다.

두 경우를 변환해주고 입력 값이 코드가 원하는 값과 일치하는지 확신하기 위해 종종 두 가지 도우미 함수가 필요하다.

첫 번째 함수는 bytes나 str 인스턴스를 받아서 항상 str을 반환한다.

```
def to_str(bytes_or_str):
    if isinstance(bytes_or_str, bytes):
        value = bytes_or_str.decode('utf-8')
    else:
        value = bytes_or_str
    return value  # str 인스턴스

print(repr(to_str(b'foo')))
```

```
print(repr(to_str('bar')))
print(repr(to_str(b'\xed\x95\x9c')))  # UTF-8에서 한글은 3바이트임
```

```
>>>
'foo'
'bar'
'한'
```

두 번째 함수는 bytes나 str 인스턴스를 받아서 항상 bytes를 반환한다.

```
def to_bytes(bytes_or_str):
    if isinstance(bytes_or_str, str):
        value = bytes_or_str.encode('utf-8')
    else:
        value = bytes_or_str
    return value # bytes 인스턴스
```

```
print(repr(to_bytes(b'foo')))
print(repr(to_bytes('bar')))
print(repr(to_bytes('한글')))
```

```
>>>
b'foo'
b'bar'
b'\xed\x95\x9c\xea\xb8\x80'
```

이진 8비트 값과 유니코드 문자열을 파이썬에서 다룰 때 꼭 기억해야 할 두 가지 문제점이 있다.

첫 번째 문제점은 bytes와 str이 똑같이 작동하는 것처럼 보이지만 각각의 인스턴스는 서로 호환되지 않기 때문에 전달 중인 문자 시퀀스가 어떤 타입인지를 항상 잘 알고 있어야 한다는 점이다.

+ 연산자를 사용하면 bytes를 bytes에 더하거나 str을 str에 더할 수 있다.

```
print(b'one' + b'two')
print('one' + 'two')
```

```
>>>
b'onetwo'
onetwo
```

하지만 str 인스턴스를 bytes 인스턴스에 더할 수는 없다.

```
b'one' + 'two'
```

```
>>>
Traceback ...
TypeError: can't concat str to bytes
```

bytes 인스턴스를 str 인스턴스에 더할 수도 없다.

```
'one' + b'two'
```

```
>>>
Traceback ...
TypeError: can only concatenate str (not "bytes") to str
```

이항 연산자를 사용하면 bytes를 bytes와 비교하거나 str을 str과 비교할 수
있다.

```
assert b'red' > b'blue'
assert 'red' > 'blue'
```

하지만 str 인스턴스와 bytes 인스턴스를 비교할 수는 없다.

```
assert 'red' > b'blue'
```

```
>>>
Traceback ...
TypeError: '>' not supported between instances of 'str' and
➡'bytes'
```

bytes 인스턴스와 str 인스턴스를 비교할 수도 없다.

```
assert b'blue' < 'red'
```

```
>>>
Traceback ...
TypeError: '<' not supported between instances of 'bytes'
➡and 'str'
```

내부에 똑같은 문자들이 들어 있더라도 bytes와 str 인스턴스가 같은지 비교
하면 항상 False가 나온다(다음 예에서는 foo라는 아스키 인코딩된 문자열이
들어 있다).

```
print(b'foo' == 'foo')
```

```
>>>
False
```

% 연산자는 각 타입의 형식화 문자열(format string)에 대해 작동한다.

```
print(b'red %s' % b'blue')
print('red %s' % 'blue')
```

```
>>>
b'red blue'
red blue
```

하지만 파이썬이 어떤 이진 텍스트 인코딩을 사용할지 알 수 없으므로 str
인스턴스를 bytes 형식화 문자열에 넘길 수는 없다.

```
print(b'red %s' % 'blue')
```

```
>>>
Traceback ...
TypeError: %b requires a bytes-like object, or an object that
➡implements __bytes__, not 'str'
```

str 형식화 문자열에 bytes 인스턴스를 넘길 수는 있지만, 이 경우에는 여러분의 예상과 다르게 작동한다.

```
print('red %s' % b'blue')
```

```
>>>
red b'blue'
```

이 코드는 실제로 bytes 인스턴스의 __repr__ 메서드를 호출한(Better way 75: '디버깅 출력에는 repr 문자열을 사용하라' 참고) 결과로 %s를 대신한다. 따라서 b'blue'가 출력에도 그대로 남는다.

두 번째 문제점은 (내장 함수인 open을 호출해 얻은) 파일 핸들과 관련한 연산들이 디폴트로 유니코드 문자열을 요구하고 이진 바이트 문자열을 요구하지 않는다는 것이다. 이로 인해 코드가 실행되지 않아 놀랄 수도 있다. 특히 파이썬 2에 익숙한 프로그래머라면 더 그렇다. 예를 들어 이진 데이터를 파일에 기록하고 싶다고 하자. 다음과 같이 간단해 보이는 코드도 오류가 발생한다.

```
with open('data.bin', 'w') as f:
    f.write(b'\xf1\xf2\xf3\xf4\xf5')
```

```
>>>
Traceback ...
TypeError: write() argument must be str, not bytes
```

예외가 발생한 이유는 파일을 열 때 이진 쓰기 모드('wb')가 아닌 텍스트 쓰기 모드('w')로 열었기 때문이다. 파일이 텍스트 모드인 경우 write 연산은 이진 데이터가 들어 있는 bytes 인스턴스가 아니라 유니코드 데이터가 들어 있는 str 인스턴스를 요구한다. 이 문제는 'wb' 모드를 사용해 파일을 열면 해결할 수 있다.

```
with open('data.bin', 'wb') as f:
    f.write(b'\xf1\xf2\xf3\xf4\xf5')
```

파일에서 데이터를 읽을 때도 비슷한 문제가 발생할 수 있다. 예를 들어 위에서 기록한 이진 파일을 읽으려고 시도할 때 다음과 같은 오류가 발생한다.

```
with open('data.bin', 'r') as f:
    data = f.read()
```

```
>>>
Traceback ...
UnicodeDecodeError: 'utf-8' codec can't decode byte 0xf1 in
➡position 0: invalid continuation byte
```

파일을 열 때 이진 읽기 모드('rb')가 아닌 텍스트 읽기 모드('r')로 열었기 때문이다. 핸들이 텍스트 모드에 있으면 시스템의 디폴트 텍스트 인코딩을 bytes.encode(쓰기의 경우)와 str.decode(읽기의 경우)에 적용해서 이진 데이터를 해석한다. 대부분의 시스템에서 디폴트 인코딩은 UTF-8인데, UTF-8 인코딩은 b'\xf1\xf2\xf3\xf4\xf5'라는 이진 데이터를 받아들일 수 없기 때문에 위와 같은 오류가 발생한다. 이 문제는 파일을 'rb' 모드로 열면 해결할 수 있다.

```
with open('data.bin', 'rb') as f:
    data = f.read()
```

```
assert data == b'\xf1\xf2\xf3\xf4\xf5'
```

다른 방법으로, open 함수의 encoding 파라미터를 명시하면 플랫폼에 따라 동작이 달라져서 놀라는 일을 막을 수 있다. 예를 들어 다음 코드에는 파일에 들어 있는 이진 데이터가 실제로 cp1252(윈도우에서 사용하던 레거시 인코딩 방식)로 돼 있다고 가정한다.

```
with open('data.bin', 'r', encoding='cp1252') as f:
    data = f.read()

assert data == 'ñòóôõ'
```

예외가 사라졌고, 파일의 내용을 문자열로 해석한 내용은 기존 이진 데이터를 읽었을 때 반환됐던 것과 전혀 다르다. 여기서 다음 사실을 알게 된다. 여러분이 예상하는 것과 시스템의 디폴트 인코딩이 어떻게 다른지 이해하기 위해 시스템 인코딩을 항상 검사해야(`python3 -c 'import locale; print(locale.getpreferredencoding())'`) 한다는 것이다. 디폴트 인코딩이 의심스러운 경우에는 명시적으로 open에 encoding 파라미터를 전달해야 한다.

기억해야 할 내용

- bytes에는 8비트 값의 시퀀스가 들어 있고, str에는 유니코드 코드 포인트의 시퀀스가 들어 있다.
- 처리할 입력이 원하는 문자 시퀀스(8비트 값, UTF-8로 인코딩된 문자열, 유니코드 코드 포인트들)인지 확실히 하려면 도우미 함수를 사용하라.
- bytes와 str 인스턴스를 (>, ==, +, %와 같은) 연산자에 섞어서 사용할 수 없다.
- 이진 데이터를 파일에서 읽거나 파일에 쓰고 싶으면 항상 이진 모드('rb'나 'wb')로 파일을 열어라.
- 유니코드 데이터를 파일에서 읽거나 파일에 쓰고 싶을 때는 시스템 디폴트 인코딩에 주의하라. 인코딩 차이로 놀라고 싶지 않으면 open에 encoding 파라미터를 명시적으로 전달하라.

BETTER WAY **4** C 스타일 형식 문자열을 str.format과 쓰기보다는 f-문자열을 통한 인터폴레이션을 사용하라

파이썬 코드에서는 문자열을 많이 쓴다. 사용자 인터페이스 또는 명령줄 유틸리티에 메시지를 표시하거나, 파일과 소켓에 데이터를 쓰거나, 어떤 일이 잘못됐는지 Exception에 자세히 기록할 때(Better way 27: 'map과 filter 대신 컴프리헨션을 사용하라' 참고) 문자열을 사용한다. 디버깅을 할 때도 사용한다(Better way 80: 'pdb를 사용해 대화형으로 디버깅하라', Better way 75: '디버깅 출력에는 repr 문자열을 사용하라' 참고).

형식화(formatting)는 미리 정의된 문자열에 데이터 값을 끼워 넣어서 사람이 보기 좋은 문자열로 저장하는 과정이다. 파이썬에서는 언어에 내장된 기능과 표준 라이브러리를 통해 네 가지 방식으로 형식화를 할 수 있다. 하지만 나중에 설명할 한 가지 방법을 제외한 나머지는 모두 심각한 단점이 있다. 여러분은 각각의 단점을 이해하고 피해야 한다.

파이썬에서 문자열을 형식화하는 가장 일반적인 방법은 % 형식화 연산자를 사용하는 것이다. 이 연산자 왼쪽에 들어가는 미리 정의된 텍스트 템플릿을 **형식 문자열**이라고 부른다. 템플릿에 끼워 넣을 값들은 연산자의 오른쪽에 단일 값(값이 하나인 경우)이나 tuple(값이 여럿인 경우)로 지정한다. 예를 들어 읽기 어려운 이진 값이나 십육진 값을 십진수로 표시하기 위해 %를 사용하면 다음과 같다.

```
a = 0b10111011
b = 0xc5f
print('이진수: %d, 십육진수: %d' % (a, b))

>>>
이진수: 187, 십육진수: 3167
```

형식 문자열은 연산자 왼쪽에 있는 값을 끼워 넣을 자리를 표현하기 위해 %d 같은 형식 지정자(format specifier)를 사용한다. 형식 지정자의 문법은 C의 printf 함수에서 비롯됐으며, 파이썬에 이식됐다(다른 프로그래밍 언어도 비슷하다). 파이썬은 %s, %x, %f 등 C 언어의 printf에 사용할 수 있는 대부분의 형식 지정자를 지원하고, 소수점 위치나 패딩, 채워 넣기, 좌우 정렬 등도 제공한다. 파이썬을 처음 접하는 프로그래머 중 상당수는 (다른 언어에서 써봤기 때문에) 익숙하고 사용하기 간편하다는 이유로 C 스타일 형식 문자열을 사용한다.

하지만 파이썬에서 C 스타일 형식 문자열을 사용하는 데는 네 가지 문제점이 있다.

첫 번째 문제점은 형식화 식에서 오른쪽에 있는 tuple 내 데이터 값의 순서를 바꾸거나 값의 타입을 바꾸면 타입 변환이 불가능하므로 오류가 발생할 수 있다는 것이다. 예를 들어 다음 예제에 있는 간단한 형식 문자열은 잘 작동한다.

```
key = 'my_var'
value = 1.234
formatted = '%-10s = %.2f' % (key, value)
print(formatted)

>>>
my_var     = 1.23
```

하지만 key와 value의 위치를 바꾸면 실행 시점에 예외가 발생한다.

```
reordered_tuple = '%-10s = %.2f' % (value, key)

>>>
Traceback ...
TypeError: must be real number, not str
```

마찬가지로 오른쪽에 있는 파라미터의 순서를 그대로 유지하고 형식 문자열의 순서를 바꿔도 같은 오류가 발생한다.

```
reordered_string = '%.2f = %-10s' % (key, value)
```

```
>>>
Traceback ...
TypeError: must be real number, not str
```

이런 오류를 피하려면 % 연산자의 좌우가 서로 잘 맞는지 계속 검사해야 한다. 코드를 변경할 때마다 사람이 직접 검사해야 하므로 검사 과정에서 실수하기 쉽다.

C 스타일 형식화 식의 두 번째 문제점은 형식화를 하기 전에 값을 살짝 변경해야 한다면(이런 경우가 꽤 많이 있다) 식을 읽기가 매우 어려워진다는 점이다. 다음 예제를 보면 부엌 찬장의 내용물을 변경하지 않고 열거했다.[*]

```
pantry = [
    ('아보카도', 1.25),
    ('바나나', 2.5),
    ('체리', 15),
]
for i, (item, count) in enumerate(pantry):
    print('#%d: %-10s = %.2f' % (i, item, count))
```

```
>>>
#0: 아보카도      = 1.25
#1: 바나나       = 2.50
#2: 체리        = 15.00
```

---

[*] 역주 결과로부터 형식화 문자열에서 한글(실제로는 유니코드 한중일 문자 모두) 문자열의 너비를 지정하는 경우 (겉으로 보기에) 제대로 작동하지 않을 수도 있음을 알 수 있다. https://stackoverflow.com/questions/4622357/how-to-control-padding-of-unicode-string-containing-east-asia-characters(단축 URL: https://bit.ly/3OSiKbn)를 보라.

이제 값을 조금 바꿔서 출력된 메시지를 좀 더 쓸모 있게 만들고 싶다. 이렇게 할 경우 형식화 식에 있는 tuple의 길이가 너무 길어져서 여러 줄에 나눠 써야 하는데, 그로 인해 가독성이 나빠진다.

```
for i, (item, count) in enumerate(pantry):
    print('#%d: %-10s = %d' % (
        i + 1,
        item.title(),
        round(count)))
```

```
>>>
#1: 아보카도      = 1
#2: 바나나        = 2
#3: 체리          = 15
```

형식화 식의 세 번째 문제점은 형식화 문자열에서 같은 값을 여러 번 사용하고 싶다면 튜플에서 같은 값을 여러 번 반복해야 한다는 점이다.

```
template = '%s는 음식을 좋아해. %s가 요리하는 모습을 봐요.'
name = '철수'
formatted = template % (name, name)
print(formatted)
```

```
>>>
철수는 음식을 좋아해. 철수가 요리하는 모습을 봐요.
```

이런 식으로 같은 값을 반복해야 하면, 형식화할 값을 살짝 변경해야 하는 경우 실수하기도 쉽고 코딩하기에도 성가시다. 예를 들어 다음 예제에서는 title() 메서드를 빼먹지 않고 여러 번 호출했지만, 어느 한 name에 대해서는 title() 메서드를 호출하고 다른 참조에 대해서는 메서드 호출을 잊어버릴 수도 있다. 그런 경우에는 두 이름 표기가 서로 일치하지 않게 된다.

```
name = '영희'
formatted = template % (name.title(), name.title())
```

```
print(formatted)

>>>
영희는 음식을 좋아해. 영희가 요리하는 모습을 봐요.
```

이런 문제를 해결하기 위해 파이썬의 % 연산자에는 튜플 대신 딕셔너리를 사용해 형식화하는 기능이 추가됐다. 딕셔너리의 키는 형식 지정자에 있는 키 (예: %(key)s)와 매치된다. 다음 예제에서는 이 기능을 사용해 출력에 아무런 영향을 주지 않으면서 형식화 식의 오른쪽에 있는 값의 순서를 바꿨다. 이렇게 앞에서 설명한 첫 번째 문제점을 해결할 수 있다.

```
key = 'my_var'
value = 1.234

old_way = '%-10s = %.2f' % (key, value)

new_way = '%(key)-10s = %(value).2f' % {
    'key': key, 'value': value}  # 원래 방식

reordered = '%(key)-10s = %(value).2f' % {
    'value': value, 'key': key}  # 바꾼 방식

assert old_way == new_way == reordered
```

형식화 식에 딕셔너리를 사용하면 여러 형식 지정자에 같은 키를 지정할 수 있어서 같은 값을 반복하지 않아도 되므로 앞에서 설명한 세 번째 문제점도 해결할 수 있다.

```
name = '철수'
template = '%s는 음식을 좋아해. %s가 요리하는 모습을 봐요.'

before = template % (name, name)  # 튜플
template = '%(name)s는 음식을 좋아해. %(name)s가 요리하는 모습을 봐요.'
after = template % {'name': name}  # 딕셔너리

assert before == after
```

하지만 딕셔너리 형식 문자열을 사용하면 다른 문제가 더 심해지거나 새로운 문제가 생긴다. 앞에서 설명한 두 번째 문제점인 값을 표시하기 전에 살짝 바꿔야 하는 경우, 형식화 연산자인 % 오른편에 딕셔너리 키와 콜론(:) 연산자가 추가됨에 따라 형식화 식이 더 길어지고 시각적으로 잡음이 더 많아진다. 다음 예제에서 이 문제점을 살펴보자. 같은 문자열을 형식화하면서 딕셔너리를 사용할 때와 사용하지 않을 때의 차이를 나타낸 것이다.

```python
for i, (item, count) in enumerate(pantry):
    before = '#%d: %-10s = %d' % (
        i + 1,
        item.title(),
        round(count))

    after = '#%(loop)d: %(item)-10s = %(count)d' % {
        'loop': i + 1,
        'item': item.title(),
        'count': round(count),
    }

    assert before == after
```

형식화 식에 딕셔너리를 사용하면 문장이 번잡스러워진다. 이런 번잡함이 파이썬 C 스타일 형식화 식의 네 번째 문제점이다. 각 키를 최소 두 번(한 번은 형식 지정자에, 다른 한 번은 딕셔너리 키에) 반복하게 된다. 키에 해당하는 값이 변수에 들어 있다면 변수 이름까지 세 번 이상 같은 이름을 반복해서 사용하게 될 수도 있다.

```python
# '를 이스케이프하는 방법을 보여주기 위해 일부러 원서 코드를 그대로 남겨둠
soup = 'lentil'
formatted = 'Today\'s soup is %(soup)s.' % {'soup': soup}
print(formatted)

>>>
Today's soup is lentil.
```

가독성을 해치는 문자를 제외하더라도, 이런 불필요한 중복으로 인해 딕셔너리를 사용하는 형식화 식이 너무 길어진다. 긴 형식화 식을 여러 줄에 걸쳐 써야만 하는 경우가 많다. 이때는 형식 문자열을 여러 줄로 나눠 써서 하나로 합치고, 형식화에 사용할 딕셔너리에 넣을 값을 한 줄에 하나씩 나열해야 한다.

```
menu = {
    'soup': 'lentil',
    'oyster': 'tongyoung',
    'special': 'schnitzel',
}
template = ('Today\'s soup is %(soup)s, '
            'buy one get two %(oyster)s oysters, '
            'and our special entrée is %(special)s.')
formatted = template % menu
print(formatted)

>>>
Today's soup is lentil, buy one get two tongyoung oysters, and
➡our special entrée is schnitzel.
```

이 형식화 식이 어떤 결과를 만드는지 이해하려면 코드를 위아래로 계속 훑어보면서 형식화 문자열과 딕셔너리를 뒤져야 한다. 이런 식의 불연속성 때문에 버그를 찾기 힘들고, 형식화에 사용할 값 중 일부를 약간 변경해야 할 경우 가독성이 더 나빠진다.

따라서 더 나은 방법이 있어야만 한다.

내장 함수 format과 str.format

파이썬 3부터는 %를 사용하는 오래된 C 스타일 형식화 문자열보다 더 표현력이 좋은 **고급 문자열 형식화** 기능이 도입됐다. 이 기능은 format 내장 함수를 통해 모든 파이썬 값에 사용할 수 있다. 예를 들어 다음 코드는 새로운 옵션

(천 단위 구분자를 표시할 때 쓰는 ,와 중앙에 값을 표시하는 ^)을 사용해 값을 형식화한다.

```
a = 1234.5678
formatted = format(a, ',.2f')
print(formatted)

b = 'my 문자열'
formatted = format(b, '^20s')
print('*', formatted, '*')

>>>
1,234.57
*       my 문자열        *
```

str 타입에 새로 추가된 format 메서드를 호출하면 여러 값에 대해 한꺼번에 이 기능을 적용할 수 있다. %d 같은 C 스타일 형식화 지정자를 사용하는 대신 위치 지정자 {}를 사용할 수 있다. 기본적으로 형식화 문자열의 위치 지정자는 format 메서드에 전달된 인자 중 순서상 같은 위치에 있는 인자를 가리킨다.

```
key = 'my_var'
value = 1.234

formatted = '{} = {}'.format(key, value)
print(formatted)

>>>
my_var = 1.234
```

각 위치 지정자에는 콜론 뒤에 형식 지정자를 붙여 넣어 문자열에 값을 넣을 때 어떤 형식으로 변환할지 정할 수 있다(모든 형식 지정자에 대한 정보를 보고 싶으면 help('FORMATTING') 참고).

```
formatted = '{:<10} = {:.2f}'.format(key, value)
print(formatted)
```

```
>>>
my_var     = 1.23
```

위치 지정자를 적용한 결과는 그 위치에 해당하는 값과 : 뒤에 있는 형식 지정자를 format 내장 함수에 전달해 얻은 결과(따라서 앞의 예에서 {:.2f}는 format(value, '.2f'))와 같다. 이 결과가 형식화된 전체 문자열의 해당 위치 지정자 부분을 대신한다. 특별 메서드인 __format__을 사용해 클래스별로 형식화 방식을 커스텀화할 수 있다.

C 스타일 형식화 문자열에서 % 문자를 표시하고 싶으면 %가 형식 지정자로 해석되지 않도록 %%로 이스케이프해야 한다. 마찬가지로 str.format을 사용할 때는 중괄호를 이스케이프해야 한다.

```
print('%.2f%%' % 12.5)
print('{} replaces {{}}'.format(1.23))
```

```
>>>
12.50%
1.23 replaces {}
```

위치 지정자 중괄호에 위치 인덱스, 즉 format 메서드에 전달된 인자의 순서를 표현하는 위치 인덱스를 전달할 수도 있다. 이렇게 하면 format에 넘기는 인자의 순서를 바꾸지 않아도 형식화 문자열을 사용해 형식화한 값의 출력 순서를 변경할 수 있다. 따라서 이 방식을 사용하면 앞에서 설명한 C 스타일 형식 문자열의 첫 번째 문제점을 해결할 수 있다.

```
formatted = '{1} = {0}'.format(key, value)
print(formatted)
```

```
>>>
1.234 = my_var
```

형식화 문자열 안에서 같은 위치 인덱스를 여러 번 사용할 수도 있다. 이렇게
하면 format에 넘기는 인자에 값을 여러 번 반복할 필요가 없다. 이로 인해
앞에서 설명한 C 스타일 형식 문자열의 세 번째 문제점도 해결된다.

```
formatted = '{0}는 음식을 좋아해. {0}가 요리하는 모습을 봐요.'.format(name)
print(formatted)
```

```
>>>
철수는 음식을 좋아해. 철수가 요리하는 모습을 봐요.
```

아쉽지만 새로운 format 메서드도 앞에서 설명한 두 번째 문제점은 해결하지
못한다. 따라서 형식화를 하기 전에 값을 조금 변경해야 하는 경우에는 코드
읽기가 어려워진다. C 스타일 형식화와 새로운 형식화는 가독성 면에서 거
의 차이가 없으며, 둘 다 읽기에 좋지 않다.

```
for i, (item, count) in enumerate(pantry):
    old_style = '#%d: %-10s = %d' % (
        i + 1,
        item.title(),
        round(count))

    new_style = '#{}: {:<10s} = {}'.format(
        i + 1,
        item.title(),
        round(count))

    assert old_style == new_style
```

str.format과 함께 사용하는 형식 지정자에는 딕셔너리 키나 리스트 인덱스
를 조합해 위치 지정자에 사용하거나 값을 유니코드나 repr 문자열로 변환하
는 등의 고급 옵션이 있다.

```
formatted = '첫 번째 글자는 {menu[oyster][0]!r}'.format(
    menu-menu)
print(formatted)
```

```
>>>
첫 번째 글자는 't'
```

하지만 이 기능도 앞에서 설명한 네 번째 문제점인 키가 반복되는 경우의 중
복을 줄여주지는 못한다. 예를 들어 C 스타일의 형식화 식과 format 메서드
에 키워드 인자를 넘기는 새로운 스타일의 형식화를 비교해보자.

```
old_template = (
    'Today\'s soup is %(soup)s, '
    'buy one get two %(oyster)s oysters, '
    'and our special entrée is %(special)s.')
old_formatted = template % {
    'soup': 'lentil',
    'oyster': 'tongyoung',
    'special': 'schnitzel',
}

new_template = (
    'Today\'s soup is {soup}, '
    'buy one get two {oyster} oysters, '
    'and our special entrée is {special}.')
new_formatted = new_template.format(
    soup='lentil',
    oyster=' tongyoung',
    special='schnitzel',
)
```

```
assert old_formatted == new_formatted
```

새 스타일은 딕셔너리에서 작은 따옴표를 조금 덜 사용하고, 형식 지정자에
서 문자를 조금 덜 써도 되기 때문에 잡음이 약간 적다. 게다가 딕셔너리 키
를 위치 지정자에 사용할 수 있는 고급 기능은 파이썬이 제공하는 표현력에

비하면 극히 일부에 불과하다. 위치 지정자의 표현력 부족으로 인해 생기는 제약이 너무 커서 str의 format 메서드의 가치를 떨어뜨린다.

이런 단점과 C 스타일 형식화 식의 문제점이 일부(두 번째 문제점과 네 번째 문제점) 남아 있으므로, 웬만하면 str.format 메서드를 사용하지 말 것을 권한다. 형식 지정자(콜론 다음에 오는 모든 내용)에 사용하는 새로운 미니 언어와 format 내장 함수를 사용하는 방법은 알아야 하지만, str.format의 나머지 부분은 파이썬이 새로 제공하는 **f-문자열**의 동작과 유용성을 이해하는 데 도움을 주는 역사적인 유물로 간주해야 한다.

인터폴레이션을 통한 형식 문자열

이 문제를 한 번에 완전히 해결하기 위해 파이썬 3.6부터는 **인터폴레이션**(interpolation)**을 통한 형식 문자열**(짧게 **f-문자열**이라고 부름)이 도입됐다. 이 새로운 언어 문법에서는 형식 문자열 앞에 f 문자를 붙여야 한다. 바이트 문자열 앞에 b 문자를 붙이고, 로(raw) 문자열(이스케이프하지 않아도 되는 문자열)에 r 문자를 붙이는 것과 비슷하다.

f-문자열은 형식 문자열의 표현력을 극대화하고, 앞에서 설명한 네 번째 문제점인 형식화 문자열에서 키와 값을 불필요하게 중복 지정해야 하는 경우를 없애준다. f-문자열은 형식화 식 안에서 현재 파이썬 영역에서 사용할 수 있는 모든 이름을 자유롭게 참조할 수 있도록 허용함으로써 이런 간결함을 제공한다.

```
key = 'my_var'
value = 1.234

formatted = f'{key} = {value}'
print(formatted)
```

```
>>>
my_var = 1.234
```

앞 절에서 살펴본 format 함수의 형식 지정자 안에서 콜론 뒤에 사용할 수 있는 내장 미니 언어를 f-문자열에도 사용할 수 있다. 값을 유니코드나 repr 문자열로 변환하는 기능 역시 사용할 수 있다.

```
formatted = f'{key!r:<10} = {value:.2f}'
print(formatted)
```

```
>>>
'my_var'    = 1.23
```

f-문자열을 사용한 형식화는 C 스타일 형식화 문자열에 % 연산자를 사용하는 경우나 str.format 메서드를 사용하는 경우보다 항상 더 짧다. 다음 예제에서는 모든 옵션을 짧은 순서로 나타냈으며, 길이를 비교하기 쉽게 대입 연산자의 오른쪽에 줄을 맞춰 표시했다.

```
f_string = f'{key:<10} = {value:.2f}'

c_tuple  = '%-10s = %.2f' % (key, value)

str_args = '{:<10} = {:.2f}'.format(key, value)

str_kw   = '{key:<10} = {value:.2f}'.format(key=key,
                                            value=value)

c_dict   = '%(key)-10s = %(value).2f' % {'key': key,
                                         'value': value}

assert c_tuple == c_dict == f_string
assert str_args == str_kw == f_string
```

f-문자열을 사용하면 위치 지정자 중괄호 안에 완전한 파이썬 식을 넣을 수 있다. 따라서 값을 약간 변경하고 싶을 때도 간결한 구문으로 표기할 수 있

으므로, 앞에서 설명한 두 번째 문제점을 해결한다. C 스타일 형식화나 str.
format 메서드를 사용하면 여러 줄이 필요한 형식화를 이제는 한 줄로 해결
할 수 있다.

```
for i, (item, count) in enumerate(pantry):
    old_style = '#%d: %-10s = %d' % (
        i + 1,
        item.title(),
        round(count))

    new_style = '#{}: {:<10s} = {}'.format(
        i + 1,
        item.title(),
        round(count))

    f_string = f'#{i+1}: {item.title():<10s} = {round(count)}'

    assert old_style == new_style == f_string
```

의미가 더 명확해진다면 연속된 문자열을 서로 연결해주는 기능(C 언어 문
자열의 기능과 비슷함)을 사용해 f-문자열을 여러 줄로 나눌 수도 있다. 이
렇게 작성한 코드는 한 줄짜리 코드보다 길지만, 다른 접근 방식으로 표현한
여러 줄짜리 코드보다 훨씬 더 깔끔하다.

```
for i, (item, count) in enumerate(pantry):
    print(f'#{i+1}: '
          f'{item.title():<10s} = '
          f'{round(count)}')

>>>
#1: 아보카도      = 1
#2: 바나나       = 2
#3: 체리        = 15
```

파이썬 식을 형식 지정자 옵션에 넣을 수도 있다. 예를 들어, 다음 코드에서는 출력할 숫자 개수를 하드코딩하는 대신 변수를 사용해 형식 문자열 안에 파라미터화했다.

```
places = 3
number = 1.23456
print(f'내가 고른 숫자는 {number:.{places}f}')
```

```
>>>
내가 고른 숫자는 1.235
```

f-문자열이 제공하는 표현력, 간결성, 명확성을 고려할 때 파이썬 프로그래머가 사용할 수 있는 형식화 옵션 중에서 f-문자열이 최고다. 값을 문자열로 형식화해야 하는 상황을 만나게 되면 다른 대안 대신 f-문자열을 택하라.

기억해야 할 내용

- % 연산자를 사용하는 C 스타일 형식화 문자열은 여러 가지 단점과 번잡성이라는 문제가 있다.
- `str.format` 메서드는 형식 지정자 미니 언어에서 유용한 개념 몇 가지를 새로 제공했다. 하지만 이를 제외하면 `str.format` 메서드도 C 스타일 형식 문자열의 문제점을 그대로 가지고 있으므로, 가능하면 `str.format` 사용을 피해야 한다.
- f-문자열은 값을 문자열 안에 넣는 새로운 구문으로, C 스타일 형식화 문자열의 가장 큰 문제점을 해결해준다.
- f-문자열은 간결하지만, 위치 지정자 안에 임의의 파이썬 식을 직접 포함시킬 수 있으므로 매우 강력하다.

BETTER WAY 5 복잡한 식을 쓰는 대신 도우미 함수를 작성하라

파이썬은 문법이 간결하므로 상당한 로직이 들어가는 식도 한 줄로 매우 쉽게 작성할 수 있다. 예를 들어 URL의 질의 문자열(query string)을 구문 분석 (parsing)하고 싶다고 하자. 여기서 각 질의 문자열 파라미터는 정수 값을 표현한다.

```
from urllib.parse import parse_qs

my_values = parse_qs('빨강=5&파랑=0&초록=',
                     keep_blank_values=True)
print(repr(my_values))
```

```
>>>
{'빨강': ['5'], '파랑': ['0'], '초록': ['']}
```

일부 질의 문자열 파라미터는 여러 값이 들어 있고, 일부 파라미터는 값이 하나만 들어 있으며, 일부 파라미터는 이름은 있지만 값이 비어 있고, 일부 파라미터는 아예 없을 수도 있다. 결과 딕셔너리에 get 메서드를 사용하면 상황에 따라 다른 값이 반환된다.

```
print('빨강:', my_values.get('빨강'))
print('초록:', my_values.get('초록'))
print('투명도:', my_values.get('투명도'))
```

```
>>>
빨강: ['5']
초록: ['']
투명도: None
```

파라미터가 없거나 비어 있을 경우 0이 디폴트 값으로 대입되면 좋을 것이다. 이런 로직을 처리하기 위해 완전한 if 문(statement)을 쓰거나 도우미 함수를 작성하는 것은 그다지 매력이 없으므로 if 식(expression)을 사용하면 좋을 것이다.

이러한 선택을 파이썬 문법은 너무나 쉽게 지원한다. 다음 코드는 빈 문자열, 빈 list, 0이 모두 암시적으로 False로 평가된다는 사실을 이용한 것이다. 다음 각 식은 왼쪽의 하위 식이 False인 경우 모두 or 연산자 오른쪽의 하위 식 값으로 계산된다.

```python
# 질의 문자열이 '빨강=5&파랑=0&초록='인 경우
red = my_values.get('빨강', [''])[0] or 0
green = my_values.get('초록', [''])[0] or 0
opacity = my_values.get('투명도', [''])[0] or 0
print(f'빨강: {red!r}')
print(f'초록: {green!r}')
print(f'투명도: {opacity!r}')
```

```
>>>
빨강: '5'
초록: 0
투명도: 0
```

'빨강'인 경우 my_values 딕셔너리 안에 키가 있기 때문에 작동한다. 키에 해당하는 값은 '5'라는 문자열이 유일한 원소로 들어 있는 list다. 이 '5'라는 문자열은 True로 평가되고, 그에 따라 red에는 or 식의 첫 번째 부분이 대입된다.

'초록'인 경우 my_values 딕셔너리 안에 키에 해당하는 값으로 list가 있기 때문에 작동한다. list에는 빈 문자열이 유일한 원소로 들어 있는데, 빈 문자열은 암묵적으로 False로 평가되고, 그에 따라 전체 식은 0으로 평가된다.

'투명도'인 경우는 my_values 딕셔너리 안에 키에 해당하는 값이 없으므로 작동한다. get 메서드는 딕셔너리 안에 키가 없을 때 두 번째 인자를 반환한다(Better way 16: 'in을 사용하고 딕셔너리 키가 없을 때 KeyError를 처리하기보다는 get을 사용하라' 참고). 여기서 디폴트 값은 빈 문자열이 유일한 원소로 있는 list다. 딕셔너리에서 '투명도'를 찾지 못하면 이 코드는 '초록'인 경우와 똑같은 일을 한다.

하지만 이 식은 읽기 어려운 데다 우리가 원하는 모든 기능을 제공하지도 못한다. 우리는 모든 파라미터 값을 정수로 변환해서 즉시 수식에 활용하길 바란다. 그렇게 하려면 각 식을 int 내장 함수로 감싸서 문자열을 정수로 구문 분석해야 한다.

```
red = int(my_values.get('빨강', [''])[0] or 0)
```

현재 이 코드는 너무 읽기 어렵고, 시각적 잡음이 많다. 즉, 코드를 이해하기 쉽지 않으므로, 코드를 새로 읽는 사람이 이 식이 실제로 어떤 일을 하는지 이해하기 위해 너무 많은 시간을 투자해야 한다. 코드를 짧게 유지하면 멋지기는 하지만, 모든 내용을 한 줄에 우겨 넣기 위해 노력할 만큼의 가치는 없다.

파이썬에는 코드를 간결하게 유지하면서 이런 경우를 명확하게 표현할 수 있는 if/else 조건식(또는 삼항 조건식)이 있다.

```
red_str = my_values.get('빨강', [''])
red = int(red_str[0]) if red_str[0] else 0
```

이 코드가 더 좋다. 또한, 덜 복잡한 경우라면 if/else 조건식이 코드를 아주 명확하게 해줄 것이다. 하지만 앞의 예제는 다음과 같이 여러 줄로 나눠 쓴 완전한 if/else 문보다는 아직 덜 명확하다. 모든 로직을 분리한 다음 코드를 살펴보면, 이전에 본 농축된 버전이 더 복잡해 보이기까지 한다.

```
green_str = my_values.get('초록', [''])
if green_str[0]:
    green = int(green_str[0])
else:
    green = 0
```

이 로직을 반복 적용하려면 (이 예제처럼 단지 두세 번에 불과할지라도) 꼭 도우미 함수를 작성해야 한다.

```
def get_first_int(values, key, default=0):
    found = values.get(key, [''])
    if found[0]:
        return int(found[0])
    return default
```

도우미 함수 호출을 사용해 작성한 코드는 앞에서 본 복잡한 버전이나 두 줄짜리 if/else 식 버전보다 훨씬 명확하다.

```
green = get_first_int(my_values, '초록')
```

식이 복잡해지기 시작하면 바로 식을 더 작은 조각으로 나눠서 로직을 도우미 함수로 옮길지 고려해야 한다. 여러분이 아무리 짧게 줄여 쓰는 것을 좋아한다 해도, 코드를 줄여 쓰는 것보다 가독성을 좋게 하는 것이 더 가치 있다. 복잡한 식을 표현할 수 있는 파이썬의 함축적인 문법이 이런 지저분한 코드를 만들어내지 않도록 하라. '반복하지 말라(Don't Repeat Yourself)'는 뜻의 DRY 원칙을 따르라.

기억해야 할 내용

- 파이썬 문법을 사용하면 아주 복잡하고 읽기 어려운 한 줄짜리 식을 쉽게 작성할 수 있다.
- 복잡한 식을 도우미 함수로 옮겨라. 특히 같은 로직을 반복해 사용할 때는 도우미 함수를 꼭 사용하라.
- 불(boolean) 연산자 or나 and를 식에 사용하는 것보다 if/else 식을 쓰는 편이 더 가독성이 좋다.

BETTER WAY 6 인덱스를 사용하는 대신 대입을 사용해 데이터를 언패킹하라

파이썬에는 값으로 이뤄진 불변(immutable) 순서쌍을 만들어낼 수 있는 tuple 내장 타입이 있다. 가장 짧은 튜플은 딕셔너리의 키-값 쌍과 비슷하게 두 값 으로 이뤄진다.

```
snack_calories = {
    '감자칩': 140,
    '팝콘': 80,
    '땅콩': 190,
}
items = tuple(snack_calories.items())
print(items)
```

```
>>>
(('감자칩', 140), ('팝콘', 80), ('땅콩', 190))
```

튜플에 있는 값은 숫자 인덱스를 사용해 접근할 수 있다.

```
item = ('호박엿', '식혜')
first = item[0]
second = item[1]
print(first, '&', second)
```

```
>>>
호박엿 & 식혜
```

일단 튜플이 만들어지면, 인덱스를 통해 새 값을 대입해서 튜플을 변경할 수 는 없다.

```
pair = ('약과', '호박엿')
pair[0] = '타래과'
```

```
>>>
Traceback ...
TypeError: 'tuple' object does not support item assignment
```

파이썬에는 **언패킹**(unpacking)(풀기) 구문이 있다. 언패킹 구문을 사용하면 한 문장 안에서 여러 값을 대입할 수 있다. 언패킹 문에 사용한 패턴은 튜플을 변경하려고 시도할 때 사용한 구문, 즉 파이썬이 허용하지 않았던 구문과 아주 비슷하지만, 두 구문은 매우 다르게 작동한다. 예를 들어 튜플이 쌍이라는 사실을 알고 있으면, 인덱스를 사용해 각 값에 접근하는 대신 이 튜플을 두 변수 이름으로 이뤄진 튜플에 대입할 수 있다.

```python
item = ('호박엿', '식혜')
first, second = item  # 언패킹
print(first, '&', second)
```

```
>>>
호박엿 & 식혜
```

언패킹은 튜플 인덱스를 사용하는 것보다 시각적인 잡음이 적다. 리스트, 시퀀스, 이터러블(iterable) 안에 여러 계층으로 이터러블이 들어간 경우 등 다양한 패턴을 언패킹 구문에 사용할 수 있다. 다음과 같이 코드를 작성하는 것을 추천하지는 않지만, 이런 코드도 가능하다는 사실을 알고 어떻게 작동하는지 이해하는 것은 중요하다.

```python
favorite_snacks = {
    '짭조름한 과자': ('프레즐', 100),
    '달콤한 과자': ('쿠키', 180),
    '채소': ('당근', 20),
}

((type1, (name1, cals1)),
 (type2, (name2, cals2)),
 (type3, (name3, cals3))) = favorite_snacks.items()

print(f'제일 좋아하는 {type1} 는 {name1}, {cals1} 칼로리입니다.')
print(f'제일 좋아하는 {type2} 는 {name2}, {cals2} 칼로리입니다.')
print(f'제일 좋아하는 {type3} 는 {name3}, {cals3} 칼로리입니다.')
```

```
>>>
```
제일 좋아하는 짭조름한 과자 는 프레즐, 100 칼로리입니다.
제일 좋아하는 달콤한 과자 는 쿠키, 180 칼로리입니다.
제일 좋아하는 채소 는 당근, 20 칼로리입니다.

파이썬 초보자는 언패킹을 사용하면 임시 변수를 정의하지 않고도 값을 맞바
꿀 수 있다는 사실에 놀랄지도 모른다. 다음 코드는 오름차순 정렬 알고리즘
에서 전형적인 인덱스 구문(그리고 임시 변수)을 사용해 list의 두 위치에 있
는 원소를 서로 맞바꾼다.

```python
def bubble_sort(a):
    for _ in range(len(a)):
        for i in range(1, len(a)):
            if a[i] < a[i-1]:
                temp = a[i]
                a[i] = a[i-1]
                a[i-1] = temp

names = ['프레즐', '당근', '쑥갓', '베이컨']
bubble_sort(names)
print(names)
```

```
>>>
['당근', '베이컨', '쑥갓', '프레즐']
```

하지만 언패킹 구문을 사용하면 한 줄로 두 인덱스가 가리키는 원소를 서로
맞바꿀 수 있다.

```python
def bubble_sort(a):
    for _ in range(len(a)):
        for i in range(1, len(a)):
            if a[i] < a[i-1]:
                a[i-1], a[i] = a[i], a[i-1]  # 맞바꾸기

names = ['프레즐', '당근', '쑥갓', '베이컨']
```

```
bubble_sort(names)
print(names)
```

```
>>>
['당근', '베이컨', '쑥갓', '프레즐']
```

어떻게 이런 맞바꾸기가 가능한지 살펴보자. 우선 대입문의 우항(a[i], a[i-1])이 계산되고, 그 결괏값이 이름이 없는 새로운 tuple(위 루프가 맨 처음 반복될 때라면 ('carrots', 'pretzels')와 같음)에 저장된다. 그 후 대입문의 좌항에 있는 언패킹 패턴(a[i-1], a[i])을 통해 임시 tuple에 있는 값이 a[i-1]과 a[i]라는 변수에 각각 저장된다. 따라서 0번 인덱스의 'pretzels'는 'carrots'로 바뀌고, 1번 인덱스의 'carrots'는 'pretzels'로 바뀐다. 마지막으로 이름이 없는 임시 tuple이 조용히 사라진다.

언패킹의 용례 중에서 또 한 가지 쓸모 있는 것으로 for 루프 또는 그와 비슷한 다른 요소(컴프리헨션(comprehension)이나 제너레이터 식)의 대상인 리스트의 원소를 언패킹하는 것이 있다(Better way 27: 'map과 filter 대신 컴프리헨션을 사용하라' 참고). 비교를 위해 먼저 언패킹을 사용하지 않고 간식이 들어 있는 list에 대해 이터레이션(iteration)하는 코드를 살펴보자.

```
snacks = [('베이컨', 350), ('도넛', 240), ('머핀', 190)]
for i in range(len(snacks)):
    item = snacks[i]
    name = item[0]
    calories = item[1]
    print(f'#{i+1}: {name} 은 {calories} 칼로리입니다.')
```

```
>>>
#1: 베이컨 은 350 칼로리입니다.
#2: 도넛 은 240 칼로리입니다.
#3: 머핀 은 190 칼로리입니다.
```

잘 작동하지만 잡음이 많다. snacks 구조 내부의 깊숙한 곳에 있는 데이터를 인덱스로 찾으려면 코드가 길어진다. 다음 예제는 enumerate 내장 함수(Better way 7: 'range보다는 enumerate를 사용하라' 참고)와 언패킹을 사용해 똑같은 출력을 만들었다.

```
for rank, (name, calories) in enumerate(snacks, 1):
    print(f'#{rank}: {name} 은 {calories} 칼로리입니다.')
```

```
>>>
#1: 베이컨 은 350 칼로리입니다.
#2: 도넛 은 240 칼로리입니다.
#3: 머핀 은 190 칼로리입니다.
```

이런 식의 루프가 필요할 때는 이 방법이 파이썬다운 방식이다. 코드가 더 짧고 이해하기도 쉽다. 일반적으로는 인덱스를 사용해 무언가에 접근할 필요가 전혀 없다.

파이썬은 list 구조(Better way 13: '슬라이싱보다는 나머지를 모두 잡아내는 언패킹을 사용하라' 참고), 함수 인자(Better way 22: '변수 위치 인자를 사용해 시각적인 잡음을 줄여라' 참고), 키워드 인자(Better way 23: '키워드 인자로 선택적인 기능을 제공하라' 참고), 다중 반환 값(Better way 19: '함수가 여러 값을 반환하는 경우 절대로 네 값 이상을 언패킹하지 말라' 참고) 등에 대한 언패킹 기능도 제공한다.

언패킹을 현명하게 사용하면 가능한 한 인덱스 사용을 피할 수 있고, 더 명확하고 파이썬다운 코드를 만들 수 있다.

기억해야 할 내용

- 파이썬은 한 문장 안에서 여러 값을 대입할 수 있는 언패킹이라는 특별한 문법을 제공한다.

- 파이썬 언패킹은 일반화돼 있으므로 모든 이터러블에 적용할 수 있다. 그리고 이터러블이 여러 계층으로 내포된 경우에도 언패킹을 적용할 수 있다.
- 인덱스를 사용해 시퀀스 내부에 접근하는 대신 언패킹을 사용해 시각적인 잡음을 줄이고 코드를 더 명확하게 만들라.

BETTER WAY **7** range보다는 enumerate를 사용하라

range 내장 함수는 어떤 정수 집합을 이터레이션하는 루프가 필요할 때 유용하다.

```
from random import randint

random_bits = 0
for i in range(32):
    if randint(0, 1):
        random_bits |= 1 << i

print(bin(random_bits))
```

```
>>>
0b11101000100100000111000010000001
```

문자열로 이뤄진 list처럼 이터레이션할 대상 데이터 구조가 있으면 이 시퀀스에 대해 바로 루프를 돌 수 있다.

```
flavor_list = ['바닐라', '초콜릿', '피칸', '딸기']
for flavor in flavor_list:
    print (f'{flavor} 맛있어요.')
```

```
>>>
바닐라 맛있어요.
초콜릿 맛있어요.
피칸 맛있어요.
딸기 맛있어요.
```

리스트를 이터레이션하면서 리스트의 몇 번째 원소를 처리 중인지 알아야 할
때가 있다. 예를 들어 아이스크림 맛의 선호도 순위를 출력하고 싶다고 하
자. 이때 range를 사용하는 방법도 있다.

```
for i in range(len(flavor_list)):
    flavor = flavor_list[i]
    print(f'{i + 1}: {flavor}')
```

```
>>>
1: 바닐라
2: 초콜릿
3: 피칸
4: 딸기
```

flavor_list나 range에 대해 이터레이션을 수행하는 다른 예제와 비교해보면
이 코드는 투박해 보인다. list의 길이를 알아야 하고, 인덱스를 사용해 배열
원소에 접근해야 한다. 이렇게 단계가 여러 개이므로 코드를 읽기 어렵다.

파이썬은 이런 문제를 해결할 수 있는 enumerate 내장 함수를 제공한다.
enumerate는 이터레이터를 지연 계산 제너레이터(lazy generator)로 감싼다
(Better way 30: '리스트를 반환하기보다는 제너레이터를 사용하라' 참고).
enumerate는 루프 인덱스와 이터레이터의 다음 값으로 이뤄진 쌍을 넘겨준다
(yield). 다음 코드는 next 내장 함수를 사용해 다음 원소를 가져온다. 이로부
터 enumerate가 반환한 이터레이터가 어떻게 동작하는지 볼 수 있다.

```
it = enumerate(flavor_list)
print(next(it))
print(next(it))
```

```
>>>
(0, '바닐라')
(1, '초콜릿')
```

enumerate가 넘겨주는 각 쌍을 for 문에서 간결하게 언패킹할 수 있다 (Better way 6: '인덱스를 사용하는 대신 대입을 사용해 데이터를 언패킹하라' 참고). 이로써 코드가 훨씬 깔끔해진다.

```
for i, flavor in enumerate(flavor_list):
    print(f'{i + 1}: {flavor}')
```

```
>>>
1: 바닐라
2: 초콜릿
3: 피칸
4: 딸기
```

enumerate의 두 번째 파라미터로 어디부터 수를 세기 시작할지 지정할 수 있다(다음 코드에서는 1). 이를 활용하면 코드를 더 깔끔하게 만들 수도 있다.

```
for i, flavor in enumerate(flavor_list, 1):
    print(f'{i}: {flavor}')
```

기억해야 할 내용

- enumerate를 사용하면 이터레이터에 대해 루프를 돌면서 이터레이터에서 가져오는 원소의 인덱스까지 얻는 코드를 간결하게 작성할 수 있다.
- range에 대해 루프를 돌면서 시퀀스의 원소를 인덱스로 가져오기보다는 enumerate를 사용하라.
- enumerate의 두 번째 파라미터로 어디부터 원소를 가져오기 시작할지 지정할 수 있다 (디폴트 값은 0이다).

BETTER WAY 8 여러 이터레이터에 대해 나란히 루프를 수행하려면 zip을 사용하라

파이썬에서는 관련된 객체가 들어 있는 리스트를 다수 다루는 경우가 자주 있다. 리스트 컴프리헨션을 사용하면 소스 list에서 새로운 list를 파생시키기 쉽다(Better way 27: 'map과 filter 대신 컴프리헨션을 사용하라' 참고).

```
names = ['Cecilia', '남궁민수', '毛澤東']
counts = [len(n) for n in names]
print(counts)
```

```
>>>
[7, 4, 3]
```

만들어진 list의 각 원소는 소스 list에서 같은 인덱스 위치에 있는 원소와 관련이 있다. 두 리스트를 동시에 이터레이션할 경우 names 소스 리스트의 길이를 사용해 이터레이션할 수 있다.

```
longest_name = None
max_count = 0

for i in range(len(names)):
    count = counts[i]
    if count > max_count:
        longest_name = names[i]
        max_count = count

print(longest_name)
```

```
>>>
Cecilia
```

문제는 이 루프가 시각적으로 잡음이 많다는 것이다. 인덱스를 사용해 names 와 counts의 원소를 찾는 과정이 코드를 읽기 어렵게 만든다. 배열 인덱스 i

를 사용해 배열 원소를 가져오는 연산이 두 번 일어난다. enumerate를 사용하면(Better way 7: 'range보다는 enumerate를 사용하라' 참고) 약간 나아지지만, 이 코드도 여전히 이상적이지는 않다.

```python
for i, name in enumerate(names):
    count = counts[i]
    if count > max_count:
        longest_name = name
        max_count = count
```

이런 코드를 더 깔끔하게 만들 수 있도록 파이썬은 zip이라는 내장 함수를 제공한다. zip은 둘 이상의 이터레이터를 지연 계산 제너레이터를 사용해 묶어준다. zip 제너레이터는 각 이터레이터의 다음 값이 들어 있는 튜플을 반환한다. 이 튜플을 for 문에서 바로 언패킹할 수 있다(Better way 6: '인덱스를 사용하는 대신 대입을 사용해 데이터를 언패킹하라' 참고). 이렇게 만든 코드는 인덱스를 사용해 여러 리스트의 원소에 접근하는 코드보다 훨씬 깔끔하다.

```python
for name, count in zip(names, counts):
    if count > max_count:
        longest_name = name
        max_count = count
```

zip은 자신이 감싼 이터레이터 원소를 하나씩 소비한다. 따라서 메모리를 다 소모해서 프로그램이 중단되는 위험 없이 아주 긴 입력도 처리할 수 있다.

하지만 입력 이터레이터의 길이가 서로 다를 때는 zip이 어떻게 동작하는지에 주의해야 한다. 예를 들어 names에 다른 원소를 추가하고 count를 갱신하는 것은 잊어버렸다고 하자. 두 입력 리스트에 대해 zip을 실행하면 예상과 다른 결과가 나온다.

```
names.append('Rosalind')
for name, count in zip(names, counts):
    print(name)
```

```
>>>
Cecilia
남궁민수
毛泽东
```

새로 추가한 원소인 'Rosalind'에 대한 출력은 없다. 왜 없을까? zip이 그렇게 동작하기 때문이다. zip은 자신이 감싼 이터레이터 중 어느 하나가 끝날 때까지 튜플을 내놓는다. 따라서 출력은 가장 짧은 입력의 길이와 같다. 입력 이터레이터의 길이가 모두 같다면 이 방식이 잘 작동한다. 리스트 컴프리헨션으로 리스트를 파생시킨 경우 각 리스트의 길이가 같은 경우가 많다.

하지만 긴 이터레이터의 뒷부분을 버리는 zip 기능이 바람직하지 못할 때도 있다. zip에 전달한 리스트의 길이가 같지 않을 것으로 예상한다면 itertools 내장 모듈에 들어 있는 zip_longest를 대신 사용하는 것을 고려하라.

```
import itertools
```

```
for name, count in itertools.zip_longest(names, counts):
    print(f'{name}: {count}')
```

```
>>>
Cecilia: 7
남궁민수: 4
毛泽东: 3
Rosalind: None
```

zip_longest는 존재하지 않는 값(여기서는 counts 리스트에서 'Rosalind' 문자열의 길이에 해당하는 값)을 자신에게 전달된 fillvalue로 대신한다. 디폴트 fillvalue는 None이다.

- zip 내장 함수를 사용해 여러 이터레이터를 나란히 이터레이션할 수 있다.
- zip은 튜플을 지연 계산하는 제너레이터를 만든다. 따라서 무한히 긴 입력에도 zip을 쓸 수 있다.
- 입력 이터레이터의 길이가 서로 다르면 zip은 아무런 경고도 없이 가장 짧은 이터레이터 길이까지만 튜플을 내놓고 더 긴 이터레이터의 나머지 원소는 무시한다.
- 가장 짧은 이터레이터에 맞춰 길이를 제한하지 않고 길이가 서로 다른 이터레이터에 대해 루프를 수행하려면 itertools 내장 모듈의 zip_longest 함수를 사용하라.

BETTER WAY **9** for나 while 루프 뒤에 else 블록을 사용하지 말라

파이썬 루프는 대부분의 다른 프로그래밍 언어가 제공하지 않는 기능을 제공한다. 파이썬에서는 루프가 반복 수행하는 내부 블록 바로 다음에 else 블록을 추가할 수 있다.

```
for i in range(3):
    print('Loop', i)
else:
    print('Else block!')
```

```
>>>
Loop 0
Loop 1
Loop 2
Else block!
```

놀랍게도 else 블록은 루프가 끝나자마자 실행된다. 그렇다면 왜 이 블록의 시작이 'and'가 아니고 'else'일까? if/else 문에서 else는 '이 블록 앞의 블록이 실행되지 않으면 이 블록을 실행하라'는 뜻이다. try/except 문에서 except도 마찬가지로 '이 블록 앞의 블록을 시도하다가 예외가 발생하면 이 블록을 실행하라'는 뜻이다.

또한, try/except/else도 이런 패턴을 따른다(Better way 65: 'try/except/else/finally의 각 블록을 잘 활용하라' 참고). 여기서 else는 '처리할 예외가 없는 경우에 이 블록을 실행하라'는 뜻이다. try/finally도 '앞의 블록을 실행한 다음에는 이 블록을 실행하라'는 뜻이므로 직관적이다.

파이썬에서 else, except, finally를 배운 프로그래머는 for/else의 else 부분을 '루프가 정상적으로 완료되지 않으면 이 블록을 실행하라'는 뜻으로 가정하기 쉽다. 하지만 실제 else 블록은 완전히 반대로 동작한다. 실제로 루프 안에서 break 문을 사용하면 else 블록이 실행되지 않는다.

```python
for i in range(3):
    print('Loop', i)
    if i == 1:
        break
else:
    print('Else block!')
```

```
>>>
Loop 0
Loop 1
```

또 놀라운 점은 빈 시퀀스에 대한 루프를 실행하면 else 블록이 바로 실행된다는 것이다.

```python
for x in []:
    print('이 줄은 실행되지 않음')
else:
    print('For Else block!')
```

```
>>>
For Else block!
```

while 루프의 조건이 처음부터 False인 경우(루프가 한 번도 실행되지 못하는 경우)에도 else 블록이 바로 실행된다.

```
while False:
    print('이 줄은 실행되지 않음')
else:
    print('While Else block!')
```

```
>>>
While Else block!
```

이런 식으로 동작하는 이유는 루프를 사용해 검색을 수행할 경우, 루프 바로 뒤에 있는 else 블록이 그와 같이 동작해야 유용하기 때문이다. 예를 들어 두 수가 서로소(두 수의 공약수가 1밖에 없음)인지 알아보고 싶다고 하자. 이런 경우에는 공약수일 가능성이 있는 모든 수를 이터레이션하면서 두 수를 나눌 수 있는지 검사하면 된다. 모든 가능성을 검사하고 나면 루프가 끝난다. 루프가 break를 만나지 않으면 두 수가 서로소이므로 else 블록이 실행된다.

```
a = 4
b = 9
```

```
for i in range(2, min(a, b) + 1):
    print('검사 중', i)
    if a % i == 0 and b % i == 0:
        print('서로소 아님')
        break
else:
    print('서로소')
```

```
>>>
검사 중 2
검사 중 3
검사 중 4
서로소
```

나라면 실전에서 이런 식으로 코드를 작성하지는 않을 것이다. 대신 이 계산을 수행하는 도우미 함수를 작성할 것이다. 도우미 함수는 일반적으로 두 가지 방법으로 작성할 수 있다.

첫 번째 방법은 원하는 조건을 찾자마자 빠르게 함수를 반환하는 방식이다. 루프를 빠져나가야 할 때 함수가 디폴트 출력을 반환한다.

```
def coprime(a, b):
    for i in range(2, min(a, b) + 1):
        if a % i == 0 and b % i == 0:
            return False
    return True

assert coprime(4, 9)
assert not coprime(3, 6)
```

두 번째 방법은 루프 안에서 원하는 대상을 찾았는지 나타내는 결과 변수를 도입하는 것이다. 원하는 대상을 찾자마자 break로 루프를 빠져나온다.

```
def coprime_alternate(a, b):
    is_coprime = True
    for i in range(2, min(a, b) + 1):
        if a % i == 0 and b % i == 0:
            is_coprime = False
            break
    return is_coprime

assert coprime_alternate(4, 9)
assert not coprime_alternate(3, 6)
```

두 접근 방법 모두 코드를 처음 보는 사람에게는 훨씬 더 명확해 보인다. 상황에 따라 둘 다 좋은 선택이 될 수 있다. 하지만 else 블록을 사용함으로써 얻을 수 있는 표현력보다는 미래에 이 코드를 이해하려는 사람들(자신 포함)이 느끼게 될 부담감이 더 크다. 파이썬에서 루프와 같은 간단한 구성 요소는 그 자체로 의미가 명확해야 한다. 따라서 절대로 루프 뒤에 else 블록을 사용하지 말아야 한다.

BETTER WAY 10 대입식을 사용해 반복을 피하라

대입식은 영어로 assignment expression이며 **왈러스 연산자**(walrus operator)라고도 부른다. 이 대입식은 파이썬 언어에서 고질적인 코드 중복 문제를 해결하고자 파이썬 3.8에서 새롭게 도입된 구문이다. 일반 대입문(assignment statement)은 a = b라고 쓰며 'a 이퀄(equal) b'라고 읽지만, 왈러스 연산자는 a := b라고 쓰며 'a **왈러스** b'라고 읽는다('왈러스'라는 이름은 :=이 바다코끼리(walrus)의 눈과 엄니처럼 보이기 때문에 붙여졌다).

대입식은 대입문이 쓰일 수 없는 위치에서 변수에 값을 대입할 수 있으므로 유용하다. 예를 들어 if 문의 조건식 안에서 대입식을 쓸 수 있다. 대입식의 값은 왈러스 연산자 왼쪽에 있는 식별자에 대입된 값으로 평가된다.

예를 들어 주스 바에서 사용할 신선한 과일 바구니를 관리한다고 하자. 과일 바구니의 내용물을 정의하면 다음과 같다.

```
fresh_fruit = {
    '사과': 10,
    '바나나': 8,
    '레몬': 5,
}
```

고객이 레모네이드를 주문했다면 과즙을 낼 레몬이 과일 바구니에 최소 하나는 있어야 한다. 다음은 레몬의 개수를 읽어와서 그 값이 0이 아닌지 검사하는 코드다.

```python
def make_lemonade(count):
    ...

def out_of_stock():
    ...

count = fresh_fruit.get('레몬', 0)
if count:
    make_lemonade(count)
else:
    out_of_stock()
```

간단해 보이는 이 코드의 문제점은 필요 이상으로 잡음이 많다는 것이다. count 변수는 if 문의 첫 번째 블록 안에서만 쓰인다. if 앞에서 count를 정의하면 else 블록이나 그 이후의 코드에서 count 변수에 접근해야 할 필요가 있는 것처럼 보이기 때문에 실제보다 변수가 중요해 보인다. 하지만 그렇지 않다.

파이썬에서는 이런 식으로 값을 가져와서 그 값이 0이 아닌지 검사한 후 사용하는 패턴이 자주 발생한다. count가 여러 번 쓰이는 경우를 해결하기 위해 많은 개발자가 가독성을 해치는 갖가지 꼼수를 사용해왔다(Better way 5: '복잡한 식을 쓰는 대신 도우미 함수를 작성하라' 참고). 다행히 대입식이 파이썬에 추가되면서 이런 유형의 코드를 콕 집어서 제대로 처리할 수 있게 됐다. 다음은 앞에서 본 예제를 왈러스 연산자로 다시 쓴 코드다.

```python
if count := fresh_fruit.get('레몬', 0):
    make_lemonade(count)
else:
    out_of_stock()
```

한 줄 더 짧기도 하지만, count가 if 문이 첫 번째 블록에서만 의미가 있다는 점이 명확히 보이기 때문에 이 코드가 더 읽기 쉽다. 대입 연산자는 우선 count 변수에 값을 대입하고, if 문의 맥락에서 대입된 값을 평가해 프로그램 흐름을 어떻게 제어할지 판단한다. 이런 두 단계의 동작(대입 후 평가)이 왈러스 연산자의 핵심이다.

레몬은 신맛이 강하기 때문에 레모네이드에는 레몬을 하나만 쓴다. 따라서 0이 아닌지 검사하는 것으로 충분하다. 하지만 고객이 사과 주스를 주문한다면 사과가 최소 네 개는 필요하다. 다음 코드에서는 fruit_basket 딕셔너리에서 count를 가져와 if 문의 조건식에서 비교를 수행한다.

```
def make_cider(count):
    ...

count = fresh_fruit.get('사과', 0)
if count >= 4:
    make_cider(count)
else:
    out_of_stock()
```

이 코드도 레모네이드의 첫 번째 예제와 마찬가지로 count 대입이 변수를 쓸데없이 너무 강조한다. 이 코드를 왈러스 연산자를 사용해 다음과 같이 더 명확하게 쓸 수 있다.

```
if (count := fresh_fruit.get('사과', 0)) >= 4:
    make_cider(count)
else:
    out_of_stock()
```

이 코드는 예상대로 작동하고 코드도 한 줄 짧다. if 문에서 대입 결과와 4를 비교하기 위해 대입식을 괄호로 둘러싸야 한다는 점이 중요하다. 레모네이드 예제에서는 대입식이 다른 큰 식의 하위 식이 아니라, if 문의 조건에서 대입식 자체가 0이 아닌지 비교하는 데 쓰였으므로 괄호가 필요하지 않았다. 다른 식과 마찬가지로 가능하면 대입식 주변에 괄호를 쓰는 일을 피해야 한다.

이런 반복적인 패턴의 변종으로, 조건에 따라 현재 위치를 둘러싸는 영역에 있는 변수에 값을 대입하고 그 변수를 바로 함수 호출에 사용하는 경우를 들 수 있다. 예를 들어 고객이 바나나 스무디를 주문했다고 하자. 스무디를 만들려면 바나나 슬라이스가 최소 두 개는 필요하고, 슬라이스가 부족하면 OutOfBananas 예외를 발생시켜야 한다. 이 로직을 전형적인 방식으로 작성하면 다음과 같다.

```
def slice_bananas(count):
    ...

class OutOfBananas(Exception):
    pass

def make_smoothies(count):
    ...
pieces = 0
count = fresh_fruit.get('바나나', 0)
if count >= 2:
    pieces = slice_bananas(count)

try:
    smoothies = make_smoothies(pieces)
except OutOfBananas:
    out_of_stock()
```

로직을 수행하는 다른 방식은 pieces = 0 대입문을 else 블록에 넣는 것이다.

```
count = fresh_fruit.get('바나나', 0)
if count >= 2:
    pieces = slice_bananas(count)
else:
```

```
    pieces = 0

try:
    smoothies = make_smoothies(pieces)
except OutOfBananas:
    out_of_stock()
```

두 번째 방식은 pieces 변수가 두 위치(if 문을 이루는 두 블록)에서 정의되는 것처럼 보여서 조금 이상하게 느껴질 수 있다. 파이썬의 영역 규칙으로 인해(변수 영역과 클로저의 상호작용 방식을 이해하라) 이런 식으로 정의를 분리해도 기술적으로는 잘 작동하지만, 코드를 읽거나 변수 정의를 찾아내기는 쉽지 않다. 따라서 많은 사람이 pieces = 0 대입을 먼저 하는 첫 번째 방식을 선호한다.

왈러스 연산자를 사용하면 이 예제를 한 줄짜리 코드로 줄일 수 있다. 이 작은 개선으로 인해 count 변수가 더 이상 강조되지 않는다. 이제 pieces가 if 문 다음에도 중요하다는 사실이 명확해진다.

```
pieces = 0
if (count := fresh_fruit.get('바나나', 0)) >= 2:
    pieces = slice_bananas(count)

try:
    smoothies = make_smoothies(pieces)
except OutOfBananas:
    out_of_stock()
```

왈러스 연산자를 사용하면 pieces를 if 문의 두 부분에 나눠서 정의하는 코드의 가독성도 좋아진다. 이제는 count 정의가 if 문 앞에 없기 때문에 pieces 변수를 따라가기 쉬워진다.

```
if (count := fresh_fruit.get('바나나', 0)) >= 2:
    pieces = slice_bananas(count)
```

```
else:
    pieces = 0

try:
    smoothies = make_smoothies(pieces)
except OutOfBananas:
    out_of_stock()
```

파이썬에는 유연한 switch/case 문이 없다는 점도 파이썬을 처음 접한 프로그래머들을 자주 당황하게 만드는 원인 중 하나다. 파이썬에서 이런 유형의 기능을 흉내 내는 일반적인 스타일은 if, elif, else 문을 깊게 내포시키는 것이다.

예를 들어 현재 주스 바에서 만들 수 있는 주스 중 가장 좋은 주스를 고객에게 제공하고 싶다고 하자. 다음은 바나나 스무디를 가장 먼저 제공하고, 이어서 애플 주스, 마지막으로 레모네이드를 제공하기 위한 로직이다.

```
count = fresh_fruit.get('바나나', 0)
if count >= 2:
    pieces = slice_bananas(count)
    to_enjoy = make_smoothies(pieces)
else:
    count = fresh_fruit.get('사과', 0)
    if count >= 4:
        to_enjoy = make_cider(count)
    else:
        count = fresh_fruit.get('레몬', 0)
        if count:
            to_enjoy = make_lemonade(count)
        else:
            to_enjoy'= '아무것도 없음'
```

파이썬 코드에는 이와 같이 지저분한 요소가 놀랍도록 흔하다. 다행히 월러스 연산자를 사용하면 switch/case 문 같은 다중 선택 전용 구문과 거의 비슷한 느낌이 드는 우아한 해법을 만들 수 있다.

```
if (count := fresh_fruit.get('바나나', 0)) >= 2:
    pieces = slice_bananas(count)
    to_enjoy = make_smoothies(pieces)
elif (count := fresh_fruit.get('사과', 0)) >= 4:
    to_enjoy = make_cider(count)
elif count := fresh_fruit.get('레몬', 0):
    to_enjoy = make_lemonade(count)
else:
    to_enjoy = '아무것도 없음'
```

대입식을 사용하는 이 버전은 원래 문장보다 다섯 줄 정도 짧지만, 들여쓰기 와 내포가 줄어서 가독성은 훨씬 좋다. 여러분의 코드에서 못생긴 요소가 보이기 시작하면 왈러스 연산자를 사용해 가능한 한 그런 요소를 없애기 위해 노력할 것을 권장한다.

do/while 루프가 없다는 점도 초보 파이썬 프로그래머를 당황하게 만든다. 예를 들어, 신선한 과일이 배달돼서 이 과일을 모두 주스로 만든 후 병에 담기로 했다고 하자. 다음은 while 루프로 이 로직을 구현한 코드다.

```
def pick_fruit():
    ...

def make_juice(fruit, count):
    ...

bottles = []
fresh_fruit = pick_fruit()
while fresh_fruit:
    for fruit, count in fresh_fruit.items():
        batch = make_juice(fruit, count)
        bottles.extend(batch)
    fresh_fruit = pick_fruit()
```

이 코드는 fresh_fruit = pick_fruit() 호출을 두 번(한 번은 루프 직전에 초기화하면서 호출하고, 다른 한 번은 루프의 끝에서 배달받은 신선한 과일을 다시 선택하기 위해 호출한다)하므로 반복적이다.

이 상황에서 코드 재사용을 향상시키기 위한 전략은 **무한 루프-중간에서 끝내기**(loop-and-a-half) 관용어를 사용하는 것이다. 이 관용어를 사용하면 코드 반복을 없앨 수 있지만, while 루프를 맹목적인 무한 루프로 만들기 때문에 while 루프의 유용성이 줄어든다. 이 방식에서는 루프 흐름 제어가 모두 break 문에 달려 있다.

```
bottles = []
while True:             # 무한 루프
    fresh_fruit = pick_fruit()
    if not fresh_fruit:  # 중간에서 끝내기
        break

    for fruit, count in fresh_fruit.items():
        batch = make_juice(fruit, count)
        bottles.extend(batch)
```

왈러스 연산자를 사용하면 while 루프에서 매번 fresh_fruit 변수에 대입하고 조건을 검사할 수 있으므로 무한 루프-중간에서 끝내기 관용어의 필요성이 줄어든다. 이 해법이 더 짧고 읽기 쉽기 때문에 여러분은 코드에서 이 방식을 우선적으로 사용해야 한다.

```
bottles = []
while fresh_fruit := pick_fruit():
    for fruit, count in fresh_fruit.items():
        batch = make_juice(fruit, count)
        bottles.extend(batch)
```

대입식을 사용해 중복을 줄일 수 있는 다른 상황도 많다(Better way 29: '대입식을 사용해 컴프리헨션 안에서 반복 작업을 피하라' 참고). 일반적으로 몇 줄로 이뤄진 코드 그룹에서 같은 식이나 같은 대입문을 여러 번 되풀이하는 부분을 발견하면 가독성을 향상시키기 위해 대입식을 도입하는 것을 고려해 봐야 한다.

기억해야 할 내용

- 대입식에서는 왈러스 연산자(:=)를 사용해 하나의 식 안에서 변수 이름에 값을 대입하면서 이 값을 평가할 수 있고, 중복을 줄일 수 있다.
- 대입식이 더 큰 식의 일부분으로 쓰일 때는 괄호로 둘러싸야 한다.
- 파이썬에서는 switch/case 문이나 do/while 루프를 쓸 수 없지만, 대입식을 사용하면 이런 기능을 더 깔끔하게 흉내 낼 수 있다.

CHAPTER

2

리스트와 딕셔너리

많은 프로그램이 사람보다 기계가 하기에 더 적합한 반복적인 작업을 자동화
하고자 만들어졌다. 파이썬에서 이런 작업을 조직적으로 관리하는 가장 일
반적인 방법은 리스트(타입 이름은 list) 타입을 쓰는 것이다. 리스트는 아주
간편하며 다양한 문제를 해결하는 데 사용할 수 있다.

리스트를 자연스럽게 보완할 수 있는 타입이 딕셔너리(타입 이름은 dict) 타
입이다. 딕셔너리 타입은 검색에 사용할 키와 키에 연관된 값을 저장한다(일
반적으로 **해시 테이블**(hash table)이나 **연관 배열**(associative array)이라고 부르는
데이터 구조 안에 값을 저장한다). 딕셔너리는 (분할상환 복잡도*로) 상수 시
간에 원소를 삽입하고 찾을 수 있다. 따라서 동적인 정보를 관리하는 데는 딕
셔너리가 가장 이상적이다.

---

* 역주 분할상환(armotization) 방식으로 계산한 복잡도는 각 연산이 발생하는 빈도와 시간을 함께 고려해 평균적으
로 비용을 계산함으로써 산정한 복잡도를 말한다. 예를 들어, 해시 테이블의 경우 데이터 삽입은 중간중간 테이블을
재배치하기 위한 시간이 오래 걸릴 수 있다. 하지만 일반적으로 원소 읽기 연산이 원소 삽입보다 훨씬 더 많이 쓰이
기 때문에 평균적으로는 원소 삽입 시 가끔 일어나는 재배치에 걸리는 시간을 읽기 연산에서 얻는 이득이 상쇄한
다. 따라서 O(1)의 읽기 및 쓰기 시간이 걸린다고 볼 수 있다. 물론 계속 새로운 원소를 추가만 하고 검색을 하지 않
는다면 분할상환 복잡도를 계산할 때 연산 빈도에 대해 가정한 내용이 깨지기 때문에 딕셔너리가 그리 효율적이지
못할 수 있다.

파이썬은 리스트와 딕셔너리를 다룰 때 가독성을 좋게 하고 기능을 확장해주는 특별한 구문과 내장 모듈을 제공한다. 이로 인해 다른 언어가 제공하는 단순 배열, 벡터*, 해시 테이블 타입보다 훨씬 더 편리하게 딕셔너리와 해시 테이블을 쓸 수 있다.

BETTER WAY 11 시퀀스를 슬라이싱하는 방법을 익혀라

파이썬에는 시퀀스를 여러 조각(슬라이스(slice))으로 나누는 슬라이싱 구문이 있다. 슬라이싱을 사용하면 최소한의 노력으로 시퀀스에 들어 있는 아이템의 부분집합에 쉽게 접근할 수 있다. 어떤 파이썬 클래스에도 슬라이싱을 추가할 수 있다. __getitem__과 __setitem__ 특별 메서드를 구현하면 된다(Better way 43: '커스텀 컨테이너 타입은 collections.abc를 상속하라' 참고).

슬라이싱 구문의 기본 형태는 리스트[시작:끝]이다. 여기서 시작 인덱스에 있는 원소는 슬라이스에 포함되지만, 끝 인덱스에 있는 원소는 포함되지 않는다.

```
a = ['a', 'b', 'c', 'd', 'e', 'f', 'g', 'h']
print('가운데 2개:', a[3:5])
print('마지막을 제외한 나머지:', a[1:7])
```

```
>>>
가운데 2개: ['d', 'e']
마지막을 제외한 나머지: ['b', 'c', 'd', 'e', 'f', 'g']
```

---

* [역주] 필요에 따라 동적으로 크기를 늘리거나 줄일 수 있는 배열을 벡터(vector)라고 부른다. 일반적으로 연속된 배열을 쓰면서 동적으로 메모리를 할당/해제하는 방식으로 구현하거나 가지 수가 아주 많은(이를 가지뻗기 계수(branching factor)라고 부르며, 스칼라 벡터의 경우 매 노드마다 자식이 32개 있다) 트리를 사용해 벡터를 구현한다. 트리를 사용하는 경우 자식이 아주 많기 때문에 4~5단계만 내려가도 처리할 수 있는 원소 수가 기하급수적으로 증가하며, 이로 인해 실제 사용할 때는 거의 언제나 상수 시간에 가까운 복잡도를 얻을 수 있다.

리스트의 맨 앞부터 슬라이싱할 때는 시각적 잡음을 없애기 위해 0을 생략해야 한다.

```
assert a[:5] == a[0:5]
```

리스트의 끝까지 슬라이싱할 때는 쓸데없이 끝 인덱스를 적지 말라.

```
assert a[5:] == a[5:len(a)]
```

리스트의 끝에서부터 원소를 찾고 싶을 때는 음수 인덱스를 사용하면 된다. 다음 형태의 슬라이싱은 처음 읽는 사람이라 해도 뜻을 명확히 이해할 수 있을 것이다.

```
a[:]     # ['a', 'b', 'c', 'd', 'e', 'f', 'g', 'h']
a[:5]    # ['a', 'b', 'c', 'd', 'e']
a[:-1]   # ['a', 'b', 'c', 'd', 'e', 'f', 'g']
a[4:]    #                 ['e', 'f', 'g', 'h']
a[-3:]   #                      ['f', 'g', 'h']
a[2:5]   #           ['c', 'd', 'e']
a[2:-1]  #           ['c', 'd', 'e', 'f', 'g']
a[-3:-1] #                      ['f', 'g']
```

여기서 보여준 슬라이싱에는 놀랄 만한 부분이 없다. 따라서 이런 형태를 자주 사용해도 좋다.

슬라이싱할 때 리스트의 인덱스 범위를 넘어가는 시작과 끝 인덱스는 조용히 무시된다. 이런 동작 방식으로 인해 코드에서 입력 시퀀스를 다룰 때 원하는 최대 길이를 쉽게 지정할 수 있다.

```
first_twenty_items = a[:20]
last_twenty_items = a[-20:]
```

반면 같은 인덱스에 직접 접근하면 예외가 발생한다.

```
a[20]
```

```
>>>
Traceback ...
IndexError: list index out of range
```

> Note ≡ 슬라이싱할 때 음수 인덱스를 사용하면 놀랄 만한 결과가 몇 가지 생길 수 있
> 다는 점을 알아두라. 예를 들어 somelist[-n:]은 n이 0보다 큰 경우 잘 작동하지만(예:
> somelist[-3:]), n이 0이면 somelist[-0:]이라는 식이 somelist[:]과 같기 때문에 원래
> 의 리스트를 복사한 리스트를 얻는다.

리스트를 슬라이싱한 결과는 완전히 새로운 리스트이며, 원래 리스트에 대한
참조는 그대로 유지된다. 슬라이싱한 결과로 얻은 리스트를 변경해도 원래
리스트는 바뀌지 않는다.

```
b = a[3:]
print('이전:', b)
b[1] = 99
print('이후:', b)
print('변화 없음:', a)
```

```
>>>
이전: ['d', 'e', 'f', 'g', 'h']
이후: ['d', 99, 'f', 'g', 'h']
변화 없음: ['a', 'b', 'c', 'd', 'e', 'f', 'g', 'h']
```

대입에 슬라이스를 사용하면 원본 리스트에서 지정한 범위에 들어 있는 원소
를 변경한다. 언패킹 대입(예를 들면, a, b = c[:2])과 달리 슬라이스 대입에
서는 슬라이스와 대입되는 리스트의 길이가 같을 필요가 없다(언패킹 대입
은 Better way 6: '인덱스를 사용하는 대신 대입을 사용해 데이터를 언패킹
하라' 참고). 대입된 슬라이스 이전이나 이후에 있던 원소들은 그대로 유지된
다. 다음 코드에서는 리스트에 지정한 슬라이스 길이보다 대입되는 배열의
길이가 더 짧기 때문에 리스트가 줄어든다.

```
print('이전:', a)
a[2:7] = [99, 22, 14]
print('이후:', a)

>>>
이전: ['a', 'b', 'c', 'd', 'e', 'f', 'g', 'h']
이후: ['a', 'b', 99, 22, 14, 'h']
```

다음 코드에서는 리스트에 지정한 슬라이스 길이보다 대입되는 배열의 길이
가 더 길기 때문에 리스트가 늘어난다.

```
print('이전:', a)
a[2:3] = [47, 11]
print('이후:', a)

>>>
이전: ['a', 'b', 99, 22, 14, 'h']
이후: ['a', 'b', 47, 11, 22, 14, 'h']
```

슬라이싱에서 시작과 끝 인덱스를 모두 생략하면 원래 리스트를 복사한 새
리스트를 얻는다.

```
b = a[:]
assert b == a and b is not a
```

시작과 끝 인덱스가 없는 슬라이스에 대입하면 (새 리스트를 만들어내는 대
신) 슬라이스가 참조하는 리스트의 내용을 대입하는(연산자 오른쪽에 있는)
리스트의 복사본으로 덮어 쓴다.

```
b = a
print('이전 a:', a)
print('이전 b:', b)
a[:] = [101, 102, 103]
assert a is b          # 여전히 같은 리스트 객체임
print('이후 a:', a)     # 새로운 내용이 들어 있음
```

```
print('이후 b:', b)      # 같은 리스트 객체이기 때문에 a와 내용이 같음

>>>
이전 a: ['a', 'b', 47, 11, 22, 14, 'h']
이전 b: ['a', 'b', 47, 11, 22, 14, 'h']
이후 a: [101, 102, 103]
이후 b: [101, 102, 103]
```

기억해야 할 내용

- 슬라이싱할 때는 간결하게 하라. 시작 인덱스에 0을 넣거나, 끝 인덱스에 시퀀스 길이를 넣지 말라.
- 슬라이싱은 범위를 넘어가는 시작 인덱스나 끝 인덱스도 허용한다. 따라서 시퀀스의 시작이나 끝에서 길이를 제한하는 슬라이스(a[:20]이나 a[-20:])를 쉽게 표현할 수 있다.
- 리스트 슬라이스에 대입하면 원래 시퀀스에서 슬라이스가 가리키는 부분을 대입 연산자 오른쪽에 있는 시퀀스로 대치한다. 이때 슬라이스와 대치되는 시퀀스의 길이가 달라도 된다.

BETTER WAY **12** 스트라이드와 슬라이스를 한 식에 함께 사용하지 말라

기본 슬라이싱(Better way 11: '시퀀스를 슬라이싱하는 방법을 익혀라' 참고) 외에, 파이썬은 리스트[시작:끝:증가값]으로 (증가값으로 지정한) 일정한 간격을 두고 슬라이싱을 할 수 있는 특별한 구문을 제공한다. 이를 스트라이드(stride)라고 한다. 스트라이드를 사용하면 시퀀스를 슬라이싱하면서 매 n번째 원소만 가져올 수 있다. 예를 들어 스트라이드를 사용해 리스트에서 인덱스가 짝수인 그룹과 홀수인 그룹을 쉽게 나눌 수 있다.

```
x = ['빨강', '주황', '노랑', '초록', '파랑', '자주']
odds = x[::2]
evens = x[1::2]
print(odds)
print(evens)

>>>
['빨강', '노랑', '파랑']
['주황', '초록', '자주']
```

스트라이드를 사용하는 구문은 종종 예기치 못한 동작이 일어나서 버그를 야기할 수 있다는 단점이 있다. 예를 들어 파이썬에서 바이트 문자열을 역으로 뒤집는 가장 일반적인 기법은 -1을 증가값으로 사용해 문자열을 슬라이싱하는 것이다.

```
x = b'mongoose'
y = x[::-1]
print(y)

>>>
b'esoognom'
```

유니코드 문자열에서도 이런 기법이 잘 작동한다(Better way 3: 'bytes와 str의 차이를 알아두라' 참고).

```
x = '寿司'                    # 초밥(스시)을 뜻하는 일본어 한자
y = x[::-1]
print(y)

>>>
司寿
```

하지만 유니코드 데이터를 UTF-8로 인코딩한 문자열에서는 이 코드가 작동하지 않는다.[*]

```
w = '寿司'
x = w.encode('utf-8')
y = x[::-1]
z = y.decode('utf-8')
```

```
>>>
Traceback ...
UnicodeDecodeError: 'utf-8' codec can't decode byte 0xb8 in
position 0: invalid start byte
```

-1 말고 다른 음수 증가값이 유용할까? 다음 예제를 살펴보자.

```
x = ['a', 'b', 'c', 'd', 'e', 'f', 'g', 'h']
x[::2]    # ['a', 'c', 'e', 'g']
x[::-2]   # ['h', 'f', 'd', 'b']
```

여기서 ::2는 '시작부터 매 두 번째 원소를 선택한다'는 뜻이다. 또한, ::-2는
'끝에서 시작해 앞으로 가면서 매 두 번째 원소를 선택한다'는 뜻이다.

---

[*] 역주 유니코드 문자열과 유니코드 문자열을 utf-8로 인코딩한 바이트 문자열 사이의 차이를 명확히 아는 독자라면 여기에 표시된 오류가 전혀 이상하지 않을 것이다. utf-8 인코딩의 바이트 순서를 뒤집으면 원래 utf-8 인코딩 바이트 문자열 코드에서 2바이트 이상으로 이뤄졌던 문자들은 코드가 깨지기 때문에, 이 바이트 문자열을 유니코드 문자열로 디코딩할 수는 없다. 단, 모든 문자가 아스키 코드 범위에 들어가는 문자라면 아무 문제가 없을 수도 있다 (utf-8 인코딩에서 아스키 코드에 해당하는 글자들은 모두 아스키 코드와 같은 1바이트 값으로 인코딩된다).

```
w = 'abcZYX123'
x = w.encode('utf-8')
y = x[::-1]
z = y.decode('utf-8')
print(z)
```

```
>>>
'321XYZcba'
```

그렇다면 2::2는 무슨 뜻일까? 그리고 -2::-2, -2:2:-2, 2:2:-2 사이에는 어떤 차이가 있을까?

```
x[2::2]     # ['c', 'e', 'g']
x[-2::-2]   # ['g', 'e', 'c', 'a']
x[-2:2:-2]  # ['g', 'e']
x[2:2:-2]   # []
```

중요한 점은 슬라이싱 구문에 스트라이딩까지 들어가면 아주 혼란스럽다는 것이다. 각괄호 안에 수가 세 개나 들어 있으면 코드 밀도가 너무 높아서 읽기 어렵다. 게다가 증가값에 따라 시작값과 끝값이 어떤 역할을 하는지 불분명하다. 특히 증가값이 음수인 경우는 더 그렇다.

이런 문제를 방지하기 위해 시작값이나 끝값을 증가값과 함께 사용하지 말 것을 권한다. 증가값을 사용해야 하는 경우에는 양수값으로 만들고 시작과 끝 인덱스를 생략하라. 시작이나 끝 인덱스와 함께 증가값을 사용해야 한다면 스트라이딩한 결과를 변수에 대입한 다음 슬라이싱하라.

```
y = x[::2]   # ['a', 'c', 'e', 'g']
z = y[1:-1]  # ['c', 'e']
```

스트라이딩한 다음 슬라이싱을 하면 데이터를 한 번 더 얕게 복사(shallow copy)하게 된다. 첫 번째 연산은 결과 슬라이스의 크기를 가능한 한 줄일 수 있어야 한다. 프로그램이 이 두 단계 연산에 필요한 시간과 메모리를 감당할 수 없다면 itertools 내장 모듈의 islice 메서드를 고려하라(Better way 36: '이터레이터나 제너레이터를 다룰 때는 itertools를 사용하라' 참고). islice는 읽기에 더 깔끔하며 시작, 끝, 증가값에 음수를 사용할 수 없다.

- 슬라이스에 시작, 끝, 증가값을 함께 지정하면 코드의 의미를 혼동하기 쉽다.
- 시작이나 끝 인덱스가 없는 슬라이스를 만들 때는 양수 증가값을 사용하라. 가급적 음수 증가값은 피하라.
- 한 슬라이스 안에서 시작, 끝, 증가값을 함께 사용하지 말라. 세 파라미터를 모두 써야 하는 경우, 두 번 대입을 사용(한 번은 스트라이딩, 한 번은 슬라이싱)하거나 itertools 내장 모듈의 islice를 사용하라.

BETTER WAY 13 슬라이싱보다는 나머지를 모두 잡아내는 언패킹을 사용하라

기본 언패킹(Better way 6: '인덱스를 사용하는 대신 대입을 사용해 데이터를 언패킹하라' 참고)의 한 가지 한계점은 언패킹할 시퀀스의 길이를 미리 알고 있어야 한다는 것이다. 예를 들어 중고차 매매상에서 판매하는 자동차들이 출고 이후 몇 년 지났는지(자동차 나이)를 표현하는 리스트가 있다고 하자. 기본 언패킹으로 리스트 맨 앞에서 원소를 두 개 가져오면 실행 시점에 예외가 발생한다.

```
car_ages = [0, 9, 4, 8, 7, 20, 19, 1, 6, 15]
car_ages_descending = sorted(car_ages, reverse=True)
oldest, second_oldest = car_ages_descending
```

```
>>>
Traceback ...
ValueError: too many values to unpack (expected 2)
```

파이썬을 처음 사용하는 사람은 이런 상황에서 인덱스와 슬라이싱(Better way 11: '시퀀스를 슬라이싱하는 방법을 익혀라' 참고)을 자주 사용한다. 예를 들어, 다음은 원소가 최소 두 개 이상 들어 있는 리스트에서 가장 오래된 자동차와 두 번째로 오래된 자동차의 나이를 가져오는 코드다.

```
oldest = car_ages_descending[0]
second_oldest = car_ages_descending[1]
others = car_ages_descending[2:]
print(oldest, second_oldest, others)

>>>
20 19 [15, 9, 8, 7, 6, 4, 1, 0]
```

이 코드는 잘 작동하지만 모든 인덱스와 슬라이스로 인해 시각적으로 잡음이 많다. 실제로 이런 식으로 시퀀스의 원소를 여러 하위 집합으로 나누면 1 차이 나는 인덱스로 인한 오류(off-by-one error)*를 만들어내기 쉽다. 예를 들어 어느 한 줄에서 범위를 변경했는데 다른 줄을 깜빡하고 고치지 않으면 결과가 잘못되거나 예외가 발생할 수 있다.

이런 상황을 더 잘 다룰 수 있도록 파이썬은 **별표 식**(starred expression)을 사용해 모든 값을 담는 언패킹을 할 수 있게 지원한다. 이 구문을 사용하면 언패킹 패턴의 다른 부분에 들어가지 못하는 모든 값을 별이 붙은 부분에 다 담을 수 있다. 다음은 인덱스나 슬라이싱을 사용하지 않고 앞의 코드와 똑같은 일을 하는 코드다.

```
oldest, second_oldest, *others = car_ages_descending
print(oldest, second_oldest, others)

>>>
20 19 [15, 9, 8, 7, 6, 4, 1, 0]
```

이 코드는 더 짧고, 읽기 쉽고, 여러 줄 사이에 인덱스 경계 값이 어긋나서 오류가 발생할 여지도 없다.

---

* [역주] 3 이상 6 이하인 폐구간의 원소 개수는? 크기가 20인 리스트의 마지막 원소의 인덱스는? 13명을 네 명씩 그룹으로 만들 때 전체 그룹 숫자는? 이런 식으로 개수를 따질 때 실수로 정답에 비해 1이 많거나 적은 답을 내놓는 경우가 있다. 이런 오류를 영어로 off-by-one-error라 하는데, 우리말로는 어쩔 수 없이 '1 차이 나는 인덱스로 인한 오류'라고 풀어 썼다. 예를 들어 리스트의 원소 개수를 세거나 어떤 작업을 정해진 수의 덩어리로 처리하기 위해 루프를 돌아야 하는 경우 이런 실수를 저지르기 쉽다.

별표 식을 다른 위치에 쓸 수도 있다. 따라서 꼭 언패킹해야만 하는 값 외에 여분의 슬라이스가 하나 필요한 경우, 나머지를 모두 잡아내는 이 기능의 이점을 살릴 수 있다.

```
oldest, *others, youngest = car_ages_descending
print(oldest, youngest, others)

*others, second_youngest, youngest = car_ages_descending
print(youngest, second_youngest, others)
```

```
>>>
20 0 [19, 15, 9, 8, 7, 6, 4, 1]
0 1 [20, 19, 15, 9, 8, 7, 6, 4]
```

하지만 별표 식이 포함된 언패킹 대입을 처리하려면 필수인 부분이 적어도 하나는 있어야 한다. 그렇지 않으면 SyntaxError가 발생한다. 별표 식만 사용해 언패킹할 수는 없다.

```
*others = car_ages_descending
```

```
>>>
Traceback ...
SyntaxError: starred assignment target must be in a list or
➡tuple
```

또한, 한 수준의 언패킹 패턴에 별표 식을 두 개 이상 쓸 수도 없다.

```
first, *middle, *second_middle, last = [1, 2, 3, 4]
```

```
>>>
Traceback ...
SyntaxError: two starred expressions in assignment
```

하지만 여러 계층으로 이뤄진 구조를 언패킹할 때는 서로 다른 부분에 포함되는 한, 별표 식을 여럿 사용해도 된다. 다음 방식을 권하지는 않지만

(Better way 19: '함수가 여러 값을 반환하는 경우 절대로 네 값 이상을 언
패킹하지 말라' 참고), 이 방식을 이해하면 별표 식을 언패킹 대입에 사용하
는 방식에 대한 직관을 키울 수 있다.

```python
car_inventory = {
    '시내': ('그랜저', '아반떼', '티코'),
    '공항': ('제네시스 쿠페', '소나타', 'K5', '엑센트'),
}

((loc1, (best1, *rest1)),
 (loc2, (best2, *rest2))) = car_inventory.items()
print(f'{loc1} 최고는 {best1}, 나머지는 {len(rest1)} 종')
print(f'{loc2} 최고는 {best2}, 나머지는 {len(rest2)} 종')
```

```
>>>
시내 최고는 그랜저, 나머지는 2 종
공항 최고는 제네시스 쿠페, 나머지는 3 종
```

별표 식은 항상 list 인스턴스가 된다. 언패킹하는 시퀀스에 남는 원소가 없
으면 별표 식 부분은 빈 리스트가 된다. 이런 특징은 원소가 최소 N개 들어
있다는 사실을 미리 아는 시퀀스를 처리할 때 유용하다.

```python
short_list = [1, 2]
first, second, *rest = short_list
print(first, second, rest)
```

```
>>>
1 2 []
```

언패킹 구문을 사용해 임의의 이터레이터를 가져올 수도 있지만 기본 다중
대입문보다 그다지 많이 쓸모 있지는 않다. 다음 예제는 길이가 2인 range에
들어 있는 값을 언패킹한다. 그냥 언패킹 패턴과 일치하는 길이가 고정된 리
스트(예: [1, 2])에 대입하는 편이 더 쉽기 때문에 이 방식은 그렇게 유용해
보이지 않는다.

```
it = iter(range(1, 3))
first, second = it
print(f'{first} & {second}')

>>>
1 & 2
```

하지만 별표 식을 추가하면 언패킹할 이터레이터의 값을 깔끔하게 가져올 수 있다. 예를 들어 이번 주에 중고차 매매상에서 판매한 자동차 내역이 들어 있는 CSV 파일의 각 줄을 내보내는 제너레이터가 있다고 하자.

```
def generate_csv():
    yield ('날짜', '제조사', '모델', '연식', '가격')
    ...
```

이 제너레이터의 결과를 인덱스와 슬라이스를 사용해 처리해도 좋지만, 처리하는 데 여러 줄이 필요하고 시각적으로도 잡음이 많다.

```
all_csv_rows = list(generate_csv())
header = all_csv_rows[0]
rows = all_csv_rows[1:]
print('CSV 헤더:', header)
print('행 수:', len(rows))

>>>
CSV 헤더: ('날짜', '제조사', '모델', '연식', '가격')
행 수: 200
```

별표 식으로 언패킹하면 이터레이터가 내보내는 내용 중에 첫 번째(헤더)와 나머지를 쉽게 나눠서 처리할 수 있다. 이 방식이 더 깔끔하다.

```
it = generate_csv()
header, *rows = it
print('CSV 헤더:', header)
```

```
print('행 수:', len(rows))

>>>
CSV 헤더: ('날짜', '제조사', '모델', '연식', '가격')
행 수: 200
```

하지만 별표 식은 항상 리스트를 만들어내기 때문에 이터레이터를 별표 식으로 언패킹하면 컴퓨터 메모리를 모두 다 사용해서 프로그램이 멈출 수 있다. 따라서 결과 데이터가 모두 메모리에 들어갈 수 있다고 확신할 때만 나머지를 모두 잡아내는 언패킹을 사용해야 한다(Better way 31: '인자에 대해 이터레이션할 때는 방어적이 돼라' 참고).

기억해야 할 내용

- 언패킹 대입에 별표 식을 사용하면 언패킹 패턴에서 대입되지 않는 모든 부분을 리스트에 잡아낼 수 있다.
- 별표 식은 언패킹 패턴의 어떤 위치에든 놓을 수 있다. 별표 식에 대입된 결과는 항상 리스트가 되며, 이 리스트에는 별표 식이 받은 값이 0개 또는 그 이상 들어간다.
- 리스트를 서로 겹치지 않게 여러 조각으로 나눌 경우, 슬라이싱과 인덱싱을 사용하기보다는 나머지를 모두 잡아내는 언패킹을 사용해야 실수할 여지가 훨씬 줄어든다.

BETTER WAY **14 복잡한 기준을 사용해 정렬할 때는 key 파라미터를 사용하라**

list 내장 타입에는 리스트의 원소를 여러 기준에 따라 정렬할 수 있는 sort 메서드가 들어 있다. 기본적으로 sort는 리스트의 내용을 원소 타입에 따른 자연스러운 순서[*]를 사용해 오름차순으로 정렬한다. 예를 들어 다음 코드는 정수 리스트를 작은 수부터 큰 수까지 순서대로 정렬한다.

```
numbers = [93, 86, 11, 68, 70]
numbers.sort()
print(numbers)
```

```
>>>
[11, 68, 70, 86, 93]
```

sort 메서드는 자연스럽게 순서를 정할 수 있는 거의 대부분의 내장 타입(문자열, 부동소수점(floating point) 수 등)에 대해 잘 작동한다. sort가 객체를 어떻게 처리할까? 예를 들어 다음 예제는 건설 현장에서 사용해야 하는 여러 도구를 표현하는 클래스를 인스턴스를 출력할 수 있는 __repr__ 메서드와 함께(Better way 75: '디버깅 출력에는 repr 문자열을 사용하라' 참고) 정의한다.

```
class Tool:
    def __init__(self, name, weight):
        self.name = name
        self.weight = weight

    def __repr__(self):
        return f'Tool({self.name!r}, {self.weight})'

tools = [
    Tool('수준계', 3.5),
    Tool('해머', 1.25),
    Tool('스크류드라이버', 0.5),
    Tool('끌', 0.25),
]
```

---

* 역주 수학에서도 natural order라는 말을 사용하기는 하지만 딱히 명확하게 정의된 용어로 사용하지는 않는 것 같다. 자연수, 유리수, 실수 등의 대소로 정해지는 순서나 길이가 같은 순서쌍/시퀀스 사이의 순서(원소를 앞에서부터 차례로 자연스러운 순서로 비교) 등을 자연스러운 순서라 생각할 수 있다.

sort 메서드가 호출하는 객체 비교 특별 메서드가 정의돼 있지 않으므로 이런 타입의 객체를 정렬할 수는 없다.

```
tools.sort()
```

```
>>>
Traceback ...
TypeError: '<' not supported between instances of 'Tool' and
➡'Tool'
```

클래스에 정수와 마찬가지로 자연스러운 순서가 있어야 하는 경우에는 필요한 특별 메서드를 정의하면(예를 들어 Better way 73: '우선순위 큐로 heapq를 사용하는 방법을 알아두라' 참고) 별도의 인자를 넘기지 않고 sort를 쓸수 있다. 하지만 여러분이 만든 객체가 여러 가지 순서를 지원해야 하는 경우가 더 자주 있다. 이런 경우 자연스러운 순서를 정의하는 것은 실제로는 아무 의미가 없다.

정렬에 사용하고 싶은 애트리뷰트가 객체에 들어 있는 경우가 많다. 이런 상황을 지원하기 위해 sort에는 key라는 파라미터가 있다. key는 함수여야 한다. key 함수에는 정렬 중인 리스트의 원소가 전달된다. key 함수가 반환하는 값은 원소 대신 정렬 기준으로 사용할, 비교 가능한(즉, 자연스러운 순서가 정의된) 값이어야만 한다.

다음 예제에서는 lambda 키워드로 함수를 정의했다. 이 함수를 key로 사용하면 Tool 객체로 이뤄진 리스트를 이름(name)에 따라 알파벳순으로 정렬한다.

```
print('미정렬:', repr(tools))
tools.sort(key=lambda x: x.name)
print('\n정렬:', tools)
```

```
>>>
미정렬: [Tool('수준계', 3.5), Tool('해머', 1.25), Tool('스크류드라이버',
```

0.5), Tool('끌', 0.25)]
정렬: [Tool('끌', 0.25), Tool('수준계', 3.5), Tool('스크류드라이버', 0.5), Tool('해머', 1.25)]

쉽게 weight로 정렬하는 람다 함수를 만들어서 sort의 key 파라미터로 전달할 수 있다.

```
tools.sort(key=lambda x: x.weight)
print('무게순 정렬:', tools)
```

```
>>>
무게순 정렬: [Tool('끌', 0.25), Tool('스크류드라이버', 0.5), Tool('해머', 1.25), Tool('수준계', 3.5)]
```

이 예제처럼 key로 전달된 람다 함수 내부에서는 원소 애트리뷰트에 접근하거나, 인덱스를 써서 값을 얻거나(원소가 시퀀스, 튜플, 딕셔너리인 경우), 제대로 작동하는 다른 모든 식을 사용할 수 있다.

심지어 문자열 같은 기본 타입의 경우에는 정렬하기 전에 key 함수를 사용해 원소 값을 변형할 수도 있다. 다음 예제는 lower 메서드를 사용해 리스트에 들어 있는 장소 이름을 소문자로 변환함으로써 첫 글자가 대문자든 소문자든 구분하지 않고 알파벳순으로 비교한다(이렇게 변환하는 이유는 문자열의 자연스러운 순서에서는 대문자가 소문자보다 더 앞에 오기 때문이다).

```
places = ['home', 'work', 'New York', 'Paris']
places.sort()
print('대소문자 구분:', places)
places.sort(key=lambda x: x.lower())
print('대소문자 무시:', places)
```

```
>>>
대소문자 구분: ['New York', 'Paris', 'home', 'work']
대소문자 무시: ['home', 'New York', 'Paris', 'work']
```

때로는 여러 기준을 사용해 정렬해야 할 수도 있다. 예를 들어, 전동 공구 정보가 들어 있는 리스트가 있는데 weight로 먼저 정렬한 다음에 name으로 정렬하고 싶다면 어떻게 해야 할까?

```python
power_tools = [
    Tool('드릴', 4),
    Tool('원형 톱', 5),
    Tool('착암기', 40),
    Tool('연마기', 4),
]
```

파이썬에서 가장 쉬운 해법은 tuple 타입을 쓰는 것이다. 튜플은 임의의 파이썬 값을 넣을 수 있는 불변 값이다. 튜플은 기본적으로 비교 가능하며 자연스러운 순서가 정해져 있다. 이는 sort에 필요한 __lt__ 정의가 들어 있다는 뜻이다. 이 특별 비교 메서드는 튜플의 각 위치를 이터레이션하면서 각 인덱스에 해당하는 원소를 한 번에 하나씩 비교하는 방식으로 구현돼 있다. 다음은 어떤 도구가 다른 도구보다 무거울 때 어떤 일이 벌어지는지 보여준다.

```python
saw = (5, '원형 톱')
jackhammer = (40, '착암기')
assert not (jackhammer < saw)    # 예상한 대로 결과가 나온다
```

비교하는 두 튜플의 첫 번째 위치에 있는 값(앞의 코드에서는 weight)이 서로 같으면 튜플의 비교 메서드는 두 번째 위치에 있는 값을 서로 비교하고, 두 번째 위치에 있는 값도 같으면 마찬가지 방식으로 세 번째 이후 위치 등에 대해 비교를 반복한다.

```python
drill = (4, '드릴')
sander = (4, '연마기')
assert drill[0] == sander[0]    # 무게가 같다
assert drill[1] < sander[1]     # 알파벳순으로 볼 때 더 작다
assert drill < sander           # 그러므로 드릴이 더 먼저다
```

튜플 비교의 동작 방식을 활용해서 전동 공구 리스트를 먼저 weight로 정렬하고 그 후 name으로 정렬할 수 있다. 다음 코드는 정렬에 사용할 두 애트리뷰트를 우선순위에 따라 튜플에 넣어 반환하는 key 함수를 정의한다.

```
power_tools.sort(key=lambda x: (x.weight, x.name))
print(power_tools)
```

\>>>
```
[Tool('드릴', 4), Tool('연마기', 4), Tool('원형 톱', 5), Tool('착암기', 40)]
```

튜플을 반환하는 key 함수의 한 가지 제약 사항은 모든 비교 기준의 정렬 순서가 같아야 한다는 점(모두 오름차순이거나 모두 내림차순)이다. sort 메서드에 reverse 파라미터를 넘기면 튜플에 들어 있는 두 기준의 정렬 순서가 똑같이 영향을 받는다(실행 결과에서 sander가 drill의 앞에 나오지 뒤에 나오지 않는다는 사실을 확인하라).

```
power_tools.sort(key=lambda x: (x.weight, x.name),
                 reverse=True)  # 모든 비교 기준을 내림차순으로 만든다
print(power_tools)
```

\>>>
```
[Tool('착암기', 40), Tool('원형 톱', 5), Tool('연마기', 4), Tool('드릴', 4)]
```

숫자 값의 경우 단항(unary) 부호 반전(-) 연산자를 사용해 정렬 방향을 혼합할 수 있다. 부호 반전 연산자는 반환되는 튜플에 들어가는 값 중 하나의 부호를 반대로 만들기 때문에, 결과적으로 나머지 값의 정렬 순서는 그대로 둔 채로 반전된 값의 정렬 순서를 반대로 만든다. 다음 코드는 이 방법을 사용해 전동 공구를 weight 기준 내림차순으로 정렬한 다음 name 기준 오름차순으로 정렬한다(sander가 이제는 drill의 앞이 아니라 뒤에 온다는 사실을 확인하라).

```
power_tools.sort(key=lambda x: (-x.weight, x.name))
print(power_tools)
```

>>>
```
[Tool('착암기', 40), Tool('원형 톱', 5), Tool('드릴', 4), Tool('연마기', 4)]
```

아쉽지만 모든 타입에 부호 반전을 사용할 수는 없다. 다음 코드는 sort의
reverse 인자를 지정하고, weight 기준 오름차순으로 정렬하고, name을 반전
시켜서 앞에서 본 예제와 같은 결과를 만들려고 시도하지만 실패한다.

```
power_tools.sort(key=lambda x: (x.weight, -x.name),
                 reverse=True)
```

>>>
```
Traceback ...
TypeError: bad operand type for unary -: 'str'
```

파이썬에서는 이런 상황을 위해 **안정적인**(stable) 정렬 알고리즘을 제공한다.
리스트 타입의 sort 메서드는 key 함수가 반환하는 값이 서로 같은 경우 리스
트에 들어 있던 원래 순서를 그대로 유지해준다. 이는 같은 리스트에 대해 서
로 다른 기준으로 sort를 여러 번 호출해도 된다는 뜻이다. 다음 코드는 앞에
서 보여준 코드와 마찬가지로 weight 기준 내림차순, name 기준 오름차순으
로 정렬하는데, sort를 두 번 호출하는 방식으로 정렬을 수행한다.

```
power_tools.sort(key=lambda x: x.name)    # name 기준 오름차순

power_tools.sort(key=lambda x: x.weight,  # weight 기준 내림차순
                 reverse=True)

print(power_tools)
```

>>>
```
[Tool('착암기', 40), Tool('원형 톱', 5), Tool('드릴', 4), Tool('연마기', 4)]
```

이 코드의 동작을 이해하려면, 처음 sort를 호출하면 이름의 알파벳순으로 리스트가 정렬된다는 사실을 먼저 기억해야 한다.

```
power_tools.sort(key=lambda x: x.name)
print(power_tools)
```

```
>>>
[Tool('드릴', 4), Tool('연마기', 4), Tool('원형 톱', 5), Tool('착암기', 40)]
```

두 번째로 weight에 의해 내림차순으로 sort를 호출하면 sander와 drill이 모두 weight가 4라는 사실을 알 수 있다. 따라서 sort 메서드는 원래 리스트에 있던 것과 똑같은 순서로 두 원소를 결과 리스트에 넣는다. 따라서 name을 사용해 오름차순으로 정렬한 상대적인 순서가 보존된다.

```
power_tools.sort(key=lambda x: x.weight,
                 reverse=True)
print(power_tools)
```

```
>>>
[Tool('착암기', 40), Tool('원형 톱', 5), Tool('드릴', 4), Tool('연마기', 4)]
```

같은 접근 방법을 사용하면 여러 다른 타입의 정렬 기준을 여러분이 원하는 방향으로 서로 조합할 수 있다. 다만 최종적으로 리스트에서 얻어내고 싶은 정렬 기준 우선순위의 역순으로 정렬을 수행해야 한다는 사실을 꼭 기억해야 한다. 위 예제에서는 weight에 의해 내림차순으로 정렬하고 그 후 name에 의해 오름차순으로 정렬된 리스트를 원했으므로, 먼저 name을 사용해 오름차순으로 정렬하고 그 후 weight를 사용해 내림차순으로 정렬해야 한다.

그렇지만 key 함수를 사용해 tuple을 반환하게 하고 여기에 단항 부호 반전 연산을 활용하는 접근 방식이 코드가 더 적고 읽기도 쉽다. 꼭 필요할 때만 sort를 여러 번 호출하는 방법을 사용하는 것을 권장한다.

기억해야 할 내용

- 리스트 타입에 들어 있는 sort 메서드를 사용하면 원소 타입이 문자열, 정수, 튜플 등과 같은 내장 타입인 경우 자연스러운 순서로 리스트의 원소를 정렬할 수 있다.
- 원소 타입에 특별 메서드를 통해 자연스러운 순서가 정의돼 있지 않으면 sort 메서드를 쓸 수 없다. 하지만 원소 타입에 순서 특별 메서드를 정의하는 경우는 드물다.
- sort 메서드의 key 파라미터를 사용하면 리스트의 각 원소 대신 비교에 사용할 객체를 반환하는 도우미 함수를 제공할 수 있다.
- key 함수에서 튜플을 반환하면 여러 정렬 기준을 하나로 엮을 수 있다. 단항 부호 반전 연산자를 사용하면 부호를 바꿀 수 있는 타입이 정렬 기준인 경우 정렬 순서를 반대로 바꿀 수 있다.
- 부호를 바꿀 수 없는 타입의 경우 여러 정렬 기준을 조합하려면 각 정렬 기준마다 reverse 값으로 정렬 순서를 지정하면서 sort 메서드를 여러 번 사용해야 한다. 이때 정렬 기준의 우선순위가 점점 높아지는 순서로 sort를 호출해야 한다.

BETTER WAY **15** 딕셔너리 삽입 순서에 의존할 때는 조심하라

파이썬 3.5 이전에는 딕셔너리에 대해 이터레이션을 수행하면 키를 임의의 순서로 돌려줬으며, 이터레이션 순서는 원소가 삽입된 순서와 일치하지 않았다. 예를 들어, 동물 이름과 새끼 동물 이름을 연결하는 딕셔너리를 정의하고 이를 출력해보자(Better way 75: '디버깅 출력에는 repr 문자열을 사용하라' 참고).

```
# Python 3.5
baby_names = {
    'cat': 'kitten',
    'dog': 'puppy',
}
print(baby_names)

>>>
{'dog': 'puppy', 'cat': 'kitten'}
```

딕셔너리를 만들 때는 키를 'cat', 'dog' 순서로 삽입했지만, 이 딕셔너리를 출력하면 역순인 'dog', 'cat' 순서로 출력됐다. 이런 동작은 의도한 바가 아니라 당황스럽고, 테스트 케이스에서 재현하기가 어려우며, 디버깅을 어렵게 하고, 특히 파이썬 초보자들에게 혼란을 준다.

이런 일이 발생하는 이유는 예전의 딕셔너리 구현이 내장 hash 함수와 파이썬 인터프리터가 시작할 때 초기화되는 난수 씨앗값(seed)을 사용하는 해시 테이블 알고리즘으로 만들어졌기 때문이다. 인터프리터 실행 시마다 달라지는 난수 씨앗값과 hash가 어우러지면서 딕셔너리의 순서가 삽입 순서와 일치하지 않고 프로그램을 실행할 때마다 달라졌다.

파이썬 3.6부터는 딕셔너리가 삽입 순서를 보존하도록 동작이 개선됐고, 파이썬 3.7부터는 아예 파이썬 언어 명세에 이 내용이 포함됐다. 이제 다음 코드는 프로그래머가 원래 생성한 순서대로 딕셔너리의 내용을 표시한다.

```
baby_names = {
    'cat': 'kitten',
    'dog': 'puppy',
}
print(baby_names)

>>>
{'cat': 'kitten', 'dog': 'puppy'}
```

파이썬 3.5나 그 이전 버전에서는 keys, values, items, popitem 등 딕셔너리가 제공하는 모든 메서드가 이터레이션 순서에 의존했으므로 앞의 예제처럼 임의로 실행 순서가 정해지는 것처럼 보인다.

```
# Python 3.5
print(list(baby_names.keys()))
print(list(baby_names.values()))
print(list(baby_names.items()))
```

```
print(baby_names.popitem())  # 임의로 원소를 하나 선택
```

```
>>>
['dog', 'cat']
['puppy', 'kitten']
[('dog', 'puppy'), ('cat', 'kitten')]
('dog', 'puppy')
```

이제는 이런 메서드가 삽입 순서와 같은 순서를 제공하기 때문에 프로그램을
작성하면서 이 순서에 의존할 수 있다.

```
print(list(baby_names.keys()))
print(list(baby_names.values()))
print(list(baby_names.items()))
print(baby_names.popitem())  # 마지막에 삽입된 원소
```

```
>>>
['cat', 'dog']
['kitten', 'puppy']
[('cat', 'kitten'), ('dog', 'puppy')]
('dog', 'puppy')
```

이런 변경은 dict 타입과 이 타입의 특정 구현에 의존하는 여러 다른 파이썬
기능에 수많은 영향을 미쳤다.

함수에 대한 키워드 인자(**kwargs로 모든 인자를 얻는 경우를 포함. Better
way 23: '키워드 인자로 선택적인 기능을 제공하라' 참고)는 예전에는 순서가
뒤죽박죽인 것처럼 보였고, 그로 인해 함수 호출을 디버깅하기가 힘들었다.

```
# Python 3.5
def my_func(**kwargs):
    for key, value in kwargs.items():
        print('%s = %s' % (key, value))

my_func(goose='gosling', kangaroo='joey')
```

```
>>>
kangaroo = joey
goose = gosling
```

이제 키워드 인자의 순서는 프로그래머가 함수를 호출할 때 사용한 인자 순서와 항상 일치한다.

```
def my_func(**kwargs):
    for key, value in kwargs.items():
        print(f'{key} = {value}')

my_func(goose='gosling', kangaroo='joey')
```

```
>>>
goose = gosling
kangaroo = joey
```

클래스도 인스턴스 딕셔너리에 dict 타입을 사용한다. 예전 파이썬 버전에서는 object 필드가 난수 같은 동작을 보였다.

```
# Python 3.5
class MyClass:
    def __init__(self):
        self.alligator = 'hatchling'
        self.elephant = 'calf'

a = MyClass()
for key, value in a.__dict__.items():
    print('%s = %s' % (key, value))
```

```
>>>
elephant = calf
alligator = hatchling
```

다시 한 번, 이제 각 인스턴스 필드를 대입한 순서가 __dict__에 반영될 것이라고 예상할 수 있다.

```
class MyClass:
    def __init__(self):
        self.alligator = 'hatchling'
        self.elephant = 'calf'

a = MyClass()
for key, value in a.__dict__.items():
    print(f'{key} = {value}')

>>>
alligator = hatchling
elephant = calf
```

딕셔너리가 삽입 순서를 유지하는 방식은 이제 파이썬 언어 명세의 일부가
됐다. 따라서 앞에서 보여준 언어 기능은 코드에서 항상 이런 식으로 동작한
다고 가정해도 안전하며, 여러분이 설계할 API의 일부분으로 이런 동작을 포
함시켜도 안전하다.

> Note ≡ 오랫동안 collections 내장 모듈에는 삽입 순서를 유지해주는 OrderedDict라는
> 클래스가 있었다. 이 클래스의 동작이 (파이썬 3.7 이후) 표준 dict의 동작과 비슷하기는 하지만,
> OrderedDict의 성능 특성은 dict와 많이 다르다. 여러분이 키 삽입과 popitem 호출을 매우
> 자주 처리해야 한다면(예: 최소 최근 사용(least-recently-used) 캐시 구현) 표준 파이썬 dict
> 보다 OrderedDict가 더 낫다(Better way 70: '최적화하기 전에 프로파일링을 하라'에서 어떻
> 게 이를 확인할 수 있는지 살펴보라).

하지만 여러분이 딕셔너리를 처리할 때는 앞에서 설명한 삽입 순서 관련
동작이 항상 성립한다고 가정해서는 안 된다. 파이썬에서는 프로그래머가
list, dict 등의 표준 **프로토콜**(protocol)을 흉내 내는 커스텀 컨테이너 타입을
쉽게 정의할 수 있다(Better way 43: '커스텀 컨테이너 타입은 collections.
abc를 상속하라' 참고). 파이썬은 정적 타입 지정 언어가 아니기 때문에 대부
분의 경우 코드는 엄격한 클래스 계층보다는 객체의 동작이 객체의 실질적인

타입을 결정하는 **덕 타이핑***에 의존하며, 이로 인해 가끔 어려운 함정에 빠질 수 있다.

예를 들어 가장 귀여운 아기 동물을 뽑는 콘테스트의 결과를 보여주는 프로그램을 작성한다고 하자. 여기에 각 동물의 득표수를 저장하는 딕셔너리가 있다.

```
votes = {
    'otter': 1281,
    'polar bear': 587,
    'fox': 863,
}
```

득표 데이터를 처리하고 각 동물의 이름과 순위를 빈 딕셔너리에 저장하는 함수를 정의하자. 이런 딕셔너리는 UI 요소에 표시할 내용을 제공하는 데이터 모델이 될 수 있다.

```
def populate_ranks(votes, ranks):
    names = list(votes.keys())
    names.sort(key=votes.get, reverse=True)
    for i, name in enumerate(names, 1):
        ranks[name] = i
```

이제 콘테스트에서 어떤 동물이 우승했는지 보여줄 함수가 필요하다. 이 함수는 populate_ranks가 ranks 딕셔너리에 내용을 등수 오름차순으로 등록한다고 가정하고 동작한다. 따라서 첫 번째 키가 우승자다.

```
def get_winner(ranks):
    return next(iter(ranks))
```

---

* [역주] "어떤 존재가 오리처럼 꽥꽥 소리를 내고, 오리처럼 보인다면 그것은 오리다"라는 말로 흔히 설명되는 덕타이핑(duck typing)은 동적 타입 지정의 일종으로, 객체가 실행 시점에 어떻게 행동하는지를 기준으로 객체의 타입을 판단하는 타입 지정 방식이다. 하지만 실제 행동을 모두 검증하기는 어려우므로 실제로는 객체가 제공하는 외부 인터페이스인 메서드와 애트리뷰트가 동일한지에 따라 타입이 같은지 결정한다. 실질적으로 이 말은 아무런 타이핑을 하지 않고 런타임에 객체가 제공하는 애트리뷰트와 메서드가 없는 경우에는 그냥 오류를 내겠다는 말과 같다.

이제 각 함수가 설계한 대로 작동해서 예상한 결과를 표시하는지 확인하자.

```
ranks = {}
populate_ranks(votes, ranks)
print(ranks)
winner = get_winner(ranks)
print(winner)

>>>
{'otter': 1, 'fox': 2, 'polar bear': 3}
otter
```

자, 그런데 프로그램의 요구 사항이 변경됐다고 상상해보자. UI 요소에서 결과를 보여줄 때 등수가 아니라 알파벳순으로 표시해야 한다. 이 경우에는 collections.abc 모듈을 사용해 딕셔너리와 비슷하지만 내용을 알파벳 순서 대로 이터레이션해주는 클래스를 새로 정의할 수 있다.

```
from collections.abc import MutableMapping

class SortedDict(MutableMapping):
    def __init__(self):
        self.data = {}

    def __getitem__(self, key):
        return self.data[key]

    def __setitem__(self, key, value):
        self.data[key] = value

    def __delitem__(self, key):
        del self.data[key]

    def __iter__(self):
        keys = list(self.data.keys())
        keys.sort()
        for key in keys:
```

```
        yield key

    def __len__(self):
        return len(self.data)
```

SortedDict는 표준 딕셔너리의 프로토콜을 지키므로, 앞에서 정의한 함수를 호출하면서 SortedDict 인스턴스를 표준 dict 위치에 사용해도 아무런 오류가 발생하지 않는다. 하지만 실행 결과는 요구 사항에 맞지 않는다.

```
sorted_ranks = SortedDict()
populate_ranks(votes, sorted_ranks)
print(sorted_ranks.data)
winner = get_winner(sorted_ranks)
print(winner)

>>>
{'otter': 1, 'fox': 2, 'polar bear': 3}
fox
```

여기서 문제는 get_winner의 구현이 populate_ranks의 삽입 순서에 맞게 딕셔너리를 이터레이션한다고 가정했다는 데 있다. 이 코드는 dict 대신 SortedDict를 사용하므로 이 가정은 더 이상 성립하지 않는다. 따라서 우승 동물로는 득표수가 1등인 동물이 아니라 알파벳 순서로 맨 앞에 오는 동물인 fox가 반환된다.

이러한 문제를 해결하는 세 가지 방법이 있다. 첫 번째 방법은 ranks 딕셔너리가 어떤 특정 순서로 이터레이션된다고 가정하지 않고 get_winner 함수를 구현하는 것이다. 가장 보수적이고 가장 튼튼한 해법이다.

```
def get_winner(ranks):
    for name, rank in ranks.items():
        if rank == 1:
            return name
```

```
winner = get_winner(sorted_ranks)
print(winner)
```

```
>>>
otter
```

두 번째 방법은 함수 맨 앞에 ranks의 타입이 우리가 원하는 타입인지 검사하
는 코드를 추가하는 것이다. ranks가 우리가 원하는 타입이 아니면 예외를 던
진다. 이 해법은 보수적인 접근 방법보다 실행 성능이 더 좋을 것이다.

```
def get_winner(ranks):
    if not isinstance(ranks, dict):
        raise TypeError('dict 인스턴스가 필요합니다')
    return next(iter(ranks))

get_winner(sorted_ranks)
```

```
>>>
Traceback ...
TypeError: dict 인스턴스가 필요합니다
```

세 번째 방법은 타입 애너테이션(annotation)을 사용해서 get_winner에 전달
되는 값이 딕셔너리와 비슷한 동작을 하는 MutableMapping 인스턴스가 아니
라 dict 인스턴스가 되도록 강제하는 것이다(Better way 90: 'typing과 정
적 분석을 통해 버그를 없애라' 참고). 다음 코드는 앞의 코드에 타입 애너테
이션을 붙이고 mypy 도구를 엄격한 모드로 사용한다.

```
from typing import Dict, MutableMapping

def populate_ranks(votes: Dict[str, int],
                   ranks: Dict[str, int]) -> None:
    names = list(votes.keys())
    names.sort(key=votes.get, reverse=True)
    for i, name in enumerate(names, 1):
```

```
        ranks[name] = i

def get_winner(ranks: Dict[str, int]) -> str:
    return next(iter(ranks))

class SortedDict(MutableMapping[str, int]):
    ...

votes = {
    'otter': 1281,
    'polar bear': 587,
    'fox': 863,
}

sorted_ranks = SortedDict()
populate_ranks(votes, sorted_ranks)
print(sorted_ranks.data)
winner = get_winner(sorted_ranks)
print(winner)

$ python3 -m mypy --strict example.py
.../example.py:48: error: Argument 2 to "populate_ranks" has
➡incompatible type "SortedDict"; expected "Dict[str, int]"
.../example.py:50: error: Argument 1 to "get_winner" has
➡incompatible type "SortedDict"; expected "Dict[str, int]"
```

dict와 MutableMapping 타입의 차이를 올바로 감지해서 적절한 타입의 객체
를 사용하지 않았을 때 오류를 발생시킨다. 이 해법은 정적 타입 안정성과 런
타임 성능을 가장 잘 조합해준다.

기억해야 할 내용

- 파이썬 3.7부터는 dict 인스턴스에 들어 있는 내용을 이터레이션할 때 키를 삽입한 순
  서대로 돌려받는다는 사실에 의존할 수 있다.

- 파이썬은 dict는 아니지만 딕셔너리와 비슷한 객체를 쉽게 만들 수 있게 해준다. 이런 타입의 경우 키 삽입 순서가 그대로 보존된다고 가정할 수 없다.
- 딕셔너리와 비슷한 클래스를 조심스럽게 다루는 방법으로는 dict 인스턴스의 삽입 순서 보존에 의존하지 않고 코드를 작성하는 방법, 실행 시점에 명시적으로 dict 타입을 검사하는 방법, 타입 애너테이션과 정적 분석(static analysis)을 사용해 dict 값을 요구하는 방법이 있다.

BETTER WAY 16 in을 사용하고 딕셔너리 키가 없을 때 KeyError를 처리하기보다는 get을 사용하라

딕셔너리와 상호작용하는 세 가지 기본 연산은 키나 키에 연관된 값에 접근하고, 대입하고, 삭제하는 것이다. 딕셔너리의 내용은 동적이므로 어떤 키에 접근하거나 키를 삭제할 때 그 키가 딕셔너리에 없을 수도 있다(그리고 이런 일이 자주 일어난다).

예를 들어 샌드위치 가게에서 고객들이 가장 좋아하는 빵을 찾아서 메뉴를 결정하고 싶다고 하자. 우선 사람들이 각각의 빵에 얼마나 투표했는지 저장한 딕셔너리를 정의할 수 있다.

```
counters = {
    '품퍼니켈': 2,
    '사워도우': 1,
}
```

투표가 일어날 때 카운터를 증가시키려면 먼저 키가 딕셔너리에 존재하는지 살펴봐야 한다. 키가 없으면 디폴트 카운터 값인 0을 딕셔너리에 넣고 그 카운터를 증가시킨다. 이렇게 처리하려면 딕셔너리에서 키를 두 번 읽고, 키에 대한 값을 한 번 대입해야 한다. 다음은 if 문과 키가 존재할 때 참을 반환하는 in을 사용해 이런 처리를 하는 코드다.

```
key = '밀'

if key in counters:
    count = counters[key]
else:
    count = 0

counters[key] = count + 1
```

같은 동작을 달성하는 다른 방법도 있다. 존재하지 않는 키에 접근할 때 발생
시키는 KeyError 예외를 활용하는 방법이다. 키를 한 번만 읽고, 값을 한 번
만 대입하면 되므로 더 효율적이다.

```
try:
    count = counters[key]
except KeyError:
    count = 0

counters[key] = count + 1
```

딕셔너리에서는 이런 식으로 키가 존재하면 그 값을 가져오고 존재하지 않으
면 디폴트 값을 반환하는 흐름이 꽤 자주 일어난다. 그래서 dict 내장 타입에
는 이런 작업을 수행하는 get 메서드가 들어 있다. get의 두 번째 인자는 첫
번째 인자인 키가 딕셔너리에 들어 있지 않을 때 돌려줄 디폴트 값이다. 이
방식도 키를 한 번만 읽고 값을 한 번만 대입한다. 하지만 KeyError를 사용하
는 예보다 코드가 훨씬 짧다.

```
count = counters.get(key, 0)
counters[key] = count + 1
```

in 식과 KeyError를 사용하는 방식을 여러 방법으로 더 짧게 쓸 수도 있지만,
어떤 방법을 써도 대입을 중복 사용해야 하므로 코드 가독성이 떨어진다. 따
라서 사용하지 않는 편이 좋다.

```
if key not in counters:
    counters[key] = 0
counters[key] += 1

if key in counters:
    counters[key] += 1
else:
    counters[key] = 1

try:
    counters[key] += 1
except KeyError:
    counters[key] = 1
```

따라서 간단한 타입의 값이 들어 있는 딕셔너리의 경우 get 메서드를 사용하는 방법이 가장 코드가 짧고 깔끔하다.

> **Note ≡** 이 예제처럼 카운터로 이뤄진 딕셔너리를 유지해야 하는 경우에는 collections 내
> 장 모듈에 있는 Counter 클래스를 고려해보라. Counter는 카운터를 쓸 때 필요한 대부분의 기
> 능을 제공한다.

딕셔너리에 저장된 값이 리스트처럼 더 복잡한 값이라면 어떻게 해야 할까? 예를 들어 득표수만 세는 것이 아니라 어떤 사람이 어떤 유형의 빵에 투표했는지도 알고 싶다. 이런 경우에는 각 키마다 이름이 들어 있는 리스트를 연관시킬 수 있다.

```
votes = {
    '바게트': ['철수', '순이'],
    '치아바타': ['하니', '유리'],
}
key = '브리오슈'
who = '단이'

if key in votes:
```

```
        names = votes[key]
    else:
        votes[key] = names = []

    names.append(who)
    print(votes)
```

```
>>>
{'바게트': ['철수', '순이'], '치아바타': ['하니', '유리'], '브리오슈': ['단이']}
```

in을 사용하면 키가 있는 경우에는 키를 두 번 읽어야 하고, 키가 없는 경우
에는 값을 한 번 대입해야 한다. 이 예제는 키가 존재하지 않을 때 맹목적으
로 빈 리스트를 디폴트 값으로 대입할 수 있기 때문에 카운터 예제와는 다르
다. 이중 대입문인 votes[key] = names = []는 키 대입을 두 줄이 아니라 한
줄로 처리한다. 디폴트 값으로 빈 리스트를 딕셔너리에 넣고 나면 참조를 통
해 리스트 내용을 변경할 수 있으므로, append를 호출한 다음 리스트를 다시
딕셔너리에 대입할 필요는 없다.

딕셔너리 값이 리스트인 경우 KeyError 예외가 발생한다는 사실에 의존할 수
도 있다. 이 접근 방법을 사용하면 키가 있을 때는 키를 한 번만 읽으면 되
고, 키가 없을 때는 키를 한 번 읽고 값을 한 번 대입하면 된다. 이 방법은 in
조건문을 사용하는 경우보다 더 효율적이다.

```
try:
    names = votes[key]
except KeyError:
    votes[key] = names = []

names.append(who)
```

마찬가지로 키가 있을 때는 리스트 값을 가져오기 위해 get 메서드를 사용하
고, 키가 없을 때는 키를 한 번 읽고 대입을 한 번 사용할 수도 있다.

```
names = votes.get(key)
if names is None:
    votes[key] = names = []

names.append(who)
```

get을 사용해 리스트 값을 가져오는 이 방식은 if 문 안에 대입식을 사용하면(Better way 10: '대입식을 사용해 반복을 피하라' 참고) 더 짧게 쓸 수 있어 가독성이 더 좋아진다.

```
if (names := votes.get(key)) is None:
    votes[key] = names = []

names.append(who)
```

dict 타입은 이 패턴을 더 간단히 사용할 수 있게 해주는 setdefault 메서드를 제공한다. setdefault는 딕셔너리에서 키를 사용해 값을 가져오려고 시도한다. 이 메서드는 키가 없으면 제공받은 디폴트 값을 키에 연관시켜 딕셔너리에 대입한 다음, 키에 연관된 값을 반환한다. 이 값은 새로 저장된 디폴트 값일 수도 있고, 이미 딕셔너리에 있던 키에 해당하는 값일 수도 있다. 위에서 본 get과 똑같은 로직을 setdefault를 사용해 더 개선한 코드는 다음과 같다.

```
names = votes.setdefault(key, [])
names.append(who)
```

이 코드는 예상대로 작동하며 get과 대입식을 사용하는 것보다 더 짧다. 하지만 이 접근 방법은 가독성이 그다지 좋지 않다. 메서드 이름인 setdefault는 이 메서드의 동작을 직접적으로 분명히 드러내지 못한다. 왜 값을 얻는 메서드인데 이름이 set일까? 이름을 get_or_set이라고 붙이지 않은 이유는 뭘까? 단지 개인적 취향을 이야기하는 것처럼 들릴지도 모르지만, 파이썬에 능숙하지 않은 사람이 이 코드를 읽자마자 무엇을 하려는 것인지 바로 이해하기는 어려울 것이다. setdefault라는 이름이 함수 자신의 역할을 제대로 설명하지 못하기 때문이다.

또 한 가지 빠지기 쉬운 중요한 함정이 있다. 키가 없으면 setdefault에 전달된 디폴트 값이 별도로 복사되지 않고 딕셔너리에 직접 대입된다. 다음 코드는 값이 리스트인 경우 이런 동작으로 인해 벌어지는 상황을 보여준다.

```
data = {}
key = 'foo'
value = []
data.setdefault(key, value)
print('이전:', data)
value.append('hello')
print('이후:', data)
```

```
>>>
이전: {'foo': []}
이후: {'foo': ['hello']}
```

이는 키에 해당하는 디폴트 값을 setdefault에 전달할 때마다 그 값을 새로 만들어야 한다는 뜻이다. 즉, 호출할 때마다 리스트를 만들어야 하므로 성능이 크게 저하될 수 있다. 만약 가독성과 효율성을 향상시키고자 디폴트 값에 사용하는 객체를 재활용한다면 이상한 동작을 하게 되고 버그가 발생할 것이다(이런 유형의 다른 문제를 보고 싶다면 Better way 24: 'None과 독스트링을 사용해 동적인 디폴트 인자를 지정하라'를 참고하라).

누가 투표를 했는지 저장하는 리스트 대신 카운터를 사용하는 최초 예제로 돌아가보자. 이 경우 왜 setdefault를 사용하지 않았을까? 다음은 같은 예제를 setdefault를 사용해 구현한 코드다.

```
count = counters.setdefault(key, 0)
counters[key] = count + 1
```

여기서 문제점은 setdefault를 굳이 호출할 필요가 없다는 점이다. 카운터를 증가시키고 나면 그 값을 항상 딕셔너리에 저장해야 한다. 따라서 setdefault가 수행하는 디폴트 값 대입은 불필요하다. 처음에 본 get을 사용하는 접근 방법은 키가 없을 때 키를 한 번 읽고 한 번 대입해서 카운터를 증가시킬 수 있지만, setdefault를 사용하면 키를 한 번 읽고 대입을 두 번 수행한다.

setdefault를 사용하는 것이 딕셔너리 키를 처리하는 지름길인 경우는 드물다. 예를 들어 디폴트 값을 만들어내기 쉽거나, 디폴트 값이 변경 가능한 값이거나, 리스트 인스턴스처럼 값을 만들어낼 때 예외가 발생할 가능성이 없는 값인 경우 setdefault를 사용할 수 있다. 이런 구체적인 경우에는 get을 사용해 여러 줄로 로직을 기술하는 것보다 setdefault라는 혼동을 야기할 수 있는 이름을 받아들이는 편이 더 나아 보인다. 하지만 이런 상황에서도 실제로는 defaultdict를 사용하는 것으로 충분할 수도 있다(Better way 17: '내부 상태에서 원소가 없는 경우를 처리할 때는 setdefault보다 defaultdict를 사용하라' 참고).

기억해야 할 내용

- 딕셔너리 키가 없는 경우를 처리하는 방법으로는 in 식을 사용하는 방법, KeyError 예외를 사용하는 방법, get 메서드를 사용하는 방법, setdefault 메서드를 사용하는 방법이 있다.
- 카운터와 같이 기본적인 타입의 값이 들어가는 딕셔너리를 다룰 때는 get 메서드가 가장 좋고, 딕셔너리에 넣을 값을 만드는 비용이 비싸거나 만드는 과정에 예외가 발생할 수 있는 경우에도 get 메서드를 사용하는 편이 더 낫다.
- 해결하려는 문제에 dict의 setdefault 메서드를 사용하는 방법이 가장 적합해 보인다면 setdefault 대신 defaultdict를 사용할지 고려해보라.

BETTER WAY 17 내부 상태에서 원소가 없는 경우를 처리할 때는 setdefault보다 defaultdict를 사용하라

직접 만들지 않은 딕셔너리를 다룰 때 키가 없는 경우를 처리하는 방법에는 여러 가지가 있다(Better way 16: 'in을 사용하고 딕셔너리 키가 없을 때 KeyError를 처리하기보다는 get을 사용하라' 참고). get 메서드를 사용하는 방법이 in과 KeyError를 사용하는 방법보다 낫지만, 경우에 따라서는 setdefault가 가장 빠른 지름길일 수도 있다.

예를 들어 방문했던 세계 각국의 도시 이름을 저장하고 싶다고 하자. 다음과 같이 나라 이름과 방문한 도시 이름으로 이뤄진 집합을 연관시키는 딕셔너리를 사용한다.

```
visits = {
    '미국': {'뉴욕', '로스엔젤레스'},
    '일본': {'하코네'},
}
```

딕셔너리 안에 나라 이름이 들어 있는지 여부와 관계없이 각 집합에 새 도시를 추가할 때 setdefault를 사용할 수 있다. 이 방법은 get 메서드와 대입식(파이썬 3.8부터 사용할 수 있음)을 사용하는 방식보다 코드가 훨씬 짧다.

```
visits.setdefault('프랑스', set()).add('칸')      # 짧다

if (japan := visits.get('일본')) is None:        # 길다
    visits['일본'] = japan = set()
japan.add('교토')

print(visits)

>>>
{'미국': {'로스엔젤레스', '뉴욕'}, '일본': {'하코네', '교토'}, '프랑스': {'칸'}}
```

직접 딕셔너리 생성을 제어할 수 있다면 어떨까? 예를 들어 클래스 내부에서 상태를 유지하기 위해 딕셔너리 인스턴스를 사용할 때가 이런 경우에 해당한다. 다음 코드에서는 앞에서 본 예제를 클래스로 감싸서 딕셔너리에 저장된 동적인 내부 상태에 접근할 수 있는 도우미 메서드를 제공한다.

```python
class Visits:
    def __init__(self):
        self.data = {}

    def add(self, country, city):
        city_set = self.data.setdefault(country, set())
        city_set.add(city)
```

새로 만든 이 클래스는 setdefault 호출의 복잡도를 제대로 감춰주며, 프로그래머에게 더 나은 인터페이스를 제공한다.

```python
visits = Visits()
visits.add('러시아', '예카테린부르크')
visits.add('탄자니아', '잔지바르')
print(visits.data)
```

```
>>>
{'러시아': {'예카테린부르크'}, '탄자니아': {'잔지바르'}}
```

하지만 Visits.add 메서드 구현은 여전히 이상적이지 않다. setdefault라는 메서드 이름은 여전히 헷갈리기 때문에 코드를 처음 읽는 사람은 코드 동작을 바로 이해하기 어렵다. 그리고 주어진 나라가 data 딕셔너리에 있든 없든 관계없이 호출할 때마다 새로 set 인스턴스를 만들기 때문에 이 구현은 효율적이지도 않다.

다행히 collections 내장 모듈에 있는 defaultdict 클래스는 키가 없을 때 자동으로 디폴트 값을 저장해서 이런 용법을 간단히 처리할 수 있게 해준다. 여

러분이 해야 할 일은 키가 없을 때 디폴트 값을 만들기 위해 호출할 함수를
제공하는 것뿐이다(Better way 38: '간단한 인터페이스의 경우 클래스 대신
함수를 받아라'의 예제 참고). 다음 코드는 defaultdict를 사용해 Visits 클
래스를 다시 작성한 것이다.

```python
from collections import defaultdict

class Visits:
    def __init__(self):
        self.data = defaultdict(set)

    def add(self, country, city):
        self.data[country].add(city)

visits = Visits()
visits.add('영국', '바스')
visits.add('영국', '런던')
print(visits.data)
```

```
>>>
defaultdict(<class 'set'>, {'영국': {'바스', '런던'}})
```

이제 add 구현이 더 짧고 간단해졌다. add 코드는 data 딕셔너리에 있는 키에
접근하면 항상 기존 set 인스턴스가 반환된다고 가정한다. add 메서드가 아
주 많이 호출되면 집합 생성에 따른 비용도 커지는데, 이 구현에서 불필요한
set이 만들어지는 경우는 없다.

이와 유사한 경우에는 defaultdict를 사용하는 편이 setdefault를 사용하는
방법보다 더 낫다(Better way 37: '내장 타입을 여러 단계로 내포시키기보
다는 클래스를 합성하라' 참고). 여전히 defaultdict가 여러분의 문제를 해
결해주지 못하는 경우도 있지만, 파이썬에는 이런 한계를 뛰어넘을 수 있는
다른 도구도 많다(Better way 18: '__missing__을 사용해 키에 따라 다른

디폴트 값을 생성하는 방법을 알아두라', Better way 43: '커스텀 컨테이너 타입은 collections.abc를 상속하라'의 collections.Counter 내장 클래스 참고).

기억해야 할 내용

- 키로 어떤 값이 들어올지 모르는 딕셔너리를 관리해야 하는데 collections 내장 모듈에 있는 defaultdict 인스턴스가 여러분의 필요에 맞아떨어진다면 defaultdict를 사용하라.
- 임의의 키가 들어 있는 딕셔너리가 여러분에게 전달됐고 그 딕셔너리가 어떻게 생성됐는지 모르는 경우, 딕셔너리의 원소에 접근하려면 우선 get을 사용해야 한다. 하지만 setdefault가 더 짧은 코드를 만들어내는 몇 가지 경우에는 setdefault를 사용하는 것도 고려해볼 만하다.

BETTER WAY 18 __missing__을 사용해 키에 따라 다른 디폴트 값을 생성하는 방법을 알아두라

내장 dict 타입의 setdefault 메서드는 키가 없는 경우를 짧은 코드로 처리할 수 있게 해준다(Better way 16: 'in을 사용하고 딕셔너리 키가 없을 때 KeyError를 처리하기보다는 get을 사용하라' 참고). 그중 대부분은 collections 내장 모듈에 있는 defaultdict 타입이 필요한 처리를 더 잘해준다(Better way 17: '내부 상태에서 원소가 없는 경우를 처리할 때는 setdefault보다 defaultdict를 사용하라' 참고). 하지만 setdefault나 defaultdict 모두 사용하기가 적당하지 않은 경우도 있다.

예를 들어 파일 시스템에 있는 SNS 프로필 사진을 관리하는 프로그램을 작성한다고 가정하자. 필요할 때 파일을 읽고 쓰기 위해 프로필 사진의 경로와

열린 파일 핸들을 연관시켜주는 딕셔너리가 필요하다. 다음 코드에서는 일반 dict 인스턴스를 사용하고 get 메서드와 대입식(파이썬 3.8에 도입됐다. Better way 10: '대입식을 사용해 반복을 피하라' 참고)을 통해 키가 딕셔너리에 있는지 검사한다.

```
pictures = {}
path = 'profile_1234.png'

if (handle := pictures.get(path)) is None:
    try:
        handle = open(path, 'a+b')
    except OSError:
        print(f'경로를 열 수 없습니다: {path}')
        raise
    else:
        pictures[path] = handle

handle.seek(0)
image_data = handle.read()
```

파일 핸들이 이미 딕셔너리 안에 있으면 이 코드는 딕셔너리를 단 한 번만 읽는다. 파일 핸들이 없으면 get을 사용해 딕셔너리를 한 번 읽고, try/except 블록의 else 절에서 핸들을 딕셔너리에 대입한다(이런 접근 방법을 finally에 사용할 수도 있다. Better way 65: 'try/except/else/finally의 각 블록을 잘 활용하라' 참고). read 메서드를 호출하는 부분은 open을 호출하고 예외를 처리하는 코드와 잘 분리돼 있다.

이와 같은 로직을 구현하기 위해 in 식이나 KeyError를 사용한 접근 방법을 택할 수도 있지만, 오히려 딕셔너리를 더 많이 읽고 내포되는 블록 깊이가 더 깊어지는 단점이 있다. in이나 KeyError를 사용한 방법이 잘 동작한다는 사실을 알고 나면 setdefault를 활용한 방법도 잘 작동할 것이라 생각하기 쉽다.

```
try:
    handle = pictures.setdefault(path, open(path, 'a+b'))
except OSError:
    print(f'경로를 열 수 없습니다: {path}')
    raise
else:
    handle.seek(0)
    image_data = handle.read()
```

이 코드는 문제가 많다. 파일 핸들을 만드는 내장 함수인 open이 딕셔너리에 경로가 있는지 여부와 관계없이 항상 호출된다. 이로 인해 같은 프로그램상에 존재하던 열린 파일 핸들과 혼동될 수 있는 새로운 파일 핸들이 생길 수도 있다. open이 예외를 던질 수 있으므로 이 예외를 처리해야 한다. 하지만 이 예외를 같은 줄에 있는 setdefault가 던지는 예외와 구분하지 못할 수도 있다(딕셔너리와 비슷한 구현을 사용하면 이런 예외가 발생할 수 있다. Better way 43: '커스텀 컨테이너 타입은 collections.abc를 상속하라' 참고).

내부 상태를 관리하려 한다면 프로필 사진의 상태를 관리하기 위해 defaultdict를 쓸 수 있다고 가정할 수도 있다. 다음 코드는 이전 예제와 똑같은 로직을 도우미 함수와 defaultdict 클래스를 사용해 작성한 것이다.

```
from collections import defaultdict

def open_picture(profile_path):
    try:
        return open(profile_path, 'a+b')
    except OSError:
        print(f'경로를 열 수 없습니다: {profile_path}')
        raise

pictures = defaultdict(open_picture)
handle = pictures[path]
handle.seek(0)
```

```
image_data = handle.read()
```

```
>>>
Traceback ...
TypeError: open_picture() missing 1 required positional
argument: 'profile_path'
```

문제는 defaultdict 생성자에 전달한 함수는 인자를 받을 수 없다는 데 있다. 이는 defaultdict가 호출하는 도우미 함수가 처리 중인 키를 알 수 없다는 뜻이다. 이로 인해 파일 경로를 사용해 open을 호출할 방법이 없다. 이런 상황에서는 setdefault와 defaultdict 모두 필요한 기능을 제공하지 못한다.

이런 상황이 흔히 발생하기 때문에 파이썬은 다른 해법을 내장해 제공한다. dict 타입의 하위 클래스를 만들고 __missing__ 특별 메서드를 구현하면 키가 없는 경우를 처리하는 로직을 커스텀화할 수 있다. 다음 코드는 앞의 예제와 똑같은 open_picture 도우미 함수를 활용하는 새로운 클래스를 정의해서 키가 없는 경우 파일을 여는 딕셔너리를 만든다.

```
class Pictures(dict):
    def __missing__(self, key):
        value = open_picture(key)
        self[key] = value
        return value

pictures = Pictures()
handle = pictures[path]
handle.seek(0)
image_data = handle.read()
```

pictures[path]라는 딕셔너리 접근에서 path가 딕셔너리에 없으면 __missing__ 메서드가 호출된다. 이 메서드는 키에 해당하는 디폴트 값을 생성해 딕셔너리에 넣어준 다음에 호출한 쪽에 그 값을 반환해야 한다. 그 이후 딕셔너리에서 같은 경로에 접근하면 이미 해당 원소가 딕셔너리에 들어 있으므로 `__missing__`이 호출되지 않는다(`__getattr__`의 동작과 비슷하다. Better way 47: '지연 계산 애트리뷰트가 필요하면 `__getattr__`, `__getattribute__`, `__setattr__`을 사용하라' 참고).

기억해야 할 내용

- 디폴트 값을 만드는 계산 비용이 높거나 만드는 과정에서 예외가 발생할 수 있는 상황에서는 dict의 setdefault 메서드를 사용하지 말라.
- defaultdict에 전달되는 함수는 인자를 받지 않는다. 따라서 접근에 사용한 키 값에 맞는 디폴트 값을 생성하는 것은 불가능하다.
- 디폴트 키를 만들 때 어떤 키를 사용했는지 반드시 알아야 하는 상황이라면 직접 dict의 하위 클래스와 `__missing__` 메서드를 정의하면 된다.

3

함수

프로그래머들이 파이썬에서 처음으로 사용하는 정리 도구는 **함수**(function)다. 다른 프로그래밍 언어와 마찬가지로 함수를 사용하면 큰 프로그램을 더 작고 간단한 조각으로 나누고, 각 조각이 어떤 일을 하는지 알려주는 이름을 붙일 수 있다. 함수를 사용하면 가독성이 좋아지고 코드에 더 쉽게 접근할 수 있다. 재사용과 리팩터링도 쉬워진다.

파이썬 함수에는 프로그래머가 더 편하게 프로그래밍할 수 있도록 해주는 여러 가지 추가 기능이 들어 있다. 일부는 다른 프로그래밍 언어에 있는 기능과 비슷하지만, 파이썬에만 해당하는 기능도 많다. 이런 추가 기능을 사용하면 함수의 목적을 더 분명하게 표현할 수 있고, 코드의 잡음을 줄여서 함수 호출의 의도를 더 명확히 드러낼 수 있으며, 찾기 어려운 미묘한 버그를 현저히 줄일 수 있다.

BETTER WAY 19 함수가 여러 값을 반환하는 경우 절대로 네 값 이상을 언패킹하지 말라

언패킹 구문의 한 가지 효과(Better way 6: '인덱스를 사용하는 대신에 대입을 사용해 데이터를 언패킹하라' 참고)는 언패킹을 사용하면 함수가 둘 이상의 값을 반환할 수 있다는 것이다. 예를 들어 악어 개체군에 대한 여러 통계를 계산한다고 하자. 악어의 몸 길이 정보를 담은 list를 이용해 개체군에서 가장 긴 악어와 가장 짧은 악어의 몸 길이를 계산해야 한다. 다음은 두 값을 반환하는 것처럼 보이는 함수다.

```
def get_stats(numbers):
    minimum = min(numbers)
    maximum = max(numbers)
    return minimum, maximum

lengths = [63, 73, 72, 60, 67, 66, 71, 61, 72, 70]

minimum, maximum = get_stats(lengths)  # 반환 값이 두 개

print(f'최소: {minimum}, 최대: {maximum}')

>>>
최소: 60, 최대: 73
```

이 코드는 원소가 두 개인 튜플에 여러 값을 넣어서 함께 반환하는 식으로 작동한다. 이 함수를 호출한 코드는 반환받은 튜플을 두 변수에 대입해서 언패킹한다. 다음 코드는 언패킹 문과 여러 값을 반환하는 함수가 어떻게 같은 방식으로 작동하는지 보여주는 더 간단한 예다.

```
first, second = 1, 2
assert first == 1
assert second == 2

def my_function():
```

```
    return 1, 2

first, second = my_function()
assert first == 1
assert second == 2
```

여러 값을 한꺼번에 처리하는 별표 식을 사용해 여러 값을 반환받을 수도 있다(Better way 13: '슬라이싱보다는 나머지를 모두 잡아내는 언패킹을 사용하라' 참고). 예를 들어 각 악어 개체의 몸 길이가 전체 개체군의 몸 길이 평균에 비해 얼마나 큰지 계산하는 다른 함수가 필요하다고 하자. 이 함수는 비율로 이뤄진 list를 반환하지만, 별표 식을 사용해 이 list의 중간 부분을 한꺼번에 받으면 평균 몸 길이와 비교해 가장 긴 악어와 가장 짧은 악어의 비율을 알 수 있다.

```
def get_avg_ratio(numbers):
    average = sum(numbers) / len(numbers)
    scaled = [x / average for x in numbers]
    scaled.sort(reverse=True)
    return scaled

longest, *middle, shortest = get_avg_ratio(lengths)

print(f'최대 길이: {longest:>4.0%}')
print(f'최소 길이: {shortest:>4.0%}')

>>>
최대 길이: 108%
최소 길이:  89%
```

이제 프로그램의 요구 사항이 몸 길이의 평균, 중앙값(median), 악어 개체군의 개체 수까지 요구하는 것으로 바뀌었다고 하자. get_stats를 확장해 이런 통계를 계산하고 결과를 튜플로 반환해 호출하는 쪽에서 값을 언패킹하게 할수 있다.

```
def get_stats(numbers):
    minimum = min(numbers)
    maximum = max(numbers)
    count = len(numbers)
    average = sum(numbers) / count

    sorted_numbers = sorted(numbers)
    middle = count // 2
    if count % 2 == 0:
        lower = sorted_numbers[middle - 1]
        upper = sorted_numbers[middle]
        median = (lower + upper) / 2
    else:
        median = sorted_numbers[middle]

    return minimum, maximum, average, median, count

minimum, maximum, average, median, count = get_stats(lengths)

print(f'최소 길이: {minimum}, 최대 길이: {maximum}')
print(f'평균: {average}, 중앙값: {median}, 개수: {count}')
```

```
>>>
최소 길이: 60, 최대 길이: 73
평균: 67.5, 중앙값: 68.5, 개수: 10
```

이 코드에는 두 가지 문제가 있다. 먼저 모든 반환 값이 수(number)이기 때문에 순서를 혼동하기 쉽다(예를 들어 평균과 중앙값이 바뀔 수 있다). 이런 실수는 나중에 알아내기 어려운 버그를 만들어낸다. 반환 값이 많으면 실수하기도 아주 쉬워진다.

```
# 올바른 사용
minimum, maximum, average, median, count = get_stats(lengths)

# 아차! 중앙값과 평균값을 서로 바꿔 썼다
minimum, maximum, median, average, count = get_stats(lengths)
```

두 번째로 함수를 호출하는 부분과 반환 값을 언패킹하는 부분이 길고, 여러 가지 방법으로 줄을 바꿀 수 있어서(PEP 8 스타일을 따라도 그렇다. 'Better way 2: 'PEP 8 스타일 가이드를 따르라' 참고) 가독성이 나빠진다.

```
minimum, maximum, average, median, count = get_stats(
    lengths)

minimum, maximum, average, median, count = \
get_stats(lengths)

(minimum, maximum, average,
 median, count) = get_stats(lengths)

(minimum, maximum, average, median, count
    ) = get_stats(lengths)
```

이런 문제를 피하려면 함수가 여러 값을 반환하거나 언패킹할 때 값이나 변수를 네 개 이상 사용하면 안 된다(즉, 값을 세 개까지 쓸 수 있다). 변수가 세 개 이하인 언패킹 구문은 세 가지 값을 따로 변수에 넣는 구문일 수도 있고, 두 값을 변수에 넣고 나머지 모든 값을 한 변수에 넣는 구문일 수도 있으며, 더 짧은 언패킹 구문(이런 경우 변수는 두 개 이하)일 수도 있다. 이보다 더 많은 값을 언패킹해야 한다면 경량 클래스(lightweight class)나 namedtuple을 사용하고(Better way 37: '내장 타입을 여러 단계로 내포시키기보다는 클래스를 합성하라' 참고) 함수도 이런 값을 반환하게 만드는 것이 낫다.

기억해야 할 내용

- 함수가 여러 값을 반환하기 위해 값들을 튜플에 넣어서 반환하고, 호출하는 쪽에서는 파이썬 언패킹 구문을 쓸 수 있다.
- 함수가 반환한 여러 값을, 모든 값을 처리하는 별표 식을 사용해 언패킹할 수도 있다.
- 언패킹 구문에 변수가 네 개 이상 나오면 실수하기 쉬우므로 변수를 네 개 이상 사용하면 안 된다. 대신 작은 클래스를 반환하거나 namedtuple 인스턴스를 반환하라.

BETTER WAY 20 None을 반환하기보다는 예외를 발생시켜라

파이썬 프로그래머들은 유틸리티 함수를 작성할 때 반환 값을 None으로 하면서 이 값에 특별한 의미를 부여하려는 경향을 나타낸다. 경우에 따라서는 이런 결정이 타당해 보인다. 예를 들어 한 수를 다른 수로 나누는 도우미 함수를 작성한다고 하자. 0으로 나누는 경우 결과가 정해져 있지 않으므로 None을 반환하는 것이 자연스러워 보인다.

```
def careful_divide(a, b):
    try:
        return a / b
    except ZeroDivisionError:
        return None
```

이 함수를 사용하는 코드는 반환 값을 적절히 해석하면 된다.

```
x, y = 1, 0
result = careful_divide(x, y)
if result is None:
    print('잘못된 입력')
```

피제수가 0이면 careful_divide 함수가 어떤 일을 할까? 제수가 0이 아닌 한 함수는 0을 반환한다. 그런데 함수가 반환한 결과를 if 문 등의 조건에서 평가할 때 0 값이 문제가 될 수 있다. None인지 검사하는 대신, 실수로 빈 값을 False로 취급하는 검사를 실행할 수 있다(Better way 5: '복잡한 식을 쓰는 대신 도우미 함수를 작성하라'에서 비슷한 상황을 볼 수 있다).

```
x, y = 0, 5
result = careful_divide(x, y)
if not result:
    print('잘못된 입력')   # 이 코드가 실행되는데, 사실 이 코드가 실행되면 안 된다!

>>>
잘못된 입력
```

False와 동등한 반환 값을 잘못 해석하는 경우는 None이 특별한 의미를 가지는 파이썬 코드에서 흔히 저지르는 실수다. 그래서 careful_divide와 같은 함수에서 None을 반환하면 오류를 야기하기 쉽다. 실수할 가능성을 줄이는 방법은 두 가지다.

첫 번째 방법은 반환 값을 2-튜플(Better way 19: '함수가 여러 값을 반환하는 경우 절대로 네 값 이상을 언패킹하지 말라'에서 배경지식을 얻을 수 있다)로 분리하는 것이다. 이 튜플의 첫 번째 부분은 연산이 성공인지 실패인지를 표시한다. 두 번째 부분은 계산에 성공한 경우 실제 결괏값을 저장한다.

```
def careful_divide(a, b):
    try:
        return True, a / b
    except ZeroDivisionError:
        return False, None
```

이 함수를 호출하는 쪽에서는 튜플을 언패킹해야 한다. 이로 인해 나눗셈 결과를 그냥 검사하지 못하고 항상 튜플에서 상태 부분을 살펴보게 된다.

```
success, result = careful_divide(x, y)
if not success:
    print('잘못된 입력')
```

이 방법의 문제점은 호출하는 쪽에서 튜플의 첫 번째 부분(변수를 사용하지 않음을 밑줄로 표시하는 파이썬 표준 관례)을 쉽게 무시할 수 있다는 것이다. 이렇게 작성한 코드는 한눈에 보면 잘못됐는지 알아보기 어렵지만, None을 반환한 경우와 마찬가지로 실수할 가능성이 높아진다.

```
_, result = careful_divide(x, y)
if not success:
    print('잘못된 입력')
```

이런 실수를 줄일 수 있는, 더 나은 두 번째 방법은 특별한 경우에 결코 None 을 반환하지 않는 것이다. 대신 Exception을 호출한 쪽으로 발생시켜서 호출 자가 이를 처리하게 한다. 다음 코드에서는 ZeroDivisionError가 발생한 경우 이를 ValueError로 바꿔 던져 호출한 쪽에 입력 값이 잘못됐음을 알린다 (Better way 87: '호출자를 API로부터 보호하기 위해 최상위 Exception을 정의하라' 참고).

```
def careful_divide(a, b):
    try:
        return a / b
    except ZeroDivisionError as e:
        raise ValueError('잘못된 입력')
```

호출자는 더 이상 반환 값에 대한 조건문을 사용하지 않아도 된다. 대신에 반환 값이 항상 올바르다고 가정하고, try 문의 else 블록에서 이 값을 즉시 사용할 수 있다(자세한 내용은 Better way 65: 'try/except/else/finally의 각 블록을 잘 활용하라' 참고).

```
x, y = 5, 2
try:
    result = careful_divide(x, y)
except ValueError:
    print('잘못된 입력')
else:
    print('결과는 %.1f 입니다' % result)
```

```
>>>
결과는 2.5 입니다
```

이 접근 방법을 확장해서 타입 애너테이션을 사용하는 코드에도 적용할 수 있다(Better way 90: 'typing과 정적 분석을 통해 버그를 없애라'에서 배경 지식을 얻을 수 있다). 함수의 반환 값이 항상 float이라고 지정할 수 있고,

그에 따라 None이 결코 반환되지 않음을 알릴 수 있다. 하지만 파이썬의 점진적 타입 지정(gradual typing)에서는 함수의 인터페이스에 예외가 포함되는지 표현하는 방법(이런 방식을 **검증 오류**(checked exception)라고 한다)이 의도적으로 제외됐다. 대신 여러분은 호출자가 어떤 Exception을 잡아내야 할지 결정할 때 문서를 참조할 것으로 예상하고, 발생시키는 예외를 문서에 명시해야 한다(Better way 84: '모든 함수, 클래스, 모듈에 독스트링을 작성하라' 참고).

지금까지 설명한 모든 내용을 반영하고, 독스트링(Docstring)과 타입 애너테이션까지 포함시키면 코드는 다음과 같다.

```
def careful_divide(a: float, b: float) -> float:
    """a를 b로 나눈다.

    Raises:
        ValueError: b가 0이어서 나눗셈을 할 수 없을 때
    """
    try:
        return a / b
    except ZeroDivisionError as e:
        raise ValueError('잘못된 입력')
```

이제 입력, 출력, 예외적인 동작이 모두 명확해졌고, 호출자가 이 함수를 잘못 처리할 가능성이 매우 낮아졌다.

기억해야 할 내용

- 특별한 의미를 표시하는 None을 반환하는 함수를 사용하면 None과 다른 값(예: 0이나 빈 문자열)이 조건문에서 False로 평가될 수 있기 때문에 실수하기 쉽다.
- 특별한 상황을 표현하기 위해 None을 반환하는 대신 예외를 발생시켜라. 문서에 예외 정보를 기록해 호출자가 예외를 제대로 처리하도록 하라.
- 함수가 특별한 경우를 포함하는 그 어떤 경우에도 절대로 None을 반환하지 않는다는 사실을 타입 애너테이션으로 명시할 수 있다.

BETTER WAY 21 변수 영역과 클로저의 상호작용 방식을 이해하라

숫자로 이뤄진 list를 정렬하되, 정렬한 리스트의 앞쪽에는 우선순위를 부여한 몇몇 숫자를 위치시켜야 한다고 가정하자. 이 패턴은 사용자 인터페이스를 표시하면서 중요한 메시지나 예외적인 이벤트를 다른 것보다 우선해 표시하고 싶을 때 유용하다.

이러한 경우를 해결하는 일반적인 방법은 리스트의 sort 메서드에 key 인자로 도우미 함수를 전달하는 것이다(Better way 14: '복잡한 기준을 사용해 정렬할 때는 key 파라미터를 사용하라' 참고). list는 각 원소를 정렬할 때 이 도우미 함수가 반환하는 값을 기준으로 사용한다. 도우미 함수는 주어진 원소가 중요한 숫자 그룹에 들어 있는지 검사해서 정렬 기준값을 적절히 조정해준다.

```
def sort_priority(values, group):
    def helper(x):
        if x in group:
            return (0, x)
        return (1, x)
    values.sort(key=helper)
```

이 함수는 입력이 간단하면 잘 작동한다.

```
numbers = [8, 3, 1, 2, 5, 4, 7, 6]
group = {2, 3, 5, 7}
sort_priority(numbers, group)
print(numbers)

>>>
[2, 3, 5, 7, 1, 4, 6, 8]
```

이 함수가 예상대로 작동하는 세 가지 이유가 있다.

- 파이썬이 **클로저**(closure)를 지원: 클로저란 자신이 정의된 영역 밖의 변수를 참조하는 함수다. 클로저로 인해 도우미 함수가 sort_priority 함수의 group 인자에 접근할 수 있다.

- 파이썬에서 함수가 **일급 시민**(first-class citizen) 객체임: 일급 시민 객체라는 말은 이를 직접 가리킬 수 있고, 변수에 대입하거나 다른 함수에 인자로 전달할 수 있으며, 식이나 if 문에서 함수를 비교하거나 함수에서 반환하는 것 등이 가능하다는 것을 의미한다. 이 성질로 인해 sort 메서드는 클로저 함수를 key 인자로 받을 수 있다.

- 파이썬에는 시퀀스(튜플 포함)를 비교하는 구체적인 규칙이 있음: 파이썬은 시퀀스를 비교할 때 0번 인덱스에 있는 값을 비교한 다음, 이 값이 같으면 다시 1번 인덱스에 있는 값을 비교한다. 이런 식으로 순서대로 원소를 비교해 두 값이 같으면 그다음 원소로 넘어가는 작업을 시퀀스의 모든 원소를 다 비교하거나 결과가 정해질 때까지 계속한다. 이로 인해 helper 클로저가 반환하는 튜플이 서로 다른 두 그룹을 정렬하는 기준 역할을 할 수 있다.

이 함수가 우선순위가 높은 원소가 있는지 여부도 반환하게 만들어서 UI가 우선순위가 높은 원소가 있을 때와 아닌 때를 구분해 처리할 수 있다면 더 좋을 것이다. 이런 동작을 추가하는 것은 간단해 보인다. 이미 각 원소가 어떤 그룹에 들어 있는지 결정하는 클로저 함수가 있으므로, 이 클로저를 사용해 우선순위가 높은 원소를 발견했음을 표시하는 플래그를 설정하면 어떨까? 이렇게 클로저 함수를 바꾸고 나면 정렬 함수가 플래그 값을 반환한다.

이와 같이 뻔해 보이는 동작을 구현한 것이 바로 다음 코드다.

```python
def sort_priority2(numbers, group):
    found = False
    def helper(x):
        if x in group:
            found = True  # 문제를 쉽게 해결할 수 있을 것 같다
            return (0, x)
        return (1, x)
```

```
    numbers.sort(key=helper)
    return found
```

앞에서 사용한 입력으로 이 함수를 실행해보자.

```
found = sort_priority2(numbers, group)
print('발견:', found)
print(numbers)
```

```
>>>
발견: False
[2, 3, 5, 7, 1, 4, 6, 8]
```

정렬 결과는 맞다. 따라서 group이 numbers 안에 있는 수를 찾았음이 분명하다. 하지만 함수가 반환하는 found는 True여야 하는데 False다. 왜 이럴까?

여러분이 식 안에서 변수를 참조할 때 파이썬 인터프리터는 이 참조를 해결하기 위해 다음 순서로 영역을 뒤진다.

1. 현재 함수의 영역
2. 현재 함수를 둘러싼 영역(현재 함수를 둘러싸고 있는 함수 등)
3. 현재 코드가 들어 있는 모듈의 영역(**전역 영역**(global scope)이라고도 부름)
4. 내장 영역(built-in scope)(len, str 등의 함수가 들어 있는 영역)

식이 참조하는 이름에 해당하는 변수가 이 네 가지 영역에 없으면 NameError 예외가 발생한다.

```
foo = does_not_exist * 5
```

```
>>>
Traceback ...
NameError: name 'does_not_exist' is not defined
```

변수에 값을 대입하는 것은 다른 방식으로 작동한다. 변수가 현재 영역에 이미 정의돼 있다면 그 변수의 값만 새로운 값으로 바뀐다. 하지만 변수가 현재 영역에 정의돼 있지 않다면 파이썬은 변수 대입을 변수 정의로 취급한다. 결정적으로 이렇게 새로 정의된 변수의 영역은 해당 대입문이나 식이 들어 있던 함수가 된다.

이런 대입의 동작 방식을 알면 sort_priority2의 반환 값이 달라진 이유를 알 수 있다. found 변수는 helper 도우미 함수의 영역에서 True로 대입된다. 따라서 helper 함수의 클로저 안에서 이 대입문은 helper 영역 안에 새로운 변수를 정의하는 것으로 취급되지, sort_priority2 안에서 기존 변수에 값을 대입하는 것으로 취급되지는 않는다.

```
def sort_priority2(numbers, group):
    found = False          # 영역: 'sort_priority2'
    def helper(x):
        if x in group:
            found = True  # 영역: 'helper' -- 좋지 않음!
            return (0, x)
        return (1, x)
    numbers.sort(key=helper)
    return found
```

이 문제는 초보 파이썬 프로그래머를 종종 당황하게 만들기 때문에 **영역 지정 버그**(scoping bug)라고 부르기도 한다. 하지만 이 동작은 의도에 따른 결과다. 의도는 함수에서 사용한 지역 변수가 그 함수를 포함하고 있는 모듈 영역을 더럽히지 못하게 막는 것이다. 이런 식으로 처리하지 않으면 함수 내에서 사용한 모든 대입문이 전역 모듈 영역에 쓰레기 변수를 추가하게 된다. 그 결과, 추가된 불필요한 변수들로 인해 잡음이 늘어날 뿐 아니라 추가된 전역 변수와 클로저의 상호작용에 의해 알아내기 힘든 미묘한 버그가 생길 수 있다.

파이썬에는 클로저 밖으로 데이터를 끌어내는 특별한 구문이 있다. nonlocal 문이 지정된 변수에 대해서는 앞에서 설명한 영역 결정 규칙에 따라 대입될 변수의 영역이 결정된다. nonlocal의 유일한 한계점은 (전역 영역을 더럽히지 못하도록) 모듈 수준 영역까지 변수 이름을 찾아 올라가지 않는다는 것뿐이다.

다음은 같은 함수를 다시 정의하되 nonlocal을 사용한 코드다.

```
def sort_priority2(numbers, group):
    found = False
    def helper(x):
        nonlocal found        # 추가함
        if x in group:
            found = True
            return (0, x)
        return (1, x)
    numbers.sort(key=helper)
    return found
```

nonlocal 문은 대입할 데이터가 클로저 밖에 있어서 다른 영역에 속한다는 사실을 분명히 알려준다. 이 문장은 변수 대입 시 직접 모듈 영역(전역 영역)을 사용해야 한다고 지정하는 global 문을 보완해준다.

하지만 전역 변수를 사용하는 여러 안티 패턴의 경우와 마찬가지로, 간단한 함수 외에는 어떤 경우라도 nonlocal을 사용하지 말라고 경고하고 싶다. 특히 함수가 길고 nonlocal 문이 지정한 변수와 대입이 이뤄지는 위치의 거리가 멀면 함수 동작을 이해하기 더 힘들어진다.

nonlocal을 사용하는 방식이 복잡해지면 도우미 함수로 상태를 감싸는 편이 더 낫다. 앞에서 본 nonlocal을 사용하는 코드와 같은 결과를 달성하는 클래스를 정의해보자. 이 코드는 약간 길지만 읽기는 더 쉽다(Better way 38: '간단한 인터페이스의 경우 클래스 대신 함수를 받아라'에서 __call__ 특별 메서드에 대해 자세히 알 수 있다).

```
class Sorter:
    def __init__(self, group):
        self.group = group
        self.found = False

    def __call__(self, x):
        if x in self.group:
            self.found = True
            return (0, x)
        return (1, x)

sorter = Sorter(group)
numbers.sort(key=sorter)
assert sorter.found is True
```

기억해야 할 내용

- 클로저 함수는 자신이 정의된 영역 외부에서 정의된 변수도 참조할 수 있다.
- 기본적으로 클로저 내부에 사용한 대입문은 클로저를 감싸는 영역에 영향을 끼칠 수 없다.
- 클로저가 자신을 감싸는 영역의 변수를 변경한다는 사실을 표시할 때는 nonlocal 문을 사용하라.
- 간단한 함수가 아닌 경우에는 nonlocal 문을 사용하지 말라.

BETTER WAY 22 변수 위치 인자를 사용해 시각적인 잡음을 줄여라

위치 인자(positional argument)(또는 위치 기반 인자)를 가변적으로 받을 수 있으면 함수 호출이 더 깔끔해지고 시각적 잡음도 줄어든다(이런 위치 인자를 가변 인자(varargs)나 스타 인자(star args)라고 부르기도 한다. 스타 인자라는 이름은 관례적으로 가변 인자의 이름을 *args라고 붙이는 것에서 유래했다). 예를 들어 디버깅 정보를 로그에 남기고 싶다고 하자. 인자 수가 고정돼 있으면 메시지와 값의 list를 받는 함수가 필요하다.

```
def log(message, values):
    if not values:
        print(message)
    else:
        values_str = ', '.join(str(x) for x in values)
        print(f'{message}: {values_str}')

log('내 숫자는', [1, 2])
log('안녕', [])

>>>
내 숫자는: 1, 2
안녕
```

로그에 남길 값이 없을 때도 빈 리스트를 넘겨야 한다면 귀찮을 뿐 아니라 코드 잡음도 많다. 이럴 때 두 번째 인자를 완전히 생략하면 좋을 것이다. 파이썬에서는 마지막 위치 인자 이름 앞에 *를 붙이면 된다. 로그 메시지의 첫 번째 파라미터는 반드시 필요하지만, 그 이후의 모든 위치 인자는 선택 사항이다. 가변 인자를 써도 함수 본문은 바뀌지 않는다. 단지 호출하는 코드만 바뀐다.

```
def log(message, *values):  # 달라진 유일한 부분
    if not values:
        print(message)
    else:
        values_str = ', '.join(str(x) for x in values)
        print(f'{message}: {values_str}')

log('내 숫자는', 1, 2)
log('안녕')  # 훨씬 좋다

>>>
내 숫자는: 1, 2
안녕
```

이 구문이 언패킹 대입문에 쓰인 별표 식과 비슷하게 작동한다는 점을 눈치 챘을 수도 있다(Better way 13: '슬라이싱보다는 나머지를 모두 잡아내는 언패킹을 사용하라' 참고).

이미 시퀀스(리스트 등)가 있는데 log와 같은 가변 인자 함수에 시퀀스를 사용하고 싶다면 * 연산자를 사용하면 된다. * 연산자는 파이썬이 시퀀스의 원소들을 함수의 위치 인자로 넘길 것을 명령한다.

```
favorites = [7, 33, 99]
log('좋아하는 숫자는', *favorites)
```

```
>>>
좋아하는 숫자는: 7, 33, 99
```

가변적인 위치 인자를 받는 데는 두 가지 문제점이 있다.

첫 번째 문제점은 이런 선택적인 위치 인자가 함수에 전달되기 전에 항상 튜플로 변환된다는 것이다. 이는 함수를 호출하는 쪽에서 제너레이터 앞에 * 연산자를 사용하면 제너레이터의 모든 원소를 얻기 위해 반복한다는 뜻이다 (Better way 30: '리스트를 반환하기보다는 제너레이터를 사용하라'에서 배경지식을 얻을 수 있다). 이렇게 만들어지는 튜플은 제너레이터가 만들어낸 모든 값을 포함하며, 이로 인해 메모리를 아주 많이 소비하거나 프로그램이 중단돼버릴 수 있다.

```
def my_generator():
    for i in range(10):
        yield i

def my_func(*args):
    print(args)

it = my_generator()
```

```
my_func(*it)
```

```
>>>
(0, 1, 2, 3, 4, 5, 6, 7, 8, 9)
```

*args를 받는 함수는 인자 목록에서 가변적인 부분에 들어가는 인자의 개수가 처리하기 좋을 정도로 충분히 작다는 사실을 이미 알고 있는 경우에 가장 적합하다. *args는 여러 리터럴이나 변수 이름을 함께 전달하는 함수 호출에 이상적이다. *args는 주로 프로그래머의 편의와 코드 가독성을 위한 기능이다.

*args의 두 번째 문제점은 함수에 새로운 위치 인자를 추가하면 해당 함수를 호출하는 모든 코드를 변경해야만 한다는 것이다. 이미 가변 인자가 존재하는 함수 인자 목록의 앞부분에 위치 인자를 추가하려고 시도하면, 기존 호출 코드를 변경하지 않는 경우 호출하는 코드가 미묘하게 깨질 수도 있다.

```
def log(sequence, message, *values):
    if not values:
        print(f'{sequence} - {message}')
    else:
        values_str = ', '.join(str(x) for x in values)
        print(f'{sequence} - {message}: {values_str}')
```

```
log(1, '좋아하는 숫자는', 7, 33)    # 새 코드에서 가변 인자 사용. 문제없음
log(1, '안녕')                      # 새 코드에서 가변 인자 없이 메시지만 사용
                                    # 문제없음
log('좋아하는 숫자는', 7, 33)       # 예전 방식 코드는 깨짐
```

```
>>>
1 - 좋아하는 숫자는: 7, 33
1 - 안녕
좋아하는 숫자는 - 7: 33
```

여기서 (예전 코드인) 세 번째 log 호출에서는 sequence가 주어지지 않았기 때문에 7을 message 파라미터로 사용한다는 점이 문제가 된다. 예외가 발생하지 않고 코드가 작동할 수도 있기 때문에 이런 버그는 추적하기가 어렵다. 이런 가능성을 완전히 없애려면 *args를 받아들이는 함수를 확장할 때는 키워드 기반의 인자만 사용해야 한다(Better way 25: '위치로만 인자를 지정하게 하거나 키워드로만 인자를 지정하게 해서 함수 호출을 명확하게 만들라' 참고). 더 방어적으로 프로그래밍하려면 타입 애너테이션(Better way 90: 'typing과 정적 분석을 통해 버그를 없애라' 참고)을 사용해도 된다.

기억해야 할 내용

- def 문에서 *args를 사용하면 함수가 가변 위치 기반 인자를 받을 수 있다.
- * 연산자를 사용하면 가변 인자를 받는 함수에게 시퀀스 내의 원소들을 전달할 수 있다.
- 제너레이터에 * 연산자를 사용하면 프로그램이 메모리를 모두 소진하고 중단될 수 있다.
- *args를 받는 함수에 새로운 위치 기반 인자를 넣으면 감지하기 힘든 버그가 생길 수 있다.

BETTER WAY 23 키워드 인자로 선택적인 기능을 제공하라

다른 대부분의 프로그래밍 언어와 마찬가지로 파이썬에서도 함수를 호출할 때 위치에 따라 인자를 넘길 수 있다.

```
def remainder(number, divisor):
    return number % divisor

assert remainder(20, 7) == 6
```

파이썬 함수에서는 모든 일반적인 인자를 키워드를 사용해 넘길 수 있다. 키워드를 사용해 인자를 넘길 때는 함수 호출의 괄호 내부에서 파라미터 이름을 대입 연산에 사용한다. 필요한 위치 기반 인자가 모두 제공되는 한, 키워드 인자를 넘기는 순서는 관계없다. 키워드와 위치 인자를 필요에 따라 섞어 쓸 수도 있다. 다음은 모두 같은 코드다.

```
remainder(20, 7)
remainder(20, divisor=7)
remainder(number=20, divisor=7)
remainder(divisor=7, number=20)
```

위치 기반 인자를 지정하려면 키워드 인자보다 앞에 지정해야 한다.

```
remainder(number=20, 7)
```

```
>>>
Traceback ...
SyntaxError: positional argument follows keyword argument
```

각 인자는 단 한 번만 지정해야 한다.

```
remainder(20, number=7)
```

```
>>>
Traceback ...
TypeError: remainder() got multiple values for argument
➡ 'number'
```

딕셔너리의 내용물을 사용해 remainder와 같은 함수를 호출하고 싶다면 ** 연산자를 사용할 수 있다. ** 연산자는 파이썬이 딕셔너리에 들어 있는 값을 함수에 전달하되 각 값에 대응하는 키를 키워드로 사용하도록 명령한다.

```
my_kwargs = {
    'number': 20,
    'divisor': 7,
}
assert remainder(**my_kwargs) == 6
```

** 연산자를 위치 인자나 키워드 인자와 섞어서 함수를 호출할 수 있다. 다만 중복되는 인자가 없어야 한다.

```
my_kwargs = {
    'divisor': 7,
}
assert remainder(number=20, **my_kwargs) == 6
```

** 연산자를 여러 번 사용할 수도 있다. 다만 여러 딕셔너리에 겹치는 키가 없어야 한다.

```
my_kwargs = {
    'number': 20,
}
other_kwargs = {
    'divisor': 7,
}
assert remainder(**my_kwargs, **other_kwargs) == 6
```

아무 키워드 인자나 받는 함수를 만들고 싶다면, 모든 키워드 인자를 dict에 모아주는 **kwargs라는 파라미터를 사용한다. 함수 본문에서는 이 dict를 사용해 필요한 처리를 할 수 있다(이 방법이 특히 유용한 경우는 Better way 26: 'functools.wrap을 사용해 함수 데코레이터를 정의하라' 참고).

```
def print_parameters(**kwargs):
    for key, value in kwargs.items():
        print(f'{key} = {value}')

print_parameters(alpha=1.5, beta=9, 감마=4)  # 한글 파라미터 이름도 잘 작동함

>>>
alpha = 1.5
beta = 9
감마 = 4
```

키워드 인자가 제공하는 유연성을 활용하면 세 가지 큰 이점이 있다.

첫 번째, 키워드 인자를 사용하면 코드를 처음 보는 사람들에게 함수 호출의 의미를 명확히 알려줄 수 있다. remainder(20, 7)이라는 호출을 보면 remainder 함수 구현을 보지 않고서는 어떤 인자가 number이고 어떤 인자가 divisor인지 알 수 없다. 키워드 인자를 사용한 호출에서 number=20과 divisor=7을 보면 어떤 파라미터를 어떤 목적에 쓰는지가 명확해진다.

두 번째, 키워드 인자의 경우 함수 정의에서 디폴트 값을 지정할 수 있다. 따라서 필요할 때는 원하는 함수 인자를 설정할 수 있는 기능을 제공하지만, 그렇지 않은 대부분의 경우에는 디폴트 동작을 그냥 받아들여도 된다. 이로 인해 코드 중복과 잡음이 줄어든다.

예를 들어 어떤 탱크에 흘러 들어가는 유체의 시간당 유입량을 계산하고 싶다고 하자. 탱크에 저울이 달려 있어서 어느 두 시점 사이의 무게 차이를 사용해 시간당 유입량을 계산할 수 있다.

```python
def flow_rate(weight_diff, time_diff):
    return weight_diff / time_diff

weight_diff = 0.5
time_diff = 3
flow = flow_rate(weight_diff, time_diff)
print(f'{flow:.3} kg/s')

>>>
0.167 kg/s
```

전형적인 경우에는 시간당 유입량이 초당 킬로그램(kg/s)이다. 하지만 이와 다르게 마지막 측정 값을 가지고 한 시간이나 하루 단위의 유입량을 추정하고 싶다. 같은 함수에 추정할 시간 단위를 계산하기 위한 배율(scaling factor)을 추가하면 이를 쉽게 계산할 수 있다.

```
def flow_rate(weight_diff, time_diff, period):
    return (weight_diff / time_diff) * period
```

문제는 이렇게 바꾼 함수를 호출하려면 매번 period를 지정해야 한다는 점이다. 초당 유입량을 계산하는 일반적인 경우에도 이 값을 꼭 지정해야 한다 (이런 경우 period는 1이다).

```
flow_per_second = flow_rate(weight_diff, time_diff, 1)
```

잡음을 줄이기 위해 period 인자에 디폴트 값을 지정한다.

```
def flow_rate(weight_diff, time_diff, period=1):
    return (weight_diff / time_diff) * period
```

이제 period 인자는 선택적인 인자가 됐다.

```
flow_per_second = flow_rate(weight_diff, time_diff)
flow_per_hour = flow_rate(weight_diff, time_diff, period=3600)
```

이런 방법은 간단한 디폴트 값의 경우 잘 동작하지만, 복잡한 디폴트 값을 사용해야 하는 경우에는 코드가 복잡해진다(Better way 24: 'None과 독스트링을 사용해 동적인 디폴트 인자를 지정하라'에서 자세한 내용을 볼 수 있다).

키워드 인자의 세 번째 이점은 어떤 함수를 사용하던 기존 호출자에게는 하위 호환성(backward compatibility)을 제공하면서 함수 파라미터를 확장할 수 있는 방법을 제공한다는 것이다. 이로 인해 기존 코드를 별도로 마이그레이션(migration)하지 않아도 기능을 추가할 수 있다. 이는 새로운 버그가 생길 여지가 줄어든다는 뜻이다.

예를 들어 앞에서 본 flow_rate 함수를 확장해 킬로그램이 아닌 무게 단위를 사용해 시간당 유입량을 계산하고 싶다고 하자. 측정 단위를 변환하기 위한 비율(conversion rate)을 제공하는 새로운 선택적인 파라미터를 추가하면 된다.

```python
def flow_rate(weight_diff, time_diff,
              period=1, units_per_kg=1):
    return ((weight_diff * units_per_kg) / time_diff) * period
```

units_per_kg의 디폴트 값은 1로, 반환되는 무게 단위를 킬로그램으로 유지한다. 이는 모든 기존 호출 코드는 동작이 바뀌지 않는다는 뜻이다. 새로 flow_rate 함수를 호출하는 코드가 새로 추가한 키워드 인자를 사용하면 새로운 동작을 볼 수 있다.

```python
pounds_per_hour = flow_rate(weight_diff, time_diff,
                            period=3600, units_per_kg=2.2)
```

선택적인 키워드 인자를 사용해 하위 호환성을 제공하는 것은 *args 인자를 받는 함수의 경우 더 중요하다(Better way 22: '변수 위치 인자를 사용해 시각적인 잡음을 줄여라' 참고).

이 접근 방법의 유일한 문제점은 period나 units_per_kg 같은 선택적인 키워드 인자를 여전히 위치 인자로 지정할 수 있다는 것이다.

```python
pounds_per_hour = flow_rate(weight_diff, time_diff, 3600, 2.2)
```

3600과 2.2가 어떤 의미인지 파악하기 어려우므로 선택적인 인자를 위치 인자로 지정하면 혼동을 야기할 수 있다. 선택적인 인자를 지정하는 최선의 방법은 항상 키워드 인자를 사용하고 위치 인자를 절대 사용하지 않는 것이다. 함수를 작성한 사람으로서 여러분은 누구든 함수를 호출할 때는 잠재적 오류를 최소화하기 위해 더 명시적인 키워드 인자 스타일 코드를 사용하라고 요구할 수 있다(Better way 25: '위치로만 인자를 지정하게 하거나 키워드로만 인자를 지정하게 해서 함수 호출을 명확하게 만들라' 참고).

- 함수 인자를 위치에 따라 지정할 수도 있고, 키워드를 사용해 지정할 수도 있다.
- 키워드를 사용하면 위치 인자만 사용할 때는 혼동할 수 있는 여러 인자의 목적을 명확히 할 수 있다.
- 키워드 인자와 디폴트 값을 함께 사용하면 기본 호출 코드를 마이그레이션하지 않고도 함수에 새로운 기능을 쉽게 추가할 수 있다.
- 선택적 키워드 인자는 항상 위치가 아니라 키워드를 사용해 전달돼야 한다.

BETTER WAY 24 None과 독스트링을 사용해 동적인 디폴트 인자를 지정하라

종종 키워드 인자의 값으로 정적으로 정해지지 않는 타입의 값을 써야 할 때가 있다. 예를 들어 로그 메시지와 시간을 함께 출력하고 싶다고 하자. 기본적으로 함수 호출 시간을 포함하길 원한다. 함수가 호출될 때마다 디폴트 인자가 재계산된다고 가정하면 다음과 같은 접근 방법을 사용할 수 있다.

```
from time import sleep
from datetime import datetime

def log(message, when=datetime.now()):
    print(f'{when}: {message}')

log('안녕!')
sleep(0.1)
log('다시 안녕!')
```

```
>>>
2020-08-18 11:29:12.857588: 안녕!
2020-08-18 11:29:12.857588: 다시 안녕!
```

하지만 디폴트 인자는 이런 식으로 작동하지 않는다. 함수가 정의되는 시점에 datetime.now가 단 한 번만 호출되기 때문에 타임스탬프가 항상 같다. 디폴트 인자의 값은 모듈이 로드(load)될 때 단 한 번만 평가되는데, 보통 프로그램이 시작할 때 모듈을 로드하는 경우가 많다. 디폴트 값을 계산하는 코드가 들어 있는 모듈이 로드된 다음 다시 datetime.now() 디폴트 인자가 평가되지는 않는다.

이런 경우 원하는 동작을 달성하는 파이썬의 일반적인 관례는 디폴트 값으로 None을 지정하고 실제 동작을 독스트링에 문서화하는 것이다(Better way 84: '모든 함수, 클래스, 모듈에 독스트링을 작성하라'에서 배경지식을 얻을 수 있다). 코드에서 인자가 None인 경우에는 적절한 디폴트 값을 할당해야 한다.

```python
def log(message, when=None):
    """메시지와 타임스탬프를 로그에 남긴다.

    Args:
        message: 출력할 메시지.
        when: 메시지가 발생한 시각(datetime).
            디폴트 값은 현재 시간이다.
    """
    if when is None:
        when = datetime.now()
    print(f'{when}: {message}')
```

이제는 타임스탬프가 달라진다.

```python
log('안녕!')
sleep(0.1)
log('다시 안녕!')
```

```
>>>
2020-08-18 12:06:27.168336: 안녕!
2020-08-18 12:06:27.274338: 다시 안녕!
```

디폴트 인자 값으로 None을 사용하는 것은 인자가 가변적인(mutable) 경우 특히 중요하다. 예를 들어 JSON 데이터로 인코딩된 값을 읽으려고 하는데, 데이터 디코딩에 실패하면 디폴트로 빈 딕셔너리를 반환하고 싶다.

```
import json

def decode(data, default={}):
    try:
        return json.loads(data)
    except ValueError:
        return default
```

이 코드의 문제점은 앞에서 본 datetime.now의 경우와 같다. 디폴트 값이 (모듈을 로드하는 시점에) 단 한 번만 평가되기 때문에 default에 지정된 딕셔너리가 decode 호출에 모두 공유된다. 이로 인해 아주 놀라운 결과가 나타난다.

```
foo = decode('잘못된 데이터')
foo['stuff'] = 5
bar = decode('또 잘못된 데이터')
bar['meep'] = 1
print('Foo:', foo)
print('Bar:', bar)

>>>
Foo: {'stuff': 5, 'meep': 1}
Bar: {'stuff': 5, 'meep': 1}
```

키와 값이 하나뿐인 서로 다른 딕셔너리가 두 개 출력될 것으로 예상한 독자도 있을 것이다. 하지만 한쪽 딕셔너리를 변경하면 다른 쪽 딕셔너리도 변경되는 것처럼 보인다. foo와 bar가 모두 default 파라미터와 같기 때문이다. 둘은 모두 동일한 딕셔너리 객체다.

```
assert foo is bar
```

이 문제의 해법은 이 함수에 있는 키워드 인자의 디폴트 값으로 None을 지정하고 함수의 독스트링에 동작 방식을 기술하는 것이다.

```python
def decode(data, default=None):
    """문자열로부터 JSON 데이터를 읽어온다

    Args:
        data: 디코딩할 JSON 데이터.
        default: 디코딩 실패 시 반환할 값이다.
            디폴트 값은 빈 딕셔너리다.
    """
    try:
        return json.loads(data)
    except ValueError:
        if default is None:
            default = {}
        return default
```

이제 앞에서 사용했던 것과 같은 테스트 코드를 실행하면 원하는 결과를 볼 수 있다.

```python
foo = decode('잘못된 데이터')
foo['stuff'] = 5
bar = decode('또 잘못된 데이터')
bar['meep'] = 1
print('Foo:', foo)
print('Bar:', bar)
assert foo is not bar
```

```
>>>
Foo: {'stuff': 5}
Bar: {'meep': 1}
```

이 접근 방법은 타입 애너테이션(Better way 90: 'typing과 정적 분석을 통해 버그를 없애라' 참고)을 사용해도 잘 작동한다. 다음 코드에서 when 인자에는 datetime인 Optional 값이라는 타입 애너테이션이 붙어 있다. 따라서 when에 사용할 수 있는 두 값은 None과 datetime 개체뿐이다.

```python
from typing import Optional

def log_typed(message: str,
              when: Optional[datetime]=None) -> None:
    """메시지와 타임스탬프를 로그에 남긴다.

    Args:
        message: 출력할 메시지.
        when: 메시지가 발생한 시각(datetime).
              디폴트 값은 현재 시간이다.
    """
    if when is None:
        when = datetime.now()
    print(f'{when}: {message}')
```

기억해야 할 내용

- 디폴트 인자 값은 그 인자가 포함된 함수 정의가 속한 모듈이 로드되는 시점에 단 한 번만 평가된다. 이로 인해 동적인 값({}, [], datetime.now() 등)의 경우 이상한 동작이 일어날 수 있다.
- 동적인 값을 가질 수 있는 키워드 인자의 디폴트 값을 표현할 때는 None을 사용하라. 그리고 함수의 독스트링에 실제 동적인 디폴트 인자가 어떻게 동작하는지 문서화해두라.
- 타입 애너테이션을 사용할 때도 None을 사용해 키워드 인자의 디폴트 값을 표현하는 방식을 적용할 수 있다.

BETTER WAY 25 위치로만 인자를 지정하게 하거나 키워드로만 인자를 지정하게 해서 함수 호출을 명확하게 만들라

키워드를 사용해 인자를 넘기는 기능은 파이썬 함수의 강력한 기능이다 (Better way 23: '키워드 인자로 선택적인 기능을 제공하라' 참고). 키워드 인자의 유연성을 활용하면 여러분의 코드를 처음 읽는 사람도 더 명확하게 용례를 이해할 수 있는 함수를 작성할 수 있다.

예를 들어 한 숫자를 다른 숫자로 나눌 때 세심하게 주의를 기울여야 하는 특별한 경우가 있는지 알고 싶다고 하자. 때로는 ZeroDivisionError 예외를 무시하고 무한대를 반환하고 싶고, 어떤 때는 OverflowError 예외를 무시하고 대신 0을 반환하고 싶다.

```python
def safe_division(number, divisor,
                  ignore_overflow,
                  ignore_zero_division):
    try:
        return number / divisor
    except OverflowError:
        if ignore_overflow:
            return 0
        else:
            raise
    except ZeroDivisionError:
        if ignore_zero_division:
            return float('inf')
        else:
            raise
```

이 함수를 사용하기는 쉽다. 다음 호출은 float 나눗셈의 오버플로우(overflow)를 무시하고 대신 0을 반환한다.

```python
result = safe_division(1.0, 10**500, True, False)
print(result)
```

```
>>>
0
```

다음 호출은 0으로 나눈 경우 발생하는 오류를 무시하고 무한대를 반환한다.

```
result = safe_division(1.0, 0, False, True)
print(result)
```

```
>>>
inf
```

문제는 어떤 예외를 무시할지 결정하는 두 불 변수의 위치를 혼동하기 쉽다는 것이다. 이로 인해 추적하기 힘든 버그가 생길 수 있다. 이 코드의 가독성을 향상시키는 방법은 키워드 인자를 사용하는 것이다. 기본적으로 이 함수는 모든 예외를 다시 던진다.

```
def safe_division_b(number, divisor,
                    ignore_overflow=False,       # 변경
                    ignore_zero_division=False):  # 변경
    ...
```

이제 호출하는 쪽에서는 디폴트 동작을 사용하지 않고 키워드 인자를 사용해서 무시할 예외를 정하는 플래그를 설정할 수 있다.

```
result = safe_division_b(1.0, 10**500, ignore_overflow=True)
print(result)

result = safe_division_b(1.0, 0, ignore_zero_division=True)
print(result)
```

```
>>>
0
inf
```

문제는 이런 식으로 키워드 인자를 사용하는 것이 선택적인 사항이므로 호출하는 쪽에서 명확성을 위해 키워드 인자를 꼭 쓰도록 강요할 수 없다는 데 있다. 새로 정의한 safe_division_b에서도 여전히 위치 인자를 통해 예전 방식으로 함수를 호출할 수 있다.

```
assert safe_division_b(1.0, 10**500, True, False) == 0
```

이와 같이 복잡한 함수의 경우 호출자가 **키워드만 사용하는 인자**를 통해 의도를 명확히 밝히도록 요구하는 편이 좋다. 키워드만 사용하는 인자는 키워드를 반드시 사용해 지정해야 하며, 절대 위치를 기반으로는 지정할 수 없다.

다음은 safe_division 함수가 키워드만 사용하는 인자만 받도록 만든 코드다. 인자 목록에 있는 * 기호는 위치 인자의 마지막과 키워드만 사용하는 인자의 시작을 구분해준다.

```
def safe_division_c(number, divisor, *,          # 변경
                    ignore_overflow=False,
                    ignore_zero_division=False):
    ...
```

이제 이 함수를 호출하면서 키워드 인자를 써야 하는데, 위치 인자를 사용하면 프로그램이 제대로 작동하지 않는다.

```
safe_division_c(1.0, 10**500, True, False)
```

```
>>>
Traceback ...
TypeError: safe_division_c() takes 2 positional arguments but 4
➡were given
```

하지만 키워드 인자와 디폴트 값은 예상대로(아래 예에서 하나의 경우는 예외를 무시하고, 다른 경우는 예외를 던진다) 잘 작동한다.

```
result = safe_division_c(1.0, 0, ignore_zero_division=True)
assert result == float('inf')

try:
    result = safe_division_c(1.0, 0)
except ZeroDivisionError:
    pass  # 예상대로 작동함
```

하지만 이 safe_division_c 함수에도 문제가 있다. 호출하는 쪽에서 이 함수
의 맨 앞에 있는 두 필수 인자(number, divisor)를 호출하면서 위치와 키워드
를 혼용할 수 있다.

```
assert safe_division_c(number=2, divisor=5) == 0.4
assert safe_division_c(divisor=5, number=2) == 0.4
assert safe_division_c(2, divisor=5) == 0.4
```

나중에 요구 사항이 바뀌거나 원하는 스타일이 바뀌어서 맨 앞의 두 인자 이
름을 변경할 수도 있다.

```
def safe_division_c(numerator, denominator, *,      # 변경
                    ignore_overflow=False,
                    ignore_zero_division=False):
    ...
```

이렇게 별것 아닌 것처럼 보이는 변경만으로도 number와 divisor 인자를 키
워드로 호출하는 기존 호출 코드가 깨져버린다.

```
safe_division_c(number=2, divisor=5)
```

```
>>>
Traceback ...
TypeError: safe_division_c() got an unexpected keyword argument
➡'number'
```

이 경우가 더 큰 문제다. 나는 이 함수의 명시적 인터페이스에 number와 divisor를 포함시키는 것을 의도하지 않았기 때문이다. 단지 두 이름을 구현에 사용하기 위해 편의상 붙였을 뿐이며, 다른 누군가가 두 변수의 이름에 의존할 것이라고 생각하지 않았다.

파이썬 3.8에는 이 문제에 대한 해법이 들어 있다. 이를 **위치로만 지정하는 인자**라고 부른다. 위치로만 지정하는 인자는 반드시 위치만 사용해 인자를 지정해야 하고 키워드 인자로는 쓸 수 없다(앞에서 설명한 키워드만 사용하는 인자와는 정반대다).

다음 safe_division 함수는 처음 두 필수 인자를 위치로만 지정하는 인자로 지정한다. 인자 목록의 / 기호는 위치로만 지정하는 인자의 끝을 표시한다.

```
def safe_division_d(numerator, denominator, /, *,        # 변경
                    ignore_overflow=False,
                    ignore_zero_division=False):
    ...
```

필수 인자를 위치만으로 지정할 때 이 함수가 제대로 작동하는지 다음과 같이 검증할 수 있다.

```
assert safe_division_d(2, 5) == 0.4
```

하지만 위치로만 지정하는 인자를 키워드를 사용해 지정하면 예외가 발생한다.

```
safe_division_d(numerator=2, denominator=5)

>>>
Traceback ...
TypeError: safe_division_d() got some positional-only arguments
➥passed as keyword arguments: 'numerator, denominator'
```

이제 safe_division_d 함수 정의에서 맨 앞의 두 필수 인자는 호출하는 쪽과
분리(decouple)됐다. 따라서 내가 파라미터 이름을 다시 바꿔도 아무것도 망
가지지 않는다.

키워드로만 지정하는 인자와 위치로만 지정하는 인자로 인해 생기는 효과 중
에서 언급할 만한 한 가지는 다음과 같다. 인자 목록에서 /와 * 기호 사이에
있는 모든 파라미터는 위치를 사용해 전달할 수도 있고 이름을 키워드로 사
용해 전달할 수도 있다(파이썬에서 함수 인자는 기본적으로 이런 방식으로
작동한다). 여러분이 만드는 API의 스타일이나 필요에 따라 두 인자 전달 방
식을 모두 사용하면 가독성을 높이고 잡음도 줄일 수 있다. 예를 들어 다음
코드에서는 결과를 표시할 때 얼마나 많은 자릿수를 사용할지 결정하고자 반
올림할 위치를 지정하는 인자를 safe_division에 추가한다.

```
def safe_division_e(numerator, denominator, /,
                    ndigits=10, *,                    # 변경
                    ignore_overflow=False,
                    ignore_zero_division=False):
    try:
        fraction = numerator / denominator           # 변경
        return round(fraction, ndigits)              # 변경
    except OverflowError:
        if ignore_overflow:
            return 0
        else:
            raise
    except ZeroDivisionError:
        if ignore_zero_division:
            return float('inf')
        else:
            raise
```

이 함수에서 ndigits는 위치나 키워드를 사용해 전달할 수 있는 선택적인 파라미터이므로 어떤 방식으로든 함수 호출에 사용할 수 있다.

```python
result = safe_division_e(22, 7)
print(result)

result = safe_division_e(22, 7, 5)
print(result)

result = safe_division_e(22, 7, ndigits=2)
print(result)

>>>
3.1428571429
3.14286
3.14
```

기억해야 할 내용

- 키워드로만 지정해야 하는 인자를 사용하면 호출하는 쪽에서 특정 인자를 (위치를 사용하지 않고) 반드시 키워드를 사용해 호출하도록 강제할 수 있다. 이로 인해 함수 호출의 의도를 명확히 할 수 있다. 키워드로만 지정해야 하는 인자는 인자 목록에서 * 다음에 위치한다.
- 위치로만 지정해야 하는 인자를 사용하면 호출하는 쪽에서 키워드를 사용해 인자를 지정하지 못하게 만들 수 있고, 이에 따라 함수 구현과 함수 호출 지점 사이의 결합을 줄일 수 있다. 위치로만 지정해야 하는 인자는 인자 목록에서 / 앞에 위치한다.
- 인자 목록에서 /와 * 사이에 있는 파라미터는 키워드를 사용해 전달해도 되고 위치를 기반으로 전달해도 된다. 이런 동작은 파이썬 함수 파라미터의 기본 동작이다.

BETTER WAY 26 functools.wrap을 사용해 함수 데코레이터를 정의하라

파이썬은 함수에 적용할 수 있는 데코레이터(decorator)를 정의하는 특별한 구문을 제공한다. 데코레이터는 자신이 감싸고 있는 함수가 호출되기 전과 후에 코드를 추가로 실행해준다. 이는 데코레이터가 자신이 감싸고 있는 함수의 입력 인자, 반환 값, 함수에서 발생한 오류에 접근할 수 있다는 뜻이다. 함수의 의미를 강화하거나 디버깅을 하거나 함수를 등록하는 등의 일에 이런 기능을 유용하게 쓸 수 있다.

예를 들어 함수가 호출될 때마다 인자 값과 반환 값을 출력하고 싶다고 하자. 이런 기능은 재귀적 함수에서 함수 호출이 재귀적으로 내포되는 경우를 디버깅할 때 특히 유용하다. 여기서는 *args와 **kwargs를 사용해(Better way 22: '변수 위치 인자를 사용해 시각적인 잡음을 줄여라', Better way 23: '키워드 인자로 선택적인 기능을 제공하라' 참고) 감싸진 함수의 모든 파라미터를 전달받았다.

```python
def trace(func):
    def wrapper(*args, **kwargs):
        result = func(*args, **kwargs)
        print(f'{func.__name__}({args!r}, {kwargs!r}) '
              f'-> {result!r}')
        return result
    return wrapper
```

이 데코레이터를 함수에 적용할 때는 @ 기호를 사용한다.

```python
@trace
def fibonacci(n):
    """n번째 피보나치 수를 반환한다."""
    if n in (0, 1):
        return n
    return (fibonacci(n - 2) + fibonacci(n - 1))
```

@ 기호를 사용하는 것은 이 함수에 대해 데코레이터를 호출한 후, 데코레이터가 반환한 결과[*]를 원래 함수가 속해야 하는 영역에 원래 함수와 같은 이름으로 등록하는 것과 같다.

```
fibonacci = trace(fibonacci)
```

이렇게 꾸며진 함수(새로운 fibonacci)는 wrapper의 코드를 원래의 fibonacci 함수가 실행되기 전과 후에 실행한다. 따라서 wrapper는 재귀 스택의 매 단계마다 함수의 인자와 반환 값을 출력한다.

```
fibonacci(4)
```

```
>>>
fibonacci((0,), {}) -> 0
wrapper((0,), {}) -> 0
fibonacci((1,), {}) -> 1
wrapper((1,), {}) -> 1
fibonacci((2,), {}) -> 1
wrapper((2,), {}) -> 1
fibonacci((1,), {}) -> 1
wrapper((1,), {}) -> 1
fibonacci((0,), {}) -> 0
wrapper((0,), {}) -> 0
fibonacci((1,), {}) -> 1
wrapper((1,), {}) -> 1
fibonacci((2,), {}) -> 1
wrapper((2,), {}) -> 1
fibonacci((3,), {}) -> 2
wrapper((3,), {}) -> 2
fibonacci((4,), {}) -> 3
wrapper((4,), {}) -> 3
```

---

* 역주 데코레이터는 함수를 반환하므로 원래 함수 대신 데코레이터가 반환한 함수를 써도 된다.

이 코드는 잘 작동하지만, 의도하지 않은 부작용이 있다. 데코레이터가 반환하는 함수(앞에서 호출한 감싸진 fibonacci 함수)의 이름이 fibonacci가 아니게 된다.

```
print(fibonacci)
```

```
>>>
<function trace.<locals>.wrapper at 0x108955dc0>
```

이런 결과가 나타난 이유는 쉽게 알 수 있다. trace 함수는 자신의 본문에 정의된 wrapper 함수를 반환한다. 데코레이터로 인해 이 wrapper 함수가 모듈에 fibonacci라는 이름으로 등록된다. 이런 동작은 디버거와 같이 인트로스펙션*을 하는 도구에서 문제가 된다(Better way 80: 'pdb를 사용해 대화형으로 디버깅하라' 참고).

예를 들어 꾸며진 fibonacci 함수에 help 내장 함수를 호출하면 쓸모가 없다. 다음과 같이 호출하면 fibonacci 함수의 맨 앞부분에 있는 독스트링이 출력돼야 하지만, 실제로는 그렇지 않다.

```
help(fibonacci)
```

```
>>>
Help on function wrapper in module __main__:
```

```
wrapper(*args, **kwargs)
```

데코레이터가 감싸고 있는 원래 함수의 위치를 찾을 수 없기 때문에 객체 직렬화(Better way 68: 'copyreg를 사용해 pickle을 더 신뢰성 있게 만들라' 참고)도 깨진다.

---

* [역주] 인트로스펙션(introspection)은 실행 시점에 프로그램이 어떻게 실행되는지 관찰하는 것을 뜻한다. 이와 비슷하게 실행 시점에 사용되기 때문에 가끔 혼동할 수 있는 용어로는 리플렉션(reflection)이 있다. 리플렉션은 실행 시점에 프로그램을 조작하는 것을 뜻한다.

```
import pickle

pickle.dumps(fibonacci)

>>>
Traceback ...
AttributeError: Can't pickle local object 'trace.<locals>.
➥wrapper'
```

문제를 해결하는 방법은 functools 내장 모듈에 정의된 wraps 도우미 함수를 사용하는 것이다. 이 함수는 데코레이터 작성을 돕는 데코레이터다.

wraps를 wrapper 함수에 적용하면 wraps가 데코레이터 내부에 들어가는 함수에서 중요한 메타데이터를 복사해 wrapper 함수에 적용해준다.

```
from functools import wraps

def trace(func):
    @wraps(func)
    def wrapper(*args, **kwargs):
        ...
    return wrapper

@trace
def fibonacci(n):
    ...
```

이제 help 함수를 실행하면 데코레이터로 감싸진 함수에 대해서도 원하는 결과를 볼 수 있다.

```
help(fibonacci)

>>>
Help on function fibonacci in module __main__:
```

```
fibonacci(n)
    n번째 피보나치 수를 반환한다.
```

pickle 객체 직렬화도 제대로 작동한다.

```
print(pickle.dumps(fibonacci))
```

```
>>>
b'\x80\x04\x95\x1a\x00\x00\x00\x00\x00\x00\x00\x8c\x08__main__\
➡️x94\x8c\tfibonacci\x94\x93\x94.'
```

파이썬 함수에는 이 예제에서 살펴본 것보다 더 많은 표준 애트리뷰트가 있
다(__name__, __module__, __annotations__). 파이썬 언어에서 함수의 인터
페이스를 처리하려면 이런 애트리뷰트도 보존돼야 한다. wraps를 사용하면
이 모든 애트리뷰트를 제대로 복사해서 함수가 제대로 작동하도록 해준다.

기억해야 할 내용

- 파이썬 데코레이터는 실행 시점에 함수가 다른 함수를 변경할 수 있게 해주는 구문이다.
- 데코레이터를 사용하면 디버거 등 인트로스펙션을 사용하는 도구가 잘못 작동할 수
  있다.
- 직접 데코레이터를 구현할 때 인트로스펙션에서 문제가 생기지 않길 바란다면
  functools 내장 모듈의 wraps 데코레이터를 사용하라.

4

컴프리헨션과 제너레이터

많은 프로그램이 리스트, 딕셔너리의 키/값 쌍, 집합 처리를 중심으로 만들어진다. 파이썬에서는 **컴프리헨션***이라는 특별한 구문을 사용해 이런(리스트, 딕셔너리, 집합 등) 타입을 간결하게 이터레이션하면서 원소로부터 파생되는 데이터 구조를 생성할 수 있다. 컴프리헨션을 사용하면 이런 타입에 대해 일반적인 작업을 수행하는 코드의 가독성을 높일 수 있고 몇 가지 다른 이점도 얻을 수 있다.

컴프리헨션 코딩 스타일은 **제너레이터**(generator)를 사용하는 함수로 확장할 수 있다. 제너레이터는 함수가 점진적으로 반환하는 값으로 이뤄지는 스트림을 만들어준다. 이터레이터를 사용할 수 있는 곳(for 루프, 별표 식 등)이라면 어디에서나 제너레이터 함수를 호출한 결과를 사용할 수 있다.

제너레이터를 사용하면 성능을 향상시키고, 메모리 사용을 줄이고, 가독성을 높일 수 있다.

---

* 역주 컴프리헨션(comprehension)을 '내장'이나 '내포'라고 번역하기도 하고, 역자에 따라서는 '조건제시법'이라고 번역하기도 한다. 현업에서 원어를 그대로 사용하는 경우가 많으므로 이 책에서는 원어를 음차해 표기한다.

BETTER WAY 27 map과 filter 대신 컴프리헨션을 사용하라

파이썬은 다른 시퀀스나 이터러블에서 새 리스트를 만들어내는 간결한 구문을 제공한다. 이런 식을 **리스트 컴프리헨션**이라고 한다.

예를 들어 리스트에 있는 모든 원소의 제곱을 계산한다고 하자. 간단한 for 루프를 사용해 계산할 수 있다.

```
a = [1, 2, 3, 4, 5, 6, 7, 8, 9, 10]
squares = []
for x in a:
    squares.append(x**2)
print(squares)

>>>
[1, 4, 9, 16, 25, 36, 49, 64, 81, 100]
```

리스트 컴프리헨션을 사용해 루프로 처리할 대상인 입력 시퀀스의 원소에 적용할 변환식을 지정함으로써 같은 결과를 얻을 수 있다.

```
squares = [x**2 for x in a]  # 리스트 컴프리헨션
print(squares)

>>>
[1, 4, 9, 16, 25, 36, 49, 64, 81, 100]
```

인자가 하나인 함수를 적용하는 경우가 아니라면 간단한 경우에도 map 내장 함수보다 리스트 컴프리헨션이 더 명확하다. 이런 계산에 map을 사용하려면 lambda 함수를 정의해야 하는데, 시각적으로 그다지 좋지 않다.

```
alt = map(lambda x: x ** 2, a)
```

map과 달리 리스트 컴프리헨션은 입력 리스트에서 원소를 쉽게 필터링해 결과에서 원하는 원소를 제거할 수 있다. 예를 들어 2로 나눠 떨어지는 수(짝

수)의 제곱만 계산하고 싶다고 하자. 이런 계산을 수행하려면 다음 코드처럼 리스트 컴프리헨션에서 루프 뒤에 조건식을 추가하면 된다.

```
even_squares = [x**2 for x in a if x % 2 == 0]
print(even_squares)
```

```
>>>
[4, 16, 36, 64, 100]
```

filter 내장 함수를 map과 함께 사용해서 같은 결과를 얻을 수 있지만, 이렇게 만든 코드는 읽기가 어렵다.

```
alt = map(lambda x: x**2, filter(lambda x: x % 2 == 0, a))
assert even_squares == list(alt)
```

딕셔너리와 집합에도 리스트 컴프리헨션과 동등한 컴프리헨션이 있다(각각 **딕셔너리 컴프리헨션**과 **집합 컴프리헨션**이라고 한다). 이를 사용하면 알고리즘을 작성할 때 딕셔너리나 집합에서 파생된 데이터 구조를 쉽게 만들 수 있다.

```
even_squares_dict = {x: x**2 for x in a if x % 2 == 0}
threes_cubed_set = {x**3 for x in a if x % 3 == 0}
print(even_squares_dict)
print(threes_cubed_set)
```

```
>>>
{2: 4, 4: 16, 6: 36, 8: 64, 10: 100}
{216, 729, 27}
```

각각의 호출을 적절한 생성자로 감싸면 같은 결과를 map과 filter를 사용해 만들 수도 있다. 하지만 이렇게 생성자로 감싸서 작성한 코드는 너무 길기 때문에 여러 줄에 나눠 써야 하고, 그러면 잡음이 더 늘어나므로 가능하면 map과 filter를 사용하는 것을 피해야 한다.

```
alt_dict = dict(map(lambda x: (x, x**2),
                filter(lambda x: x % 2 == 0, a)))
alt_set = set(map(lambda x: x**3,
               filter(lambda x: x % 3 == 0, a)))
```

기억해야 할 내용

- 리스트 컴프리헨션은 lambda 식을 사용하지 않기 때문에 같은 일을 하는 map과 filter 내장 함수를 사용하는 것보다 더 명확하다.
- 리스트 컴프리헨션을 사용하면 쉽게 입력 리스트의 원소를 건너뛸 수 있다. 하지만 map 을 사용하는 경우에는 filter의 도움을 받아야만 한다.
- 딕셔너리와 집합도 컴프리헨션으로 생성할 수 있다.

BETTER WAY 28 컴프리헨션 내부에 제어 하위 식을 세 개 이상 사용하지 말라

컴프리헨션은 기본적인 사용법(Better way 27: 'map과 filter 대신 컴프리 헨션을 사용하라' 참고) 외에도 루프를 여러 수준으로 내포하도록 허용한다. 예를 들어 리스트 안에 리스트가 들어 있는 형태로 정의한 행렬(matrix)을 모 든 원소가 들어 있는 평평한(flat) 단일 리스트로 단순화하고 싶다고 하자. 컴 프리헨션에 하위 식을 두 개 포함시키면 이런 처리가 가능하다. 각각의 하위 식은 컴프리헨션에 들어간 순서대로 왼쪽에서 오른쪽으로 실행된다.

```
matrix = [[1, 2, 3], [4, 5, 6], [7, 8, 9]]
flat = [x for row in matrix for x in row]
print(flat)
```

```
>>>
[1, 2, 3, 4, 5, 6, 7, 8, 9]
```

이 예제는 간단하고 읽기 쉽다. 또한, 컴프리헨션에서 다중 루프를 사용하는 것이 타당한 예다. 다중 루프 사용이 타당한 다른 예로는 2단계 깊이로 구성된 입력 list 구조를 복제하는 경우를 들 수 있다. 예를 들어 이차원 행렬의 원소를 제곱하고 싶다고 하자. 이 컴프리헨션은 []가 더 들어가야 하므로 잡음이 좀 더 많지만 여전히 읽기 쉬운 편이다.

```python
squared = [[x**2 for x in row] for row in matrix]
print(squared)
```

```
>>>
[[1, 4, 9], [16, 25, 36], [49, 64, 81]]
```

만약 이런 컴프리헨션 안에 다른 루프가 들어 있으면 코드가 너무 길어져서 여러 줄로 나눠 써야 한다.

```python
my_lists = [
    [[1, 2, 3], [4, 5, 6]],
    ...
]
flat = [x for sublist1 in my_lists
        for sublist2 in sublist1
        for x in sublist2]
```

이 정도가 되면 다중 컴프리헨션이 다른 대안에 비해 더 길어진다. 다음은 일반 루프문을 사용해 같은 결과를 만들어낸 코드다. 들여쓰기로 인해 3단계 리스트 컴프리헨션보다 이 코드의 루프가 더 명확해 보인다.

```python
flat = []
for sublist1 in my_lists:
    for sublist2 in sublist1:
        flat.extend(sublist2)
```

컴프리헨션은 여러 if 조건을 허용한다. 여러 조건을 같은 수준의 루프에 사용하면 암시적으로 and 식을 의미한다. 예를 들어 숫자로 이뤄진 리스트에서 4보다 큰 짝수만 남기고 싶다고 하자. 다음 두 리스트 컴프리헨션이 같은 역할을 한다.

```
a = [1, 2, 3, 4, 5, 6, 7, 8, 9, 10]
b = [x for x in a if x > 4 if x % 2 == 0]
c = [x for x in a if x > 4 and x % 2 == 0]
```

각 수준의 for 하위 식의 바로 뒤에 if를 추가함으로써 각 수준마다 조건을 지정할 수 있다. 예를 들어 행렬에서 3으로 나눠 떨어지는 셀만 남기고, 합계가 10보다 더 큰 행만 남기고 싶다고 하자. 이를 리스트 컴프리헨션을 사용해 표현하면 코드가 길어지지는 않지만, 읽기가 매우 힘들어진다.

```
matrix = [[1, 2, 3], [4, 5, 6], [7, 8, 9]]
filtered = [[x for x in row if x % 3 == 0]
            for row in matrix if sum(row) >= 10]
print(filtered)
```

```
>>>
[[6], [9]]
```

이 예제는 꾸며낸 것이기는 하지만, 실제로 이런 컴프리헨션이 적합해 보이는 경우를 만날 수 있다. 하지만 이런 형태의 리스트, 딕셔너리, 집합 컴프리헨션은 사용하지 말아야 한다. 처음 보는 사람이 코드를 이해하기가 너무 어렵다. 특히 딕셔너리 컴프리헨션의 경우는 원소마다 키와 값을 표현하는 파라미터가 추가되기 때문에 혼동할 여지가 더욱 커진다.

컴프리헨션에 들어가는 하위 식이 세 개 이상 되지 않게 제한하라는 규칙을 지켜라. 즉, 조건문 두 개, 루프 두 개, 혹은 조건문 한 개와 루프 한 개를 사용할 수 있다는 뜻이다. 컴프리헨션이 이보다 더 복잡해지면 일반 if와 for

문을 사용하고 도우미 함수를 작성하라(Better way 30: '리스트를 반환하기
보다는 제너레이터를 사용하라' 참고).

기억해야 할 내용

- 컴프리헨션은 여러 수준의 루프를 지원하며 각 수준마다 여러 조건을 지원한다.
- 제어 하위 식이 세 개 이상인 컴프리헨션은 이해하기 매우 어려우므로 가능하면 피해야
  한다.

BETTER WAY **29** 대입식을 사용해 컴프리헨션 안에서 반복 작업을 피하라

컴프리헨션(리스트, 딕셔너리, 집합 중 무엇이든)에서 같은 계산을 여러 위
치에서 공유하는 경우가 흔하다. 예를 들어 파스너(fastner)(건축 시 사용하는
고정용 철물) 회사에서 주문을 관리하기 위한 프로그램을 작성한다고 하자.
고객이 새로운 주문을 보내면 주문을 처리할 만한 재고가 있는지 알려줘야
한다. 그러려면 고객의 요청이 재고 수량을 넘지 않고, 배송에 필요한 최소
수량(부품 수가 여덟 개 이상이어야 함)을 만족하는지 확인해야 한다.

```
stock = {
    '못': 125,
    '나사못': 35,
    '나비너트': 8,
    '와셔': 24,
}

order = ['나사못', '나비너트', '클립']

def get_batches(count, size):
```

```
    return count // size

result = {}
for name in order:
    count = stock.get(name, 0)
    batches = get_batches(count, 8)
    if batches:
        result[name] = batches

print(result)
```

```
>>>
{'나사못': 4, '나비너트': 1}
```

여기서 딕셔너리 컴프리헨션을 사용하면 이 루프의 로직을 더 간결하게 표현
할 수 있다(Better way 27: 'map과 filter 대신 컴프리헨션을 사용하라' 참고).

```
found = {name: get_batches(stock.get(name, 0), 8)
         for name in order
         if get_batches(stock.get(name, 0), 8)}
print(found)
```

```
>>>
{'나사못': 4, '나비너트': 1}
```

이 코드는 앞의 코드보다 짧지만 get_batches(stock.get(name, 0), 8)이 반
복된다는 단점이 있다. 이로 인해 기술적으로는 불필요한 시각적인 잡음이
들어가서 가독성이 나빠진다. 그리고 두 식을 항상 똑같이 변경해야 하므로
실수할 가능성도 높아진다. 예를 들어 첫 번째 get_batches 호출에서만 두 번
째 인자를 8 대신 4로 바꿨는데 결과가 달라진다.

```
has_bug = {name: get_batches(stock.get(name, 0), 4)
           for name in order
           if get_batches(stock.get(name, 0), 8)}
```

```
print('예상:', found)
print('실제:', has_bug)

>>>
예상: {'나사못': 4, '나비너트': 1}
실제: {'나사못': 8, '나비너트': 2}
```

이러한 문제에 대한 쉬운 해법은 파이썬 3.8에 도입된 왈러스 연산자(:=)를
사용하는 것이다. 왈러스 연산자를 사용하면 컴프리헨션의 일부분에 대입식
을 만들 수 있다(Better way 10: '대입식을 사용해 반복을 피하라'에서 배경
지식을 얻을 수 있다).

```
found = {name: batches for name in order
         if (batches := get_batches(stock.get(name, 0), 8))}
```

대입식(batches := get_batches(...))을 사용하면 stock 딕셔너리에서 각
order 키를 한 번만 조회하고 get_bacthes를 한 번만 호출해서 그 결과를
batches 변수에 저장할 수 있다. 컴프리헨션의 다른 곳에서는 batches 변수
를 참조해서 get_batches를 다시 호출할 필요 없이 딕셔너리의 내용을 만들
수 있다. get_batches를 얻기 위한 불필요한 함수 호출을 제거하면 order 리
스트 안에 있는 각 원소에 대해 불필요한 연산을 수행하지 않으므로 성능도
향상된다.

대입식을 컴프리헨션의 값 식에 사용해도 문법적으로 올바르다. 하지만 컴프
리헨션의 다른 부분에서 이 변수를 읽으려고 하면 컴프리헨션이 평가되는 순
서 때문에 실행 시점에 오류가 발생할 것이다.*

---

* 【역주】 독자들이 혼동하는 것을 방지하고자 자세히 설명하자면, 여기서 오류가 발생한 곳은 tenth := count //
  10 부분이 아니라 if tenth > 0 부분이다. if 절은 for ...과 변수 영역이 같은데 tenth는 for ... 내부에
  서 정의돼 있지 않으므로 값을 읽을 때 오류가 발생한다.

```
result = {name: (tenth := count // 10)
          for name, count in stock.items() if tenth > 0}
```

```
>>>
Traceback ...
NameError: name 'tenth' is not defined
```

대입식을 조건 쪽으로 옮기고 대입식에서 만들어진 변수 이름을 컴프리헨션 값 식에서 참조하면 이 문제를 해결할 수 있다.

```
result = {name: tenth for name, count in stock.items()
          if (tenth := count // 10) > 0}
print(result)
```

```
>>>
{'못': 12, '나사못': 3, '와셔': 2}
```

컴프리헨션이 값 부분에서 왈러스 연산자를 사용할 때 그 값에 대한 조건 부분이 없다면 루프 밖 영역으로 루프 변수가 누출된다(Better way 21: '변수 영역과 클로저의 상호작용 방식을 이해하라'에서 배경지식을 얻을 수 있다).

```
half = [(last := count // 2) for count in stock.values()]
print(f'{half}의 마지막 원소는 {last}')
```

```
>>>
[62, 17, 4, 12]의 마지막 원소는 12
```

이러한 루프 변수 누출은 일반적인 for 루프에서 발생하는 루프 변수 누출과 비슷하다.

```
for count in stock.values():  # 루프 변수가 누출됨
    pass
print(f'{list(stock.values())}의 마지막 원소는 {count}')
```

```
>>>
[125, 35, 8, 24]의 마지막 원소는 24
```

하지만 컴프리헨션의 루프 변수인 경우에는 비슷한 누출이 생기지 않는다.

```
# 바로 앞의 예제를 처리하다가 count가 정의된 경우에는 제대로 작동하지 않음
# 파이썬을 재시작하고 아래 코드를 실행해야 오류를 볼 수 있음
half = [count // 2 for count in stock.values()]
print(half)    # 작동함
print(count)   # 루프 변수가 누출되지 않기 때문에 예외가 발생함
```

```
>>>
[62, 17, 4, 12]
Traceback ...
NameError: name 'count' is not defined
```

루프 변수를 누출하지 않는 편이 낫다. 따라서 컴프리헨션에서 대입식을 조건에만 사용하는 것을 권장한다.

대입식은 제너레이터의 경우에도 똑같은 방식으로 작동한다(Better way 32: '긴 리스트 컴프리헨션보다는 제너레이터 식을 사용하라' 참고). 다음 코드에서는 딕셔너리 인스턴스 대신 제품 이름과 현재 재고 수량 쌍으로 이뤄진 이터레이터를 만든다.

```
found = ((name, batches) for name in order
        if (batches := get_batches(stock.get(name, 0), 8)))
print(next(found))
print(next(found))
```

```
>>>
('나사못', 4)
('나비너트', 1)
```

기억해야 할 내용

- 대입식을 통해 컴프리헨션이나 제너레이터 식의 조건 부분에서 사용한 값을 같은 컴프리헨션이나 제너레이터의 다른 위치에서 재사용할 수 있다. 이를 통해 가독성과 성능을 향상시킬 수 있다.
- 조건이 아닌 부분에도 대입식을 사용할 수 있지만, 그런 형태의 사용은 피해야 한다.

BETTER WAY 30 리스트를 반환하기보다는 제너레이터를 사용하라

시퀀스를 결과로 만들어내는 함수를 만들 때 가장 간단한 선택은 원소들이
모인 리스트를 반환하는 것이다. 예를 들어 문자열에서 찾은 단어의 인덱스
를 반환하고 싶다고 하자. 다음 코드는 append 메서드를 사용해 리스트에 결
과를 추가하고 함수 마지막에 이 리스트를 반환한다.

```
def index_words(text):
    result = []
    if text:
        result.append(0)
    for index, letter in enumerate(text):
        if letter == ' ':
            result.append(index + 1)
    return result
```

간단한 예시 입력에 대해서는 이 코드도 잘 작동한다.

```
address = '컴퓨터(영어: Computer, 문화어: 콤퓨터 , 순화어: 전산기)는 진공관'
result = index_words(address)
print(result[:10])
```

```
>>>
[0, 8, 18, 23, 28, 38]
```

하지만 index_words 함수에는 두 가지 문제점이 있다.

첫 번째 문제점은 코드에 잡음이 많고 핵심을 알아보기 어렵다는 것이다. 이
코드는 새로운 결과를 찾을 때마다 append 메서드를 호출한다. 메서드 호출
이 너무 덩어리가 크기 때문에(result.append) 리스트에 추가될 값(index +
1)의 중요성을 희석해버린다. 결과 리스트를 만드는 줄과 결과를 반환하는
줄도 있다. 함수 본문 전체에는 130여 개 글자(공백 제외)가 들어가는데, 그
중 75개 글자 내외만 중요한 일을 한다.

이 함수를 개선하는 방법은 **제너레이터**를 사용하는 것이다. 제너레이터는 yield 식을 사용하는 함수에 의해 만들어진다. 다음은 앞의 예제와 같은 결과를 만들어내는 제너레이터 함수를 정의한 코드다.

```
def index_words_iter(text):
    if text:
        yield 0
    for index, letter in enumerate(text):
        if letter == ' ':
            yield index + 1
```

이 함수가 호출되면 제너레이터 함수가 실제로 실행되지 않고 즉시 이터레이터를 반환한다. 이터레이터가 next 내장 함수를 호출할 때마다 이터레이터는 제너레이터 함수를 다음 yield 식까지 진행시킨다. 제너레이터가 yield에 전달하는 값은 이터레이터에 의해 호출하는 쪽에 반환된다.

```
it = index_words_iter(address)
print(next(it))
print(next(it))

>>>
0
8
```

반환하는 리스트와 상호작용하는 코드가 사라졌으므로 index_words_iter 함수가 훨씬 읽기 쉽다. 대신 결과는 yield 식에 의해 전달된다. 제너레이터가 반환하는 이터레이터를 리스트 내장 함수에 넘기면 필요할 때 제너레이터를 쉽게 리스트로 변환할 수 있다(이 코드가 어떻게 작동하는지는 Better way 32: '긴 리스트 컴프리헨션보다는 제너레이터 식을 사용하라' 참고).

```
result = list(index_words_iter(address))
print(result[:10])
```

```
>>>
[0, 8, 18, 23, 28, 38]
```

index_words의 두 번째 문제점은 반환하기 전에 리스트에 모든 결과를 다 저장해야 한다는 것이다. 이로 인해 입력이 매우 크면 프로그램이 메모리를 소진해서 중단될 수 있다.

반면 같은 함수를 제너레이터 버전으로 만들면 사용하는 메모리 크기를 어느 정도 제한할 수 있으므로 입력 길이가 아무리 길어도 쉽게 처리할 수 있다.[*] 예를 들어 다음은 파일에서 한 번에 한 줄씩 읽어 한 단어씩 출력하는 제너레이터를 정의한 코드다.

```
def index_file(handle):
    offset = 0
    for line in handle:
        if line:
            yield offset
        for letter in line:
            offset += 1
            if letter == ' ':
                yield offset
```

이 함수의 작업 메모리는 입력 중 가장 긴 줄의 길이로 제한된다. 제너레이터를 실행하면 다음 결과를 얻을 수 있다(islice 함수는 Better way 36: '이터레이터나 제너레이터를 다룰 때는 itertools를 사용하라' 참고).

```
# 파일에 유니코드 문자가 들어간 경우
# 파일을 읽을 때 utf-8로 디코딩하도록 open에 인코딩을 지정해야 한다
with open('address.txt', 'r', encoding='utf-8') as f:
    it = index_file(f)
    results = itertools.islice(it, 0, 10)
```

---

[*] 역주 물론 한 줄이 너무 긴 경우(예: 큰 파일 안에 새줄 문자가 전혀 없는 경우)에는 이 코드도 메모리를 소진하며 중단된다.

```
print(list(results))
```

>>>
[0, 8, 18, 23, 28, 38]

제너레이터를 정의할 때 한 가지 알아둬야 할 점이 있다. 제너레이터가 반환하는 이터레이터에 상태가 있기 때문에 호출하는 쪽에서 재사용이 불가능하다는 사실이다(Better way 31: '인자에 대해 이터레이션할 때는 방어적이 돼라' 참고).

기억해야 할 내용

- 제너레이터를 사용하면 결과를 리스트에 합쳐서 반환하는 것보다 더 깔끔하다.
- 제너레이터가 반환하는 이터레이터는 제너레이터 함수의 본문에서 yield가 반환하는 값들로 이뤄진 집합을 만들어낸다.
- 제너레이터를 사용하면 작업 메모리에 모든 입력과 출력을 저장할 필요가 없으므로 입력이 아주 커도 출력 시퀀스를 만들 수 있다.

BETTER WAY 31 인자에 대해 이터레이션할 때는 방어적이 돼라

객체가 원소로 들어 있는 리스트를 함수가 파라미터로 받았을 때, 이 리스트를 여러 번 이터레이션하는 것이 중요할 때가 종종 있다. 예를 들어 미국 텍사스 주의 여행자 수를 분석하고 싶다고 하자. 데이터 집합이 도시별 방문자 수(단위: 100만 명/년)라고 가정하자. 이때 각 도시가 전체 여행자 수 중에서 차지하는 비율을 계산하고 싶다.

이를 계산하려면, 우선 1년간 전체 여행자 수를 계산하기 위해 입력 전체의 합계를 내고 이 합계로 각 도시의 방문자 수를 나누는 정규화 함수가 필요하다.

```
def normalize(numbers):
    total = sum(numbers)
    result = []
    for value in numbers:
        percent = 100 * value / total
        result.append(percent)
    return result
```

이 함수는 방문자 데이터가 들어 있는 리스트가 입력으로 들어오면 잘 작동한다.

```
visits = [15, 35, 80]
percentages = normalize(visits)
print(percentages)
assert sum(percentages) == 100.0
```

```
>>>
[11.538461538461538, 26.923076923076923, 61.53846153846154]
```

이 코드의 규모 확장성을 높이려면 텍사스의 모든 도시에 대한 여행자 정보가 들어 있는 파일에서 데이터를 읽어야 한다. 나중에 전 세계를 대상으로 여행자 분석을 실시할 때(당연히 세계 여행 정보 분석이 훨씬 더 많은 메모리를 소모할 것이다) 파일을 읽는 함수를 재사용해야 할 수도 있으므로 제너레이터를 정의한다(Better way 30: '리스트를 반환하기보다는 제너레이터를 사용하라'에서 배경지식을 얻을 수 있다).

```
def read_visits(data_path):
    with open(data_path) as f:
        for line in f:
            yield int(line)
```

놀랍게도 normalize 함수에 read_visits가 반환한 값을 전달하면 아무 결과도 나오지 않는다.

```
it = read_visits('my_numbers.txt')
percentages = normalize(it)
print(percentages)
```

```
>>>
[]
```

이런 현상이 일어난 이유는 이터레이터가 결과를 단 한 번만 만들어내기 때문이다. 이미 StopIteration 예외가 발생한 이터레이터나 제너레이터를 다시 이터레이션하면 아무 결과도 얻을 수 없다.

```
it = read_visits('my_numbers.txt')
print(list(it))
print(list(it))  # 이미 모든 원소를 다 소진했다
```

```
>>>
[15, 35, 80]
[]
```

혼란스럽게도 이미 소진된 이터레이터에 대해 이터레이션을 수행해도 아무런 오류가 발생하지 않는다. for 루프, 리스트 생성자, 그 외 파이썬 표준 라이브러리에 있는 많은 함수가 일반적인 연산 도중에 StopIteration 예외가 던져지는 것을 가정한다. 이런 함수들은 출력이 없는 이터레이터와 이미 소진돼버린 이터레이터를 구분할 수 없다.

이 문제를 해결하기 위해 입력 이터레이터를 명시적으로 소진시키고 이터레이터의 전체 내용을 리스트에 넣을 수 있다. 그 후 데이터를 담아둔 리스트에 대해 원하는 수만큼 이터레이션을 수행할 수 있다. 다음은 이전과 똑같은 함수를 바꿔서 입력 이터레이터를 방어적으로 복사하도록 만든 코드다.

```
def normalize_copy(numbers):
    numbers_copy = list(numbers)  # 이터레이터 복사
    total = sum(numbers_copy)
```

```
    result = []
    for value in numbers_copy:
        percent = 100 * value / total
        result.append(percent)
    return result
```

이 함수는 read_visits 제너레이터가 반환하는 값에 대해서도 잘 작동한다.

```
it = read_visits('my_numbers.txt')
percentages = normalize_copy(it)
print(percentages)
assert sum(percentages) == 100.0
```

>>>
[11.538461538461538, 26.923076923076923, 61.53846153846154]

이런 접근 방식의 문제점은 입력 이터레이터의 내용을 복사하면 메모리를 엄청나게 많이 사용할 수 있다는 것이다. 이터레이터를 복사하는 과정에서 메모리 부족으로 인해 프로그램이 중단될 수도 있다. 사실 이 문제는 처음에 read_visits를 제너레이터로 바꿔 쓰기로 결정했던 근본적인 이유인 규모 확장성 문제와 같다. 이 문제를 해결하는 다른 방법은 호출될 때마다 새로 이터레이터를 반환하는 함수를 받는 것이다.

```
def normalize_func(get_iter):
    total = sum(get_iter())    # 새 이터레이터
    result = []
    for value in get_iter():   # 새 이터레이터
        percent = 100 * value / total
        result.append(percent)
    return result
```

normalize_func를 사용할 때, 매번 제너레이터를 호출해서 새 이터레이터를 만들어내는 lambda 식을 전달할 수 있다.

```
path = 'my_numbers.txt'
percentages = normalize_func(lambda: read_visits(path))
print(percentages)
assert sum(percentages) == 100.0
```

>>>
[11.538461538461538, 26.923076923076923, 61.53846153846154]

작동하기는 하지만, 이렇게 람다 함수를 넘기는 것은 보기에 좋지 않다. 같은 결과를 달성하는 더 나은 방법은 **이터레이터 프로토콜**(iterator protocol)을 구현한 새로운 컨테이너 클래스를 제공하는 것이다.

이터레이터 프로토콜은 파이썬의 for 루프나 그와 연관된 식들이 컨테이너 타입의 내용을 방문할 때 사용하는 절차다. 파이썬에서 for x in foo와 같은 구문을 사용하면, 실제로는 iter(foo)를 호출한다. iter 내장 함수는 foo.__iter__라는 특별 메서드를 호출한다. __iter__ 메서드는 반드시 이터레이터 객체(이 객체는 __next__ 특별 메서드를 정의해야 한다)를 반환해야 한다. for 루프는 반환받은 이터레이터 객체가 데이터를 소진(이터레이터는 StopIteration 예외를 던진다)할 때까지 반복적으로 이터레이터 객체에 대해 next 내장 함수를 호출한다.

설명이 복잡해 보이지만, 실제로 코드를 작성할 때 여러분이 정의하는 클래스에서 __iter__ 메서드를 제너레이터로 구현하기만 하면 이 모든 동작을 만족시킬 수 있다. 다음은 여행 데이터가 들어 있는 파일을 읽는 이터러블 컨테이너 클래스를 정의하는 코드다.

```
class ReadVisits:
    def __init__(self, data_path):
        self.data_path = data_path

    def __iter__(self):
```

```
with open(self.data_path) as f:
    for line in f:
        yield int(line)
```

이 새로운 컨테이너 타입을 원래의 normalize 함수에 넘기면 코드를 전혀 바꾸지 않아도 함수가 잘 작동한다.

```
visits = ReadVisits(path)
percentages = normalize(visits)
print(percentages)
assert sum(percentages) == 100.0
```

```
>>>
[11.538461538461538, 26.923076923076923, 61.53846153846154]
```

이 코드가 잘 작동하는 이유는 normalize 함수 안의 sum 메서드가 ReadVisits.__iter__를 호출해서 새로운 이터레이터 객체를 할당하기 때문이다. 각 숫자를 정규화하기 위한 for 루프도 __iter__를 호출해서 두 번째 이터레이터 객체를 만든다. 두 이터레이터는 서로 독립적으로 진행되고 소진된다. 이로 인해 두 이터레이터는 모든 입력 데이터 값을 볼 수 있는 별도의 이터레이션을 만들어낸다. 이 접근 방법의 유일한 단점은 입력 데이터를 여러 번 읽는다는 것이다.

ReadVisits와 같은 컨테이너가 어떻게 동작하는지 알았으므로, 이제는 파라미터로 받은 값이 단순한 이터레이터가 아니라도 잘 작동하는 함수나 메서드를 작성할 수 있다. 프로토콜에 따르면, 이터레이터가 iter 내장 함수에 전달되는 경우에는 전달받은 이터레이터가 그대로 반환된다. 반대로 컨테이너 타입이 iter에 전달되면 매번 새로운 이터레이터 객체가 반환된다. 따라서 입력값이 이런 동작을 하는지 검사해서 반복적으로 이터레이션할 수 없는 인자인 경우에는 TypeError를 발생시켜서 인자를 거부할 수 있다.

```
def normalize_defensive(numbers):
    if iter(numbers) is numbers:  # 이터레이터 -- 나쁨!
        raise TypeError('컨테이너를 제공해야 합니다')
    total = sum(numbers)
    result = []
    for value in numbers:
        percent = 100 * value / total
        result.append(percent)
    return result
```

다른 대안으로 collections.abc 내장 모듈은 isinstance를 사용해 잠재적인
문제를 검사할 수 있는 Iterator 클래스를 제공한다(Better way 43: '커스
텀 컨테이너 타입은 collections.abc를 상속하라' 참고).

```
from collections.abc import Iterator

def normalize_defensive(numbers):
    if isinstance(numbers, Iterator): # 반복 가능한 이터레이터인지 검사하는
다른 방법
        raise TypeError('컨테이너를 제공해야 합니다')
    total = sum(numbers)
    result = []
    for value in numbers:
        percent = 100 * value / total
        result.append(percent)
    return result
```

이런 식으로 컨테이너를 사용하는 방법은 앞의 normalize_copy 함수처럼 전
체 입력 이터레이터를 복사하고 싶지 않을 때 유용하지만, 입력 데이터를
여러 번 이터레이션해야 한다. 이 함수(normalize_defensive)는 리스트와
ReadVisits에 대해 모두 제대로 작동한다. 리스트나 ReadVisits 모두 이터레
이터 프로토콜을 따르는 이터러블 컨테이너이기 때문이다.

```
visits = [15, 35, 80]
percentages = normalize_defensive(visits)
assert sum(percentages) == 100.0

visits = ReadVisits(path)
percentages = normalize_defensive(visits)
assert sum(percentages) == 100.0
```

이 함수는 입력이 컨테이너가 아닌 이터레이터면 예외를 발생시킨다.

```
visits = [15, 35, 80]
it = iter(visits)
normalize_defensive(it)
```

```
>>>
Traceback ...
TypeError: 컨테이너를 제공해야 합니다
```

비동기 이터레이터에 대해서도 같은 접근 방식을 사용할 수 있다(Better way 61: '스레드를 사용한 I/O를 어떻게 asyncio로 포팅할 수 있는지 알아두라'에서 예제를 볼 수 있다).

기억해야 할 내용

- 입력 인자를 여러 번 이터레이션하는 함수나 메서드를 조심하라. 입력받은 인자가 이터레이터면 함수가 이상하게 작동하거나 결과가 없을 수 있다.
- 파이썬의 이터레이터 프로토콜은 컨테이너와 이터레이터가 iter, next 내장 함수나 for 루프 등의 관련 식과 상호작용하는 절차를 정의한다.
- __iter__ 메서드를 제너레이터로 정의하면 쉽게 이터러블 컨테이너 타입을 정의할 수 있다.
- 어떤 값이 (컨테이너가 아닌) 이터레이터인지 감지하려면, 이 값을 iter 내장 함수에 넘겨서 반환되는 값이 원래 값과 같은지 확인하면 된다. 다른 방법으로 collections.abc.Iterator 클래스를 isinstance와 함께 사용할 수도 있다.

BETTER WAY 32 긴 리스트 컴프리헨션보다는 제너레이터 식을 사용하라

리스트 컴프리헨션(Better way 27: 'map과 filter 대신 컴프리헨션을 사용하라' 참고)의 문제점은 입력 시퀀스와 같은 수의 원소가 들어 있는 리스트 인스턴스를 만들어낼 수 있다는 것이다. 이는 입력이 작으면 큰 문제가 되지 않지만, 입력이 커지면 메모리를 상당히 많이 사용하고 그로 인해 프로그램이 중단될 수 있다.

예를 들어 파일을 읽어서 각 줄에 들어 있는 문자 수를 반환하고 싶다고 하자. 이를 리스트 컴프리헨션으로 하려면 파일 각 줄의 길이를 메모리에 저장해야 한다. 파일이 아주 크거나 절대로 끝나지 않는 네트워크 소켓이라면 리스트 컴프리헨션을 사용하는 것이 문제가 될 수 있다. 다음 코드에서는 입력이 작은 경우만 처리할 수 있는 방식으로 리스트 컴프리헨션을 사용한다.

```
# 파일에서 읽은 x에는 새줄 문자가 들어 있으므로 길이가 눈에 보이는 길이보다 1만큼
더 길다
value = [len(x) for x in open('my_file.txt')]
print(value)
```

```
>>>
[100, 57, 15, 1, 12, 75, 5, 86, 89, 11]
```

이 문제를 해결하기 위해 파이썬은 **제너레이터 식**(generator expression)을 제공한다. 제너레이터 식은 리스트 컴프리헨션과 제너레이터를 일반화한 것이다. 제너레이터 식을 실행해도 출력 시퀀스 전체가 실체화되지는 않는다. 그 대신 제너레이터 식에 들어 있는 식으로부터 원소를 하나씩 만들어내는 이터레이터가 생성된다.

( ) 사이에 리스트 컴프리헨션과 비슷한 구문을 넣어 제너레이터 식을 만들 수 있다. 다음 코드는 앞의 예제와 같은 일을 하는 제너레이터 식이다. 하지

만 제너레이터 식은 이터레이터로 즉시 평가되며, 더 이상 시퀀스 원소 계산이 진행되지 않는다.

```
it = (len(x) for x in open('my_file.txt'))
print(it)
```

```
>>>
<generator object <genexpr> at 0x108993dd0>
```

반환된 제너레이터에서 다음 값을 가져오면(next 내장 함수를 사용) 제너레이터 식에서 다음 값을 얻어올 수 있다. 제너레이터 식을 사용하면 메모리를 모두 소모하는 것을 염려할 필요 없이 원소를 원하는 대로 가져와 소비할 수 있다.

```
print(next(it))
print(next(it))
```

```
>>>
100
57
```

제너레이터 식의 또 다른 강력한 특징은 두 제너레이터 식을 합성할 수 있다는 점이다. 다음 코드에서는 앞에서 본 제너레이터 식이 반환한 이터레이터를 다른 제너레이터 식의 입력으로 사용한다.

```
roots = ((x, x**0.5) for x in it)
```

이 이터레이터를 전진시킬 때마다 내부의 이터레이터도 전진되면서, 도미노처럼 연쇄적으로 루프가 실행돼 조건식을 평가하고 입력과 출력을 서로 주고받는다. 이 모든 과정이 가능한 메모리를 효율적으로 사용하면서 이뤄진다.

```
print(next(roots))
```

```
>>>
(15, 3.872983346207417)
```

이처럼 제너레이터를 함께 연결한 코드를 파이썬은 아주 **빠르게** 실행할 수 있다. 아주 큰 입력 스트림에 대해 여러 기능을 합성해 적용해야 한다면, 제너레이터 식을 선택하라. 다만 제너레이터가 반환하는 이터레이터에는 상태가 있기 때문에 이터레이터를 한 번만 사용해야 한다(Better way 31: '인자에 대해 이터레이션할 때는 방어적이 돼라' 참고).

기억해야 할 내용

- 입력이 크면 메모리를 너무 많이 사용하기 때문에 리스트 컴프리헨션은 문제를 일으킬 수 있다.
- 제너레이터 식은 이터레이터처럼 한 번에 원소를 하나씩 출력하기 때문에 메모리 문제를 피할 수 있다.
- 제너레이터 식이 반환한 이터레이터를 다른 제너레이터 식의 하위 식으로 사용함으로써 제너레이터 식을 서로 합성할 수 있다.
- 서로 연결된 제너레이터 식은 매우 빠르게 실행되며 메모리도 효율적으로 사용한다.

BETTER WAY 33 yield from을 사용해 여러 제너레이터를 합성하라

제너레이터에는 여러 장점이 있고(Better way 30: '리스트를 반환하기보다는 제너레이터를 사용하라' 참고), 제너레이터에서 발생할 수 있는 일반적인 문제를 해결할 방법도 있다(Better way 31: '인자에 대해 이터레이션할 때는 방어적이 돼라' 참고). 제너레이터가 아주 유용하기 때문에 다양한 곳에 제너레이터가 쓰이고 있으며, 이로 인해 제너레이터를 여러 단계에 걸쳐 한 줄기로 연결한 것처럼 보이는 프로그램도 많다.

예를 들어 제너레이터를 사용해 화면의 이미지를 움직이게 하는 그래픽 프로그램이 있다고 하자. 원하는 시각적인 효과를 얻으려면 처음에는 이미지가 빠르게 이동하고, 잠시 멈춘 다음, 다시 이미지가 느리게 이동해야 한다. 다음은 이 애니메이션의 각 부분에서 필요한 화면상 이동 변위(delta)를 만들어낼 때 사용할 두 가지 제너레이터를 정의한 코드다.

```
def move(period, speed):
    for _ in range(period):
        yield speed

def pause(delay):
    for _ in range(delay):
        yield 0
```

최종 애니메이션을 만들려면 move와 pause를 합성해서 변위 시퀀스를 하나만 만들어야 한다. 애니메이션의 각 단계마다 제너레이터를 호출해서 차례로 이터레이션하고 각 이터레이션에서 나오는 변위를 순서대로 내보내는 방식으로 다음과 같이 시퀀스를 만든다.

```
def animate():
    for delta in move(4, 5.0):
        yield delta
    for delta in pause(3):
        yield delta
    for delta in move(2, 3.0):
        yield delta
```

이제 이렇게 만든 화면상 변위를 단일 animation 제너레이터에서 만들어진 것처럼 화면에 표시한다.

```
def render(delta):
    print(f'Delta: {delta:.1f}')
    # 화면에서 이미지를 이동시킨다
    ...

def run(func):
```

```
    for delta in func():
        render(delta)

run(animate)
```

```
>>>
Delta: 5.0
Delta: 5.0
Delta: 5.0
Delta: 5.0
Delta: 0.0
Delta: 0.0
Delta: 0.0
Delta: 3.0
Delta: 3.0
```

이 코드의 문제점은 animate가 너무 반복적이라는 것이다. for 문과 yield 식이 반복되면서 잡음이 늘고 가독성이 줄어든다. 이 예제는 제너레이터를 겨우세 개만 내포시켰는데도 벌써 코드가 명확하지 못하다. 열 단계가 넘어가는 복잡한 애니메이션을 표현하는 코드는 따라가기 훨씬 더 어려울 것이다.

이 문제의 해법은 yield from 식을 사용하는 것이다. 이는 고급 제너레이터 기능으로, 제어를 부모 제너레이터에게 전달하기 전에 내포된 제너레이터가모든 값을 내보낸다. 다음 코드는 animation 함수를 yield from을 사용해 다시 작성한 것이다.

```
def animate_composed():
    yield from move(4, 5.0)
    yield from pause(3)
    yield from move(2, 3.0)

run(animate_composed)
```

```
>>>
```

```
Delta: 5.0
Delta: 5.0
Delta: 5.0
Delta: 5.0
Delta: 0.0
Delta: 0.0
Delta: 0.0
Delta: 3.0
Delta: 3.0
```

결과는 이전 프로그램과 같지만 지금 코드가 더 명확하고 더 직관적이다.
yield from은 근본적으로 파이썬 인터프리터가 여러분 대신 for 루프를 내포
시키고 yield 식을 처리하도록 만든다. 이로 인해 성능도 더 좋아진다. 다음
코드에서는 timeit 내장 모듈을 통해 마이크로 벤치마크(micro benchmark)를
실행함으로써 성능이 개선되는지 살펴봤다.

```
import timeit

def child():
    for i in range(1_000_000):
        yield i

def slow():
    for i in child():
        yield i

def fast():
    yield from child()

baseline = timeit.timeit(
    stmt='for _ in slow(): pass',
    globals=globals(),
    number=50)
print(f'수동 내포: {baseline:.2f}s')
```

```
comparison = timeit.timeit(
    stmt='for _ in fast(): pass',
    globals=globals(),
    number=50)
print(f'합성 사용: {comparison:.2f}s')

reduction = -(comparison - baseline) / baseline
print(f'{reduction:.1%} 시간이 적게 듦')

>>>
수동 내포: 2.81s
합성 사용: 2.56s
8.8% 시간이 적게 듦
```

만약 제너레이터를 합성한다면 가급적 yield from을 사용하라.

기억해야 할 내용

- yield from 식을 사용하면 여러 내장 제너레이터를 모아서 제너레이터 하나로 합성할 수 있다.
- 직접 내포된 제너레이터를 이터레이션하면서 각 제너레이터의 출력을 내보내는 것보다 yield from을 사용하는 것이 성능 면에서 더 좋다.

BETTER WAY 34 send로 제너레이터에 데이터를 주입하지 말라

yield 식을 사용하면 제너레이터 함수가 간단하게 이터레이션이 가능한 출력 값을 만들어낼 수 있다(Better way 30: '리스트를 반환하기보다는 제너레이터를 사용하라' 참고). 하지만 이렇게 만들어내는 (데이터) 채널은 단방향이다. 제너레이터가 데이터를 내보내면서 다른 데이터를 받아들일 때 직접 쓸 수 있는 방법이 없는 것처럼 보인다. 하지만 이런 양방향 통신이 있다면 많은 경우에 도움이 될 것이다.

예를 들어 소프트웨어 라디오를 사용해 신호를 내보낸다고 하자. 다음 코드는 주어진 간격과 진폭에 따른 사인파(sine wave) 값을 생성한다.

```python
import math

def wave(amplitude, steps):
    step_size = 2 * math.pi / steps    # 2라디안/단계 수
    for step in range(steps):
        radians = step * step_size
        fraction = math.sin(radians)
        output = amplitude * fraction
        yield output
```

이제 wave 제너레이터를 이터레이션하면서 진폭이 고정된 파형 신호를 송신할 수 있다.

```python
def transmit(output):
    if output is None:
        print(f'출력: None')
    else:
        print(f'출력: {output:>5.1f}')

def run(it):
    for output in it:
        transmit(output)

run(wave(3.0, 8))

>>>
출력:    0.0
출력:    2.1
출력:    3.0
출력:    2.1
출력:    0.0
출력:   -2.1
출력:   -3.0
출력:   -2.1
```

기본 파형을 생성하는 한 이 코드는 잘 작동한다. 하지만 별도의 입력(예: AM(진폭변조) 라디오 신호를 방송하기 위해 필요한 다른 신호)을 사용해 진폭을 지속적으로 변경해야 한다면 이 코드는 쓸모가 없다. 우리에게는 제너레이터를 이터레이션할 때마다 진폭을 변조할 수 있는 방법이 필요하다.

파이썬 제너레이터는 send 메서드를 지원한다. 이 메서드는 yield 식을 양방향 채널로 격상시켜준다. send 메서드를 사용하면 입력을 제너레이터에 스트리밍하는 동시에 출력을 내보낼 수 있다. 일반적으로 제너레이터를 이터레이션할 때 yield 식이 반환하는 값은 None이다.

```
def my_generator():
    received = yield 1
    print(f'받은 값 = {received}')

it = iter(my_generator())
output = next(it)              # 첫 번째 제너레이터 출력을 얻는다
print(f'출력값 = {output}')

try:
    next(it)                  # 종료될 때까지 제너레이터를 실행한다
except StopIteration:
    pass
```

```
>>>
출력값 = 1
받은 값 = None
```

하지만 for 루프나 next 내장 함수로 제너레이터를 이터레이션하지 않고 send 메서드를 호출하면, 제너레이터가 재개(resume)될 때 yield가 send에 전달된 파라미터 값을 반환한다. 하지만 방금 시작한 제너레이터는 아직 yield 식에 도달하지 못했기 때문에 최초로 send를 호출할 때 인자로 전달할 수 있는 유일한 값은 None뿐이다(다른 값을 전달하면 실행 시점에 'TypeError:

can't send non-None value to a just-started generator(막 시작한 제너레이터에 None이 아닌 값을 전달할 수 없음)' 예외가 발생한다).

```
it = iter(my_generator())
output = it.send(None)      # 첫 번째 제너레이터 출력을 얻는다
print(f'출력값 = {output}')

try:
    it.send('안녕!')         # 값을 제너레이터에 넣는다
except StopIteration:
    pass
```

```
>>>
출력값 = 1
받은 값 = 안녕!
```

이런 동작을 활용해 입력 시그널을 바탕으로 사인 파의 진폭을 변조할 수 있다. 먼저 yield 식이 반환한 진폭 값을 amplitude에 저장하고, 다음 yield 출력 시 이 진폭 값을 활용하도록 wave 제너레이터를 변경해야 한다.

```
def wave_modulating(steps):
    step_size = 2 * math.pi / steps
    amplitude = yield              # 초기 진폭을 받는다
    for step in range(steps):
        radians = step * step_size
        fraction = math.sin(radians)
        output = amplitude * fraction
        amplitude = yield output   # 다음 진폭을 받는다
```

그 후 run 함수를 변경해서 매 이터레이션마다 변조에 사용할 진폭을 wave_modulating 제너레이터에게 스트리밍하도록 만든다. 아직 제너레이터가 yield 식에 도달하지 못했으므로 send에 보내는 첫 번째 입력은 None이어야 한다.

```
def run_modulating(it):
    amplitudes = [
```

```
            None, 7, 7, 7, 2, 2, 2, 2, 10, 10, 10, 10, 10]
    for amplitude in amplitudes:
        output = it.send(amplitude)
        transmit(output)

run_modulating(wave_modulating(12))

>>>
출력: None
출력:   0.0
출력:   3.5
출력:   6.1
출력:   2.0
출력:   1.7
출력:   1.0
출력:   0.0
출력:  -5.0
출력:  -8.7
출력: -10.0
출력:  -8.7
출력:  -5.0
```

이 코드는 입력 신호에 따라 출력 신호의 진폭을 변동시키면서 잘 작동한다. 제너레이터가 첫 번째 yield 식에 도달할 때까지는 amplitude 값을 받지 못하므로, 예상대로 첫 번째 출력은 None이다.

이 코드의 문제점은 코드를 처음 봤을 때 이해하기 어렵다는 것이다. 대입문의 오른쪽에 yield를 사용하는 것은 직관적이지 않다. 그리고 제너레이터 고급 기능을 잘 모를 경우에는 send와 yield 사이의 연결을 알아보기 어렵다.

이제 프로그램의 요구 사항이 더 복잡해졌다고 가정하자. 단순한 사인파를 반송파(carrier signal)로 사용하는 대신, 여러 신호의 시퀀스로 이뤄진 복잡한 파형을 사용해야 한다. 이런 동작을 구현하는 한 가지 방법은 yield from 식을 사용해 여러 제너레이터를 합성하는 것이다(Better way 33: 'yield from

을 사용해 여러 제너레이터를 합성하라' 참고). 다음은 진폭이 고정된 더 단순한 경우에 yield from이 잘 작동하는지 확인하기 위한 코드다.

```
def complex_wave():
    yield from wave(7.0, 3)
    yield from wave(2.0, 4)
    yield from wave(10.0, 5)

run(complex_wave())
```

```
>>>
출력:    0.0
출력:    6.1
출력:   -6.1
출력:    0.0
출력:    2.0
출력:    0.0
출력:   -2.0
출력:    0.0
출력:    9.5
출력:    5.9
출력:   -5.9
출력:   -9.5
```

yield from 식이 단순한 경우를 잘 처리하므로, 이 제너레이터에 send 메서드를 사용해도 잘 작동할 것으로 예상할 수 있다. wave_modulating 제너레이터에 대한 여러 호출을 yield from으로 합성해보자.

```
def complex_wave_modulating():
    yield from wave_modulating(3)
    yield from wave_modulating(4)
    yield from wave_modulating(5)

run_modulating(complex_wave_modulating())
```

```
>>>
```

```
출력: None
출력:    0.0
출력:    6.1
출력:   -6.1
출력: None
출력:    0.0
출력:    2.0
출력:    0.0
출력:  -10.0
출력: None
출력:    0.0
출력:    9.5
출력:    5.9
```

이 코드는 어느 정도 잘 작동한다. 하지만 결과를 보면 놀랄 만한 사실이 있다. 출력에 None이 여럿 보인다! 왜 이런 일이 벌어졌을까? 내포된 제너레이터에 대한 yield from 식이 끝날 때마다 다음 yield from 식이 실행된다. 각각의 내포된 제너레이터는 send 메서드 호출로부터 값을 받기 위해 아무런 값도 만들어내지 않는 단순한 yield 식으로 시작한다. 이로 인해 부모 제너레이터가 자식 제너레이터를 옮겨갈 때마다 None이 출력된다.

이는 yield from과 send를 따로 사용할 때는 제대로 작용하던 특성이 두 기능을 함께 사용할 때는 깨지기 때문이다. run_modulatin 함수의 복잡도를 증가시켜서 이런 None 문제를 우회하는 방법이 있기는 하지만, 이 문제를 해결하기 위해 그런 노력을 기울일 만한 가치는 없다. send가 어떻게 작동하는지 배우는 것도 어려운데, yield from의 함정까지 이해해야 한다면 사태가 더 악화된다. 나는 send 메서드를 아예 쓰지 말고 더 단순한 접근 방법을 택할 것을 권한다.

가장 쉬운 해결책은 wave 함수에 이터레이터를 전달하는 것이다. 이 이터레이터는 자신에 대해 next 내장 함수가 호출될 때마다 입력으로 받은 진폭을 하나씩 돌려준다. 이런 식으로 이전 제너레이터를 다음 제너레이터의 입력으로 연쇄시켜 연결하면 입력과 출력이 차례로 처리되게 만들 수 있다(Better way 32: '긴 리스트 컴프리헨션보다는 제너레이터 식을 사용하라'에서 다른 예제를 볼 수 있다).

```
def wave_cascading(amplitude_it, steps):
    step_size = 2 * math.pi / steps
    for step in range(steps):
        radians = step * step_size
        fraction = math.sin(radians)
        amplitude = next(amplitude_it)   # 다음 입력 받기
        output = amplitude * fraction
        yield output
```

합성에 사용할 여러 제너레이터 함수에 같은 이터레이터를 넘길 수도 있다. 이터레이터는 상태가 있기 때문에(Better way 31: '인자에 대해 이터레이션할 때는 방어적이 돼라' 참고) 내포된 각각의 제너레이터는 앞에 있는 제너레이터가 처리를 끝낸 시점부터 데이터를 가져와 처리한다.

```
def complex_wave_cascading(amplitude_it):
    yield from wave_cascading(amplitude_it, 3)
    yield from wave_cascading(amplitude_it, 4)
    yield from wave_cascading(amplitude_it, 5)
```

이제 amplitudes 리스트에서 얻은 이터레이터를 합성한 제너레이터에 넘기기만 하면 전체를 실행할 수 있다.

```
def run_cascading():
    amplitudes = [7, 7, 7, 2, 2, 2, 2, 10, 10, 10, 10, 10]
    it = complex_wave_cascading(iter(amplitudes))
    for amplitude in amplitudes:
        output = next(it)
        transmit(output)
```

```
run_cascading()
```

```
>>>
출력:   0.0
출력:   6.1
출력:  -6.1
출력:   0.0
출력:   2.0
출력:   0.0
출력:  -2.0
출력:   0.0
출력:   9.5
출력:   5.9
출력:  -5.9
출력:  -9.5
```

이 접근 방법에서 가장 멋진 부분은 아무 데서나 이터레이터를 가져올 수 있고, 이터레이터가 완전히 동적인 경우(예: 제너레이터 함수를 사용해 이터레이터를 만든 경우)에도 잘 작동한다는 점이다. 다만 이 코드는 입력 제너레이터가 완전히 스레드 안전(thread-safe)하다고 가정한다는 단점이 있다. 하지만 제너레이터가 항상 스레드 안전하지는 않다. 따라서 스레드 경계를 넘나들면서 제너레이터를 사용해야 한다면 async 함수가 더 나은 해법일 수도 있다(Better way 62: 'asyncio로 쉽게 옮겨갈 수 있도록 스레드와 코루틴을 함께 사용하라' 참고).

기억해야 할 내용

- send 메서드를 사용해 데이터를 제너레이터에 주입할 수 있다. 제너레이터는 send로 주입된 값을 yield 식이 반환하는 값을 통해 받으며, 이 값을 변수에 저장해 활용할 수 있다.
- send와 yield from 식을 함께 사용하면 제너레이터의 출력에 None이 불쑥불쑥 나타나는 의외의 결과를 얻을 수도 있다.

- 합성할 제너레이터들의 입력으로 이터레이터를 전달하는 방식이 send를 사용하는 방식보다 더 낫다. send는 가급적 사용하지 말라.

BETTER WAY 35 제너레이터 안에서 throw로 상태를 변화시키지 말라

제너레이터의 고급 기능으로 yield from 식(Better way 33: 'yield from을 사용해 여러 제너레이터를 합성하라' 참고)과 send 메서드(Better way 34: 'send로 제너레이터에 데이터를 주입하지 말라' 참고) 외에, 제너레이터 안에서 Exception을 다시 던질 수 있는 throw 메서드가 있다. throw가 작동하는 방식은 간단하다. 어떤 제너레이터에 대해 throw가 호출되면 이 제너레이터는 값을 내놓은 yield로부터 평소처럼 제너레이터 실행을 계속하는 대신, throw가 제공한 Exception을 다시 던진다. 다음 코드는 이런 동작 방식을 보여준다.

```
class MyError(Exception):
    pass

def my_generator():
    yield 1
    yield 2
    yield 3

it = my_generator()
print(next(it))  # 1을 내놓음
print(next(it))  # 2를 내놓음
print(it.throw(MyError('test error')))

>>>
1
```

```
2
Traceback ...
MyError: test error
```

throw를 호출해 제너레이터에 예외를 주입해도, 제너레이터는 try/except 복합문을 사용해 마지막으로 실행된 yield 문을 둘러쌈으로써 이 예외를 잡아낼 수 있다(예외 처리는 Better way 65: 'try/except/else/finally의 각 블록을 잘 활용하라' 참고).

```
def my_generator():
    yield 1

    try:
        yield 2
    except MyError:
        print('MyError 발생!')
    else:
        yield 3

    yield 4

it = my_generator()
print(next(it))  # 1을 내놓음
print(next(it))  # 2를 내놓음
print(it.throw(MyError('test error')))

>>>
1
2
MyError 발생!
4
```

이 기능은 제너레이터와 제너레이터를 호출하는 쪽 사이에 양방향 통신 수단을 제공한다. 경우에 따라 이 양방향 통신 수단이 유용할 수도 있다(다른 경우는 Better way 34: 'send로 제너레이터에 데이터를 주입하지 말라' 참고).

예를 들어 작성하는 프로그램에 간헐적으로 재설정할 수 있는 타이머가 필요하다고 해보자. 다음은 throw 메서드에 의존하는 제너레이터를 통해 타이머를 구현하는 코드다.

```python
class Reset(Exception):
    pass

def timer(period):
    current = period
    while current:
        current -= 1
        try:
            yield current
        except Reset:
            current = period
```

yield 식에서 Reset 예외가 발생할 때마다 카운터가 period로 재설정된다.

매 초 한 번 폴링(polling)되는 외부 입력과 이 재설정 이벤트를 연결할 수도 있다. 그 후 timer 제너레이터를 구동시키는 run 함수를 정의할 수 있다. run 함수는 throw를 사용해 타이머를 재설정하는 예외를 주입하거나, 제너레이터 출력에 대해 announce 함수를 호출한다.

```python
def check_for_reset():
    # 외부 이벤트를 폴링한다
    ...

def announce(remaining):
    print(f'{remaining} 틱 남음')

def run():
    it = timer(4)
    while True:
        try:
            if check_for_reset():
```

```
                current = it.throw(Reset())
        else:
                current = next(it)
    except StopIteration:
        break
    else:
        announce(current)

run()
```

```
>>>
3 틱 남음
2 틱 남음
1 틱 남음
3 틱 남음
2 틱 남음
3 틱 남음
2 틱 남음
1 틱 남음
0 틱 남음
```

이 코드는 예상대로 잘 작동한다. 하지만 필요 이상으로 읽기 어렵다. 각 내포 단계마다 StopIteration 예외를 잡아내거나 throw를 할지, next나 announce를 호출할지 결정하는데, 이로 인해 코드에 잡음이 많다.

이 기능을 구현하는 더 단순한 접근 방법은 이터러블 컨테이너 객체(Better way 31: '인자에 대해 이터레이션할 때는 방어적이 돼라' 참고)를 사용해 상태가 있는 클로저(Better way 38: '간단한 인터페이스의 경우 클래스 대신 함수를 받아라' 참고)를 정의하는 것이다. 이러한 클래스를 사용해 timer 제너레이터를 재정의한 코드는 다음과 같다.

```
class Timer:
    def __init__(self, period):
        self.current = period
```

```
        self.period = period

    def reset(self):
        self.current = self.period

    def __iter__(self):
        while self.current:
            self.current -= 1
            yield self.current
```

이제 run 메서드에서는 for를 사용해 훨씬 단순하게 이터레이션을 수행할 수
있고, 내포 수준이 줄어들어 코드가 훨씬 읽기 쉽다.

```
def run():
    timer = Timer(4)
    for current in timer:
        if check_for_reset():
            timer.reset()
        announce(current)

run()
```

```
>>>
3 틱 남음
2 틱 남음
1 틱 남음
3 틱 남음
2 틱 남음
3 틱 남음
2 틱 남음
1 틱 남음
0 틱 남음
```

출력은 throw를 사용하던 예전 버전과 똑같지만, 훨씬 더 이해하기 쉽게 구
현됐다. 특히 코드를 처음 보는 사람에게는 이 코드가 더 이해하기 쉬울 것이
다. 제너레이터와 예외를 섞어서 만들어야 하는 작업이 있다면, 비동기 기능

(Better way 60: 'I/O를 할 때는 코루틴을 사용해 동시성을 높여라' 참고)을 사용하면 더 좋게 구현할 수 있는 경우도 많다. 따라서 예외적인 경우를 처리해야 한다면 throw를 전혀 사용하지 말고 이터러블 클래스를 사용할 것을 권한다.

기억해야 할 내용

- throw 메서드를 사용하면 제너레이터가 마지막으로 실행한 yield 식의 위치에서 예외를 다시 발생시킬 수 있다.
- throw를 사용하면 가독성이 나빠진다. 예외를 잡아내고 다시 발생시키는 데 준비 코드가 필요하며 내포 단계가 깊어지기 때문이다.
- 제너레이터에서 예외적인 동작을 제공하는 더 나은 방법은 __iter__ 메서드를 구현하는 클래스를 사용하면서 예외적인 경우에 상태를 전이시키는 것이다.

BETTER WAY 36 이터레이터나 제너레이터를 다룰 때는 itertools를 사용하라

itertools 내장 모듈에는 이터레이터(Better way 30: '리스트를 반환하기보다는 제너레이터를 사용하라'와 Better way 31: '인자에 대해 이터레이션할 때는 방어적이 돼라'에서 배경지식을 얻을 수 있다)를 조직화하거나 사용할 때 쓸모 있는 여러 함수가 들어 있다.

```
import itertools
```

복잡한 이터레이션 코드를 작성하고 있다는 사실을 깨달을 때마다 혹시 쓸만한 기능이 없는지 itertools 문서를 다시 살펴보라(파이썬 인터프리터에서 help(itertools)를 해보라). 지금부터 세 가지 주요 범주로 나눠서 알아둬야 하는 중요한 함수들을 설명한다.

여러 이터레이터 연결하기

itertools 내장 모듈에는 여러 이터레이터를 하나로 합칠 때 쓸 수 있는 여러 함수가 들어 있다.

chain

여러 이터레이터를 하나의 순차적인 이터레이터로 합치고 싶을 때 chain을 사용한다.

```
it = itertools.chain([1, 2, 3], [4, 5, 6])
print(list(it))
```

```
>>>
[1, 2, 3, 4, 5, 6]
```

repeat

한 값을 계속 반복해 내놓고 싶을 때 repeat를 사용한다. 이터레이터가 값을 내놓는 횟수를 제한하려면 repeat의 두 번째 인자로 최대 횟수를 지정하면 된다.

```
it = itertools.repeat('안녕', 3)
print(list(it))
```

```
>>>
['안녕', '안녕', '안녕']
```

cycle

어떤 이터레이터가 내놓는 원소들을 계속 반복하고 싶을 때는 cycle을 사용한다.

```
it = itertools.cycle([1, 2])
result = [next(it) for _ in range (10)]
print(result)
```

```
>>>
[1, 2, 1, 2, 1, 2, 1, 2, 1, 2]
```

tee

한 이터레이터를 병렬적으로 두 번째 인자로 지정된 개수의 이터레이터로 만들고 싶을 때 tee를 사용한다. 이 함수로 만들어진 각 이터레이터를 소비하는 속도가 같지 않으면, 처리가 덜 된 이터레이터의 원소를 큐에 담아둬야 하므로 메모리 사용량이 늘어난다.

```
it1, it2, it3 = itertools.tee(['하나', '둘'], 3)
print(list(it1))
print(list(it2))
print(list(it3))
```

```
>>>
['하나', '둘']
['하나', '둘']
['하나', '둘']
```

zip_longest

zip_longest는 zip 내장 함수(Better way 8: '여러 이터레이터에 대해 나란히 루프를 수행하려면 zip을 사용하라' 참고)의 변종으로, 여러 이터레이터 중 짧은 쪽 이터레이터의 원소를 다 사용한 경우 fillvalue로 지정한 값을 채워 넣어준다(fillvalue로 아무 값도 지정하지 않으면 None을 넣는다).

```
keys = ['하나', '둘', '셋']
values = [1, 2]

normal = list(zip(keys, values))
print('zip:', normal)

it = itertools.zip_longest(keys, values, fillvalue='없음')
longest = list(it)
```

```
print('zip_longest:', longest)
```

```
>>>
zip: [('하나', 1), ('둘', 2)]
zip_longest: [('하나', 1), ('둘', 2), ('셋', '없음')]
```

이터레이터에서 원소 거르기

itertools 내장 모듈에는 이터레이터에서 원소를 필터링할 때 쓸 수 있는 여러 함수가 들어 있다.

islice

이터레이터를 복사하지 않으면서 원소 인덱스를 이용해 슬라이싱하고 싶을 때 islice를 사용하라. 끝만 지정하거나, 시작과 끝을 지정하거나, 시작과 끝과 증가값을 지정할 수 있으며, islice의 동작은 시퀀스 슬라이싱이나 스트라이딩 기능과 비슷하다(Better way 11: '시퀀스를 슬라이싱하는 방법을 익혀라', Better way 12: '스트라이드와 슬라이스를 한 식에 함께 사용하지 말라' 참고).

```
values = [1, 2, 3, 4, 5, 6, 7, 8, 9, 10]

first_five = itertools.islice(values, 5)
print('앞에서 다섯 개:', list(first_five))

middle_odds = itertools.islice(values, 2, 8, 2)
print('중간의 홀수들:', list(middle_odds))
```

```
>>>
앞에서 다섯 개: [1, 2, 3, 4, 5]
중간의 홀수들: [3, 5, 7]
```

takewhile

takewhile은 이터레이터에서 주어진 술어(predicate)가 False를 반환하는 첫 원소가 나타날 때까지 원소를 돌려준다(즉, 술어가 True를 반환하는 동안 원소를 돌려준다).

```
values = [1, 2, 3, 4, 5, 6, 7, 8, 9, 10]
less_than_seven = lambda x: x < 7
it = itertools.takewhile(less_than_seven, values)
print(list(it))
```

```
>>>
[1, 2, 3, 4, 5, 6]
```

dropwhile

dropwhile은 takewhile의 반대다. 즉, 이터레이터에서 주어진 술어가 False를 반환하는 첫 번째 원소를 찾을 때까지 이터레이터의 원소를 건너뛴다(즉, 술어가 True를 반환하는 동안 원소를 건너뛴다).

```
values = [1, 2, 3, 4, 5, 6, 7, 8, 9, 10]
less_than_seven = lambda x: x < 7
it = itertools.dropwhile(less_than_seven, values)
print(list(it))
```

```
>>>
[7, 8, 9, 10]
```

filterfalse

filterfalse는 filter 내장 함수의 반대다. 즉, 주어진 이터레이터에서 술어가 False를 반환하는 모든 원소를 돌려준다.

```
values = [1, 2, 3, 4, 5, 6, 7, 8, 9, 10]
evens = lambda x: x % 2 == 0
```

```
filter_result = filter(evens, values)
print('Filter:', list(filter_result))

filter_false_result = itertools.filterfalse(evens, values)
print('Filter false:', list(filter_false_result))

>>>
Filter: [2, 4, 6, 8, 10]
Filter false: [1, 3, 5, 7, 9]
```

이터레이터에서 원소의 조합 만들어내기

itertools 내장 모듈에는 이터레이터가 돌려주는 원소들의 조합을 만들어내는 몇 가지 함수가 들어 있다.

accumulate

accumulate는 파라미터를 두 개 받는 함수(이항 함수)를 반복 적용하면서 이터레이터 원소를 값 하나로 줄여준다.* 이 함수가 돌려주는 이터레이터는 원본 이터레이터의 각 원소에 대해 누적된 결과를 내놓는다.

```
values = [1, 2, 3, 4, 5, 6, 7, 8, 9, 10]
sum_reduce = itertools.accumulate(values)
print('합계:', list(sum_reduce))

def sum_modulo_20(first, second):
    output = first + second
    return output % 20
```

---

* 역주 이런 연산은 접기(fold) 연산이라는 부류에 속한다. 접기 연산은 초깃값과 접을 때 사용할 연산을 인자로 받아서 리스트의 모든 값에 대해 연산을 적용해준다. 연산의 결과가 리스트 원소와 같은 타입인 경우에는 초깃값이 없이 리스트의 첫 번째(또는 마지막) 값을 초깃값처럼 취급할 수 있는데, 이런 연산을 축약(reduce) 연산이라고 부른다. 한편 접는 방향(연산자를 삽입하는 방향)에 따라 왼쪽 접기와 오른쪽 접기가 있다. 예를 들어 초깃값이 0, 리스트가 [1,2,3], 연산이 -(뺄셈)라면 왼쪽 접기는 (((0-1)-2)-3)을 내놓고, 오른쪽 접기는 (1-(2-(3-0)))을 내놓는다. 파이썬 functools.reduce 함수는 왼쪽 접기 함수다.

```
modulo_reduce = itertools.accumulate(values, sum_modulo_20)
print('20으로 나눈 나머지의 합계:', list(modulo_reduce))
```

```
>>>
합계: [1, 3, 6, 10, 15, 21, 28, 36, 45, 55]
20으로 나눈 나머지의 합계: [1, 3, 6, 10, 15, 1, 8, 16, 5, 15]
```

이 결과는 한 번에 한 단계씩 결과를 내놓는다는 점을 제외하면, 기본적으로
functools 내장 모듈에 있는 reduce 함수의 결과와 같다. accumulate에 이항
함수를 넘기지 않으면 주어진 입력 이터레이터 원소의 합계를 계산한다.

product

product는 하나 이상의 이터레이터에 들어 있는 아이템들의 데카르트 곱
(Cartesian product)을 반환한다. 리스트 컴프리헨션을 깊이 내포시키는 대신
이 함수를 사용하면 편리하다(Better way 28: '컴프리헨션 내부에 제어 하
위 식을 세 개 이상 사용하지 말라'에서 컴프리헨션 내포 깊이를 깊게 하지
말아야 하는 이유를 확인할 수 있다).

```
single = itertools.product([1, 2], repeat=2)
print('리스트 한 개:', list(single))
```

```
multiple = itertools.product([1, 2], ['a', 'b'])
print('리스트 두 개:', list(multiple))
```

```
>>>
리스트 한 개: [(1, 1), (1, 2), (2, 1), (2, 2)]
리스트 두 개: [(1, 'a'), (1, 'b'), (2, 'a'), (2, 'b')]
```

permutations

permutations는 이터레이터가 내놓는 원소들로부터 만들어낸 길이 N인 순열을 돌려준다. *

```
it = itertools.permutations([1, 2, 3, 4], 2)
print(list(it))
```

>>>
```
[(1, 2), (1, 3), (1, 4), (2, 1), (2, 3), (2, 4),
➡(3, 1), (3, 2), (3, 4), (4, 1), (4, 2), (4, 3)]
```

combinations

combinations는 이터레이터가 내놓는 원소들로부터 만들어낸 길이 N인 조합을 돌려준다. †

```
it = itertools.combinations([1, 2, 3, 4], 2)
print(list(it))
```

>>>
```
[(1, 2), (1, 3), (1, 4), (2, 3), (2, 4), (3, 4)]
```

---

* 역주 permutations는 그냥 원본 이터레이터의 원소를 모두 다 다르다고 가정하고 순열을 만들어낸다. 예를 들어 print(list(itertools.permutations([1,2,2])))는 [(1, 2, 2), (1, 2, 2), (2, 1, 2), (2, 1), (2, 1, 2), (2, 2, 1)]을 출력한다. 한편 만들어지는 원소의 순서는 원소의 실제 값에 의해 결정되지 않고 원래 이터레이터에서 원소 위치(인덱스)의 사전식(lexicographic) 오름차순 순서로 결정된다. 즉, 0번째 원소가 최초로 나열된 순열이 더 먼저 나오고 그 후에 첫 번째 원소가 최초인 순열들이 나오는 식이다. 예를 들어 print(list(itertools.permutations([2,3,1])))은 [(2, 3, 1), (2, 1, 3), (3, 2, 1), (3, 1, 2), (1, 3, 2), (1, 2, 3)]를 출력한다. 따라서 혼란을 방지하려면(또는 여러분이 명확히 무슨 일이 벌어질지 예상하고 의도적으로 사용하는 경우가 아니라면) 원본 이터레이터에서 값이 중복되는 일이 없게 하고 원본 이터레이터를 정렬해 사용하라. 가능하면 이 원칙을 itertools에 있는 모든 조합 함수에 적용하라. 이 원칙을 지키면 원본 데이터를 집합으로 표현했을 때 같은 집합이면 항상 같은 결과가 나오므로, 테스트나 결과를 눈으로 확인할 때도 도움이 된다.

† 역주 combinations도 역시 원본 이터레이터 원소가 모두 다 다르다고 가정하고 조합을 만들어낸다. 예를 들어 print(list(itertools.combinations([1,2,2],2)))는 [(1, 2), (1, 2), (2, 2)]를 출력한다. 만들어지는 조합의 순서는 원소의 실제 값에 의해 결정되지 않고 원래 이터레이터에서 원소 위치(인덱스)의 사전식 오름차순 순서로 정해진다. 예를 들어 print(list(itertools.combinations([3,1,2],2)))는 [(3, 1), (3, 2), (1, 2)]를 출력한다.

combinations_with_replacement

combinations_with_replacement는 combinations와 같지만 원소의 반복을 허용한다(즉, 중복 조합*을 돌려준다).

```
it = itertools.combinations_with_replacement([1, 2, 3, 4], 2)
print(list(it))
```

```
>>>
[(1, 1), (1, 2), (1, 3), (1, 4), (2, 2),
➡(2, 3), (2, 4), (3, 3), (3, 4), (4, 4)]
```

기억해야 할 내용

- 이터레이터나 제너레이터를 다루는 itertools 함수는 세 가지 범주로 나눌 수 있다.
    - 여러 이터레이터를 연결함
    - 이터레이터의 원소를 걸러냄
    - 원소의 조합을 만들어냄
- 파이썬 인터프리터에서 help(itertools)를 입력한 후 표시되는 문서를 살펴보면 더 많은 고급 함수와 추가 파라미터를 알 수 있으며, 이를 사용하는 유용한 방법도 확인할 수 있다.

---

* 역주 이 함수 역시 원본 이터레이터 원소가 모두 다 다르다는 가정하에 중복 조합을 만든다. print(list (itertools.combinations_with_replacement([1,2,2],2)))는 [(1, 1), (1, 2), (1, 2), (2, 2), (2, 2), (2, 2)]를 출력한다. 만들어지는 조합의 순서도 역시 permutations나 combinations와 같은 사전식 순서를 사용한다.

CHAPTER

5

클래스와 인터페이스

객체지향 언어로서 파이썬은 상속(inheritance), 다형성(polymorphism), 캡슐화 (encapsulation) 등과 같은 모든 기능을 제공한다. 파이썬으로 원하는 작업을 수행하기 위해 때로는 새로운 클래스를 작성하고, 새로 작성한 클래스들이 인터페이스와 계층 구조를 통해 상호작용하는 방식을 정의해야 한다.

파이썬에서 클래스와 상속을 사용하면 여러분이 의도하는 프로그램의 행동 방식을 객체를 통해 쉽게 표현할 수 있다. 또한, 시간이 지남에 따라 기능을 확장하고 향상시킬 수 있으며 요구 사항이 바뀌는 상황에서 유연성을 발휘할 수 있다. 클래스와 상속을 사용하는 방법을 잘 알아두면 유지 보수하기 쉬운 코드를 작성할 수 있다.

BETTER WAY 37 내장 타입을 여러 단계로 내포시키기보다는 클래스를 합성하라

파이썬 내장 딕셔너리 타입을 사용하면 객체의 생명 주기 동안 동적인 내부 상태를 잘 유지할 수 있다. 여기서 **동적**(dynamic)이라는 말은 어떤 값이 들어 올지 미리 알 수 없는 식별자들을 유지해야 한다는 뜻이다. 예를 들어 학생들의 점수를 기록해야 하는데, 학생의 이름은 미리 알 수 없는 상황이라고 하자. 이럴 때는 학생별로(각 학생의 이름을 사용해) 미리 정의된 애트리뷰트를 사용하는 대신 딕셔너리에 이름을 저장하는 클래스를 정의할 수 있다.

```
class SimpleGradebook:
    def __init__(self):
        self._grades = {}

    def add_student(self, name):
        self._grades[name] = []

    def report_grade(self, name, score):
        self._grades[name].append(score)

    def average_grade(self, name):
        grades = self._grades[name]
        return sum(grades) / len(grades)
```

이 클래스는 쉽게 사용할 수 있다.

```
book = SimpleGradebook()
book.add_student('아이작 뉴턴')
book.report_grade('아이작 뉴턴', 90)
book.report_grade('아이작 뉴턴', 95)
book.report_grade('아이작 뉴턴', 85)

print(book.average_grade('아이작 뉴턴'))

>>>
90.0
```

딕셔너리와 관련 내장 타입은 사용하기 너무 쉬우므로 과하게 확장하면서 깨지기 쉬운 코드를 작성할 위험성이 있다. 예를 들어 SimpleGradebook 클래스를 확장해서 전체 성적이 아니라 과목별 성적을 리스트로 저장하고 싶다고 하자. _grades 딕셔너리를 변경해서 학생 이름(키)이 다른 딕셔너리(값)로 매핑하게 하고, 이 딕셔너리가 다시 과목(키)을 성적의 리스트(값)에 매핑하게 함으로써 과목별 성적을 구현할 수 있다. 다음 코드는 내부 딕셔너리로 defaultdict의 인스턴스를 사용해서 과목이 없는 경우를 처리한다(Better way 17: '내부 상태에서 원소가 없는 경우를 처리할 때는 setdefault보다 defaultdict를 사용하라'에서 배경지식을 얻을 수 있다).

```
from collections import defaultdict

class BySubjectGradebook:
    def __init__(self):
        self._grades = {}                    # 외부 dict

    def add_student(self, name):
        self._grades[name] = defaultdict(list) # 내부 dict
```

이 코드는 아주 평이하다. 다단계 딕셔너리를 처리해야 하므로 report_grade와 average_grade 메서드가 많이 복잡해지지만, 아직은 충분히 복잡도를 관리할 수 있을 것 같다.

```
    def report_grade(self, name, subject, grade):
        by_subject = self._grades[name]
        grade_list = by_subject[subject]
        grade_list.append(grade)

    def average_grade(self, name):
        by_subject = self._grades[name]
        total, count = 0, 0
        for grades in by_subject.values():
```

```
        total += sum(grades)
        count += len(grades)
    return total / count
```

여전히 클래스를 쉽게 쓸 수 있다.

```
book = BySubjectGradebook()
book.add_student('알버트 아인슈타인')
book.report_grade('알버트 아인슈타인', '수학', 75)
book.report_grade('알버트 아인슈타인', '수학', 65)
book.report_grade('알버트 아인슈타인', '체육', 90)
book.report_grade('알버트 아인슈타인', '체육', 95)
print(book.average_grade('알버트 아인슈타인'))
```

```
>>>
81.25
```

이제 요구 사항이 또 바뀐다. 각 점수의 가중치를 함께 저장해서 중간고사와
기말고사가 다른 쪽지 시험보다 성적에 더 큰 영향을 미치게 하고 싶다. 이런
기능을 구현하는 한 가지 방법은 가장 안쪽에 있는 딕셔너리가 과목(키)을 성
적의 리스트(값)로 매핑하던 것을 (성적, 가중치) 튜플의 리스트로 매핑하도
록 변경하는 것이다.

```
class WeightedGradebook:
    def __init__(self):
        self._grades = {}

    def add_student(self, name):
        self._grades[name] = defaultdict(list)

    def report_grade(self, name, subject, score, weight):
        by_subject = self._grades[name]
        grade_list = by_subject[subject]
        grade_list.append((score, weight))
```

report_grade에는 아주 단순한 변경만 일어났다(성적 리스트가 튜플 인스턴스를 저장하게 했을 뿐이다). 하지만 변경된 average_grade 메서드는 루프 안에 루프가 쓰이면서 읽기 어려워졌다.

```python
def average_grade(self, name):
    by_subject = self._grades[name]

    score_sum, score_count = 0, 0
    for subject, scores in by_subject.items():
        subject_avg, total_weight = 0, 0

        for score, weight in scores:
            subject_avg += score * weight
            total_weight += weight

        score_sum += subject_avg / total_weight
        score_count += 1

    return score_sum / score_count
```

클래스도 쓰기 어려워졌다. 위치로 인자를 지정하면 어떤 값이 어떤 뜻을 가지는지 이해하기 어렵다.

```python
book = WeightedGradebook()
book.add_student('알버트 아인슈타인')
book.report_grade('알버트 아인슈타인', '수학', 75, 0.05)
book.report_grade('알버트 아인슈타인', '수학', 65, 0.15)
book.report_grade('알버트 아인슈타인', '수학', 70, 0.80)
book.report_grade('알버트 아인슈타인', '체육', 100, 0.40)
book.report_grade('알버트 아인슈타인', '체육', 85, 0.60)
print(book.average_grade('알버트 아인슈타인'))
```

```
>>>
80.25
```

이와 같은 복잡도가 눈에 들어오면 더 이상 딕셔너리, 튜플, 집합, 리스트 등의 내장 타입을 사용하지 말고 클래스 계층 구조를 사용해야 한다.

성적 예제에서 우리는 가중치가 부여된 성적을 지원해야 한다는 첫 번째 요구 사항을 몰랐다. 이런 요구 사항이 생길 것이라는 사실을 몰랐으므로 새로운 클래스를 만들어내는 번거로움을 굳이 감수할 이유가 없었다. 파이썬 내장 딕셔너리와 튜플은 사용하기 편하므로 내부에 계속 딕셔너리, 리스트, 튜플 등의 계층을 추가해가면서 코드를 사용하기 쉽다. 하지만 내포 단계가 두 단계 이상이 되면 더 이상 딕셔너리, 리스트, 튜플 계층을 추가하지 말아야 한다. 딕셔너리 안에 딕셔너리를 포함시키면 다른 프로그래머들이 코드를 읽기 어려워지고, 여러분 스스로도 유지 보수의 '악몽' 속으로 들어가는 셈이다.

코드에서 값을 관리하는 부분이 점점 복잡해지고 있음을 깨달은 즉시 해당 기능을 클래스로 분리해야 한다. 이를 통해 여러분의 데이터를 더 잘 캡슐화해주는 잘 정의된 인터페이스를 제공할 수 있다. 이런 접근 방법을 택하면 인터페이스와 구체적인 구현 사이에 잘 정의된 추상화 계층을 만들 수도 있다.

클래스를 활용해 리팩터링하기

리팩터링할 때 취할 수 있는 접근 방법은 많다(Better way 89: '리팩터링과 마이그레이션 방법을 알려주기 위해 warning을 사용하라' 참고). 여기서는 먼저 의존 관계 트리의 맨 밑바닥(즉, 내포된 딕셔너리나 튜플, 리스트 등의 맨 안쪽. 이 예제에서는 점수와 가중치의 튜플)을 점수를 표현하는 클래스로 옮겨갈 수 있다. 하지만 이런 단순한 정보를 표현하는 클래스를 따로 만들면 너무 많은 비용이 드는 것 같다. 게다가 점수는 불변 값이기 때문에 튜플이 더 적당해 보인다. 다음 코드에서는 리스트 안에 점수를 저장하기 위해 (점수, 가중치) 튜플을 사용한다.

```
grades = []
grades.append((95, 0.45))
grades.append((85, 0.55))
total = sum(score * weight for score, weight in grades)
total_weight = sum(weight for _, weight in grades)
average_grade = total / total_weight
```

total_weight를 계산할 때는 _(파이썬에서 사용하지 않는 변수 이름을 표시할 때 관례적으로 사용하는 밑줄)를 사용해 각 점수 튜플의 첫 번째 원소를 무시했다.

이 코드의 문제점은 튜플에 저장된 내부 원소에 위치를 사용해 접근한다는 것이다. 예를 들어 선생님이 메모를 추가해야 해서 점수와 연관시킬 정보가 더 늘어났다고 하자. 이런 경우 기존에 원소가 두 개인 튜플을 처리하던 코드 각 부분을 모두 원소가 세 개인 튜플을 제대로 처리하도록 바꿔야 한다. 이는 특정 인덱스를 무시하기 위해 _를 더 많이 사용해야 한다는 뜻이다.

```
grades = []
grades.append((95, 0.45, '참 잘했어요'))
grades.append((85, 0.55, '조금만 더 열심히'))
total = sum(score * weight for score, weight, _ in grades)
total_weight = sum(weight for _, weight, _ in grades)
average_grade = total / total_weight
```

이런 식으로 튜플을 점점 더 길게 확장하는 패턴은 딕셔너리를 여러 단계로 내포시키는 경우와 유사하다. 원소가 세 개 이상인 튜플을 사용한다면 다른 접근 방법을 생각해봐야 한다.

collection 내장 모듈에 있는 namedtuple 타입이 이런 경우에 딱 들어맞는다. namedtuple을 사용하면 작은 불변 데이터 클래스를 쉽게 정의할 수 있다.

```
from collections import namedtuple

Grade = namedtuple('Grade', ('score', 'weight'))
```

이 클래스의 인스턴스를 만들 때는 위치 기반 인자를 사용해도 되고 키워드 인자를 사용해도 된다. 필드에 접근할 때는 애트리뷰트 이름을 쓸 수 있다. 이름이 붙은 애트리뷰트를 사용할 수 있으므로 요구 사항이 바뀌는 경우에 namedtuple을 클래스로 변경하기도 쉽다. 예를 들어 가변성을 지원해야 하거나 간단한 데이터 컨테이너 이상의 동작이 필요한 경우 namedtuple을 쉽게 클래스로 바꿀 수 있다.

> **Note** ≡　**namedtuple의 한계**
>
> namedtuple이 유용한 상황이 많지만, 득보다 실이 많은 경우도 있다는 사실을 잊지 말아야 한다.
>
> - namedtuple 클래스에는 디폴트 인자 값을 지정할 수 없다. 따라서 선택적인 프로퍼티 (property)가 많은 데이터에 namedtuple을 사용하기는 어렵다. 프로퍼티가 4~5개보다 더 많아지면 dataclasses 내장 모듈을 사용하는 편이 낫다.
> - 여전히 namedtuple 인스턴스의 애트리뷰트 값을 숫자 인덱스를 사용해 접근할 수 있고 이터레이션도 가능하다. 특히 외부에 제공하는 API의 경우 이런 특성으로 인해 나중에 namedtuple을 실제 클래스로 변경하기 어려울 수도 있다. 여러분이 namedtuple을 사용하는 모든 부분을 제어할 수 있는 상황이 아니라면 명시적으로 새로운 클래스를 정의하는 편이 더 낫다.

이제 일련의 점수를 포함하는 단일 과목을 표현하는 클래스를 작성할 수 있다.

```
class Subject:
    def __init__(self):
        self._grades = []

    def report_grade(self, score, weight):
        self._grades.append(Grade(score, weight))

    def average_grade(self):
```

```
        total, total_weight = 0, 0
        for grade in self._grades:
            total += grade.score * grade.weight
            total_weight += grade.weight
        return total / total_weight
```

다음으로 한 학생이 수강하는 과목들을 표현하는 클래스를 작성할 수 있다.

```
class Student:
    def __init__(self):
        self._subjects = defaultdict(Subject)

    def get_subject(self, name):
        return self._subjects[name]

    def average_grade(self):
        total, count = 0, 0
        for subject in self._subjects.values():
            total += subject.average_grade()
            count += 1
        return total / count
```

마지막으로 모든 학생을 저장하는 컨테이너를 만들 수 있다. 이때 이름을 사용해 동적으로 학생을 저장한다.

```
class Gradebook:
    def __init__(self):
        self._students = defaultdict(Student)

    def get_student(self, name):
        return self._students[name]
```

이렇게 만든 클래스들의 코드 줄 수는 예전에 (딕셔너리와 튜플로) 구현한 코드의 두 배 이상이다. 하지만 새 코드가 더 읽기 쉽다. 클래스를 사용하는 예제 코드도 더 읽기 쉽고 확장성이 좋아졌다.

```
book = Gradebook()
albert = book.get_student('알버트 아인슈타인')
math = albert.get_subject('수학')
math.report_grade(75, 0.05)
math.report_grade(65, 0.15)
math.report_grade(70, 0.80)
gym = albert.get_subject('체육')
gym.report_grade(100, 0.40)
gym.report_grade(85, 0.60)
print(albert.average_grade())
```

```
>>>
80.25
```

또한, 하위 호환성을 제공하는 메서드를 작성해서 예전 스타일의 API를 사용
중인 코드를 새로운 객체 계층을 사용하는 코드로 쉽게 마이그레이션할 수도
있을 것이다.

기억해야 할 내용

- 딕셔너리, 긴 튜플, 다른 내장 타입이 복잡하게 내포된 데이터를 값으로 사용하는 딕셔너
  리를 만들지 말라.
- 완전한 클래스가 제공하는 유연성이 필요하지 않고 가벼운 불변 데이터 컨테이너가 필요
  하다면 namedtuple을 사용하라.
- 내부 상태를 표현하는 딕셔너리가 복잡해지면 이 데이터를 관리하는 코드를 여러 클래스
  로 나눠서 재작성하라.

BETTER WAY 38 간단한 인터페이스의 경우 클래스 대신 함수를 받아라

파이썬 내장 API 중 상당수는 함수를 전달해서 동작을 원하는 대로 바꿀 수
있게 해준다. API가 실행되는 과정에서 여러분이 전달한 함수를 실행하는 경

우, 이런 함수를 **훅**(hook)이라고 부른다. 예를 들어 리스트 타입의 sort 메서
드는 정렬 시 각 인덱스에 대응하는 비교 값을 결정하는 선택적인 key 인자
를 받을 수 있다(Better way 14: '복잡한 기준을 사용해 정렬할 때는 key 파
라미터를 사용하라' 참고). 다음 코드는 key 훅으로 len 내장 함수를 전달해
서 이름이 들어 있는 리스트를 이름의 길이에 따라 정렬한다.

```
names = ['소크라테스', '아르키메데스', '플라톤', '아리스토텔레스']
names.sort(key=len)
print(names)
```

```
>>>
['플라톤', '소크라테스', '아르키메데스', '아리스토텔레스']
```

훅을 추상 클래스(abstract class)를 통해 정의해야 하는 언어도 있지만, 파이
썬에서는 단순히 인자와 반환 값이 잘 정의된, 상태가 없는 함수를 훅으로 사
용하는 경우가 많다. 함수는 클래스보다 정의하거나 기술하기가 더 쉬우므로
훅으로 사용하기에는 함수가 이상적이다. 또한, 파이썬은 함수를 **일급 시민 객
체**로 취급하기 때문에 함수를 훅으로 사용할 수 있다. 함수나 메서드가 일급
시민 객체라는 말은 파이썬 언어에서 사용할 수 있는 다른 일반적인 값과 마
찬가지로 함수나 메서드를 다른 함수(또는 메서드)에 넘기거나 변수 등으로
참조할 수 있다는 의미다.*

예를 들어 defaultdict 클래스의 동작을 사용자 정의하고 싶다고 하자(Better
way 17: '내부 상태에서 원소가 없는 경우를 처리할 때는 setdefault보다
defaultdict를 사용하라'에서 배경지식을 얻을 수 있다). defaultdict에는 딕

---

* **역주** '일급 시민(first-class citizen)'이라는 용어는 크리스토프 스트라키(Christopher Strachey)가 1960년대
에 알골(ALGOL)에 대해 설명할 때 처음 사용한 용어로, 언어 안에서 아무런 제약 없이 사용할 수 있는 데이터 값
을 뜻한다. 일반적으로는 함수에 인자로 넘길 수 있고, 변수나 데이터 구조에 저장할 수 있으며, 함수에서 반환할 수
있고, 동등성을 검사할 수 있는 값을 '일급 시민 값'이라고 말한다. '일급'이라는 말에서 무언가 우월한 값이라는 느
낌을 받을 수 있지만, 실제로는 그냥 아무 제약이 없는 값이라는 뜻일 뿐이다.

셔너리 안에 없는 키에 접근할 경우 호출되는 인자가 없는 함수를 전달할 수 있다. 이 함수는 존재하지 않는 키에 해당하는 값이 될 객체를 반환해야 한다. 다음 코드는 존재하지 않는 키에 접근할 때 로그를 남기고 0을 디폴트 값으로 반환한다.

```
def log_missing():
    print('키 추가됨')
    return 0
```

원본 딕셔너리와 변경할 내용이 주어진 경우, log_missing 함수는 로그를 두 번 남길 수 있다(각 로그는 red와 orange에 해당한다).

```
from collections import defaultdict

current = {'초록': 12, '파랑': 3}
increments = [
    ('빨강', 5),
    ('파랑', 17),
    ('주황', 9),
]
result = defaultdict(log_missing, current)
print('이전:', dict(result))
for key, amount in increments:
    result[key] += amount
print('이후:', dict(result))

>>>
이전: {'초록': 12, '파랑': 3}
키 추가됨
키 추가됨
이후: {'초록': 12, '파랑': 20, '빨강': 5, '주황': 9}
```

log_missing과 같은 함수를 사용할 수 있으면 정해진 동작과 부수 효과(side effect)를 분리할 수 있기 때문에 API를 더 쉽게 만들 수 있다. 예를 들어

defaultdict에 전달하는 디폴트 값 훅이 존재하지 않는 키에 접근한 총횟수를 세고 싶다고 하자. 이런 기능을 만드는 방법 중 하나는 상태가 있는 클로저(Better way 21: '변수 영역과 클로저의 상호작용 방식을 이해하라'에서 자세한 내용을 볼 수 있다)를 사용하는 것이다. 다음 코드는 이런 클로저가 있는 도우미 함수를 디폴트 값 훅으로 사용한다.

```python
def increment_with_report(current, increments):
    added_count = 0

    def missing():
        nonlocal added_count  # 상태가 있는 클로저
        added_count += 1
        return 0

    result = defaultdict(missing, current)
    for key, amount in increments:
        result[key] += amount

    return result, added_count
```

defaultdict는 missing 훅이 상태를 관리한다는 점을 알지 못하지만, 이 함수를 실행하면 원하는 결과(2)를 볼 수 있다. 인터페이스에서 간단한 함수를 인자로 받으면 클로저 안에 상태를 감추는 기능 계층을 쉽게 추가할 수 있다.

```python
result, count = increment_with_report(current, increments)
assert count == 2
```

하지만 상태를 다루기 위한 훅으로 클로저를 사용하면 상태가 없는 함수에 비해 읽고 이해하기 어렵다. 다른 접근 방법은 여러분이 추적하고 싶은 상태를 저장하는 작은 클래스를 정의하는 것이다.

```python
class CountMissing:
    def __init__(self):
```

```
        self.added = 0

    def missing(self):
        self.added += 1
        return 0
```

다른 언어에서는 CountMissing이 제공하는 인터페이스를 만족시키기 위해 defaultdict의 코드를 변경해야 할 수도 있다. 하지만 파이썬에서는 일급 함수를 사용해 객체에 대한 CountMissing.missing 메서드를 직접 defaultdict 의 디폴트 값 훅으로 전달할 수 있다. 어떤 함수 인터페이스를 만족하는 객체 인스턴스를 만드는 것은 아주 쉽다.

```
counter = CountMissing()
result = defaultdict(counter.missing, current)  # 메서드 참조
for key, amount in increments:
    result[key] += amount
assert counter.added == 2
```

이 코드를 보면 알 수 있듯이, 도우미 클래스로 상태가 있는 클로저와 같은 동작을 제공하는 것이 increment_with_report 같은 함수를 사용하는 것보다 더 깔끔하다. 하지만 클래스 자체만 놓고 보면 CountMissing 클래스의 목적 이 무엇인지 분명히 알기는 어렵다. 누가 CountMissing 객체를 만들까? 누가 missing 메서드를 호출할까? 이 클래스에 나중에 공개 메서드가 더 추가될 수도 있을까? Defaultdict와 함께 사용하는 예제를 보기 전까지 이 클래스는 수수께끼일 뿐이다.

이런 경우를 더 명확히 표현하기 위해 파이썬에서는 클래스에 __call__ 특 별 메서드를 정의할 수 있다. __call__을 사용하면 객체를 함수처럼 호출할 수 있다. 그리고 __call__이 정의된 클래스의 인스턴스에 대해 callable 내 장 함수를 호출하면, 다른 일반 함수나 메서드와 마찬가지로 True가 반환된

다. 이런 방식으로 정의돼서 호출될 수 있는 모든 객체를 **호출 가능**(callable) **객체**라고 부른다.

```python
class BetterCountMissing:
    def __init__(self):
        self.added = 0

    def __call__(self):
        self.added += 1
        return 0

counter = BetterCountMissing()
assert counter() == 0
assert callable(counter)
```

다음 코드는 BetterCountMissing 인스턴스를 defaultdict의 디폴트 값 훅으로 사용해서 존재하지 않는 키에 접근한 횟수를 추적한다.

```python
counter = BetterCountMissing()
result = defaultdict(counter, current)  # __call__에 의존함
for key, amount in increments:
    result[key] += amount
assert counter.added == 2
```

이 코드가 CountMissing.missing을 사용한 코드보다 훨씬 깔끔하다. __call_ 메서드는 (API 훅처럼) 함수가 인자로 쓰일 수 있는 부분에 이 클래스의 인스턴스를 사용할 수 있다는 사실을 나타낸다. 코드를 처음 읽는 사람도 이 클래스의 동작을 알아보기 위한 시작점이 __call__이라는 사실을 쉽게 알 수 있으며, 이 클래스를 만든 목적이 상태를 저장하는 클로저 역할이라는 사실을 잘 알 수 있다.

무엇보다 가장 좋은 점은 defaultdict가 __call__ 내부에서 어떤 일이 벌어지는지에 대해 전혀 알 필요가 없다는 사실이다. defaultdict에게 필요한 것

은 키가 없는 경우를 처리하기 위한 디폴트 값 혹뿐이다. 파이썬은 단순한 함수 인터페이스를 만족시킬 수 있는 여러 가지 방법을 제공하며, 여러분은 원하는 목적에 가장 적합한 방식을 선택하면 된다.

기억해야 할 내용

- 파이썬의 여러 컴포넌트 사이에 간단한 인터페이스가 필요할 때는 클래스를 정의하고 인스턴스화하는 대신 간단히 함수를 사용할 수 있다.
- 파이썬 함수나 메서드는 일급 시민이다. 따라서 (다른 타입의 값과 마찬가지로) 함수나 함수 참조를 식에 사용할 수 있다.
- __call__ 특별 메서드를 사용하면 클래스의 인스턴스인 객체를 일반 파이썬 함수처럼 호출할 수 있다.
- 상태를 유지하기 위한 함수가 필요한 경우에는 상태가 있는 클로저를 정의하는 대신 __call__ 메서드가 있는 클래스를 정의할지 고려해보라.

BETTER WAY 39 객체를 제너릭하게 구성하려면 @classmethod를 통한 다형성을 활용하라

파이썬에서는 객체뿐 아니라 클래스도 다형성을 지원한다. 클래스가 다형성을 지원한다는 말은 무슨 뜻일까? 왜 클래스가 다형성을 지원하면 좋을까?

다형성을 사용하면 계층을 이루는 여러 클래스가 자신에게 맞는 유일한 메서드 버전을 구현할 수 있다. 이는 같은 인터페이스를 만족하거나 같은 추상 기반 클래스를 공유하는 많은 클래스가 서로 다른 기능을 제공할 수 있다는 뜻이다(Better way 43: '커스텀 컨테이너 타입은 collections.abc를 상속하라' 참고).

예를 들어 맵리듀스(MapReduce) 구현을 하나 작성하고 있는데, 입력 데이터를 표현할 수 있는 공통 클래스가 필요하다고 하자. 다음 코드는 이럴 때 사용하기 위해 정의한, 하위 클래스에서 다시 정의해야만 하는 read 메서드가 들어 있는 공통 클래스를 보여준다.

```python
class InputData:
    def read(self):
        raise NotImplementedError
```

이 InputData의 구체적인 하위 클래스를 만들면서 디스크에서 파일을 읽게 할 수 있다.

```python
class PathInputData(InputData):
    def __init__(self, path):
        super().__init__()
        self.path = path

    def read(self):
        with open(self.path) as f:
            return f.read()
```

PathInputData와 같이 원하면 얼마든지 InputData의 하위 클래스를 만들 수 있다. 각 하위 클래스는 처리할 데이터를 돌려주는 공통 read 인터페이스를 구현해야 한다. 어떤 InputData의 하위 클래스는 네트워크에서 데이터를 읽을 수 있고, 또 다른 하위 클래스는 읽어온 압축된 데이터를 투명하게 풀어서 제공할 수도 있다. 가능성은 무궁무진하다.

비슷한 방법으로, 이 입력 데이터를 소비하는 공통 방법을 제공하는 맵리듀스 작업자(worker)로 쓸 수 있는 추상 인터페이스를 정의하고 싶다.

```python
class Worker:
    def __init__(self, input_data):
        self.input_data = input_data
```

```
        self.result = None

    def map(self):
        raise NotImplementedError

    def reduce(self, other):
        raise NotImplementedError
```

다음 코드는 원하는 맵리듀스 기능(새줄 문자의 개수를 셈)을 구현하는 Worker의 구체적인 하위 클래스다.

```
class LineCountWorker(Worker):
    def map(self):
        data = self.input_data.read()
        self.result = data.count('\n')

    def reduce(self, other):
        self.result += other.result
```

이 구현은 아주 잘 작동할 것처럼 보인다. 하지만 모든 요소를 구현하는 과정에서 가장 큰 난관에 부딪혔다. 대체 각 부분을 어떻게 연결해야 할까? 이해하기 쉬운 인터페이스와 추상화를 제공하는 멋진 클래스를 여럿 만들었지만, 객체를 생성해 활용해야만 이 모든 클래스가 쓸모 있게 된다. 각 객체를 만들고 맵리듀스를 조화롭게 실행하는 책임은 누가 져야 할까?

가장 간단한 접근 방법은 도우미 함수를 활용해 객체를 직접 만들고 연결하는 것이다. 다음 코드는 디렉터리의 목록을 얻어서 그 안에 들어 있는 파일마다 PathInputData 인스턴스를 만든다.

```
import os

def generate_inputs(data_dir):
    for name in os.listdir(data_dir):
        yield PathInputData(os.path.join(data_dir, name))
```

다음으로 방금 generate_inputs를 통해 만든 InputData 인스턴스들을 사용하는 LineCountWorker 인스턴스를 만든다.

```python
def create_workers(input_list):
    workers = []
    for input_data in input_list:
        workers.append(LineCountWorker(input_data))
    return workers
```

이 Worker 인스턴스의 map 단계를 여러 스레드에 공급해서 실행할 수 있다(Better way 53: '블로킹 I/O의 경우 스레드를 사용하고 병렬성을 피하라'에서 배경지식을 얻을 수 있다). 그 후 reduce를 반복적으로 호출해서 결과를 최종 값으로 합칠 수 있다.

```python
from threading import Thread

def execute(workers):
    threads = [Thread(target=w.map) for w in workers]
    for thread in threads: thread.start()
    for thread in threads: thread.join()

    first, *rest = workers
    for worker in rest:
        first.reduce(worker)
    return first.result
```

마지막으로 지금까지 만든 모든 조각을 한 함수 안에 합쳐서 각 단계를 실행한다.

```python
def mapreduce(data_dir):
    inputs = generate_inputs(data_dir)
    workers = create_workers(inputs)
    return execute(workers)
```

몇 가지 입력 파일을 대상으로 이 함수를 실행해보면 아주 훌륭하게 작동한다.

```python
import os
import random

def write_test_files(tmpdir):
    os.makedirs(tmpdir)
    for i in range(100):
        with open(os.path.join(tmpdir, str(i)), 'w') as f:
            f.write('\n' * random.randint(0, 100))

tmpdir = 'test_inputs'
write_test_files(tmpdir)

result = mapreduce(tmpdir)
print(f'총 {result} 줄이 있습니다.')
```

```
>>>
총 5474 줄이 있습니다.
```

문제가 뭘까? 앞에서 정의한 mapreduce 함수의 가장 큰 문제점은 함수가 전혀 제너릭(generic)하지 않다는 것이다. 다른 InputData나 Worker 하위 클래스를 사용하고 싶다면 각 하위 클래스에 맞게 generate_inputs, create_workers, mapreduce를 재작성해야 한다.

이 문제의 핵심은 객체를 구성할 수 있는 제너릭한 방법이 필요하다는 점이다. 다른 언어에서는 다형성을 활용해 이 문제를 해결할 수 있다. InputData의 모든 하위 클래스는 맵리듀스를 처리하는 도우미 메서드들이 제너릭하게 사용할 수 있는 특별한 생성자(팩토리 메서드와 비슷한)를 제공한다. 파이썬에서는 생성자 메서드가 __init__밖에 없다는 점이 문제다. InputData의 모든 하위 클래스가 똑같은 생성자만 제공해야 한다고 요구하는 것은 불합리하다.

이 문제를 해결하는 가장 좋은 방법은 **클래스 메서드**(class method) 다형성을 사용하는 것이다. 이 방식은 InputData.read에서 사용했던 인스턴스 메서드의 다형성과 똑같은데, 클래스로 만들어낸 개별 객체에 적용되지 않고 클래스 전체에 적용된다는 점만 다르다.

클래스 메서드라는 아이디어를 맵리듀스에 사용했던 클래스에 적용해보자. 다음 코드는 InputData에 제너릭 @classmethod를 적용한 모습이다. @classmethod가 적용된 클래스 메서드는 공통 인터페이스를 통해 새로운 InputData 인스턴스를 생성한다.

```
class GenericInputData:
    def read(self):
        raise NotImplementedError

    @classmethod
    def generate_inputs(cls, config):
        raise NotImplementedError
```

generate_inputs는 GenericInputData의 구체적인 하위 클래스가 객체를 생성하는 방법을 알려주는 설정 정보가 들어 있는 딕셔너리를 파라미터로 받는다. 다음 코드는 입력 파일이 들어 있는 디렉터리를 찾기 위해 이 config를 사용한다.

```
class PathInputData(GenericInputData):
    ...

    @classmethod
    def generate_inputs(cls, config):
        data_dir = config['data_dir']
        for name in os.listdir(data_dir):
            yield cls(os.path.join(data_dir, name))
```

비슷한 방식으로 GenericWorker 클래스 안에 create_workers 도우미 메서드를 추가할 수 있다. 이 도우미 메서드는 GenericInputData의 하위 타입이어야 하는 input_class를 파라미터로 받는다. input_class는 필요한 입력을 생성해준다. GenericWorker의 구체적인 하위 타입의 인스턴스를 만들 때는 (클래스 메서드인 create_workers가 첫 번째 파라미터로 받은) cls()를 제너릭 생성자로 사용한다.

```
class GenericWorker:
    def __init__(self, input_data):
        self.input_data = input_data
        self.result = None

    def map(self):
        raise NotImplementedError

    def reduce(self, other):
        raise NotImplementedError

    @classmethod
    def create_workers(cls, input_class, config):
        workers = []
        for input_data in input_class.generate_inputs(config):
            workers.append(cls(input_data))
        return workers
```

이 코드에서 input_class.generate_inputs 호출이 바로 여기서 보여주려는 클래스 다형성의 예다. create_workers가 __init__ 메서드를 직접 호출하지 않고 cls()를 호출함으로써 다른 방법으로 GenericWorker 객체를 만들 수 있다는 것도 알 수 있다.

이런 변경이 구체적인 GenericWorker 하위 클래스에 미치는 영향은 부모 클래스를 바꾸는 것뿐이다.

```
class LineCountWorker(GenericWorker):
    ...
```

마지막으로 mapreduce 함수가 create_workers를 호출하게 변경해서 mapreduce를 완전한 제너릭 함수로 만들 수 있다.

```
def mapreduce(worker_class, input_class, config):
    workers = worker_class.create_workers(input_class, config)
    return execute(workers)
```

똑같은 테스트 파일 집합에 대해 새로운 작업자를 실행하면 이전의 구현과 똑같은 결과를 얻을 수 있다. 유일한 차이점은 제너릭하게 작동해야 하므로 mapreduce 함수에 더 많은 파라미터를 넘겨야 한다는 것뿐이다.

```
config = {'data_dir': tmpdir}
result = mapreduce(LineCountWorker, PathInputData, config)
print(f'총 {result} 줄이 있습니다.')
```

```
>>>
총 5474 줄이 있습니다.
```

이제는 각 하위 클래스의 인스턴스 객체를 결합하는 코드를 변경하지 않아도 GenericInputData와 GenericWorker의 하위 클래스를 내가 원하는 대로 작성할 수 있다.

기억해야 할 내용

- 파이썬의 클래스에는 생성자가 __init__ 메서드뿐이다.
- @classmethod를 사용하면 클래스에 다른 생성자를 정의할 수 있다.
- 클래스 메서드 다형성을 활용하면 여러 구체적인 하위 클래스의 객체를 만들고 연결하는 제너릭한 방법을 제공할 수 있다.

BETTER WAY 40 super로 부모 클래스를 초기화하라

자식 클래스에서 부모 클래스를 초기화하는 오래된 방법은 바로 자식 인스턴스에서 부모 클래스의 __init__ 메서드를 직접 호출하는 것이다.

```python
class MyBaseClass:
    def __init__(self, value):
        self.value = value

class MyChildClass(MyBaseClass):
    def __init__(self):
        MyBaseClass.__init__(self, 5)
```

이 접근 방법은 기본적인 클래스 계층의 경우에는 잘 작동하지만, 다른 경우에는 잘못될 수도 있다.

어떤 클래스가 다중 상속에 의해 영향을 받은 경우(일반적으로는 다중 상속을 피해야 한다. Better way 41: '기능을 합성할 때는 믹스인 클래스를 사용하라' 참고), 상위 클래스의 __init__ 메서드를 직접 호출하면 프로그램이 예측할 수 없는 방식으로 작동할 수 있다.

다중 상속을 사용하는 경우 생기는 문제 중 하나는 모든 하위 클래스에서 __init__ 호출의 순서가 정해져 있지 않다는 것이다. 예를 들어 다음 코드는 인스턴스의 value 필드에 대해 작용하는 두 상위 클래스를 정의한다.

```python
class TimesTwo:
    def __init__(self):
        self.value *= 2

class PlusFive:
    def __init__(self):
        self.value += 5
```

다음 클래스 정의는 부모 클래스를 TimesTwo, PlusFive 순서로 정의한다.

```
class OneWay(MyBaseClass, TimesTwo, PlusFive):
    def __init__(self, value):
        MyBaseClass.__init__(self, value)
        TimesTwo.__init__(self)
        PlusFive.__init__(self)
```

이 클래스의 인스턴스를 만들면 부모 클래스의 순서에 따라 초기화가 실행된 결과를 볼 수 있다.

```
foo = OneWay(5)
print('첫 번째 부모 클래스 순서에 따른 값은 (5 * 2) + 5 =', foo.value)
```

```
>>>
첫 번째 부모 클래스 순서에 따른 값은 (5 * 2) + 5 = 15
```

다음 코드는 같은 부모 클래스를 사용하지만 부모 클래스를 나열한 순서가 다른 경우다(앞에서 본 코드와는 반대로 PlusFive 다음에 TimesTwo가 위치한다).

```
class AnotherWay(MyBaseClass, PlusFive, TimesTwo):
    def __init__(self, value):
        MyBaseClass.__init__(self, value)
        TimesTwo.__init__(self)
        PlusFive.__init__(self)
```

하지만 부모 클래스의 생성자(PlusFive.__init__과 TimesTwo.__init__)를 호출하는 순서는 그대로 뒀기 때문에 인스턴스를 만들면 OneWay의 인스턴스와 똑같은 결과를 볼 수 있다. 이는 클래스 정의에서 부모 클래스를 나열한 순서와 부모 클래스의 생성자를 호출하는 순서가 일치하지 않는다는 뜻이다. 이런 식으로 클래스 정의에 나열한 부모 클래스의 순서와 부모 생성자를 호출한 순서가 달라서 생기는 문제는 발견하기가 쉽지 않으며, 코드를 처음 보고 이해하기 어려울 수 있다.

```
bar = AnotherWay(5)
print('두 번째 부모 클래스 순서에 따른 값은', foo.value)
```

```
>>>
두 번째 부모 클래스 순서에 따른 값은 15
```

다이아몬드 상속으로 인해 다른 문제가 생길 수도 있다. 다이아몬드 상속이란 어떤 클래스가 두 가지 서로 다른 클래스를 상속하는데, 두 상위 클래스의 상속 계층을 거슬러 올라가면 같은 조상 클래스가 존재하는 경우를 뜻한다. 다이아몬드 상속이 이뤄지면 공통 조상 클래스의 __init__ 메서드가 여러 번 호출될 수 있기 때문에 코드가 예기치 않은 방식으로 작동할 수 있다. 예를 들어 다음 코드는 MyBaseClass를 상속하는 두 가지 자식 클래스를 정의한다.

```
class TimesSeven(MyBaseClass):
    def __init__(self, value):
        MyBaseClass.__init__(self, value)
        self.value *= 7
```

```
class PlusNine(MyBaseClass):
    def __init__(self, value):
        MyBaseClass.__init__(self, value)
        self.value += 9
```

다음으로 이 두 클래스를 모두 상속하는 자식 클래스를 정의해 MyBaseClass를 다이아몬드의 맨 위 꼭지점에 위치시킨다.

```
class ThisWay(TimesSeven, PlusNine):
    def __init__(self, value):
        TimesSeven.__init__(self, value)
        PlusNine.__init__(self, value)
```

```
foo = ThisWay(5)
print('(5 * 7) + 9 = 44가 나와야 하지만 실제로는', foo.value)
```

```
>>>
(5 * 7) + 9 = 44가 나와야 하지만 실제로는 14
```

두 번째 부모 클래스의 생성자 PlusNine.__init__을 호출하면 MyBaseClass.
__init__이 다시 호출되면서 self.value가 다시 5로 돌아간다. 이로 인해
self.value를 계산한 값이 5 + 9 = 14가 되며, TimesSeven.__init__ 생성자에
서 수행한 계산은 완전히 무시된다. 이런 식의 동작은 프로그래머를 당황하
게 만들 수 있고 복잡한 경우에는 디버깅하기가 매우 힘들다.

이러한 문제를 해결하기 위해 파이썬에는 super라는 내장 함수와 표준 메서
드 결정 순서(Method Resolution Order, MRO)가 있다. super를 사용하면 다이
아몬드 계층의 공통 상위 클래스를 단 한 번만 호출하도록 보장한다(다른 예
를 원한다면 Better way 48: '__init_subclass__를 사용해 하위 클래스를
검증하라'를 참고하라). MRO는 상위 클래스를 초기화하는 순서를 정의한다.
이때 C3 선형화(linearization)라는 알고리즘을 사용한다.

다음 코드는 다이아몬드 모양의 클래스 구조를 다시 만들되, super를 사용해
부모 클래스를 초기화한다.

```
class TimesSevenCorrect(MyBaseClass):
    def __init__(self, value):
        super().__init__(value)
        self.value *= 7

class PlusNineCorrect(MyBaseClass):
    def __init__(self, value):
        super().__init__(value)
        self.value += 9
```

이제는 다이아몬드의 정점에 있는 MyBaseClass.__init__이 단 한 번만 실행
된다. 다른 부모 클래스의 생성자는 class 문에 지정된 순서대로 호출된다.

```
class GoodWay(TimesSevenCorrect, PlusNineCorrect):
    def __init__(self, value):
        super().__init__(value)

foo = GoodWay(5)
print('7 * (5 + 9) = 98이 나와야 하고 실제로도', foo.value)

>>>
7 * (5 + 9) = 98이 나와야 하고 실제로도 98
```

처음에는 순서가 거꾸로 된 것처럼 보일 것이다. TimesSevenCorrect.__init__이 먼저 호출돼야 하는 것 아닐까? 결과가 (5 * 7) + 9 = 44여야 하지 않을까? 대답은 '아니오'다. 호출 순서는 이 클래스에 대한 MRO 정의를 따른다. MRO 순서는 mro라는 클래스 메서드를 통해 살펴볼 수 있다.

```
mro_str = '\n'.join(repr(cls) for cls in GoodWay.mro())
print(mro_str)

>>>
<class '__main__.GoodWay'>
<class '__main__.TimesSevenCorrect'>
<class '__main__.PlusNineCorrect'>
<class '__main__.MyBaseClass'>
<class 'object'>
```

여기서 GoodWay(5)를 호출하면 이 함수는 TimesSevenCorrect.__init__을 호출하고, 다시 TimesSevenCorrect.__init__과 PlusNineCorrect.__init__을 차례로 호출하고, 그 후 MyBaseClass.__init__을 호출한다. 상속 다이아몬드의 정점에 도달하면 각 초기화 메서드는 각 클래스의 __init__이 호출된 순서의 역순으로 작업을 수행하게 된다. MyBaseClass.__init__은 value에 5를 대입한다. PlusNineCorrect.__init__은 value에 9를 더해서 14로 만든다. TimesSevenCorrect.__init__은 value에 7을 곱해서 98로 만든다.

super().__init__ 호출은 다중 상속을 튼튼하게 해주며, 하위 클래스에서 MyBaseClass.__init__을 직접 호출하는 것보다 유지 보수를 더 편하게 해준다. 나중에 MyBaseClass의 이름을 바꾸거나 TimesSevenCorrect나 PlusNineCorrect가 상속받는 상위 클래스를 변경하더라도 각각의 __init__ 메서드 정의를 바꿀 필요가 없다.

또한, super 함수에 두 가지 파라미터를 넘길 수 있다. 첫 번째 파라미터는 여러분이 접근하고 싶은 MRO 뷰를 제공할 부모 타입이고, 두 번째 파라미터는 첫 번째 파라미터로 지정한 타입의 MRO 뷰에 접근할 때 사용할 인스턴스다. 이런 선택적인 파라미터를 생성자 안에서 다음과 같이 쓸 수 있다.

```
class ExplicitTrisect(MyBaseClass):
    def __init__(self, value):
        super(ExplicitTrisect, self).__init__(value)
        self.value /= 3
```

하지만 object 인스턴스를 초기화할 때는 두 파라미터를 지정할 필요가 없다. 여러분이 클래스 정의 안에서 아무 인자도 지정하지 않고 super를 호출하면, 파이썬 컴파일러가 자동으로 올바른 파라미터(__class__와 self)를 넣어준다. 따라서 앞의 ExplicitTrisect와 다음 두 가지 사용법은 모두 동일하다.

```
class AutomaticTrisect(MyBaseClass):
    def __init__(self, value):
        super(__class__, self).__init__(value)
        self.value /= 3

class ImplicitTrisect(MyBaseClass):
    def __init__(self, value):
        super().__init__(value)
        self.value /= 3

assert ExplicitTrisect(9).value == 3
```

```
assert AutomaticTrisect(9).value == 3
assert ImplicitTrisect(9).value == 3
```

super에 파라미터를 제공해야 하는 유일한 경우는 자식 클래스에서 상위 클래스의 특정 기능에 접근해야 하는 경우뿐이다(예: 특정 기능을 감싸거나 재사용해야 하는 경우).

기억해야 할 내용

- 파이썬은 표준 메서드 결정 순서(MRO)를 활용해 상위 클래스 초기화 순서와 다이아몬드 상속 문제를 해결한다.
- 부모 클래스를 초기화할 때는 super 내장 함수를 아무 인자 없이 호출하라. super를 아무 인자 없이 호출하면 파이썬 컴파일러가 자동으로 올바른 파라미터를 넣어준다.

BETTER WAY 41 기능을 합성할 때는 믹스인 클래스를 사용하라

파이썬은 다중 상속을 처리할 수 있게 지원하는 객체지향 언어다(Better way 40: 'super로 부모 클래스를 초기화하라' 참고). 하지만 다중 상속은 피하는 편이 좋다.

다중 상속이 제공하는 편의와 캡슐화가 필요하지만 다중 상속으로 인해 발생할 수 있는 골치 아픈 경우는 피하고 싶다면, **믹스인**(mix-in)을 사용할지 고려해보라. 믹스인은 자식 클래스가 사용할 메서드 몇 개만 정의하는 클래스다. 믹스인 클래스에는 자체 애트리뷰트 정의가 없으므로 믹스인 클래스의 __init__ 메서드를 호출할 필요도 없다.

파이썬에서는 타입과 상관없이 객체의 현재 상태를 쉽게 들여다볼 수 있으므로 믹스인 작성이 쉽다. 동적인 상태 접근이 가능하다는 말은 제너릭인 기능을 믹스인 안에 한 번만 작성해두면 다른 여러 클래스에 적용할 수 있다는 뜻이다. 믹스인을 합성하거나 계층화해서 반복적인 코드를 최소화하고 재사용성을 최대화할 수 있다.

예를 들어 메모리 내에 들어 있는 파이썬 객체를 직렬화에 사용할 수 있도록 딕셔너리로 바꾸고 싶다고 하자. 이런 기능을 제너릭하게 작성해 여러 클래스에 활용하면 어떨까?

다음 코드는 이런 기능을 제공하는 공개 메서드를 사용해 정의한 믹스인 예제다. 이 믹스인을 상속하는 모든 클래스에서 이 함수의 기능을 사용할 수 있다.

```
class ToDictMixin:
    def to_dict(self):
        return self._traverse_dict(self.__dict__)
```

이 _traverse_dict 메서드를 hasattr을 통한 동적인 애트리뷰트 접근과 isinstance를 사용한 타입 검사, __dict__를 통한 인스턴스 딕셔너리 접근을 활용해 간단하게 구현할 수 있다.

```
    def _traverse_dict(self, instance_dict):
        output = {}
        for key, value in instance_dict.items():
            output[key] = self._traverse(key, value)
        return output

    def _traverse(self, key, value):
        if isinstance(value, ToDictMixin):
            return value.to_dict()
        elif isinstance(value, dict):
            return self._traverse_dict(value)
        elif isinstance(value, list):
            return [self._traverse(key, i) for i in value]
        elif hasattr(value, '__dict__'):
            return self._traverse_dict(value.__dict__)
        else:
            return value
```

다음은 이 믹스인을 사용해 이진 트리를 딕셔너리 표현으로 변경하는 예제 코드다.

```
class BinaryTree(ToDictMixin):
    def __init__(self, value, left=None, right=None):
        self.value = value
        self.left = left
        self.right = right
```

연관된 여러 파이썬 객체들을 한 딕셔너리로 변환하는 것도 쉽게 할 수 있다.*

```
tree = BinaryTree(10,
    left=BinaryTree(7, right=BinaryTree(9)),
    right=BinaryTree(13, left=BinaryTree(11)))
print(tree.to_dict())
```

```
>>>
{'value': 10,
 'left': {'value': 7,
         'left': None,
         'right': {'value': 9, 'left': None, 'right': None}},
 'right': {'value': 13,
          'left': {'value': 11, 'left': None, 'right': None},
          'right': None}}
```

믹스인의 가장 큰 장점은 제너릭 기능을 쉽게 연결할 수 있고 필요할 때 기존 기능을 다른 기능으로 오버라이드(override)해 변경할 수 있다는 것이다. 예를 들어 다음 코드는 BinaryTree에 대한 참조를 저장하는 BinaryTree의 하위 클래스를 정의한다. 이런 순환 참조가 있으면 원래의 ToDictMixin.to_dict 구현은 무한 루프를 돈다.

---

* 역주 print(tree.to_dict())는 한 줄로 내용을 표시해서 알아보기 어렵다. 본문에 있는 들여쓰기가 잘된 출력은 이를 알아보기 쉽게 바꾼 것이다.

```
class BinaryTreeWithParent(BinaryTree):
    def __init__(self, value, left=None,
                 right=None, parent=None):
        super().__init__(value, left=left, right=right)
        self.parent = parent
```

해결 방법은 BinaryTreeWithParent._traverse 메서드를 오버라이드해 문제가 되는 값만 처리하게 만들어서 믹스인이 무한 루프를 돌지 못하게 하는 것이다. 다음 코드에서 _traverse를 오버라이드한 메서드는 부모를 가리키는 참조에 대해서는 부모의 숫자 값을 삽입하고, 부모가 아닌 경우에는 super 내장 함수를 통해 디폴트 믹스인 구현을 호출한다.

```
    def _traverse(self, key, value):
        if (isinstance(value, BinaryTreeWithParent) and
                key == 'parent'):
            return value.value  # 순환 참조 방지
        else:
            return super()._traverse(key, value)
```

이렇게 하면 변환 시 순환 참조를 따라가지 않으므로 BinaryTreeWithParent. to_dict가 잘 작동한다(258p 각주 참고).

```
root = BinaryTreeWithParent(10)
root.left = BinaryTreeWithParent(7, parent=root)
root.left.right = BinaryTreeWithParent(9, parent=root.left)
print(root.to_dict())

>>>
{'value': 10,
 'left': {'value': 7,
         'left': None,
         'right': {'value': 9, 'left': None, 'right': None, 'parent': 7},
         'parent': 10},
 'right': None,
 'parent': None}
```

BinaryTreeWithParent._traverse를 오버라이드함에 따라 BinaryTreeWith
Parent를 애트리뷰트로 저장하는 모든 클래스도 자동으로 ToDictMixin을 문
제없이 사용할 수 있게 된다(258p 각주 참고).

```
class NamedSubTree(ToDictMixin):
    def __init__(self, name, tree_with_parent):
        self.name = name
        self.tree_with_parent = tree_with_parent

my_tree = NamedSubTree('foobar', root.left.right)
print(my_tree.to_dict())  # 무한 루프 없음
```

```
>>>
{'name': 'foobar',
 'tree_with_parent': {'value': 9,
                      'left': None,
                      'right': None,
                      'parent': 7}}
```

믹스인을 서로 합성할 수도 있다. 예를 들어 임의의 클래스를 JSON으로 직
렬화하는 제너릭 믹스인을 만들고 싶다고 하자. 모든 클래스가 to_dict 메서
드를 제공한다고 가정하면(이때 to_dict를 ToDictMixin 클래스를 통해 제공
할 수도 있고 다른 방식으로 제공할 수도 있다), 다음과 같은 제너릭 믹스인
을 만들 수 있다.

```
import json

class JsonMixin:
    @classmethod
    def from_json(cls, data):
        kwargs = json.loads(data)
        return cls(**kwargs)

    def to_json(self):
        return json.dumps(self.to_dict())
```

여기서 JsonMixin 클래스 안에 인스턴스 메서드와 클래스 메서드가 함께 정의됐다는 점에 유의하라. 믹스인을 사용하면 인스턴스의 동작이나 클래스의 동작 중 어느 것이든 하위 클래스에 추가할 수 있다. 이 예제에서 JsonMixin 하위 클래스의 요구 사항은 to_dict 메서드를 제공해야 한다는 점과 __init__ 메서드가 키워드 인자를 받아야 한다는 점뿐이다(Better way 23: '키워드 인자로 선택적인 기능을 제공하라'에서 배경지식을 얻을 수 있다).

이런 믹스인이 있으면 JSON과 직렬화를 하거나 역직렬화를 할 유틸리티 클래스의 클래스 계층 구조를 쉽게, 번잡스러운 준비 코드 없이 만들 수 있다. 예를 들어 데이터 센터의 각 요소 간 연결(topology)을 표현하는 클래스 계층이 있다고 하자.

```
class DatacenterRack(ToDictMixin, JsonMixin):
    def __init__(self, switch=None, machines=None):
        self.switch = Switch(**switch)
        self.machines = [
            Machine(**kwargs) for kwargs in machines]

class Switch(ToDictMixin, JsonMixin):
    def __init__(self, ports=None, speed=None):
        self.ports = ports
        self.speed = speed

class Machine(ToDictMixin, JsonMixin):
    def __init__(self, cores=None, ram=None, disk=None):
        self.cores = cores
        self.ram = ram
        self.disk = disk
```

이런 클래스들을 JSON으로 직렬화하거나 JSON으로부터 역직렬화하는 것은 간단하다. 다음은 데이터를 JSON으로 직렬화한 다음에 다시 역직렬화하는 양방향 변환이 가능한지 검사하는 코드다.

```
serialized = """{
    "switch": {"ports": 5, "speed": 1e9},
    "machines": [
        {"cores": 8, "ram": 32e9, "disk": 5e12},
        {"cores": 4, "ram": 16e9, "disk": 1e12},
        {"cores": 2, "ram": 4e9, "disk": 500e9}
    ]
}"""

deserialized = DatacenterRack.from_json(serialized)
roundtrip = deserialized.to_json()
assert json.loads(serialized) == json.loads(roundtrip)
```

이렇게 믹스인을 사용할 때 JsonMixin을 적용하려고 하는 클래스 상속 계층
의 상위 클래스에 이미 JsonMixin을 적용한 클래스가 있어도 아무런 문제가
없다. 이런 경우에도 super가 동작하는 방식으로 인해 믹스인을 적용한 클래
스가 제대로 작동한다.

기억해야 할 내용

- 믹스인을 사용해 구현할 수 있는 기능을 인스턴스 애트리뷰트와 __init__을 사용하는
  다중 상속을 통해 구현하지 말라.
- 믹스인 클래스가 클래스별로 특화된 기능을 필요로 한다면 인스턴스 수준에서 끼워 넣을
  수 있는 기능(정해진 메서드를 통해 해당 기능을 인스턴스가 제공하게 만듦)을 활용하라.
- 믹스인에는 필요에 따라 인스턴스 메서드는 물론 클래스 메서드도 포함될 수 있다.
- 믹스인을 합성하면 단순한 동작으로부터 더 복잡한 기능을 만들어낼 수 있다.

BETTER WAY 42 비공개 애트리뷰트보다는 공개 애트리뷰트를 사용하라

파이썬에서 클래스의 애트리뷰트에 대한 가시성은 **공개**(public)와 **비공개** (private), 두 가지밖에 없다.

```
class MyObject:
    def __init__(self):
        self.public_field = 5
        self.__private_field = 10

    def get_private_field(self):
        return self.__private_field
```

객체 뒤에 점 연산자(.)를 붙이면 공개 애트리뷰트에 접근할 수 있다.

```
foo = MyObject()
assert foo.public_field == 5
```

애트리뷰트 이름 앞에 밑줄을 두 개(__) 붙이면 비공개 필드가 된다. 비공개 필드를 포함하는 클래스 안에 있는 메서드에서는 해당 필드에 직접 접근할 수 있다.

```
assert foo.get_private_field() == 10
```

하지만 클래스 외부에서 비공개 필드에 접근하면 예외가 발생한다.

```
foo.__private_field
```

```
>>>
Traceback ...
AttributeError: 'MyObject' object has no attribute
➡'__private_field'
```

클래스 메서드는 자신을 둘러싸고 있는 class 블록 내부에 들어 있기 때문에
해당 클래스의 비공개 필드에 접근할 수 있다.

```python
class MyOtherObject:
    def __init__(self):
        self.__private_field = 71

    @classmethod
    def get_private_field_of_instance(cls, instance):
        return instance.__private_field

bar = MyOtherObject()
assert MyOtherObject.get_private_field_of_instance(bar) == 71
```

예상했겠지만 하위 클래스는 부모 클래스의 비공개 필드에 접근할 수 없다.

```python
class MyParentObject:
    def __init__(self):
        self.__private_field = 71

class MyChildObject(MyParentObject):
    def get_private_field(self):
        return self.__private_field

baz = MyChildObject()
baz.get_private_field()
```

```
>>>
Traceback ...
AttributeError: 'MyChildObject' object has no attribute
➡ '_MyChildObject__private_field'
```

비공개 애트리뷰트의 동작은 애트리뷰트 이름을 바꾸는 단순한 방식으로 구
현된다. MyChildObject.get_private_field처럼 메서드 내부에서 비공개 애트
리뷰트에 접근하는 코드가 있으면, 파이썬 컴파일러는 __private_field라는
애트리뷰트 접근 코드를 _MyChildObject__private_field라는 이름으로 바꿔

준다. 위 예제에서는 `MyParentObject.__init__` 안에만 `__private_field` 정의가 들어 있다. 이는 이 비공개 필드의 이름이 실제로는 `_MyParentObject__private_field`라는 뜻이다. 부모의 비공개 애트리뷰트를 자식 애트리뷰트에서 접근하면, 단지 변경한 애트리뷰트 이름(`_MyParentObject__private_field`가 아니라 `_MyChildObject__private_field`로 이름이 바뀐다)이 존재하지 않는다는 이유로 오류가 발생한다.

이 방식을 알고 나면 특별한 권한을 요청할 필요 없이 쉽게, 하위 클래스에서든 클래스 외부에서든 원하는 클래스의 비공개 애트리뷰트에 접근할 수 있다.

```
assert baz._MyParentObject__private_field == 71
```

객체 애트리뷰트 딕셔너리를 살펴보면 실제로 변환된 비공개 애트리뷰트 이름이 들어 있는 모습을 볼 수 있다.

```
print(baz.__dict__)
```

```
>>>
{'_MyParentObject__private_field': 71}
```

비공개 애트리뷰트에 대한 접근 구문이 실제로 가시성을 엄격하게 제한하지 않는 이유는 무엇일까? 가장 간단한 답을 생각해보면, 파이썬의 모토로 자주 회자되는 '우리는 모두 책임질줄 아는 성인이다'일 것이다. 이 말이 뜻하는 바는 우리가 하고 싶은 일을 언어가 제한하면 안 된다는 것이다. 특정 기능을 확장할지 여부는 그러한 위험을 택함으로써 야기될 수 있는 결과에 대해 책임지는 한 우리의 선택일 뿐이다. 파이썬 프로그래머들은 (클래스를 작성한 사람이 예기치 못하게 확장할 수 있도록) 열어둠으로써 얻을 수 있는 이익이 그로 인해 발생할 수 있는 해악보다 더 크다고 믿는다.

게다가 파이썬은 애트리뷰트에 접근할 수 있는 언어 기능에 대한 훅 (Better way 47: '지연 계산 애트리뷰트가 필요하면 `__getattr__`, `__getattribute__`, `__setattr__`을 사용하라' 참고)을 제공하기 때문에 원할 경우에는 객체 내부를 마음대로 주무를 수 있다. 이런 기능을 제공하는데, 굳이 다른 방식으로 비공개 애트리뷰트에 접근하는 경우를 막으려고 노력하는 것이 과연 얼마나 큰 가치를 지닐까?

내부에 몰래 접근함으로써 생길 수 있는 피해를 줄이고자 파이썬 프로그래머는 스타일 가이드에 정해진 명명 규약을 지킨다(Better way 2: 'PEP 8 스타일 가이드를 따르라' 참고). 필드 앞에 밑줄이 하나만 있으면(`_protected_field`) 관례적으로 보호(protected) 필드를 뜻한다. 보호 필드는 클래스 외부에서 이 필드를 사용하는 경우 조심해야 한다는 뜻이다.

하지만 파이썬을 처음 사용하는 많은 프로그래머가 하위 클래스나 클래스 외부에서 사용하면 안 되는 내부 API를 표현하기 위해 비공개 필드를 사용한다.

```python
class MyStringClass:
    def __init__(self, value):
        self.__value = value

    def get_value(self):
        return str(self.__value)

foo = MyStringClass(5)
assert foo.get_value() == '5'
```

이런 접근 방법은 잘못된 것이다. 누군가는(이 코드를 작성한 본인일 수도 있다) 이 클래스를 상속하면서 새로운 기능을 추가하거나, 기존 메서드의 단점을 해결하기 위해 새로운 동작을 추가하길 원할 수 있다(예를 들어 `MyStringClass.get_value`가 항상 문자열을 반환하는데, 이를 바꾸고 싶을 수

도 있다). 비공개 애트리뷰트를 사용하면 이런 확장이나 하위 클래스의 오버
라이드를 귀찮게 하고 (억지로 확장할 경우 확장한 클래스가) 깨지기 쉽게 만
들 뿐이다. 여러분이 만든 클래스의 하위 클래스를 만드는 사람이 비공개 필
드에 꼭 접근해야 한다면 여전히 비공개 필드에 접근할 수 있다.

```python
class MyIntegerSubclass(MyStringClass):
    def get_value(self):
        return int(self._MyStringClass__value)

foo = MyIntegerSubclass('5')
assert foo.get_value() == 5
```

하지만 여러분이 자신의 클래스 정의를 변경하면 더 이상 비공개 애트리
뷰트에 대한 참조가 바르지 않으므로 하위 클래스가 깨질 것이다. 다음은
MyIntegerSubclass의 부모 클래스인 MyStringClass에 새로운 부모 클래스인
MyBaseClass를 추가한 코드다.

```python
class MyBaseClass:
    def __init__(self, value):
        self.__value = value

    def get_value(self):
        return self.__value

class MyStringClass(MyBaseClass):
    def get_value(self):
        return str(super().get_value())          # 변경됨

class MyIntegerSubclass(MyStringClass):
    def get_value(self):
        return int(self._MyStringClass__value)  # 변경되지 않음
```

이제 MyStringClass가 아닌 MyBaseClass 클래스에서 __value 애트리뷰트를 할당한다. 이로 인해 MyIntegerSubclass 안에 있는 비공개 변수에 대한 참조인 self._MyStringClass__value가 깨진다.

```
foo = MyIntegerSubclass(5)
foo.get_value()
```

```
>>>
Traceback ...
AttributeError: 'MyIntegerSubclass' object has no attribute
➡'_MyStringClass__value'
```

일반적으로 상속을 허용하는 클래스(부모 클래스) 쪽에서 보호 애트리뷰트를 사용하고 오류를 내는 편이 더 낫다. 모든 보호 필드에 문서를 추가한 후, API 내부에 있는 필드 중에서 어떤 필드를 하위 클래스에서 변경할 수 있고 어떤 필드를 그대로 놔둬야 하는지 명시하라. 코드를 안전하게 확장할 수 있는 방법을 다른 프로그래머는 물론 미래의 자신에게도 안내하라.

```
class MyStringClass:
    def __init__(self, value):
        # 여기서 객체에게 사용자가 제공한 값을 저장한다
        # 사용자가 제공하는 값은 문자열로 타입 변환이 가능해야 하며
        # 일단 한번 객체 내부에 설정되고 나면
        # 불변 값으로 취급돼야 한다
        self._value = value
    ...
```

비공개 애트리뷰트를 사용할지 진지하게 고민해야 하는 유일한 경우는 하위 클래스의 필드와 이름이 충돌할 수 있는 경우뿐이다. 자식 클래스가 실수로 부모 클래스가 이미 정의한 애트리뷰트를 정의하면 충돌이 생길 수 있다.

```
class ApiClass:
    def __init__(self):
        self._value = 5
```

```python
    def get(self):
        return self._value

class Child(ApiClass):
    def __init__(self):
        super().__init__()
        self._value = 'hello'  # 충돌

a = Child()
print(f'{a.get()} 와 {a._value} 는 달라야 합니다.')
```

```
>>>
hello 와 hello 는 달라야 합니다.
```

주로 공개 API에 속한 클래스의 경우 신경 써야 하는 부분이다. 여러분이 만든 공개 API를 외부에 제공하는 경우에는 하위 클래스 작성이 여러분의 제어 밖에서 일어나므로 이런 문제가 발생해도 리팩터링이 불가능하다. 특히 애트리뷰트 이름이 흔한 이름(예: value)일 때 충돌이 자주 발생할 수 있다. 이런 문제가 발생할 위험성을 줄이려면, 부모 클래스 쪽에서 자식 클래스의 애트리뷰트 이름이 자신의 애트리뷰트 이름과 겹치는 일을 방지하기 위해 비공개 애트리뷰트를 사용할 수 있다.

```python
class ApiClass:
    def __init__(self):
        self.__value = 5       # 밑줄 두 개!

    def get(self):
        return self.__value    # 밑줄 두 개!

class Child(ApiClass):
    def __init__(self):
        super().__init__()
        self._value = 'hello'  # OK!
```

```
a = Child()
print(f'{a.get()} 와 {a._value} 는 달라야 합니다.')

>>>
5 와 hello 는 달라야 합니다.
```

기억해야 할 내용

- 파이썬 컴파일러는 비공개 애트리뷰트를 자식 클래스나 클래스 외부에서 사용하지 못하도록 엄격히 금지하지 않는다.
- 여러분의 내부 API에 있는 클래스의 하위 클래스를 정의하는 사람들이 여러분이 제공하는 클래스의 애트리뷰트를 사용하지 못하도록 막기보다는 애트리뷰트를 사용해 더 많은 일을 할 수 있게 허용하라.
- 비공개 애트리뷰트로 (외부나 하위 클래스의) 접근을 막으려고 시도하기보다는 보호된 필드를 사용하면서 문서에 적절한 가이드를 남겨라.
- 여러분이 코드 작성을 제어할 수 없는 하위 클래스에서 이름 충돌이 일어나는 경우를 막고 싶을 때만 비공개 애트리뷰트를 사용할 것을 권한다.

BETTER WAY 43 커스텀 컨테이너 타입은 collections.abc를 상속하라

파이썬 프로그래밍의 상당 부분은 데이터를 포함하는 클래스를 정의하고 이런 클래스에 속하는 객체들이 서로 상호작용하는 방법을 기술하는 것으로 이뤄진다. 모든 파이썬 클래스는 함수와 애트리뷰트를 함께 캡슐화하는 일종의 컨테이너라 할 수 있다. 파이썬은 데이터를 관리할 때 사용할 수 있도록 리스트, 튜플, 집합, 딕셔너리 등의 내장 컨테이너 타입을 제공한다.

시퀀스처럼 사용법이 간단한 클래스를 정의할 때는 파이썬 내장 리스트 타입의 하위 클래스를 만들고 싶은 것이 당연하다. 예를 들어 멤버들의 빈도를 계산하는 메서드가 포함된 커스텀 리스트 타입이 필요하다고 가정하자.

```
class FrequencyList(list):
    def __init__(self, members):
        super().__init__(members)

    def frequency(self):
        counts = {}
        for item in self:
            counts[item] = counts.get(item, 0) + 1
        return counts
```

FrequencyList를 리스트(list)의 하위 클래스로 만듦으로써 리스트가 제공하는 모든 표준 함수를 FrequencyList에서도 사용할 수 있으며, 파이썬 프로그래머들이라면 이런 함수들의 의미가 낯익을 것이다. 게다가 필요한 기능을 제공하는 메서드를 얼마든지 추가할 수 있다.

```
foo = FrequencyList(['a', 'b', 'a', 'c', 'b', 'a', 'd'])
print('길이:', len(foo))

foo.pop()
print('pop한 다음:', repr(foo))
print('빈도:', foo.frequency())
```

```
>>>
길이: 7
pop한 다음: ['a', 'b', 'a', 'c', 'b', 'a']
빈도: {'a': 3, 'b': 2, 'c': 1}
```

이제 리스트처럼 느껴지면서 인덱싱이 가능한 객체를 제공하고 싶은데, 리스트의 하위 클래스로 만들고 싶지는 않다고 가정해보자. 예를 들어, 다음 이진 트리 클래스를 시퀀스(리스트나 튜플)의 의미 구조를 사용해 다룰 수 있는 클래스를 만들고 싶다.

```
class BinaryNode:
    def __init__(self, value, left=None, right=None):
```

```
        self.value = value
        self.left = left
        self.right = right
```

어떻게 이 클래스가 시퀀스 타입처럼 작동하게 할 수 있을까? 파이썬에서는
특별한 이름의 인스턴스 메서드를 사용해 컨테이너의 동작을 구현한다. 인덱
스를 사용해 다음과 같이 시퀀스에 접근하는 코드는

```
bar = [1, 2, 3]
bar[0]
```

다음 특별 메서드로 해석된다.

```
bar.__getitem__(0)
```

BinaryNode 클래스가 시퀀스처럼 작동하게 하려면 트리 노드를 깊이 우선 순
회(depth first traverse)하는 커스텀 __getitem__ 메서드* 구현을 제공하면 된다.

```
class IndexableNode(BinaryNode):
    def _traverse(self):
        if self.left is not None:
            yield from self.left._traverse()
        yield self
        if self.right is not None:
            yield from self.right._traverse()

    def __getitem__(self, index):
        for i, item in enumerate(self._traverse()):
            if i == index:
                return item.value
        raise IndexError(f'인덱스 범위 초과: {index}')
```

이진 트리는 늘 만들던 대로 만들면 된다.

---

* 역주 double underscore getitem을 줄여서 dunder getitem이라고 부르는 경우가 많다. 우리말로 음차하면
'던더 겟아이템' 정도로 쓸 수 있다.

```
tree = IndexableNode(
    10,
    left=IndexableNode(
        5,
        left=IndexableNode(2),
        right=IndexableNode(
            6,
            right=IndexableNode(7))),
    right=IndexableNode(
        15,
        left=IndexableNode(11)))
```

이 트리를 left나 right 애트리뷰트를 사용해 순회할 수도 있지만, 추가로 리스트처럼 접근할 수도 있다.

```
print('LRR:', tree.left.right.right.value)
print('인덱스 0:', tree[0])
print('인덱스 1:', tree[1])
print('11이 트리 안에 있나?', 11 in tree)
print('17이 트리 안에 있나?', 17 in tree)
print('트리:', list(tree))
```

```
>>>
LRR: 7
인덱스 0: 2
인덱스 1: 5
11이 트리 안에 있나? True
17이 트리 안에 있나? False
트리: [2, 5, 6, 7, 10, 11, 15]
```

문제는 __getitem__을 구현하는 것만으로는 리스트 인스턴스에서 기대할 수 있는 모든 시퀀스 의미 구조를 제공할 수 없다는 데 있다.

```
len(tree)
```

```
>>>
```

```
Traceback ...
TypeError: object of type 'IndexableNode' has no len()
```

len 내장 함수는 __len__이라는 이름의 특별 메서드를 구현해야 제대로 작동
한다. 커스텀 시퀀스 타입은 이 메서드를 꼭 구현해야 한다.

```
class SequenceNode(IndexableNode):
    def __len__(self):
        for count, _ in enumerate(self._traverse(), 1):
            pass
        return count

tree = SequenceNode(
    10,
    left=SequenceNode(
        5,
        left=SequenceNode(2),
        right=SequenceNode(
            6,
            right=SequenceNode(7))),
    right=SequenceNode(
        15,
        left=SequenceNode(11))
)

print('트리 길이:', len(tree))
```

```
>>>
트리 길이: 7
```

안타깝지만 어떤 클래스가 올바른 시퀀스가 되려면 두 메서드(__getitem__
과 __len__)를 구현하는 것만으로는 충분하지 않다. 현재까지 만든 트리
클래스에는 파이썬 프로그래머가 시퀀스에 있을 것으로 예상하는 count나
index 메서드도 들어 있지 않다. 자신만의 컨테이너 타입을 직접 정의하는
것은 생각보다 훨씬 더 어려운 일임을 알 수 있다.

파이썬을 사용할 때 흔히 발생하는 이런 어려움을 덜어주기 위해 내장 collections.abc 모듈 안에는 컨테이너 타입에 정의해야 하는 전형적인 메서드를 모두 제공하는 추상 기반 클래스 정의가 여러 가지 들어 있다. 이런 추상 기반 클래스의 하위 클래스를 만들고 필요한 메서드 구현을 잊어버리면, collections.abc 모듈이 실수한 부분을 알려준다.

```
from collections.abc import Sequence

class BadType(Sequence):
    pass

foo = BadType()
```

```
>>>
Traceback ...
TypeError: Can't instantiate abstract class BadType with
➡abstract methods __getitem__, __len__
```

SequenceNode에서 한 것처럼 collections.abc에서 가져온 추상 기반 클래스가 요구하는 모든 메서드를 구현하면 index나 count와 같은 추가 메서드 구현을 거저 얻을 수 있다.

```
class BetterNode(SequenceNode, Sequence):
    pass

tree = BetterNode(
    10,
    left=BetterNode(
        5,
        left=BetterNode(2),
        right=BetterNode(
            6,
            right=BetterNode(7))),
    right=BetterNode(
```

```
        15,
        left=BetterNode(11))
    )

print('7의 인덱스:', tree.index(7))
print('10의 개수:', tree.count(10))

>>>
7의 인덱스: 3
10의 개수: 1
```

Set이나 MutableMapping과 같이 파이썬의 관례에 맞춰 구현해야 하는 특별
메서드가 훨씬 많은 더 복잡한 컨테이너 타입을 구현할 때는 이런 추상 기반
클래스가 주는 이점이 더 커진다.

collection.abc 모듈 외에도, 파이썬에는 객체 비교와 정렬을 위해 사용하는
다양한 특별 메서드가 있다. 컨테이너 클래스나 비컨테이너 클래스에서 모두
이런 특별 메서드를 구현할 수 있다(Better way 73: '우선순위 큐로 heapq
를 사용하는 방법을 알아두라'에서 예제를 볼 수 있다).

기억해야 할 내용

- 간편하게 사용할 경우에는 파이썬 컨테이너 타입(리스트나 딕셔너리 등)을 직접 상속
  하라.
- 커스텀 컨테이너를 제대로 구현하려면 수많은 메서드를 구현해야 한다는 점에 주의하라.
- 커스텀 컨테이너 타입이 collection.abc에 정의된 인터페이스를 상속하면 커스텀 컨
  테이너 타입이 정상적으로 작동하기 위해 필요한 인터페이스와 기능을 제대로 구현하도
  록 보장할 수 있다.

6

메타클래스와 애트리뷰트

파이썬의 특성을 열거할 때 메타클래스를 자주 언급하는데, 실제로 메타클래스가 어떤 목적으로 쓰이는지 이해하는 프로그래머는 거의 없다. **메타클래스**(meta-class)라는 이름은 어렴풋이 이 개념이 클래스를 넘어서는 것임을 암시한다. 간단히 말해, 메타클래스를 사용하면 파이썬의 class 문을 가로채서 클래스가 정의될 때마다 특별한 동작을 제공할 수 있다.

메타클래스처럼 신비롭고 강력한 파이썬 기능으로는 동적으로 애트리뷰트 접근을 커스텀화해주는 내장 기능을 들 수 있다. 파이썬의 객체지향적인 요소와 방금 말한 두 기능이 함께 어우러지면 간단한 클래스를 복잡한 클래스로 쉽게 변환할 수 있다.

하지만 이런 강력함에는 많은 함정이 뒤따른다. 동적인 애트리뷰트로 객체를 오버라이드하면 예기치 못한 부작용이 생길 수 있다. 메타클래스로 만든 멋진 기능을 초보 파이썬 개발자는 쉽게 이해할 수 없을 것이다. **최소 놀람의 법칙**(rule of least surprise)을 따르고 잘 정해진 관용어로만 이런 기능을 사용하는 것이 중요하다.

BETTER WAY 44 세터와 게터 메서드 대신 평범한 애트리뷰트를 사용하라

다른 언어를 사용하다 파이썬을 접한 프로그래머들은 클래스에 게터(getter) 나 세터(setter) 메서드를 명시적으로 정의하곤 한다.

```python
class OldResistor:
    def __init__(self, ohms):
        self._ohms = ohms

    def get_ohms(self):
        return self._ohms

    def set_ohms(self, ohms):
        self._ohms = ohms
```

세터와 게터를 사용하기는 쉽지만, 이런 코드는 파이썬답지 않다.

```python
r0 = OldResistor(50e3)
print('이전:', r0.get_ohms())
r0.set_ohms(10e3)
print('이후:', r0.get_ohms())
```

```
>>>
이전: 50000.0
이후: 10000.0
```

특히 필드 값을 증가시키는 연산 등의 경우에는 이런 메서드를 사용하면 코드가 지저분해진다.

```python
r0.set_ohms(r0.get_ohms() - 4e3)
assert r0.get_ohms() == 6e3
```

하지만 이런 유틸리티 메서드를 사용하면 클래스 인터페이스를 설계할 때 도움이 되기도 한다. 즉, 게터와 세터 같은 유틸리티 메서드를 쓰면 기능을 캡슐화하고, 필드 사용을 검증하고, 경계를 설정하기 쉬워진다. 클래스가 시간이 지남에 따라 진화하기 때문에 클래스를 설계할 때는 클래스를 호출하는 쪽에 영향을 미치지 않음을 보장하는 것이 중요하다.

하지만 파이썬에서는 명시적인 세터나 게터 메서드를 구현할 필요가 전혀 없다. 대신 다음 코드와 같이 항상 단순한 공개 애트리뷰트로부터 구현을 시작하라.

```
class Resistor:
    def __init__(self, ohms):
        self.ohms = ohms
        self.voltage = 0
        self.current = 0

r1 = Resistor(50e3)
r1.ohms = 10e3
```

이렇게 애트리뷰트를 사용하면 필드를 제자리에서 증가시키는 등의 연산이 더 자연스럽고 명확해진다.

```
r1.ohms += 5e3
```

나중에 애트리뷰트가 설정될 때 특별한 기능을 수행해야 한다면, 애트리뷰트를 @property 데코레이터(Better way 26: 'functools.wrap을 사용해 함수 데코레이터를 정의하라'에서 배경지식을 얻을 수 있다)와 대응하는 setter 애트리뷰트로 옮겨갈 수 있다. 다음 코드는 Registor라는 새 하위 클래스를 만든다. Registor에서 voltage 프로퍼티에 값을 대입하면 current 값이 바뀐다. 코드가 제대로 작동하려면 세터와 게터의 이름이 우리가 의도한 프로퍼티 이름과 일치해야 한다.

```
class VoltageResistance(Resistor):
    def __init__(self, ohms):
```

```
        super().__init__(ohms)
        self._voltage = 0

    @property
    def voltage(self):
        return self._voltage

    @voltage.setter
    def voltage(self, voltage):
        self._voltage = voltage
        self.current = self._voltage / self.ohms
```

이제 voltage 프로퍼티에 대입하면 voltage 세터 메서드가 호출되고, 이 메
서드는 객체의 current 애트리뷰트를 변경된 전압 값에 맞춰 갱신한다.

```
r2 = VoltageResistance(1e3)
print(f'이전: {r2.current:.2f} 암페어')
r2.voltage = 10
print(f'이후: {r2.current:.2f} 암페어')
```

```
>>>
이전: 0.00 암페어
이후: 0.01 암페어
```

프로퍼티에 대해 setter를 지정하면 타입을 검사하거나 클래스 프로퍼티에
전달된 값에 대한 검증을 수행할 수 있다. 다음 코드에서는 모든 저항값이 0
옴(ohm)보다 큰지 확인하는 클래스를 정의한다.

```
class BoundedResistance(Resistor):
    def __init__(self, ohms):
        super().__init__(ohms)

    @property
    def ohms(self):
        return self._ohms
```

```
    @ohms.setter
    def ohms(self, ohms):
        if ohms <= 0:
            raise ValueError(f'저항 > 0이어야 합니다. 실제 값: {ohms}')
        self._ohms = ohms
```

이제 잘못된 저항값을 대입하면 예외가 발생한다.

```
r3 = BoundedResistance(1e3)
r3.ohms = 0
```

```
>>>
Traceback ...
ValueError: 저항 > 0이어야 합니다. 실제 값: 0
```

생성자에 잘못된 값을 넘기는 경우에도 예외가 발생한다.

```
BoundedResistance(-5)
```

```
>>>
Traceback ...
ValueError: 저항 > 0이어야 합니다. 실제 값: -5
```

예외가 발생하는 이유는 BoundedResistance.__init__이 Resistor.__init__
을 호출하고 이 초기화 메서드는 다시 self.ohms = -5라는 대입문을 실행하
기 때문이다. 이 대입으로 인해 BoundedResistance에 있는 @ohms.setter 메서
드가 호출되고, 이 세터 메서드는 객체 생성이 끝나기 전에 즉시 저항을 검증
하는 코드를 실행한다.

심지어 @property를 사용해 부모 클래스에 정의된 애트리뷰트를 불변으로 만
들 수도 있다.

```
class FixedResistance(Resistor):
    def __init__(self, ohms):
        super().__init__(ohms)
```

```
    @property
    def ohms(self):
        return self._ohms

    @ohms.setter
    def ohms(self, ohms):
        if hasattr(self, '_ohms'):
            raise AttributeError("Ohms는 불변 객체입니다")
        self._ohms = ohms
```

이 객체를 만든 다음, 프로퍼티에 값을 대입하면 예외가 발생한다.

```
r4 = FixedResistance(1e3)
r4.ohms = 2e3
```

```
>>>
Traceback ...
AttributeError: Ohms는 불변 객체입니다
```

@property 메서드를 사용해 세터와 게터를 구현할 때는 게터나 세터 구현이
예기치 않은 동작을 수행하지 않도록 만들어야 한다. 예를 들어 게터 프로퍼
티 메서드 안에서 다른 애트리뷰트를 설정하면 안 된다.

```
class MysteriousResistor(Resistor):
    @property
    def ohms(self):
        self.voltage = self._ohms * self.current
        return self._ohms

    @ohms.setter
    def ohms(self, ohms):
        self._ohms = ohms
```

게터 프로퍼티 메서드에서 다른 애트리뷰트를 설정하면 코드가 아주 이상하
게 작동할 수 있기 때문이다.

```
r7 = MysteriousResistor(10)
r7.current = 0.01
print(f'이전: {r7.voltage:.2f}')
r7.ohms
print(f'이후: {r7.voltage:.2f}')

>>>
이전: 0.00
이후: 0.10
```

게터나 세터를 정의할 때 가장 좋은 정책은 관련이 있는 객체 상태를 @property.setter 메서드 안에서만 변경하는 것이다. 동적으로 모듈을 임포트하거나, 아주 시간이 오래 걸리는 도우미 함수를 호출하거나, I/O를 수행하거나, 비용이 매우 많이 드는 데이터베이스 질의를 수행하는 등 호출하는 쪽에서 예상할 수 없는 부작용을 만들어내면 안 된다. 클래스를 사용하는 쪽에서는 (게터나 세터를 통하는) 애트리뷰트가 다른 일반적인 파이썬 객체와 마찬가지로 빠르고 사용하기 쉬울 것이라고 예상한다. 더 복잡하거나 느린 연산의 경우에는 일반적인 메서드를 사용하라.

@property의 가장 큰 단점은 애트리뷰트를 처리하는 메서드가 하위 클래스 사이에서만 공유될 수 있다는 것이다. 서로 관련이 없는 클래스 사이에 같은 (프로퍼티 게터나 세터) 구현을 공유할 수는 없다. 하지만 파이썬은 재사용 가능한 프로퍼티 로직을 구현할 때는 물론 다른 여러 용도에도 사용할 수 있는 **디스크립터**(descriptor)를 제공한다(Better way 46: '재사용 가능한 @property 메서드를 만들려면 디스크립터를 사용하라' 참고).

기억해야 할 내용

- 새로운 클래스 인터페이스를 정의할 때는 간단한 공개 애트리뷰트에서 시작하고, 세터나 게터 메서드를 가급적 사용하지 말라.

- 객체에 있는 애트리뷰트에 접근할 때 특별한 동작이 필요하면 @property로 이를 구현할 수 있다.
- @property 메서드를 만들 때는 최소 놀람의 법칙을 따르고 이상한 부작용을 만들어내지 말라.
- @property 메서드가 빠르게 실행되도록 유지하라. 느리거나 복잡한 작업의 경우(특히 I/O를 수행하는 등의 부수 효과가 있는 경우)에는 프로퍼티 대신 일반적인 메서드를 사용하라.

BETTER WAY 45 애트리뷰트를 리팩터링하는 대신 @property를 사용하라

내장 @property 데코레이터를 사용하면, 겉으로는 단순한 애트리뷰트처럼 보이지만 실제로는 지능적인 로직을 수행하는 애트리뷰트를 정의할 수 있다 (Better way 44: '세터와 게터 메서드 대신 평범한 애트리뷰트를 사용하라' 참고). @property의 고급 활용법이자 흔히 사용하는 기법으로는 간단한 수치 애트리뷰트를 그때그때 요청에 따라 계산해 제공하도록 바꾸는 것을 들 수 있다. 이 기법은 기존 클래스를 호출하는 코드를 전혀 바꾸지 않고도 클래스 애트리뷰트의 기존 동작을 변경할 수 있기 때문에 아주 유용하다(특히 이 방법은 이 클래스를 호출하는 코드 중에 여러분이 제어할 수 없는 코드가 더 많은 경우 더욱 유용하다). @property는 인터페이스를 점차 개선해나가는 과정에서 중간중간 필요한 기능을 제공하는 수단으로도 유용하다.

예를 들어 일반 파이썬 객체를 사용해 리키 버킷(leaky bucket) 흐름 제어 알고리즘을 구현한다고 하자. 다음 코드의 Bucket 클래스는 남은 가용 용량 (quota)과 이 가용 용량의 잔존 시간을 표현한다.

```
from datetime import datetime, timedelta

class Bucket:
    def __init__(self, period):
        self.period_delta = timedelta(seconds=period)
        self.reset_time = datetime.now()
        self.quota = 0

    def __repr__(self):
        return f'Bucket(quota={self.quota})'
```

리키 버킷 알고리즘은 시간을 일정한 간격으로 구분하고(이를 '주기'라고 부른다), 가용 용량을 소비할 때마다 시간을 검사해서 주기가 달라질 경우에는 이전 주기에 미사용한 가용 용량이 새로운 주기로 넘어오지 못하게 막는다.

```
def fill(bucket, amount):
    now = datetime.now()
    if (now - bucket.reset_time) > bucket.period_delta:
        bucket.quota = 0
        bucket.reset_time = now
    bucket.quota += amount
```

가용 용량을 소비하는 쪽(예를 들어, 네트워크라면 데이터를 전송하는 클래스가 될 수 있다)에서는 어떤 작업을 하고 싶을 때마다 먼저 리키 버킷으로부터 자신의 작업에 필요한 용량을 할당받아야 한다.

```
def deduct(bucket, amount):
    now = datetime.now()
    if (now - bucket.reset_time) > bucket.period_delta:
        return False  # 새 주기가 시작됐는데 아직 버킷 할당량이 재설정되지 않았다
    if bucket.quota - amount < 0:
        return False  # 버킷의 가용 용량이 충분하지 못하다
    else:
        bucket.quota -= amount
        return True   # 버킷의 가용 용량이 충분하므로 필요한 분량을 사용한다
```

이 클래스를 사용하려면 먼저 버킷에 가용 용량을 미리 정해진 할당량만큼 채워야 한다.

```
bucket = Bucket(60)
fill(bucket, 100)
print(bucket)
```

```
>>>
Bucket(quota=100)
```

그 후 사용할 때마다 필요한 용량을 버킷에서 빼야 한다.

```
if deduct(bucket, 99):
    print('99 용량 사용')
else:
    print('가용 용량이 작아서 99 용량을 처리할 수 없음')
print(bucket)
```

```
>>>
99 용량 사용
Bucket(quota=1)
```

어느 순간이 되면, 버킷에 들어 있는 가용 용량이 데이터 처리에 필요한 용량보다 작아지면서 더 이상 작업을 진행하지 못하게 된다. 이런 경우 버킷의 가용 용량 수준은 변하지 않는다.

```
if deduct(bucket, 3):
    print('3 용량 사용')
else:
    print('가용 용량이 작아서 3 용량을 처리할 수 없음')
print(bucket)
```

```
>>>
가용 용량이 작아서 3 용량을 처리할 수 없음
Bucket(quota=1)
```

이 구현의 문제점은 버킷이 시작할 때 가용 용량이 얼마인지 알 수 없다는 것이다. 물론 한 주기 안에서는 버킷에 있는 가용 용량이 0이 될 때까지 감소할 것이다. 가용 용량이 0이 되면, 버킷에 새로운 가용 용량을 할당하기 전까지 deduct는 항상 False를 반환한다. 이런 일이 발생할 때 deduct를 호출하는 쪽에서 자신이 차단된(할당량을 할당받지 못한) 이유가 Bucket에 할당된 가용 용량을 다 소진했기 때문인지, 이번 주기에 아직 버킷에 매 주기마다 재설정하도록 미리 정해진 가용 용량을 추가받지 못했기 때문인지 알 수 있으면 좋을 것이다.

이러한 문제를 해결하기 위해 이번 주기에 재설정된 가용 용량인 max_quota와 이번 주기에 버킷에서 소비한 용량의 합계인 quota_consumed를 추적하도록 클래스를 변경할 수 있다.

```
class NewBucket:
    def __init__(self, period):
        self.period_delta = timedelta(seconds=period)
        self.reset_time = datetime.now()
        self.max_quota = 0
        self.quota_consumed = 0

    def __repr__(self):
        return (f'NewBucket(max_quota={self.max_quota}, '
                f'quota_consumed={self.quota_consumed})')
```

원래의 Bucket 클래스와 인터페이스를 동일하게 제공하기 위해 @property 데코레이터가 붙은 메서드를 사용해 클래스의 두 애트리뷰트(max_quota와 quota_consumed)에서 현재 가용 용량 수준을 그때그때 계산하게 한다(재설정된 값인 max_quoata에서 지금까지 사용한 양인 quota_consumed를 빼면 현재 할당 가능한 가용 용량을 알 수 있다).

```python
    @property
    def quota(self):
        return self.max_quota - self.quota_consumed
```

fill과 deduct 함수가 quota 애트리뷰트에 값을 할당할 때[*]는 NewBucket 클래스의 현재 사용 방식에 맞춰 특별한 동작을 수행해야 한다.

```python
    @quota.setter
    def quota(self, amount):
        delta = self.max_quota - amount
        if amount == 0:
            # 새로운 주기가 되고 가용 용량을 재설정하는 경우
            self.quota_consumed = 0
            self.max_quota = 0
        elif delta < 0:
            # 새로운 주기가 되고 가용 용량을 추가하는 경우
            assert self.quota_consumed == 0
            self.max_quota = amount
        else:
            # 어떤 주기 안에서 가용 용량을 소비하는 경우
            assert self.max_quota >= self.quota_consumed
            self.quota_consumed += delta
```

앞에서 본 데모 코드를 실행하면 같은 결과를 볼 수 있다.

```python
bucket = NewBucket(60)
print('최초', bucket)
fill(bucket, 100)
print('보충 후', bucket)

if deduct(bucket, 99):
    print('99 용량 사용')
else:
    print('가용 용량이 작아서 99 용량을 처리할 수 없음')
```

---

[*] 역주 quota를 이 클래스 외부에서 직접 변경하면 리키 버킷 알고리즘의 모든 가정이 깨져버린다. 따라서 quota에 값을 대입하는 지점은 모두 같은 클래스 안에 있어야 한다.

```
print('사용 후', bucket)

if deduct(bucket, 3):
    print('3 용량 사용')
else:
    print('가용 용량이 작아서 3 용량을 처리할 수 없음')

print('여전히', bucket)

>>>
최초 NewBucket(max_quota=0, quota_consumed=0)
보충 후 NewBucket(max_quota=100, quota_consumed=0)
99 용량 사용
사용 후 NewBucket(max_quota=100, quota_consumed=99)
가용 용량이 작아서 3 용량을 처리할 수 없음
여전히 NewBucket(max_quota=100, quota_consumed=99)
```

가장 좋은 점은 Bucket.quota를 사용하는 코드를 변경할 필요가 없고 이 클래스의 구현이 변경됐음을 알 필요도 없다는 것이다. Bucket을 사용하는 새로운 방법은 (기존 버킷과 마찬가지로) 제대로 작동하고, 추가로 max_quota와 quota_consumed에도 직접 접근할 수 있다.

@property를 사용하면 데이터 모델을 점진적으로 개선할 수 있으므로 나는 특히 @property를 좋아한다. Bucket 예제를 살펴보면, 처음에는 fill과 deduct 함수를 인스턴스 메서드로 만들어야 한다고 생각할 수도 있다. 그 생각이 맞을 수도 있지만(Better way 37: '내장 타입을 여러 단계로 내포시키기보다는 클래스를 합성하라' 참고), 객체가 처음부터 제대로 인터페이스를 제공하지 않거나 아무 기능도 없는 데이터 컨테이너 역할만 하는 경우가 실전에서는 자주 발생한다. 시간이 지나면서 코드가 커지거나, 프로그램이 다루는 영역이 넓어지거나, 장기적으로 코드를 깔끔하게 유지할 생각이 없는 프로그래머들이 코드에 기여하는 등의 경우 이런 일이 발생한다.

@property는 실제 세계에서 마주치는 문제를 해결할 때 도움이 된다. 하지만 @property를 과용하지는 말라. 여러분이 @property 메서드를 반복해서 확장해나가고 있다면, 이제는 설계한 코드의 단점을 포장하려고 계속 노력하는 대신 작성한 클래스를 리팩터링해야 할 때다.

기억해야 할 내용

- @property를 사용해 기존 인스턴스 애트리뷰트에 새로운 기능을 제공할 수 있다.
- @property를 사용해 데이터 모델을 점진적으로 개선하라.
- @property 메서드를 너무 과하게 쓰고 있다면, 클래스와 클래스를 사용하는 모든 코드를 리팩터링하는 것을 고려하라.

BETTER WAY 46 재사용 가능한 @property 메서드를 만들려면 디스크립터를 사용하라

@property 내장 기능(Better way 44: '세터와 게터 메서드 대신 평범한 애트리뷰트를 사용하라', Better way 45: '애트리뷰트를 리팩터링하는 대신 @property를 사용하라' 참고)의 가장 큰 문제점은 재사용성이다. @property가 데코레이션하는 메서드를 같은 클래스에 속하는 여러 애트리뷰트로 사용할 수는 없다. 그리고 서로 무관한 클래스 사이에서 @property 데코레이터를 적용한 메서드를 재사용할 수도 없다.

예를 들어 학생의 숙제 점수가 백분율 값인지 검증하고 싶다고 하자.

```
class Homework:
    def __init__(self):
        self._grade = 0

    @property
```

```python
    def grade(self):
        return self._grade

    @grade.setter
    def grade(self, value):
        if not (0 <= value <= 100):
            raise ValueError(
                '점수는 0과 100 사이입니다')
        self._grade = value
```

@property를 사용하면 이 클래스를 쉽게 사용할 수 있다.

```python
galileo = Homework()
galileo.grade = 95
```

이제 이 학생에게 시험 점수를 부여하고 싶다고 하자. 시험 과목은 여러 개고, 각 과목마다 별도의 점수가 부여된다.

```python
class Exam:
    def __init__(self):
        self._writing_grade = 0
        self._math_grade = 0

    @staticmethod
    def _check_grade(value):
        if not (0 <= value <= 100):
            raise ValueError(
                '점수는 0과 100 사이입니다')
```

이런 식으로 계속 확장하려면, 시험 과목을 이루는 각 부분마다 새로운 @property를 지정하고 관련 검증 메서드를 작성해야 하므로 금방 지겨워진다.

```python
    @property
    def writing_grade(self):
        return self._writing_grade
```

```
    @writing_grade.setter
    def writing_grade(self, value):
        self._check_grade(value)
        self._writing_grade = value

    @property
    def math_grade(self):
        return self._math_grade

    @math_grade.setter
    def math_grade(self, value):
        self._check_grade(value)
        self._math_grade = value
```

게다가 이런 접근 방법은 일반적이지도 않다. 숙제나 시험 성적 이외의 부분에 백분율 검증을 활용하고 싶다면 똑같은 @property와 검증 대상_grade 세터 메서드를 번거롭게 다시 작성해야 한다.

이런 경우 파이썬에서 적용할 수 있는 더 나은 방법은 **디스크립터**를 사용하는 것이다. **디스크립터 프로토콜**은 파이썬 언어에서 애트리뷰트 접근을 해석하는 방법을 정의한다. 디스크립터 클래스는 __get__과 __set__ 메서드를 제공하고, 이 두 메서드를 사용하면 별다른 준비 코드 없이도 원하는 점수 검증 동작을 재사용할 수 있다. 이런 경우 같은 로직을 한 클래스 안에 속한 여러 다른 애트리뷰트에 적용할 수 있으므로 디스크립터가 믹스인(Better way 41: '기능을 합성할 때는 믹스인 클래스를 사용하라' 참고)보다 낫다.

다음 코드는 Grade의 인스턴스인 클래스 애트리뷰트가 들어 있는 Exam 클래스를 정의한다. Grade 클래스는 다음과 같은 디스크립터 프로토콜을 구현한다.

```
class Grade:
    def __get__(self, instance, instance_type):
        ...
    def __set__(self, instance, value):
```

```
        ...

class Exam:
    # 클래스 애트리뷰트
    math_grade = Grade()
    writing_grade = Grade()
    science_grade = Grade()
```

Grade 클래스가 작동하는 방식을 설명하기 전에, Exam 인스턴스에 있는 이런 디스크립터 애트리뷰트에 대한 접근을 파이썬이 어떻게 처리하는지 이해하는 것이 중요하다. 다음과 같은 프로퍼티 대입은

```
exam = Exam()
exam.writing_grade = 40
```

다음과 같이 해석된다.

```
Exam.__dict__['writing_grade'].__set__(exam, 40)
```

다음과 같이 프로퍼티를 읽으면

```
exam.writing_grade
```

다음과 같이 해석된다.

```
Exam.__dict__['writing_grade'].__get__(exam, Exam)
```

이런 동작을 이끌어내는 것은 object의 __getattribute__ 메서드다 (Better way 47: '지연 계산 애트리뷰트가 필요하면 __getattr__, __getattribute__, __setattr__을 사용하라' 참고). 간단히 말해, Exam 인스턴스에 writing_grade라는 이름의 애트리뷰트가 없으면 파이썬은 Exam 클래스의 애트리뷰트를 대신 사용한다. 이 클래스의 애트리뷰트가 __get__과 __set__ 메서드가 정의된 객체라면 파이썬은 디스크립터 프로토콜을 따라야 한다고 결정한다.

이 동작과 Homework 클래스에서 property를 점수 검증에 사용한 방식을 이해했다면, 처음에 다음과 같이 Grade 디스크립터를 구현하려고 시도하는 것이 타당해 보인다.

```python
class Grade:
    def __init__(self):
        self._value = 0

    def __get__(self, instance, instance_type):
        return self._value

    def __set__(self, instance, value):
        if not (0 <= value <= 100):
            raise ValueError(
                '점수는 0과 100 사이입니다')
        self._value = value
```

불행히도 이 구현은 틀렸고 잘못 동작한다. 한 Exam 인스턴스에 정의된 여러 애트리뷰트에 접근할 경우에는 예상대로 작동한다.

```python
class Exam:
    # 클래스 애트리뷰트
    math_grade = Grade()
    writing_grade = Grade()
    science_grade = Grade()

first_exam = Exam()
first_exam.writing_grade = 82
first_exam.science_grade = 99
print('쓰기', first_exam.writing_grade)
print('과학', first_exam.science_grade)

>>>
쓰기 82
과학 99
```

하지만 여러 Exam 인스턴스 객체에 대해 애트리뷰트 접근을 시도하면 예기치 못한 동작을 볼 수 있다.

```
second_exam = Exam()
second_exam.writing_grade = 75
print(f'두 번째 쓰기 점수 {second_exam.writing_grade} 맞음')
print(f'첫 번째 쓰기 점수 {first_exam.writing_grade} 틀림; '
    f'82점이어야 함')
```

```
>>>
두 번째 쓰기 점수 75 맞음
첫 번째 쓰기 점수 75 틀림; 82점이어야 함
```

문제는 writing_grade 클래스 애트리뷰트로 한 Grade 인스턴스를 모든 Exam 인스턴스가 공유한다는 점이다. 프로그램이 실행되는 동안 Exam 클래스가 처음 정의될 때, 이 애트리뷰트에 대한 Grade 인스턴스가 단 한 번만 생성된다. Exam 인스턴스가 생성될 때마다 매번 Grade 인스턴스가 생성되지는 않는다.

이를 해결하려면 Grade 클래스가 각각의 유일한 Exam 인스턴스에 대해 따로 값을 추적하게 해야 한다. 인스턴스별 상태를 딕셔너리에 저장하면 이런 구현이 가능하다.

```
class Grade:
    def __init__(self):
        self._values = {}

    def __get__(self, instance, instance_type):
        if instance is None:
            return self
        return self._values.get(instance, 0)

    def __set__(self, instance, value):
        if not (0 <= value <= 100):
            raise ValueError(
```

```
                         '점수는 0과 100 사이입니다')
    self._values[instance] = value
```

이 구현은 간단하고 잘 작동하지만, 여전히 한 가지 함정이 존재한다. 바로 메모리를 누수(leak)시킨다는 점이다. _values 딕셔너리는 프로그램이 실행되는 동안 __set__ 호출에 전달된 모든 Exam 인스턴스에 대한 참조를 저장하고 있다. 이로 인해 인스턴스에 대한 참조 카운터가 절대로 0이 될 수 없고, 따라서 쓰레기 수집기(garbage collector)가 인스턴스 메모리를 결코 재활용하지 못한다(Better way 81: '프로그램이 메모리를 사용하는 방식과 메모리 누수를 이해하기 위해 tracemalloc을 사용하라'에서 이런 문제를 어떻게 감지할 수 있는지 설명한다).

이 문제를 해결하기 위해 파이썬 weakref 내장 모듈을 사용할 수 있다. 이 모듈은 WeakKeyDictionary라는 특별한 클래스를 제공하며, _values에 사용한 단순한 딕셔너리 대신 이 클래스를 쓸 수 있다. WeakKeyDictionary의 독특한 부분은 딕셔너리에 객체를 저장할 때 일반적인 강한 참조(strong reference) 대신에 약한 참조(weak reference)를 사용한다는 점이다. 파이썬 쓰레기 수집기는 약한 참조로만 참조되는 객체가 사용 중인 메모리를 언제든지 재활용할 수 있다. 따라서 WeakKeyDictionary를 사용해 _values에 저장된 Exam 인스턴스가 더 이상 쓰이지 않는다면(해당 객체를 가리키는 모든 강한 참조가 사라졌다면), 쓰레기 수집기가 해당 메모리를 재활용할 수 있으므로 더 이상 메모리 누수가 없다.

```
from weakref import WeakKeyDictionary

class Grade:
    def __init__(self):
        self._values = WeakKeyDictionary()
```

```
    def __get__(self, instance, instance_type):
        ...

    def __set__(self, instance, value):
        ...
```

이 Grade 디스크립터 구현을 사용하면 모든 코드가 원하는 대로 작동한다.

```
class Exam:
    math_grade = Grade()
    writing_grade = Grade()
    science_grade = Grade()

first_exam = Exam()
first_exam.writing_grade = 82
second_exam = Exam()
second_exam.writing_grade = 75
print(f'첫 번째 쓰기 점수 {first_exam.writing_grade} 맞음')
print(f'두 번째 쓰기 점수 {second_exam.writing_grade} 맞음')

>>>
첫 번째 쓰기 점수 82 맞음
두 번째 쓰기 점수 75 맞음
```

기억해야 할 내용

- @property 메서드의 동작과 검증 기능을 재사용하고 싶다면 디스크립터 클래스를 만들라.
- 디스크립터 클래스를 만들 때는 메모리 누수를 방지하기 위해 WeakKeyDictionary를 사용하라.
- __getattribute__가 디스크립터 프로토콜을 사용해 애트리뷰트 값을 읽거나 설정하는 방식을 정확히 이해하라.

BETTER WAY 47 지연 계산 애트리뷰트가 필요하면 __getattr__, __getattribute__, __setattr__을 사용하라

파이썬 object 훅을 사용하면 시스템을 서로 접합하는 제너릭 코드를 쉽게 작성할 수 있다. 예를 들어 데이터베이스 레코드를 파이썬 객체로 표현하고 싶다고 하자. 데이터베이스에는 이미 스키마(schema) 집합이 있다. 우리가 만들 레코드에 대응하는 코드도 데이터베이스 스키마가 어떤 모습인지 알아야 한다. 하지만 파이썬에서 데이터베이스와 파이썬 객체를 연결해주는 코드가 특정 스키마만 표현할 필요는 없다. 스키마를 표현하는 클래스는 더 일반적으로 만들 수 있다.

어떻게 스키마를 표현하는 클래스를 더 일반화할 수 있을까? 평범한 인스턴스 애트리뷰트나 @property 메서드, 디스크립터 등은 미리 정의해야만 사용할 수 있으므로 이런 용도에는 사용할 수 없다. 파이썬에서는 __getattr__이라는 특별 메서드를 사용해 이런 동적 기능을 활용할 수 있다. 어떤 클래스 안에 __getattr__ 메서드 정의가 있으면, 이 객체의 인스턴스 딕셔너리에서 찾을 수 없는 애트리뷰트에 접근할 때마다 __getattr__이 호출된다.

```python
class LazyRecord:
    def __init__(self):
        self.exists = 5

    def __getattr__(self, name):
        value = f'{name}를 위한 값'
        setattr(self, name, value)
        return value
```

다음 코드에서는 foo라는 존재하지 않는 애트리뷰트를 사용한다. 따라서 파이썬은 방금 정의한 __getattr__ 메서드를 호출하고, 이 메서드는 __dict__ 인스턴스 딕셔너리를 변경한다.

```
data = LazyRecord()
print('이전:', data.__dict__)
print('foo: ', data.foo)
print('이후:', data.__dict__)

>>>
이전: {'exists': 5}
foo:  foo를 위한 값
이후: {'exists': 5, 'foo': 'foo를 위한 값'}
```

다음 코드와 같이 LazyRecord에 로그를 추가해서 __getattr__이 실제로 언제 호출되는지 살펴보자. 여기서는 무한 재귀를 피하고 실제 프로퍼티 값을 가져오기 위해 super().__getattr__()을 통해 상위 클래스의 __getattr__ 구현을 사용했다는 점(Better way 40: 'super로 부모 클래스를 초기화하라'에서 배경지식을 얻을 수 있다)에 유의하라.

```
class LoggingLazyRecord(LazyRecord):
    def __getattr__(self, name):
        print(f'* 호출: __getattr__({name!r}), '
              f'인스턴스 딕셔너리 채워 넣음')
        result = super().__getattr__(name)
        print(f'* 반환: {result!r}')
        return result


data = LoggingLazyRecord()
print('exists:', data.exists)
print('첫 번째 foo:', data.foo)
print('두 번째 foo:', data.foo)

>>>
exists: 5
* 호출: __getattr__('foo'), 인스턴스 딕셔너리 채워 넣음
* 반환: 'foo를 위한 값'
첫 번째 foo: foo를 위한 값
두 번째 foo: foo를 위한 값
```

exists 애트리뷰트가 인스턴스 딕셔너리에 있으므로 __getattr__이 결코 호출되지 않는다. 반면 foo 애트리뷰트는 처음에 인스턴스 딕셔너리에 없으므로 맨 처음 foo에 접근하면 __getattr__이 호출된다. 하지만 foo에 접근하면 __getattr__이 호출되고, 안에서 setattr을 수행해 인스턴스 딕셔너리 안에 foo라는 애트리뷰트를 추가한다. 따라서 두 번째로 foo에 접근하면 __getattr__이 호출되지 않는다는 사실을 로그에서 확인할 수 있다.

이러한 기능은 스키마가 없는 데이터에 지연 계산으로 접근하는 등의 활용이 필요할 때 아주 유용하다. 스키마가 없는 데이터에 접근하면 __getattr__이 한 번 실행되면서 프로퍼티를 적재하는 힘든 작업을 모두 처리한다. 이후 모든 데이터 접근은 기존 결과를 읽게 된다.

이 데이터베이스 시스템 안에서 트랜잭션이 필요하다고 하자. 이제는 사용자가 프로퍼티에 접근할 때 상응하는 데이터베이스에 있는 레코드가 유효한지, 그리고 트랜잭션이 여전히 열려 있는지 판단해야 한다. 기존 애트리뷰트를 확인하는 빠른 경로로 객체의 인스턴스 딕셔너리를 사용하기 때문에 __getattr__ 훅으로는 이런 기능을 안정적으로 만들 수 없다.

이와 같은 고급 사용법을 제공하기 위해 파이썬은 __getattribute__라는 다른 object 훅을 제공한다. 이 특별 메서드는 객체의 애트리뷰트에 접근할 때마다 호출된다. 심지어 애트리뷰트 디렉터리에 존재하는 애트리뷰트에 접근할 때도 이 훅이 호출된다. 이를 사용하면 프로퍼티에 접근할 때마다 항상 전역 트랜잭션 상태를 검사하는 등의 작업을 수행할 수 있다. 이런 연산은 부가 비용이 많이 들고 성능에 부정적인 영향을 끼치기도 하지만, 때로는 이런 비용을 감수할 만한 가치를 지닌 경우도 있다는 점을 명심하자. 다음 코드는 __getattribute__가 호출될 때마다 로그를 남기는 ValidatingRecord를 정의한다.

```python
class ValidatingRecord:
    def __init__(self):
        self.exists = 5

    def __getattribute__(self, name):
        print(f'* 호출: __getattr__({name!r})')
        try:
            value = super().__getattribute__(name)
            print(f'* {name!r} 찾음, {value!r} 반환')
            return value
        except AttributeError:
            value = f'{name}를 위한 값'
            print(f'* {name!r}를 {value!r}로 설정')
            setattr(self, name, value)
            return value

data = ValidatingRecord()
print('exists:', data.exists)
print('첫 번째 foo:', data.foo)
print('두 번째 foo:', data.foo)

>>>
* 호출: __getattr__('exists')
* 'exists' 찾음, 5 반환
exists: 5
* 호출: __getattr__('foo')
* 'foo'를 'foo를 위한 값'로 설정
첫 번째 foo: foo를 위한 값
* 호출: __getattr__('foo')
* 'foo' 찾음, 'foo를 위한 값' 반환
두 번째 foo: foo를 위한 값
```

존재하지 않는 프로퍼티에 동적으로 접근하는 경우에는 AttributeError 예외가 발생한다. __getattr__과 __getattribute__에서 존재하지 않는 프로퍼티를 사용할 때 발생하는 표준적인 예외가 AttributeError다.

```
class MissingPropertyRecord:
    def __getattr__(self, name):
        if name == 'bad_name':
            raise AttributeError(f'{name}을 찾을 수 없음')
        ...

data = MissingPropertyRecord()
data.bad_name
```

```
>>>
Traceback ...
AttributeError: bad_name을 찾을 수 없음
```

파이썬에서 일반적인 기능을 구현하는 코드가 hasattr 내장 함수를 통해 프
로퍼티가 존재하는지 검사하는 기능과 getattr 내장 함수를 통해 프로퍼티
값을 꺼내오는 기능에 의존할 때도 있다. 이 두 함수도 __getattr__을 호출
하기 전에 애트리뷰트 이름을 인스턴스 딕셔너리에서 검색한다.

```
data = LoggingLazyRecord() # __getattr__을 구현
print('이전:', data.__dict__)
print('최초에 foo가 있나:', hasattr(data, 'foo'))
print('이후:', data.__dict__)
print('다음에 foo가 있나:', hasattr(data, 'foo'))
```

```
>>>
이전: {'exists': 5}
* 호출: __getattr__('foo'), 인스턴스 딕셔너리 채워 넣음
* 반환: 'foo를 위한 값'
최초에 foo가 있나: True
이후: {'exists': 5, 'foo': 'foo를 위한 값'}
다음에 foo가 있나: True
```

이 예제에서는 __getattr__이 단 한 번만 호출된다. 반대로 다음 예제에서
는 __getattribute__를 구현하는 클래스에서 인스턴스에 대해 hasattr이나
getattr이 쓰일 때마다 __getattribute__가 호출되는 모습을 볼 수 있다.

```
data = ValidatingRecord() # __getattribute__를 구현
print('최초에 foo가 있나:', hasattr(data, 'foo'))
print('다음에 foo가 있나:', hasattr(data, 'foo'))

>>>
* 호출: __getattr__('foo')
* 'foo'를 'foo를 위한 값'로 설정
최초에 foo가 있나: True
* 호출: __getattr__('foo')
* 'foo' 찾음, 'foo를 위한 값' 반환
다음에 foo가 있나: True
```

이제 내 파이썬 객체에 값이 대입된 경우, 나중에 이 값을 데이터베이스에 다
시 저장하고 싶다고 하자. 임의의 애트리뷰트에 값을 설정할 때마다 호출되
는 object 혹인 __setattr__을 사용하면, 이런 기능을 비슷하게 구현할 수
있다. __getattr__이나 __getattribute__로 값을 읽을 때와 달리 메서드가
두 개 있을 필요가 없다. __setattr__은 인스턴스의 애트리뷰트에 (직접 대
입하든 setattr 내장 함수를 통해서든) 대입이 이뤄질 때마다 항상 호출된다.

```
class SavingRecord:
    def __setattr__(self, name, value):
        # 데이터를 데이터베이스 레코드에 저장한다
        ...
        super().__setattr__(name, value)
```

다음 코드는 로그를 남기는 하위 클래스로 SavingRecord를 정의한다. 이 클
래스에 속한 인스턴스의 애트리뷰트 값을 설정할 때마다 __setattr__ 메서
드가 항상 호출된다.

```
class LoggingSavingRecord(SavingRecord):
    def __setattr__(self, name, value):
        print(f'* 호출: __setattr__({name!r}, {value!r})')
        super().__setattr__(name, value)
```

```
data = LoggingSavingRecord()
print('이전:', data.__dict__)
data.foo = 5
print('이후:', data.__dict__)
data.foo = 7
print('최후:', data.__dict__)

>>>
이전: {}
* 호출: __setattr__('foo', 5)
이후: {'foo': 5}
* 호출: __setattr__('foo', 7)
최후: {'foo': 7}
```

__getattribute__와 __setattr__의 문제점은 여러분이 원하든 원하지 않든
어떤 객체의 모든 애트리뷰트에 접근할 때마다 함수가 호출된다는 것이다.
예를 들어 어떤 객체와 관련된 딕셔너리에 키가 있을 때만 이 객체의 애트리
뷰트에 접근하고 싶다고 하자.

```
class BrokenDictionaryRecord:
    def __init__(self, data):
        self._data = {}
    def __getattribute__(self, name):
        print(f'* 호출: __getattribute__({name!r})')
        return self._data[name]
```

이 클래스 정의는 self._data에 대한 접근을 __getattribute__를 통해 수행
하도록 요구한다. 하지만 실제로 이 코드를 실행해보면, 파이썬이 스택을 다
소모할 때까지 재귀를 수행하다 죽어버린다.

```
data = Brokedata = BrokenDictionaryRecord({'foo': 3})
data.foo
```

```
>>>
* 호출: __getattribute__('foo')
```

```
* 호출: __getattribute__('_data')
* 호출: __getattribute__('_data')
* 호출: __getattribute__('_data')
...
Traceback ...
RecursionError: maximum recursion depth exceeded while calling
➥a Python object
```

이 문제는 __getattribute__가 self._data에 접근해서 __getattribute__가
다시 호출되기 때문이다. 해결 방법은 super().__getattribute__를 호출해
인스턴스 애트리뷰트 딕셔너리에서 값을 가져오는 것이다. 이렇게 하면 재귀
를 피할 수 있다.

```
class DictionaryRecord:
    def __init__(self, data):
        self._data = data

    def __getattribute__(self, name):
        print(f'* 호출: __getattribute__({name!r})')
        data_dict = super().__getattribute__('_data')
        return data_dict[name]

data = DictionaryRecord({'foo': 3})
print('foo:', data.foo)

>>>
* 호출: __getattribute__('foo')
foo: 3
```

__setattr__ 메서드 안에서 애트리뷰트를 변경하는 경우에도 super().__
setattr__을 적절히 호출해야 한다.

BETTER WAY 48 `__init_subclass__`를 사용해 하위 클래스를 검증하라

메타클래스의 가장 간단한 활용법 중 하나는 어떤 클래스가 제대로 구현됐는지 검증하는 것이다. 복잡한 클래스 계층을 설계할 때 어떤 스타일을 강제로 지키도록 만들거나, 메서드를 오버라이드하도록 요청하거나, 클래스 애트리뷰트 사이에 엄격한 관계를 가지도록 요구할 수 있다. 메타클래스는 이런 목적을 달성할 수 있다. 새로운 하위 클래스가 정의될 때마다 이런 검증 코드를 수행하는 신뢰성 있는 방법을 제공하기 때문이다.

어떤 클래스 타입의 객체가 실행 시점에 생성될 때 클래스 검증 코드를 `__init__` 메서드 안에서 실행하는 경우도 종종 있다(Better way 44: '세터와 게터 메서드 대신 평범한 애트리뷰트를 사용하라'에서 예제를 볼 수 있다). 검증에 메타클래스를 사용하면, 프로그램 시작 시 클래스가 정의된 모듈을 처음 임포트할 때와 같은 시점에 검증이 이뤄지기 때문에 예외가 훨씬 더 빨리 발생할 수 있다.

하위 클래스를 검증하는 메타클래스를 정의하는 방법을 살펴보기 전에, 일반적인 객체에 대해 메타클래스가 어떻게 작동하는지 이해하는 것이 중요하

다. 메타클래스는 type을 상속해 정의된다. 기본적인 경우 메타클래스는 __
new__ 메서드를 통해 자신과 연관된 클래스의 내용을 받는다. 다음 코드는
어떤 타입이 실제로 구성되기 전에 클래스 정보를 살펴보고 변경하는 모습을
보여준다.

```
class Meta(type):
    def __new__(meta, name, bases, class_dict):
        print(f'* 실행: {name}의 메타 {meta}.__new__')
        print('기반 클래스들:', bases)
        print(class_dict)
        return type.__new__(meta, name, bases, class_dict)

class MyClass(metaclass=Meta):
    stuff = 123

    def foo(self):
        pass

class MySubclass(MyClass):
    other = 567

    def bar(self):
        pass
```

메타클래스는 클래스 이름, 클래스가 상속하는 부모 클래스들(bases), class
의 본문에 정의된 모든 클래스 애트리뷰트에 접근할 수 있다. 모든 클래스
는 object를 상속하기 때문에 메타클래스가 받는 부모 클래스의 튜플 안에는
object가 명시적으로 들어 있지 않다.

```
>>>
* 실행: MyClass의 메타 <class '__main__.Meta'>.__new__
기반 클래스들: ()
{'__module__': '__main__', '__qualname__': 'MyClass', 'stuff': 123,
➡'foo': <function MyClass.foo at 0x0000022AD6BDF700>}
```

```
* 실행: MySubclass의 메타 <class '__main__.Meta'>.__new__
기반 클래스들: (<class '__main__.MyClass'>,)
{'__module__': '__main__', '__qualname__': 'MySubclass', 'other': 567,
➡'bar': <function MySubclass.bar at 0x0000022AD9D288B0>}
```

연관된 클래스가 정의되기 전에 이 클래스의 모든 파라미터를 검증하려면
Meta.__new__에 기능을 추가해야 한다. 예를 들어 다각형을 표현하는 타입
을 만든다고 하자. 이때 검증을 수행하는 특별한 메타클래스를 정의하고, 이
메타클래스를 모든 다각형 클래스 계층 구조의 기반 클래스로 사용할 수 있
다. 기반 클래스에 대해서는 (일반 다각형 클래스와) 같은 검증을 수행하지
않는다는 사실에 유의하라.

```
class ValidatePolygon(type):
    def __new__(meta, name, bases, class_dict):
        # Polygon 클래스의 하위 클래스만 검증한다
        if bases:
            if class_dict['sides'] < 3:
                raise ValueError('다각형 변은 3개 이상이어야 함')
        return type.__new__(meta, name, bases, class_dict)

class Polygon(metaclass=ValidatePolygon):
    sides = None  # 하위 클래스는 이 애트리뷰트에 값을 지정해야 한다

    @classmethod
    def interior_angles(cls):
        return (cls.sides - 2) * 180

class Triangle(Polygon):
    sides = 3

class Rectangle(Polygon):
    sides = 4

class Nonagon(Polygon):
    sides = 9
```

```
assert Triangle.interior_angles() == 180
assert Rectangle.interior_angles() == 360
assert Nonagon.interior_angles() == 1260
```

이 검증은 class 문에서 변 개수가 3보다 작은 경우에 해당 class 정의문의
본문이 실행된 직후 예외를 발생시킨다. 이는 변이 두 개 이하인 클래스를 정
의하면 프로그램이 아예 시작되지도 않는다는 뜻이다*(다만 동적으로 임포
트되는 모듈에서 이런 클래스를 정의하면 예외가 발생하지 않는다. Better
way 88: '순환 의존성을 깨는 방법을 알아두라'에서 어떻게 이런 일이 벌어
질 수 있는지 살펴보라).

```
print('class 이전')

class Line(Polygon):
    print('sides 이전')
    sides = 2
    print('sides 이후')

print('class 이후')

>>>
class 이전
sides 이전
sides 이후
Traceback ...
ValueError: 다각형 변은 3개 이상이어야 함
```

파이썬에게 이런 기본적인 작업을 시키기 위해 너무 복잡한 코드를 작성해
야 하는 것처럼 보인다. 다행히 파이썬 3.6에는 메타클래스를 정의하지 않고
같은 동작을 구현할 수 있는 더 단순한 구문(__init_subclass__ 특별 클래스

---

* <u>역주</u> 파이썬에서 클래스 정의문을 실행하는 시점(class로 시작하는 정의 부분을 읽어서 클래스 정의를 파이썬 인
  터프리터가 알게 되는 시점)과 실제 클래스 본문에 있는 메서드가 실행되는 시점이 다르다는 점에 유의하라. 따라
  서 클래스 정의에서 잘못된 부분이 있으면 인터프리터는 오류를 내면서 실행을 중단한다.

메서드를 정의하는 방식)이 추가됐다. 다음 코드는 이 방식을 사용해 앞에서 본 예제와 똑같은 수준의 검증을 제공한다.

```python
class BetterPolygon:
    sides = None  # 하위 클래스에서 이 애트리뷰트의 값을 지정해야 함

    def __init_subclass__(cls):
        super().__init_subclass__()
        if cls.sides < 3:
            raise ValueError('다각형 변은 3개 이상이어야 함')

    @classmethod
    def interior_angles(cls):
        return (cls.sides - 2) * 180

class Hexagon(BetterPolygon):
    sides = 6

assert Hexagon.interior_angles() == 720
```

코드가 훨씬 짧아졌고, ValidatePolygon 메타클래스가 완전히 사라졌다. 그리고 class_dict['sides']를 통해 클래스 딕셔너리에서 sides를 가져올 필요가 없다. __init_subclass__ 안에서는 cls 인스턴스에서 sides 애트리뷰트를 직접 가져올 수 있으므로 코드를 이해하기도 훨씬 쉬워졌다. BetterPolygon의 하위 클래스를 잘못 정의하면 앞의 예제와 똑같은 예외를 볼 수 있다.

```python
print('class 이전')

class Point(BetterPolygon):
    sides = 1

print('class 이후')

>>>
class 이전
```

```
Traceback ...
ValueError: 다각형 변은 3개 이상이어야 함
```

표준 파이썬 메타클래스 방식의 또 다른 문제점은 클래스 정의마다 메타클래스를 단 하나만 지정할 수 있다는 것이다. 다음 코드는 어떤 영역(이 영역이 꼭 다각형일 필요는 없다)에 칠할 색을 검증하기 위한 메타클래스다.

```
class ValidateFilled(type):
    def __new__(meta, name, bases, class_dict):
        # Filled 클래스의 하위 클래스만 검증한다
        if bases:
            if class_dict['color'] not in ('red', 'green'):
                raise ValueError('지원하지 않는 color 값')
        return type.__new__(meta, name, bases, class_dict)

class Filled(metaclass=ValidateFilled):
    color = None  # 모든 하위 클래스에서 이 애트리뷰트의 값을 지정해야 한다
```

Polygon 메타클래스와 Filled 메타클래스를 함께 사용하려고 시도하면 이해하기 힘든 오류 메시지를 볼 수 있다.

```
class RedPentagon(Filled, Polygon):
    color = 'red'
    sides = 5
```

```
>>>
Traceback ...
TypeError: metaclass conflict: the metaclass of a derived
➡class must be a (non-strict) subclass of the metaclasses
➡of all its bases
```

검증을 여러 단계로 만들기 위해 복잡한 메타클래스 type 정의를 복잡한 계층으로 설계함으로써 이런 문제를 해결할 수도 있다.

```python
class ValidatePolygon(type):
    def __new__(meta, name, bases, class_dict):
        # 루트 클래스가 아닌 경우만 검증한다
        if not class_dict.get('is_root'):
            if class_dict['sides'] < 3:
                raise ValueError('다각형 변은 3개 이상이어야 함')
        return type.__new__(meta, name, bases, class_dict)

class Polygon(metaclass=ValidatePolygon):
    is_root = True
    sides = None  # 하위 클래스에서 이 애트리뷰트 값을 지정해야 한다

class ValidateFilledPolygon(ValidatePolygon):
    def __new__(meta, name, bases, class_dict):
        # 루트 클래스가 아닌 경우만 검증한다
        if not class_dict.get('is_root'):
            if class_dict['color'] not in ('red', 'green'):
                raise ValueError('지원하지 않는 color 값')
        return super().__new__(meta, name, bases, class_dict)

class FilledPolygon(Polygon, metaclass=ValidateFilledPolygon):
    is_root = True
    color = None  # 하위 클래스에서 이 애트리뷰트 값을 지정해야 한다
```

이렇게 정의하면 모든 FilledPolygon은 Polygon의 인스턴스가 된다.

```python
class GreenPentagon(FilledPolygon):
    color = 'green'
    sides = 5

greenie = GreenPentagon()
assert isinstance(greenie, Polygon)
```

색을 검증하면 잘 작동한다.

```python
class OrangePentagon(FilledPolygon):
    color = 'orange'
```

```
    sides = 5
```

```
>>>
Traceback ...
ValueError: 지원하지 않는 color 값
```

변의 개수 검증도 잘 작동한다.

```
class RedLine(FilledPolygon):
    color = 'red'
    sides = 2
```

```
>>>
Traceback ...
ValueError: 다각형 변은 3개 이상이어야 함
```

하지만 이런 접근 방법은 합성성(composability)을 해친다. 이런 식으로 여러 검증을 설계하는 목적이 바로 합성성을 살리는 것임에도 그렇다(Better way 41: '기능을 합성할 때는 믹스인 클래스를 사용하라' 참고). Validate FilledPolygon에 있는 색 검증 로직을 다른 클래스 계층 구조에 적용하려면 모든 로직을 중복 정의해야 하므로, 코드 재사용이 줄어들고 불필요한 준비 코드는 늘어난다.

__init_subclass__ 특별 클래스 메서드를 사용하면 이 문제도 해결할 수 있다. super 내장 함수를 사용해 부모나 형제자매(sibling) 클래스의 __init_subclass__를 호출해주는 한, 여러 단계로 이뤄진 __init_subclass__를 활용하는 클래스 계층 구조를 쉽게 정의할 수 있다(비슷한 예제를 Better way 40: 'super로 부모 클래스를 초기화하라'에서 볼 수 있다). 이 방식은 심지어 다중 상속과도 잘 어우러진다. 다음 코드는 영역을 칠할 색을 표현하는 클래스를 정의한다. 이 클래스는 앞에서 정의한 BetterPolygon 클래스와 함께 합성할 수 있다.

```
class Filled:
    color = None  # 하위 클래스에서 이 애트리뷰트 값을 지정해야 한다

    def __init_subclass__(cls):
        super().__init_subclass__()
        if cls.color not in ('red', 'green', 'blue'):
            raise ValueError('지원하지 않는 color 값')
```

새로운 클래스에서 BetterPolygon과 Filled 클래스를 모두 상속할 수 있다. 두 클래스는 모두 super().__init_subclass__()를 호출하기 때문에 하위 클래스가 생성될 때 각각의 검증 로직이 실행된다.

```
class RedTriangle(Filled, Polygon):
    color = 'red'
    sides = 3

ruddy = RedTriangle()
assert isinstance(ruddy, Filled)
assert isinstance(ruddy, Polygon)
```

변의 수를 잘못 지정하면 검증 오류가 발생한다.

```
print('class 이전')

class BlueLine(Filled, Polygon):
    color = 'blue'
    sides = 2

print('class 이후')

>>>
class 이전
Traceback ...
ValueError: 다각형 변은 3개 이상이어야 함
```

색을 잘못 지정해도 검증 오류가 발생한다.

```
print('class 이전')

class BeigeSquare(Filled, Polygon):
    color = 'beige'
    sides = 4

print('class 이후')

>>>
class 이전
Traceback ...
ValueError: 지원하지 않는 color 값
```

심지어 __init_subclass__를 다이아몬드 상속(Better way 40: 'super로 부
모 클래스를 초기화하라' 참고) 같은 복잡한 경우에도 사용할 수 있다. 다음
코드에서는 기본적인 다이아몬드 상속 구조를 만들어 __init_subclass__의
동작을 보여준다.

```
class Top:
    def __init_subclass__(cls):
        super().__init_subclass__()
        print(f'{cls}의 Top')

class Left(Top):
    def __init_subclass__(cls):
        super().__init_subclass__()
        print(f'{cls}의 Left')

class Right(Top):
    def __init_subclass__(cls):
        super().__init_subclass__()
        print(f'{cls}의 Right')

class Bottom(Left, Right):
    def __init_subclass__(cls):
        super().__init_subclass__()
```

```
    print(f'{cls}의 Bottom')

>>>
<class '__main__.Left'>의 Top
<class '__main__.Right'>의 Top
<class '__main__.Bottom'>의 Top
<class '__main__.Bottom'>의 Right
<class '__main__.Bottom'>의 Left
```

예상한 대로 Bottom 클래스에서 Top에 이르는 상속 경로가 두 가지(Left
를 통하는 경로와 Right를 통하는 경로)지만, 각 클래스마다 Top.__init_
subclass__는 단 한 번만 호출된다.

기억해야 할 내용

- 메타클래스의 __new__ 메서드는 class 문의 모든 본문이 처리된 직후에 호출된다.
- 메타클래스를 사용해 클래스가 정의된 직후이면서 클래스가 생성되기 직전인 시점에 클
  래스 정의를 변경할 수 있다. 하지만 메타클래스는 원하는 목적을 달성하기에 너무 복잡
  해지는 경우가 많다.
- __init_subclass__를 사용해 하위 클래스가 정의된 직후, 하위 클래스 타입이 만들어
  지기 직전에 해당 클래스가 원하는 요건을 잘 갖췄는지 확인하라.
- __init_subclass__ 정의 안에서 super().__init_subclass__를 호출해 여러 계층
  에 걸쳐 클래스를 검증하고 다중 상속을 제대로 처리하도록 하라.

BETTER WAY 49 __init_subclass__를 사용해 클래스 확장을 등록하라

메타클래스의 다른 용례로 프로그램이 자동으로 타입을 등록하는 것이 있다.
간단한 식별자를 이용해 그에 해당하는 클래스를 찾는 역검색을 하고 싶을
때 이런 등록 기능이 유용하다.

예를 들어 파이썬 object를 JSON으로 직렬화하는 직렬화 표현 방식을 구현한다고 하자. 어떤 object를 JSON 문자열로 변환할 방법이 필요하다. 다음 코드는 생성자 파라미터를 기록하고, 이를 JSON 딕셔너리로 변환하는 방식으로 일반적인 파이썬 object를 JSON 문자열로 변환한다.

```python
import json

class Serializable:
    def __init__(self, *args):
        self.args = args

    def serialize(self):
        return json.dumps({'args': self.args})
```

이 클래스를 사용하면 Point2D 같은 간단한 불변 데이터 구조를 쉽게 직렬화할 수 있다.

```python
class Point2D(Serializable):
    def __init__(self, x, y):
        super().__init__(x, y)
        self.x = x
        self.y = y

    def __repr__(self):
        return f'Point2D({self.x}, {self.y})'

point = Point2D(5, 3)
print('객체:', point)
print('직렬화한 값:', point.serialize())

>>>
객체: Point2D(5, 3)
직렬화한 값: {"args": [5, 3]}
```

이제 이 JSON 문자열을 역직렬화해서 문자열이 표현하는 Point2D 객체를 구성해야 한다. 다음 코드에서는 Serializable을 부모 클래스로 하며, 이 부모 클래스를 활용해 데이터를 역직렬화하는 다른 클래스를 보여준다.

```
class Deserializable(Serializable):
    @classmethod
    def deserialize(cls, json_data):
        params = json.loads(json_data)
        return cls(*params['args'])
```

Deserializable을 사용하면 간단한 불변 객체를 쉽게 직렬화하고 역직렬화할 수 있다.

```
class BetterPoint2D(Deserializable):
    ...

before = BetterPoint2D(5, 3)
print('이전:', before)
data = before.serialize()
print('직렬화한 값:', data)
after = BetterPoint2D.deserialize(data)
print('이후:', after)
```

```
>>>
이전: Point2D(5, 3)
직렬화한 값: {"args": [5, 3]}
이후: Point2D(5, 3)
```

이 접근 방식은 여러분이 직렬화할 데이터의 타입(Point2D, BetterPoint2D 등)을 미리 알고 있는 경우에만 사용할 수 있다는 문제가 있다. JSON으로 직렬화할 클래스가 아주 많더라도 JSON 문자열을 적당한 파이썬 object로 역직렬화하는 함수는 공통으로 하나만 있는 것이 이상적이다.

이런 공통 함수를 만들고자 객체의 클래스 이름을 직렬화해 JSON 데이터에 포함시킬 수 있다.

```
class BetterSerializable:
    def __init__(self, *args):
        self.args = args

    def serialize(self):
        return json.dumps({
            'class': self.__class__.__name__,
            'args': self.args,
        })

    def __repr__(self):
        name = self.__class__.__name__
        args_str = ', '.join(str(x) for x in self.args)
        return f'{name}({args_str})'
```

그러면 클래스 이름을 객체 생성자로 다시 연결해주는 매핑을 유지할 수 있다. 매핑을 사용해 구현한 일반적인 deserialize 함수는 register_class를 통해 등록된 모든 클래스에 대해 잘 작동한다.

```
registry = {}

def register_class(target_class):
    registry[target_class.__name__] = target_class

def deserialize(data):
    params = json.loads(data)
    name = params['class']
    target_class = registry[name]
    return target_class(*params['args'])
```

deserialize가 항상 제대로 작동하려면 나중에 역직렬화할 모든 클래스에서 register_class를 호출해야 한다.

```
class EvenBetterPoint2D(BetterSerializable):
    def __init__(self, x, y):
        super().__init__(x, y)
        self.x = x
        self.y = y

register_class(EvenBetterPoint2D)
```

이제 임의의 JSON 문자열이 표현하는 클래스를 알지 못하더라도 해당 문자
열을 역직렬화할 수 있다.

```
before = EvenBetterPoint2D(5, 3)
print('이전:', before)
data = before.serialize()
print('직렬화한 값:', data)
after = deserialize(data)
print('이후:', after)
```

```
>>>
이전: EvenBetterPoint2D(5, 3)
직렬화한 값: {"class": "EvenBetterPoint2D", "args": [5, 3]}
이후: EvenBetterPoint2D(5, 3)
```

이 방식의 문제점은 register_class 호출을 잊어버릴 수 있다는 것이다.

```
class Point3D(BetterSerializable):
    def __init__(self, x, y, z):
        super().__init__(x, y, z)
        self.x = x
        self.y = y
        self.z = z

# register_class 호출을 잊어버렸다. 이런!
```

나중에 등록을 잊어버린 클래스의 인스턴스를 역직렬화하려고 시도하면 프
로그램이 깨진다.

```
point = Point3D(5, 9, -4)
data = point.serialize()
deserialize(data)

>>>
Traceback ...
KeyError: 'Point3D'
```

BetterSerializable의 하위 클래스를 정의했음에도 불구하고, 클래스 정의
문 다음에 register_class를 호출하는 것을 잊어버리면 BetterSerializable
이 제공하는 기능을 제대로 활용할 수 없다. 이런 접근 방법은 실수를 하기
쉬운데, 특히 초보자들이 그렇다. **클래스 데코레이터**(class decorator)도 방금 설
명한 경우와 마찬가지로 호출을 잊어버리는 실수를 저지를 수 있다(클래스
데코레이터가 적합한 경우는 Better way 51: '합성 가능한 클래스 확장이
필요하면 메타클래스보다는 클래스 데코레이터를 사용하라' 참고).

프로그래머가 BetterSerializable을 사용한다는 의도를 감지하고 적절한 동
작을 수행해 항상 제대로 register_class를 호출해줄 수 있다면 어떨까? 메
타클래스는 하위 클래스가 정의될 때 class 문을 가로채서 이런 동작을 수행
할 수 있다(Better way 48: '__init_subclass__를 사용해 하위 클래스를 검
증하라'에서 메타클래스가 제공하는 이런 기능을 살펴볼 수 있다). 다음 코드
는 메타클래스를 사용해서 클래스 본문을 처리한 직후에 새로운 타입을 등록
한다.

```
class Meta(type):
    def __new__(meta, name, bases, class_dict):
        cls = type.__new__(meta, name, bases, class_dict)
        register_class(cls)
        return cls

class RegisteredSerializable(BetterSerializable,
```

```
                    metaclass=Meta):
    pass
```

이제는 RegisteredSerializable의 하위 클래스를 정의할 때 register_class
가 호출되고 deserialize가 항상 제대로 작동한다고 확신할 수 있다.

```
class Vector3D(RegisteredSerializable):
    def __init__(self, x, y, z):
        super().__init__(x, y, z)
        self.x, self.y, self.z = x, y, z
```

```
before = Vector3D(10, -7, 3)
print('이전:', before)
data = before.serialize()
print('직렬화한 값:', data)
print('이후:', deserialize(data))
```

```
>>>
이전: Vector3D(10, -7, 3)
직렬화한 값: {"class": "Vector3D", "args": [10, -7, 3]}
이후: Vector3D(10, -7, 3)
```

더 좋은 접근 방법은 __init_subclass__ 특별 클래스 메서드를 사용하는 것
이다. 파이썬 3.6부터 도입된 간편한 방식으로, 이 특별 클래스 메서드를 사
용하면 클래스를 정의할 때 커스텀 로직을 제공할 수 있어 코드 잡음이 줄어
든다. 이 방법은 복잡한 메타클래스 구문을 혼동하기 쉬운 초보자에게도 적
합하다.

```
class BetterRegisteredSerializable(BetterSerializable):
    def __init_subclass__(cls):
        super().__init_subclass__()
        register_class(cls)
```

```
class Vector1D(BetterRegisteredSerializable):
    def __init__(self, magnitude):
```

```
        super().__init__(magnitude)
        self.magnitude = magnitude

before = Vector1D(6)
print('이전:', before)
data = before.serialize()
print('직렬화한 값:', data)
print('이후:', deserialize(data))
```

```
>>>
이전: Vector1D(6)
직렬화한 값: {"class": "Vector1D", "args": [6]}
이후: Vector1D(6)
```

클래스 등록에 __init_subclass__(또는 메타클래스)를 사용하면, 상속 트리가 제대로 돼 있는 한 클래스 등록을 잊어버릴 일이 없다고 보장할 수 있다. 이 방식은 방금 본 것처럼 직렬화인 경우 잘 작동하며, 객체-관계 매핑(ORM), 확장성 플러그인 시스템, 콜백 훅에도 마찬가지로 잘 작동한다.

기억해야 할 내용

- 클래스 등록은 파이썬 프로그램을 모듈화할 때 유용한 패턴이다.
- 메타클래스를 사용하면, 프로그램 안에서 기반 클래스를 상속한 하위 클래스가 정의될 때마다 등록 코드를 자동으로 실행할 수 있다.
- 메타클래스를 클래스 등록에 사용하면 클래스 등록 함수를 호출하지 않아서 생기는 오류를 피할 수 있다.
- 표준적인 메타클래스 방식보다는 __init_subclass__가 더 낫다. __init_subclass__ 쪽이 더 깔끔하고 초보자가 이해하기에도 더 쉽다.

BETTER WAY 50 __set_name__으로 클래스 애트리뷰트를 표시하라

메타클래스를 통해 사용할 수 있는 유용한 기능이 한 가지 더 있다. 클래스가 정의된 후 클래스가 실제로 사용되기 이전인 시점에 프로퍼티를 변경하거나 표시할 수 있는 기능이다. 애트리뷰트가 포함된 클래스 내부에서 애트리뷰트 사용을 좀 더 자세히 관찰하고자 **디스크립터**를 쓸 때 이런 접근 방식을 활용한다(Better way 46: '재사용 가능한 @property 메서드를 만들려면 디스크립터를 사용하라' 참고).

예를 들어 고객 데이터베이스의 로우(row)를 표현하는 새 클래스를 정의한다고 하자. 데이터베이스 테이블의 각 컬럼(column)에 해당하는 프로퍼티를 클래스에 정의하고 싶다. 다음 코드는 애트리뷰트와 컬럼 이름을 연결하는 디스크립터 클래스다.

```
class Field:
    def __init__(self, name):
        self.name = name
        self.internal_name = '_' + self.name

    def __get__(self, instance, instance_type):
        if instance is None:
            return self
        return getattr(instance, self.internal_name, '')

    def __set__(self, instance, value):
        setattr(instance, self.internal_name, value)
```

컬럼 이름을 Field 디스크립터에 저장하고 나면, setattr 내장 함수를 사용해 인스턴스별 상태를 직접 인스턴스 딕셔너리에 저장할 수 있고, 나중에 getattr로 인스턴스의 상태를 읽을 수 있다. 처음에는 메모리 누수를 막기 위해 weakref 내장 모듈을 사용해 디스크립터를 정의하는 방식보다 이 방식이 훨씬 편리해 보인다.

로우를 표현하는 클래스를 정의하려면 애트리뷰트별로 해당 테이블 컬럼 이름을 지정하면 된다.

```
class Customer:
    # 클래스 애트리뷰트
    first_name = Field('first_name')
    last_name = Field('last_name')
    prefix = Field('prefix')
    suffix = Field('suffix')
```

이 클래스를 사용하기는 쉽다. 다음 코드에서 우리가 예상한 것처럼 Field 디스크립터가 __dict__ 인스턴스 딕셔너리를 변화시킨다는 사실을 확인할 수 있다.

```
cust = Customer()
print(f'이전: {cust.first_name!r} {cust.__dict__}')
cust.first_name = '유클리드'
print(f'이후: {cust.first_name!r} {cust.__dict__}')

>>>
이전: '' {}
이후: '유클리드' {'_first_name': '유클리드'}
```

하지만 이 클래스 정의는 중복이 많아 보인다. 클래스 안에서 왼쪽에 필드 이름을 이미 정의했는데(field_name =), 군이 같은 정보가 들어 있는 문자열을 Field 디스크립터에게 다시 전달(Field('first_name'))해야 할 이유가 없다.

```
class Customer:
    # =의 좌변과 우변의 정보가 불필요하게 중복된다
    first_name = Field('first_name')
    ...
```

문제는 우리가 Customer 클래스 정의를 읽을 때는 애트리뷰트 정의를 왼쪽에서 오른쪽으로 읽지만, 파이썬이 실제로 Customer 클래스 정의를 처리하는 순서는 이와 반대라는 점이다. 파이썬은 먼저 Field('first_name')을 통해 Field 생성자를 호출하고, 반환된 값을 Customer.field_name에 등록한다. Field 인스턴스가 자신이 대입될 클래스의 애트리뷰트 이름을 미리 알 방법은 없다.

이런 중복을 줄이기 위해 메타클래스를 사용할 수 있다. 메타클래스를 사용하면 class 문에 직접 훅을 걸어서 class 본문이 끝나자마자 필요한 동작을 수행할 수 있다('__init_subclass__를 사용해 하위 클래스를 검증하라'에서 메타클래스의 동작을 자세히 볼 수 있다). 앞의 예제의 경우, 필드 이름을 여러 번 수동으로 지정하는 대신 메타클래스를 사용해 디스크립터의 Field.name과 Field.internal_name을 자동으로 대입할 수 있다.

```
class Meta(type):
    def __new__(meta, name, bases, class_dict):
        for key, value in class_dict.items():
            if isinstance(value, Field):
                value.name = key
                value.internal_name = '_' + key
        cls = type.__new__(meta, name, bases, class_dict)
        return cls
```

다음 코드는 메타클래스를 사용하는 기반 클래스 정의다. 데이터베이스 로우를 표현하는 모든 클래스는 기반 클래스를 상속해 메타클래스를 사용해야 한다.

```
class DatabaseRow(metaclass=Meta):
    pass
```

메타클래스를 사용하기 위해 Field 디스크립터에서 바꿔야 할 부분이 많지는 않다. 유일하게 달라진 부분은 생성자 인자가 없다는 점뿐이다. 생성자가 컬럼 이름을 받는 대신, 앞에서 본 Meta.__new__ 메서드가 애트리뷰트를 설정해준다.

```
class Field:
    def __init__(self):
        # 이 두 정보를 메타클래스가 채워준다
        self.name = None
        self.internal_name = None

    def __get__(self, instance, instance_type):
        if instance is None:
            return self
        return getattr(instance, self.internal_name, '')

    def __set__(self, instance, value):
        setattr(instance, self.internal_name, value)
```

메타클래스와 새 DatabaseRow 기반 클래스와 새 Field 디스크립터를 사용한 결과, 데이터베이스 로우에 대응하는 클래스 정의에는 이전과 달리 중복이 없다.

```
class BetterCustomer(DatabaseRow):
    first_name = Field()
    last_name = Field()
    prefix = Field()
    suffix = Field()
```

새 클래스의 동작은 예전 클래스와 같다.

```
cust = BetterCustomer()
print(f'이전: {cust.first_name!r} {cust.__dict__}')
cust.first_name = '오일러'
print(f'이후: {cust.first_name!r} {cust.__dict__}')
```

>>>

```
이전: '' {}
이후: '오일러' {'_first_name': '오일러'}
```

이 접근 방법의 문제점은 DatabaseRow를 상속하는 것을 잊어버리거나 클래스 계층 구조로 인한 제약 때문에 어쩔 수 없이 DatabaseRow를 상속할 수 없는 경우, 여러분이 정의하는 클래스가 Field 클래스를 프로퍼티에 사용할 수 없다는 것이다. DatabaseRow를 상속하지 않으면 코드가 깨진다.

```
class BrokenCustomer:
    first_name = Field()
    last_name = Field()
    prefix = Field()
    suffix = Field()

cust = BrokenCustomer()
cust.first_name = '메르센'
```

```
>>>
Traceback ...
TypeError: attribute name must be string, not 'NoneType'
```

이 문제를 해결하는 방법은 디스크립터에 __set_name__ 특별 메서드(파이썬 3.6부터 도입됨)를 사용하는 것이다. 클래스가 정의될 때마다 파이썬은 해당 클래스 안에 들어 있는 디스크립터 인스턴스의 __set_name__을 호출한다. __set_name__은 디스크립터 인스턴스를 소유 중인 클래스와 디스크립터 인스턴스가 대입될 애트리뷰트 이름을 인자로 받는다. 다음 코드는 메타클래스 정의를 아예 피하고, 앞의 예제에서 Meta.__new__가 하던 일을 디스크립터의 __set_name__에서 처리한다.

```
class Field:
    def __init__(self):
        self.name = None
        self.internal_name = None
```

```python
    def __set_name__(self, owner, name):
        # 클래스가 생성될 때 모든 스크립터에 대해 이 메서드가 호출된다
        self.name = name
        self.internal_name = '_' + name

    def __get__(self, instance, instance_type):
        if instance is None:
            return self
        return getattr(instance, self.internal_name, '')

    def __set__(self, instance, value):
        setattr(instance, self.internal_name, value)
```

이제는 특정 기반 클래스를 상속하거나 메타클래스를 사용하지 않아도 Field 디스크립터가 제공하는 기능을 모두 활용할 수 있다.

```python
class FixedCustomer:
    first_name = Field()
    last_name = Field()
    prefix = Field()
    suffix = Field()


cust = FixedCustomer()
print(f'이전: {cust.first_name!r} {cust.__dict__}')
cust.first_name = '메르센'
print(f'이후: {cust.first_name!r} {cust.__dict__}')

>>>
이전: '' {}
이후: '메르센' {'_first_name': '메르센'}
```

기억해야 할 내용

- 메타클래스를 사용하면 어떤 클래스가 완전히 정의되기 전에 클래스의 애트리뷰트를 변경할 수 있다.

- 디스크립터와 메타클래스를 조합하면 강력한 실행 시점 코드 검사와 선언적인 동작을 만들 수 있다.
- __set_name__ 특별 메서드를 디스크립터 클래스에 정의하면 디스크립터가 포함된 클래스의 프로퍼티 이름을 처리할 수 있다.
- 디스크립터가 변경한 클래스의 인스턴스 딕셔너리에 데이터를 저장하게 만들면 메모리 누수를 피할 수 있고, weakref 내장 메서드를 사용하지 않아도 된다.

BETTER WAY 51 합성 가능한 클래스 확장이 필요하면 메타클래스보다는 클래스 데코레이터를 사용하라

메타클래스를 사용하면 클래스 생성을 다양한 방법으로 커스텀화할 수 있지만(Better way 48: '__init_subclass__를 사용해 하위 클래스를 검증하라', Better way 49: '__init_subclass__를 사용해 클래스 확장을 등록하라' 참고), 여전히 메타클래스로 처리할 수 없는 경우가 있다.

예를 들어 어떤 클래스의 모든 메서드를 감싸서 메서드에 전달되는 인자, 반환 값, 발생한 예외를 모두 출력하고 싶다고 하자. 다음 코드는 이런 디버깅 데코레이터를 정의한다(Better way 26: 'functools.wrap을 사용해 함수 데코레이터를 정의하라'에서 배경지식을 얻을 수 있다).

```
from functools import wraps

def trace_func(func):
    if hasattr(func, 'tracing'):  # 단 한 번만 데코레이터를 적용한다
        return func

    @wraps(func)
    def wrapper(*args, **kwargs):
        result = None
        try:
```

```
            result = func(*args, **kwargs)
            return result
        except Exception as e:
            result = e
            raise
        finally:
            print(f'{func.__name__}({args!r}, {kwargs!r}) -> '
                  f'{result!r}')

    wrapper.tracing = True
    return wrapper
```

다음과 같이 이 데코레이터를 새 dict 하위 클래스(Better way 43: '커스텀 컨테이너 타입은 collections.abc를 상속하라'에서 배경지식을 얻을 수 있다)에 속한 여러 특별 메서드에 적용할 수 있다.

```
class TraceDict(dict):
    @trace_func
    def __init__(self, *args, **kwargs):
        super().__init__(*args, **kwargs)

    @trace_func
    def __setitem__(self, *args, **kwargs):
        return super().__setitem__(*args, **kwargs)

    @trace_func
    def __getitem__(self, *args, **kwargs):
        return super().__getitem__(*args, **kwargs)

    ...
```

이 클래스의 인스턴스와 상호작용해보면 메서드가 잘 데코레이션됐는지 확인할 수 있다.

```
trace_dict = TraceDict([('안녕', 1)])
trace_dict['거기'] = 2
```

```
trace_dict['안녕']
try:
    trace_dict['존재하지 않음']
except KeyError:
    pass # 키 오류가 발생할 것으로 예상함

>>>
__init__(({'안녕': 1}, [('안녕', 1)]), {}) -> None
__setitem__(({'안녕': 1, '거기': 2}, '거기', 2), {}) -> None
__getitem__(({'안녕': 1, '거기': 2}, '안녕'), {}) -> 1
__getitem__(({'안녕': 1, '거기': 2}, '존재하지 않음'),
➡{}) -> KeyError('존재하지 않음')
```

이 코드의 문제점은 꾸미려는 모든 메서드를 @trace_func 데코레이터를 써서 재정의해야 한다는 것이다. 이런 불필요한 중복으로 인해 가독성도 나빠지고, 실수를 저지르기도 쉬워진다. 더 나아가 나중에 dict 상위 클래스에 메서드를 추가하면, TraceDict에서 그 메서드를 재정의하기 전까지는 데코레이터 적용이 되지 않는다.

이 문제를 해결하는 방법은 메타클래스를 사용해 클래스에 속한 모든 메서드를 자동으로 감싸는 것이다. 다음 코드는 새로 정의되는 타입의 모든 함수나 메서드를 trace_func 데코레이터로 감싸는 동작을 구현한다.

```
import types

trace_types = (
    types.MethodType,
    types.FunctionType,
    types.BuiltinFunctionType,
    types.BuiltinMethodType,
    types.MethodDescriptorType,
    types.ClassMethodDescriptorType)

class TraceMeta(type):
```

```
    def __new__(meta, name, bases, class_dict):
        klass = super().__new__(meta, name, bases, class_dict)

        for key in dir(klass):
            value = getattr(klass, key)
            if isinstance(value, trace_types):
                wrapped = trace_func(value)
                setattr(klass, key, wrapped)

        return klass
```

다음 코드는 TraceMeta 메타클래스를 사용해 dict 하위 클래스를 정의하고,
해당 클래스가 잘 작동하는지 확인한다.

```
class TraceDict(dict, metaclass=TraceMeta):
    pass

trace_dict = TraceDict([('안녕', 1)])
trace_dict['거기'] = 2
trace_dict['안녕']
try:
    trace_dict['존재하지 않음']
except KeyError:
    pass  # 키 오류가 발생할 것으로 예상함
```

```
>>>
__new__(((<class '__main__.TraceDict'>, [('안녕', 1)]), {}) -> {}
__getitem__((({'안녕': 1, '거기': 2}, '안녕'), {}) -> 1
__getitem__((({'안녕': 1, '거기': 2}, '존재하지 않음'),
➡{}) -> KeyError('존재하지 않음')
```

이 코드는 잘 작동한다. 심지어는 이전 예제에서 구현을 잊어버렸던 __new__
호출도 제대로 출력한다. 그런데 상위 클래스가 메타클래스를 이미 정의한
경우, TraceMeta를 사용하면 어떤 일이 벌어질까?

```
class OtherMeta(type):
    pass

class SimpleDict(dict, metaclass=OtherMeta):
    pass

class TraceDict(SimpleDict, metaclass=TraceMeta):
    pass

>>>
Traceback ...
TypeError: metaclass conflict: the metaclass of a derived
➡class must be a (non-strict) subclass of the metaclasses
➡of all its bases
```

TraceMeta를 OtherMeta가 상속하지 않았으므로 오류가 발생한다. 이론적으로는 메타클래스 상속을 활용해 TraceMeta를 OtherMeta가 상속하게 하면 문제를 해결할 수 있다.

```
class TraceMeta(type):
    ...
class OtherMeta(TraceMeta):
    pass
class SimpleDict(dict, metaclass=OtherMeta):
    pass
class TraceDict(SimpleDict, metaclass=TraceMeta):
    pass

trace_dict = TraceDict([('안녕', 1)])
trace_dict['거기'] = 2
trace_dict['안녕']
try:
    trace_dict['존재하지 않음']
except KeyError:
    pass  # 키 오류가 발생할 것으로 예상함
```

```
>>>
__init_subclass__((), {}) -> None
__new__(((<class '__main__.TraceDict'>, [('안녕', 1)]), {}) -> {}
__getitem__(({'안녕': 1, '거기': 2}, '안녕'), {}) -> 1
__getitem__(({'안녕': 1, '거기': 2}, '존재하지 않음'),
➡️{}) -> KeyError('존재하지 않음') {})
```

하지만 라이브러리에 있는 메타클래스를 사용하는 경우에는 코드를 변경할
수 없기 때문에 이 방법을 사용할 수 없다. 또한, TraceMeta 같은 유틸리티 메
타클래스를 여럿 사용하고 싶은 경우에도 사용할 수 없다. 메타클래스를 사
용하는 접근 방식은 적용 대상 클래스에 대한 제약이 너무 많다.

이런 문제를 해결하고자 파이썬은 **클래스 데코레이터**를 지원한다. 클래스 데코
레이터는 함수 데코레이터처럼 사용할 수 있다. 즉, 클래스 선언 앞에 @ 기호
와 데코레이터 함수를 적으면 된다. 이때 데코레이터 함수는 인자로 받은 클
래스를 적절히 변경해서 재생성해야 한다.

```python
def my_class_decorator(klass):
    klass.extra_param = '안녕'
    return klass

@my_class_decorator
class MyClass:
    pass

print(MyClass)
print(MyClass.extra_param)
```

```
>>>
<class '__main__.MyClass'>
안녕
```

앞의 예제에서 본 TraceMeta.__new__ 메서드의 핵심 부분을 별도의 함수로
옮겨서 어떤 클래스에 속한 모든 메서드와 함수에 trace_func를 적용하는 클

래스 데코레이터를 만들 수 있다. 이 구현은 메타클래스를 사용하는 버전보다 훨씬 짧다.

```
def trace(klass):
    for key in dir(klass):
        value = getattr(klass, key)
        if isinstance(value, trace_types):
            wrapped = trace_func(value)
            setattr(klass, key, wrapped)
    return klass
```

이 데코레이터를 우리가 만든 dict의 하위 클래스에 적용하면 앞에서 메타클래스를 썼을 때와 같은 결과를 얻을 수 있다.

```
@trace
class TraceDict(dict):
    pass

trace_dict = TraceDict([('안녕', 1)])
trace_dict['거기'] = 2
trace_dict['안녕']
try:
    trace_dict['존재하지 않음']
except KeyError:
    pass # 키 오류가 발생할 것으로 예상함
```

```
>>>
__new__(((<class '__main__.TraceDict'>, [('안녕', 1)]), {}) -> {}
__getitem__(({'안녕': 1, '거기': 2}, '안녕'), {}) -> 1
__getitem__(({'안녕': 1, '거기': 2}, '존재하지 않음'),
➡{}) -> KeyError('존재하지 않음')
```

데코레이션을 적용할 클래스에 이미 메타클래스가 있어도 데코레이터를 사용할 수 있다.

```
class OtherMeta(type):
    pass

@trace
class TraceDict(dict, metaclass=OtherMeta):
    pass

trace_dict = TraceDict([('안녕', 1)])
trace_dict['거기'] = 2
trace_dict['안녕']
try:
    trace_dict['존재하지 않음']
except KeyError:
    pass    # 키 오류가 발생할 것으로 예상함

>>>
__new__(((<class '__main__.TraceDict'>, [('안녕', 1)]), {}) -> {}
__getitem__(({'안녕': 1, '거기': 2}, '안녕'), {}) -> 1
__getitem__(({'안녕': 1, '거기': 2}, '존재하지 않음'),
➡{}) -> KeyError('존재하지 않음')
```

클래스를 확장하면서 합성이 가능한 방법을 찾고 있다면 클래스 데코레이터
가 가장 적합한 도구다(Better way 73: '우선순위 큐로 heapq를 사용하는 방
법을 알아두라'에서 유용한 클래스 데코레이터인 functools.total_ordering
을 볼 수 있다).

기억해야 할 내용

- 클래스 데코레이터는 class 인스턴스를 파라미터로 받아서 이 클래스를 변경한 클래스
  나 새로운 클래스를 반환해주는 간단한 함수다.
- 준비 코드를 최소화하면서 클래스 내부의 모든 메서드나 애트리뷰트를 변경하고 싶을 때
  클래스 데코레이터가 유용하다.
- 메타클래스는 서로 쉽게 합성할 수 없지만, 여러 클래스 데코레이터를 충돌 없이 사용해
  똑같은 클래스를 확장할 수 있다.

CHAPTER

7

동시성과 병렬성

동시성(concurrency)이란 컴퓨터가 같은 시간에 여러 다른 작업을 처리하는 것처럼 보이는 것을 뜻한다. 예를 들어 CPU 코어가 하나뿐인 컴퓨터에서 운영체제는 유일한 프로세서 코어에서 실행되는 프로그램을 아주 빠르게 변경할수 있다. 이렇게 하면 여러 프로그램이 번갈아가며 실행되면서 프로그램이 동시에 수행되는 것 같은 착각을 불러일으킬 수 있다.

병렬성(parallelism)이란 같은 시간에 여러 다른 작업을 실제로 처리하는 것을 뜻한다.* CPU 코어가 여러 개인 컴퓨터는 여러 프로그램을 동시에 실행할수 있다. 각 CPU 코어는 서로 다른 프로그램의 명령어를 실행하기 때문에 각각의 프로그램이 같은 시점에 앞으로 진행될 수 있다.

한 프로그램 안에서 동시성은 어떤 특정 유형의 문제를 해결하기 위한 도구로 사용된다. 동시 프로그램은 여러 다양한 실행 경로나 다양한 I/O 흐름을 제공할 수 있으므로 문제를 해결하는 과정이 동시에 독립적으로 시행되는 것처럼 보이게 할 수 있다.

---

* 역주 따라서 병렬적인 프로그램은 항상 동시성 프로그램이지만, 동시성 프로그램이 반드시 병렬적인 프로그램인 것은 아니다.

병렬성과 동시성의 가장 핵심적인 차이는 **속도 향상**에 있다. 어떤 프로그램의 서로 다른 두 실행 경로가 병렬적으로 앞으로 진행되면, 전체 작업을 수행하는 데 걸리는 시간이 절반으로 줄어든다. 따라서 실행 속도는 두 배 빨라진다. 반대로 수천 개의 서로 다른 실행 경로가 있는 동시성 프로그램은 겉으로 볼 때는 병렬적으로 실행되는 것처럼 보이지만, 전체 작업에 걸리는 시간은 빨라지지 않는다.[*]

파이썬을 사용하면 다양한 스타일로 동시성 프로그램을 쉽게 작성할 수 있다. 스레드(thread)는 상대적으로 적은 양의 동시성을 제공하지만, 코루틴(coroutine)은 수많은 동시성 함수를 사용할 수 있게 해준다. 파이썬은 시스템 콜(system call), 하위 프로세스(subprocess), C 확장(extension)을 사용해 작업을 병렬로 수행할 수 있다. 하지만 동시성 파이썬 코드가 실제 병렬적으로 실행되게 만드는 것은 매우 어렵다. 여러 가지 상황에서 파이썬을 어떻게 사용하면 가장 좋을지 알아둬야 한다.

BETTER WAY 52 자식 프로세스를 관리하기 위해 subprocess를 사용하라

파이썬에는 실전을 거치면서 발전된 자식 프로세스 실행 및 관리 라이브러리가 있다. 이런 라이브러리는 명령줄 유틸리티 등과 같은 다양한 다른 도구를 연결하는 좋은 도구가 된다. 기존 셸 스크립트가 시간이 지남에 따라 복잡해지곤 하는데, 이런 경우에 가독성과 유지 보수성을 높이기 위해 스크립트를 파이썬으로 다시 작성하는 것은 자연스러운 선택이다.

---

[*] 역주 I/O 등으로 인해 지연 시간이 있는 실행 경로가 많다면 동시성 프로그램에서도 속도 향상이 일어난다. 단일 스레드로 코드를 실행하는 노드(node.js)가 처음 인기를 얻은 이유 중 하나인 C10K(1만 클라이언트 동시 접속) 문제를 생각해보라.

파이썬이 시작한 자식 프로세스는 서로 병렬적으로 실행되기 때문에 파이썬이 컴퓨터의 모든 CPU 코어를 사용할 수 있고, 그에 따라 프로그램의 스루풋(throughput)을 최대로 높일 수 있다. 파이썬 자체는 한 CPU에 묶여 있지만(Better way 53: '블로킹 I/O의 경우 스레드를 사용하고 병렬성을 피하라' 참고), 파이썬을 사용해 CPU를 많이 사용하는 여러 부하를 조작하면서 서로 협력하게 조정하기는 쉽다.

파이썬이 하위 프로세스를 실행하는 방법은 많다(예: os.popen, os.exec* 등). 하지만 자식 프로세스를 관리할 때는 subprocess 내장 모듈을 사용하는 것이 가장 좋다. subprocess 모듈을 사용하면 하위 프로세스를 쉽게 실행할 수 있다. 다음 코드는 이 모듈의 run 편의 함수를 사용해 프로세스를 시작하고, 프로세스의 출력을 읽고, 프로세스가 오류 없이 깔끔하게 종료했는지 검사한다.

```
import subprocess

result = subprocess.run(['echo', '자식 프로세스가 보내는 인사!'],
                        capture_output=True,
                        encoding='utf-8')

result.check_returncode()  # 예외가 발생하지 않으면 문제없이 잘 종료한 것이다
print(result.stdout)

>>>
자식 프로세스가 보내는 인사!
```

Note ≡ Better way 52에서 사용하는 예제들은 여러분 시스템의 명령줄에서 echo, sleep, openssl 명령을 사용할 수 있다고 가정한다. 윈도우의 경우 이런 명령이 없을 수도 있다. Better way 52의 전체 예제 코드를 살펴보면 윈도우에서 각각의 코드를 실행하는 방법을 확인할 수 있다.

파이썬에서 subprocess 등의 모듈을 통해 실행한 자식 프로세스는 부모 프로세스인 파이썬 인터프리터와 독립적으로 실행된다. run 함수 대신 Popen 클래스를 사용해 하위 프로세스를 만들면, 파이썬이 다른 일을 하면서 주기적으로 자식 프로세스의 상태를 검사(polling)할 수 있다.

```python
proc = subprocess.Popen(['sleep', '1'])
while proc.poll() is None:
    print('작업 중...')
    # 시간이 걸리는 작업을 여기서 수행한다
    ...

print('종료 상태', proc.poll())
```

```
>>>
작업 중...
작업 중...
작업 중...
작업 중...
종료 상태 0
```

자식 프로세스와 부모를 분리하면 부모 프로세스가 원하는 개수만큼 많은 자식 프로세스를 병렬로 실행할 수 있다. 다음 코드는 Popen을 사용해 자식 프로세스를 한꺼번에 시작한다.

```python
import time

start = time.time()
sleep_procs = []
for _ in range(10):
    proc = subprocess.Popen(['sleep', '1'])
    sleep_procs.append(proc)

for proc in sleep_procs:
    proc.communicate()
```

```
end = time.time()
delta = end - start
print(f'{delta:.3} 초 만에 끝남')
```

>>>
1.04 초 만에 끝남

각 프로세스가 순차적으로 실행됐다면, 총 지연 시간은 여기서 측정한 1초 이하의 값이 아니라 10초 이상이었을 것이다.

파이썬 프로그램의 데이터를 파이프(pipe)를 사용해 하위 프로세스로 보내거나, 하위 프로세스의 출력을 받을 수 있다. 이를 통해 여러 다른 프로그램을 사용해서 병렬적으로 작업을 수행할 수 있다. 예를 들어 openssl 명령줄 도구를 사용해 데이터를 암호화한다고 해보자. 명령줄 인자를 사용해 자식 프로세스를 시작하고 자식 프로세스와 I/O 파이프를 연결하는 것은 아주 쉽다.

```
import os
def run_encrypt(data):
    env = os.environ.copy()
    env['password'] = 'zf7ShyBhZOraQDdE/FiZpm/m/8f9X+M1'
    proc = subprocess.Popen(
        ['openssl', 'enc', '-des3', '-pass', 'env:password'],
        env=env,
        stdin=subprocess.PIPE,
        stdout=subprocess.PIPE)
    proc.stdin.write(data)
    proc.stdin.flush()  # 자식이 입력을 받도록 보장한다
    return proc
```

다음 코드는 난수 바이트 문자열을 암호화 함수에 연결하지만, 실전에서는 파이프를 통해 사용자 입력, 파일 핸들, 네트워크 소켓 등에서 받은 데이터를 암호화 함수에 보내게 될 것이다.

```
procs = []
for _ in range(3):
    data = os.urandom(10)
    proc = run_encrypt(data)
    procs.append(proc)
```

자식 프로세스는 병렬로 실행되면서 입력을 소비한다. 다음 코드는 자식 프로세스가 끝나기를 기다렸다가 마지막 출력을 가져온다. 출력은 예상대로 암호화된 바이트 문자열이다.

```
for proc in procs:
    out, _ = proc.communicate()
    print(out[-10:])
```

```
>>>
b'\x8c(\xed\xc7m1\xf0F4\xe6'
b'\x0eD\x97\xe9)\x10h{\xbd\xf0'
b'g\x93)\x14U\xa9\xdc\xdd\x04\xd2'
```

유닉스 파이프라인처럼 한 자식 프로세스의 출력을 다음 프로세스의 입력으로 계속 연결시켜서 여러 병렬 프로세스를 연쇄적으로 연결할 수도 있다. 다음은 openssl 명령줄 도구를 하위 프로세스로 만들어서 입력 스트림의 월풀(Whirlpool) 해시를 계산한다.

```
def run_hash(input_stdin):
    return subprocess.Popen(
        ['openssl', 'dgst', '-whirlpool', '-binary'],
        stdin=input_stdin,
        stdout=subprocess.PIPE)
```

이제 데이터를 암호화하는 프로세스 집합을 실행하고, 이 프로세스들로부터 나온 암호화된 출력의 해시를 계산하는 프로세스 집합을 실행할 수 있다. 여기서 자식 프로세스들을 시작하는 파이썬 인스턴스에 저장된 업스트림(데이

터 소스 쪽 스트림) 프로세스의 stdout 인스턴스를 어떻게 처리했는지 잘 살펴봐야 한다.[*]

```
encrypt_procs = []
hash_procs = []
for _ in range(3):
    data = os.urandom(100)

    encrypt_proc = run_encrypt(data)
    encrypt_procs.append(encrypt_proc)

    hash_proc = run_hash(encrypt_proc.stdout)
    hash_procs.append(hash_proc)

    # 자식이 입력 스트림에 들어오는 데이터를 소비하고 communicate() 메서드가
    # 불필요하게 자식으로부터 오는 입력을 훔쳐가지 못하게 만든다
    # 또 다운스트림 프로세스가 죽으면 SIGPIPE를 업스트림 프로세스에 전달한다
    encrypt_proc.stdout.close()
    encrypt_proc.stdout = None
```

자식 프로세스들이 시작되면 프로세스 간 I/O가 자동으로 일어난다. 이제 우리가 할 일은 각 프로세스가 끝날 때까지 기다려서 최종 결과를 얻고 출력하는 것뿐이다.

```
for proc in encrypt_procs:
    proc.communicate()
    assert proc.returncode == 0
```

```
for proc in hash_procs:
    out, _ = proc.communicate()
    print(out[-10:])

assert proc.returncode == 0
```

>>>
```
b'\xe2j\x98h\xfd\xec\xe7T\xd84'
b'\xf3.i\x01\xd74¦\xf2\x94E'
b'5_n\xc3-\xe6j\xeb[i'
```

자식 프로세스가 결코 끝나지 않는 경우, 입력이나 출력 파이프를 기다리면서 블록(block)되는 경우가 우려된다면 timeout 파라미터를 communicate 메서드에 전달할 수 있다. timeout 값을 전달하면 자식 프로세스가 주어진 시간 동안에 끝나지 않을 경우 예외가 발생한다. 따라서 잘못 작동하는 하위 프로세스를 종료할 수 있다.

```
proc = subprocess.Popen(['sleep', '10'])
try:
    proc.communicate(timeout=0.1)
except subprocess.TimeoutExpired:
    proc.terminate()
    proc.wait()

print('종료 상태', proc.poll())
```

>>>
```
종료 상태 -15
```

기억해야 할 내용

- subprocess 모듈을 사용해 자식 프로세스를 실행하고 입력과 출력 스트림을 관리할 수 있다.
- 자식 프로세스는 파이썬 인터프리터와 병렬로 실행되므로 CPU 코어를 최대로 쓸 수 있다.

- 간단하게 자식 프로세스를 실행하고 싶은 경우에는 run 편의 함수를 사용하라. 유닉스 스타일의 파이프라인이 필요하면 Popen 클래스를 사용하라.
- 자식 프로세스가 멈추는 경우나 교착 상태를 방지하려면 communicate 메서드에 대해 timeout 파라미터를 사용하라.

BETTER WAY 53 블로킹 I/O의 경우 스레드를 사용하고 병렬성을 피하라

파이썬의 표준 구현을 CPython이라고 한다. CPython은 두 단계를 거쳐 파이썬 프로그램을 실행한다. 첫 번째 단계는 소스 코드를 구문 분석해서 **바이트코드**(bytecode)로 변환한다. 바이트코드는 8비트 명령어를 사용하는 저수준 프로그램 표현이다(파이썬 3.6부터는 16비트 명령어를 사용하기 때문에 기술적으로 **워드코드**(wordcode)라고 불러야 하지만, 기본적인 아이디어는 똑같다). 그 후 CPython은 바이트코드를 스택 기반 인터프리터를 통해 실행한다. 바이트코드 인터프리터에는 파이썬 프로그램이 실행되는 동안 일관성 있게 유지해야 하는 상태가 존재한다. CPython은 **전역 인터프리터 락**(Global Interpreter Lock, GIL)이라는 방법을 사용해 일관성을 강제로 유지한다.

근본적으로 GIL은 상호 배제 락(mutual exclusion lock)(뮤텍스(mutex))이며, CPython이 선점형(preemptive) 멀티스레드로 인해 영향을 받는 것을 방지한다. 선점형 멀티스레드에서는 한 스레드가 다른 스레드의 실행을 중간에 인터럽트(interrupt)시키고 제어를 가져올 수 있다. 이런 인터럽트가 예기치 못한 때 발생하면 인터프리터의 상태(예: 쓰레기 수집기의 참조 카운터)가 오염될 수 있다. GIL은 CPython 자체와 CPython이 사용하는 C 확장 모듈이 실행되면서 인터럽트가 함부로 발생하는 것을 방지해, 인터프리터 상태가 제대로 유지되고 바이트코드 명령들이 제대로 실행되도록 만든다.

GIL에는 꼭 알아둬야 하는 큰 부작용이 있다. C++나 자바로 작성된 프로그램에서 실행 스레드가 여럿 있다는 말은 이런 프로그램이 여러 CPU 코어를 동시에 활용할 수 있다는 뜻이다. 파이썬도 다중 실행 스레드를 지원하지만, GIL로 인해 여러 스레드 중 어느 하나만 앞으로 진행할 수 있다. 따라서 파이썬 프로그램의 속도를 높이고 병렬 처리를 수행하고자 스레드를 사용한다면 여러분은 크게 실망할 것이다.

예를 들어 파이썬으로 계산량이 매우 많은 작업을 수행하고 싶다고 하자. 다음은 계산량이 많은 작업의 예로 사용할 평이하게 작성한 인수 찾기* 알고리즘이다.

```python
def factorize(number):
    for i in range(1, number + 1):
        if number % i == 0:
            yield i
```

여러 수로 이뤄진 집합 내 모든 원소의 인수를 찾으려면 상당히 오랜 시간이 걸린다.

```python
import time

numbers = [2139079, 1214759, 1516637, 1852285]
start = time.time()

for number in numbers:
    list(factorize(number))

end = time.time()
delta = end - start
```

* 역주 수학에서 factorize는 '인수분해한다'는 뜻으로, 어떤 수를 인수들의 곱으로 표현하는 과정을 뜻한다. 본문의 함수는 실제로 인수분해를 하지는 않고 모든 인수를 찾아주는 함수이므로 find_factors 정도로 부르는 편이 더 적합하다.

```
print(f'총 {delta:.3f} 초 걸림')
```

```
>>>
총 0.256 초 걸림
```

다른 언어는 컴퓨터에 있는 모든 CPU 코어를 활용할 수 있으므로 다중 스레드를 사용해 계산을 수행하는 것이 타당하다. 이를 파이썬으로 시도해보자. 다음 코드는 앞에서 보여준 것과 똑같은 계산을 수행하는 파이썬 스레드 정의다.

```
from threading import Thread

class FactorizeThread(Thread):
    def __init__(self, number):
        super().__init__()
        self.number = number

    def run(self):
        self.factors = list(factorize(self.number))
```

각 수마다 스레드를 시작해 병렬로 인수를 찾을 수 있다.

```
start = time.time()

threads = []
for number in numbers:
    thread = FactorizeThread(number)
    thread.start()
    threads.append(thread)
```

마지막으로 모든 스레드가 끝날 때까지 기다린다.

```
for thread in threads:
    thread.join()
```

```
end = time.time()
delta = end - start
print(f'총 {delta:.3f} 초 걸림')
```

```
>>>
총 0.446 초 걸림
```

놀랍게도 스레드를 하나만 써서 순차적으로 factorize를 실행할 때보다 시간
이 더 오래 걸린다.* 다른 언어에서 각 수에 스레드를 하나씩 할당하면, 스레
드 생성과 스레드 실행 조정에 따른 부가 비용이 들기 때문에 네 배(numbers
에 숫자가 네 개 들어 있다)보다 약간 적은 수준의 속도 향상을 볼 수 있다. 2
코어 시스템이라면 최대 두 배까지 속도 향상을 예상할 수 있다. 하지만 사용
할 수 있는 CPU가 많은데도 스레드를 사용해 속도가 느려질 것이라고는 예
상하지 못했을 것이다. 이 결과는 표준 CPython 인터프리터에서 프로그램
을 사용할 때 GIL(락(lock) 충돌과 스케줄링 부가 비용)이 미치는 영향을 잘
보여준다.

CPython에서도 다중 코어를 활용할 수 있는 방법이 있다. 하지만 이 방법은
표준 Thread 클래스를 사용하지 않으며(Better way 64: '진정한 병렬성을
살리려면 concurrent.futures를 사용하라' 참고), 코딩하는 데 상당한 노력이
필요하다. 이런 한계에도 불구하고 파이썬이 스레드를 지원하는 이유는 무엇
일까? 두 가지 타당한 이유가 있다.

첫째, 다중 스레드를 사용하면 프로그램이 동시에 여러 일을 하는 것처럼 보
이게 만들기 쉽다. 동시성 작업의 동작을 잘 조화시키는 코드를 직접 작성하
기는 어렵다(Better way 56: '언제 동시성이 필요할지 인식하는 방법을 알

---

* 역주 역자의 컴퓨터(i9 9900K, 8코어)를 활용해 WSL(윈도우용 리눅스 서브시스템)이나 윈도우 파워셸에서 파이
  썬 3.8 환경으로 프로그램을 실행해봤더니, 두 경우 모두 순차적으로 실행했을 때보다 아주 근소하게 실행 시간이
  짧았다. 하지만 이 경우에도 CPU 코어 수에 관계없이 성능 향상이 없다는 점은 같다.

아두라'에서 예제를 볼 수 있다). 스레드를 사용하면 여러분이 작성한 함수를 파이썬으로 동시에 실행시킬 수 있다. 파이썬 GIL로 인해 스레드 중 하나만 앞으로 진행할 수 있음에도 불구하고, CPython이 어느 정도 균일하게 각 스레드를 실행시켜주므로 다중 스레드를 통해 여러 함수를 동시에 실행할 수 있다.

둘째, 블로킹(blocking) I/O를 다루기 위해서다. 블로킹 I/O는 파이썬이 특정 시스템 콜을 사용할 때 일어난다. 파이썬 프로그램은 시스템 콜을 사용해 컴퓨터 운영체제가 자기 대신 외부 환경과 상호작용하도록 의뢰한다. 파일 쓰기나 읽기, 네트워크와 상호작용하기, 디스플레이 장치와 통신하기 등의 작업이 블로킹 I/O에 속한다. 스레드를 사용하면 운영체제가 시스템 콜 요청에 응답하는 데 걸리는 시간 동안 파이썬 프로그램이 다른 일을 할 수 있다.

예를 들어 직렬 포트(serial port)를 통해 원격 제어 헬리콥터에 신호를 보내고 싶다고 하자. 이 동작을 대신해 느린 시스템 콜(select)을 사용할 것이다. 이 함수는 운영체제에게 0.1초 동안 블록한 다음에 제어를 돌려달라고 요청하는데, 동기적으로 직렬 포트를 사용할 때 벌어지는 상황과 비슷하다.

```
import select
import socket

def slow_systemcall():
    select.select([socket.socket()], [], [], 0.1)
```

이 시스템 콜을 순차적으로 실행하면 실행에 필요한 시간이 선형(linear)으로 증가한다.

```
start = time.time()

for _ in range(5):
    slow_systemcall()
```

```
end = time.time()
delta = end - start
print(f'총 {delta:.3f} 초 걸림')
```

```
>>>
총 0.503 초 걸림
```

문제는 slow_systemcall 함수가 실행되는 동안 프로그램이 아무런 진전을 이룰 수 없다는 것이다. 이 프로그램의 주 실행 스레드는 select 시스템 콜에 의해 블록된다. 실전에서 이런 상황이 벌어진다면 매우 끔찍할 것이다. 헬리콥터에 신호를 보내는 동안 헬리콥터가 다음에 어디로 이동할지 계산할 수 있어야 한다. 그렇지 않으면 헬리콥터는 추락할 수도 있다. 블로킹 I/O와 계산을 동시에 수행해야 한다면 시스템 콜을 스레드로 옮기는 것을 고려해봐야 한다.

다음 코드에서는 slow_systemcall 함수를 여러 스레드에서 따로따로 호출한다. 이렇게 하면 여러 직렬 포트(그리고 헬리콥터)와 통신하면서 주 스레드는 필요한 계산을 수행할 수 있다.

```
start = time.time()
threads = []
for _ in range(5):
    thread = Thread(target=slow_systemcall)
    thread.start()
    threads.append(thread)
```

스레드를 시작한 후, 다음 코드는 시스템 콜 스레드가 끝나기 전에 헬리콥터의 다음 움직임을 계산한다.

```
def compute_helicopter_location(index):
    ...

for i in range(5):
```

```
    compute_helicopter_location(i)

for thread in threads:
    thread.join()

end = time.time()
delta = end - start
print(f'총 {delta:.3f} 초 걸림')
```

```
>>>
총 0.102 초 걸림
```

병렬화한 버전은 순차적으로 실행한 경우보다 시간이 1/5로 줄어든다. 이는 GIL로 인해 생기는 한계가 있더라도, 파이썬이 여러 스레드를 통해 시스템 콜을 병렬로 실행할 수 있음을 보여준다. GIL은 파이썬 프로그램이 병렬로 실행되지 못하게 막지만, 시스템 콜에는 영향을 끼칠 수 없다. 이런 코드가 동작하는 이유는 파이썬 스레드가 시스템 콜을 하기 전에 GIL을 해제하고 시스템 콜에서 반환되자마자 GIL을 다시 획득하기 때문이다.

스레드 외에도 asyncio 내장 모듈 등 블로킹 I/O를 처리하는 방법이 많이 있으며, 이런 대안마다 중요한 장점이 존재한다. 하지만 이런 대안을 사용하려면 각각의 실행 모드에 맞게 여러분의 코드를 변경하는 추가 작업이 필요하다(Better way 60: 'I/O를 할 때는 코루틴을 사용해 동시성을 높여라', Better way 62: 'asyncio로 쉽게 옮겨갈 수 있도록 스레드와 코루틴을 함께 사용하라' 참고). 코드를 가급적 손보지 않고 블로킹 I/O를 병렬로 실행하고 싶을 때는 스레드를 사용하는 것이 가장 간편하다.

기억해야 할 내용

- 파이썬 스레드는 GIL(전역 인터프리터 락)로 인해 다중 CPU 코어에서 병렬로 실행될 수 없다.

- GIL이 있음에도 불구하고 파이썬 스레드는 여전히 유용하다. 스레드를 사용하면 여러 일을 동시에 진행하는 프로그램을 쉽게 기술할 수 있기 때문이다.
- 파이썬 스레드를 사용해 여러 시스템 콜을 병렬로 할 수 있다. 이를 활용하면 블로킹 I/O와 계산을 동시에 수행할 수 있다.

BETTER WAY 54 스레드에서 데이터 경합을 피하기 위해 Lock을 사용하라

초보 파이썬 프로그래머는 전역 인터프리터 락(GIL)을 배운 뒤(Better way 53: '블로킹 I/O의 경우 스레드를 사용하고 병렬성을 피하라' 참고) 코드에서 더 이상 상호 배제 락(뮤텍스)을 사용하지 않아도 되는 것으로 생각하곤 한다. GIL이 다중 CPU에서 파이썬 스레드들이 병렬적으로 실행될 수 없게 막는다면, 파이썬 스레드들이 프로그램의 데이터 구조에 동시에 접근할 수 없게 막는 락 역할도 해줘야 하지 않을까? 리스트나 딕셔너리 같은 몇 가지 타입에 대해 테스트해보면 이런 가정이 성립하는 것처럼 보이기까지 한다.

하지만 조심하라. GIL이 동시 접근을 보장해주는 락 역할을 하는 것처럼 보여도 실제로는 전혀 그렇지 않다. GIL은 여러분을 보호해주지 못한다. 파이썬 스레드는 한 번에 단 하나만 실행될 수 있지만, 파이썬 인터프리터에서 어떤 스레드가 데이터 구조에 대해 수행하는 연산은 연속된 두 바이트코드 사이에서 언제든 인터럽트될 수 있다. 여러 스레드가 같은 데이터 구조에 동시에 접근하면 위험하다. 이런 인터럽트로 인해 실질적으로는 언제든지 데이터 구조에 대한 불변 조건이 위반될 수 있고, 그에 따라 프로그램의 상태가 오염될 수 있다.

예를 들어 병렬적으로 여러 가지의 개수를 세는 프로그램을 작성한다고 하자. 센서 네트워크에서 광센서를 통해 빛이 들어온 경우를 샘플링하는 예를 생각해볼 수 있다. 시간이 지나면서 빛이 들어온 횟수를 모두 세고 싶다면 새로운 클래스를 사용해 셀 수 있다.

```
class Counter:
    def __init__(self):
        self.count = 0

    def increment(self, offset):
        self.count += offset
```

센서를 읽을 때는 블로킹 I/O를 수행하므로 센서마다 작업자 스레드를 할당한다고 하자. 각 작업자 스레드는 센서 값을 측정한 다음에 카운터를 최댓값까지 증가시킬 수 있다.

```
def worker(sensor_index, how_many, counter):
    for _ in range(how_many):
        # 센서를 읽는다
        ....
        counter.increment(1)
```

다음 코드는 병렬로 센서마다 하나씩 worker 스레드를 실행하고, 모든 스레드가 값을 다 읽을 때까지 기다린다.

```
from threading import Thread

how_many = 10**5
counter = Counter()

threads = []
for i in range(5):
    thread = Thread(target=worker,
                    args=(i, how_many, counter))
```

```
    threads.append(thread)
    thread.start()

for thread in threads:
    thread.join()

expected = how_many * 5
found = counter.count
print(f'카운터 값은 {expected}여야 하는데, 실제로는 {found} 입니다')
```

```
>>>
카운터 값은 500000여야 하는데, 실제로는 481384 입니다
```

이 코드는 단순해 보이고, 따라서 결과도 뻔할 것 같다. 하지만 실제 실행한 결과는 예상과 전혀 다르다!* 왜 이런 일이 벌어졌을까? 파이썬 인터프리터 스레드는 어느 한 순간에 단 하나씩만 실행되는데, 어떻게 이와 같이 단순한 코드가 잘못될 수 있을까?

파이썬 인터프리터는 실행되는 모든 스레드를 강제로 공평하게 취급해서 각 스레드의 실행 시간을 거의 비슷하게 만든다. 이를 위해 파이썬은 실행 중인 스레드를 일시 중단시키고 다른 스레드를 실행시키는 일을 반복한다. 문제는 파이썬이 스레드를 언제 일시 중단시킬지 알 수 없다는 점이다. 심지어 원자적(atomic)인 것처럼 보이는 연산을 수행하는 도중에도 파이썬이 스레드를 일시 중단시킬 수 있다. 이로 인해 방금 본 예제와 같은 결과가 생긴다.

Counter 객체의 increment 메서드는 간단해 보인다. 작업자 스레드 입장에서 보면 다음 문장과 같다.

```
counter.count += 1
```

---

* 역주 실행 시 우연히 카운터 값이 500000이 나올 수도 있다. 첫 실행에 500000이 나온 경우, 여러 번 실행하면서 결과를 살펴보라.

하지만 객체 애트리뷰트에 대한 += 연산자는 실제로는 세 가지 연산으로 이뤄진다. 방금 본 문장은 다음과 같다.

```
value = getattr(counter, 'count')
result = value + 1
setattr(counter, 'count', result)
```

카운터를 증가시키는 파이썬 스레드는 세 연산 사이에서 일시 중단될 수 있다. 이런 일시 중단으로 인해 스레드 간 연산 순서가 뒤섞이면서 value의 이전 값을 카운터에 대입하는 일이 생길 수 있다. 다음은 두 스레드 A와 B 사이에서 이런 나쁜 상호작용이 일어난 경우다.

```
# 스레드 A에서 실행
value_a = getattr(counter, 'count')
# 스레드 B로 컨텍스트 전환
value_b = getattr(counter, 'count')
result_b = value_b + 1
setattr(counter, 'count', result_b)
# 다시 스레드 A로 컨텍스트 전환
result_a = value_a + 1
setattr(counter, 'count', result_a)
```

스레드 A가 완전히 끝나기 전에 인터럽트가 일어나서 스레드 B가 실행된다. 스레드 B의 실행이 끝나고 다시 스레드 A가 중간부터 실행을 재개한다. 이로 인해 스레드 B가 카운터를 증가시켰던 결과가 모두 사라진다. 앞에서 본 광센서 예제에서 벌어진 일이다.

이와 같은 데이터 경합이나 다른 유형의 데이터 구조 오염을 해결하기 위해 파이썬은 threading 내장 모듈 안에 여러 가지 튼튼한 도구를 제공한다. 가장 간단하지만 유용한 도구로 Lock 클래스가 있다. Lock 클래스는 상호 배제 락 (뮤텍스)이다.

락을 사용하면 Counter 클래스가 여러 스레드의 동시 접근으로부터 자신의 현재 값을 보호할 수 있다. 한 번에 단 하나의 스레드만 락을 획득할 수 있다. 다음 코드에서는 with 문을 사용해 락을 획득하고 해제한다. with 문을 사용하면 락을 획득한 상태에서 수행해야 하는 코드를 쉽게 알아볼 수 있다 (Better way 66: '재사용 가능한 try/finally 동작을 원한다면 contextlib 과 with 문을 사용하라'에서 배경지식을 얻을 수 있다).

```python
from threading import Lock

class LockingCounter:
    def __init__(self):
        self.lock = Lock()
        self.count = 0

    def increment(self, offset):
        with self.lock:
            self.count += offset
```

이제 예전과 같이 worker 스레드를 실행하되 LockingCounter를 사용한다.

```python
counter = LockingCounter()

threads = []
for i in range(5):
    thread = Thread(target=worker,
                    args=(i, how_many, counter))
    threads.append(thread)
    thread.start()

for thread in threads:
    thread.join()

expected = how_many * 5
found = counter.count
print(f'카운터 값은 {expected}여야 하는데, 실제로는 {found} 입니다')
```

>>>
카운터 값은 500000여야 하는데, 실제로는 500000 입니다

이제는 예상과 실행 결과가 들어맞는다. Lock이 문제를 해결해줬다.

기억해야 할 내용

- 파이썬에는 GIL이 있지만, 파이썬 프로그램 코드는 여전히 여러 스레드 사이에 일어나는 데이터 경합으로부터 자신을 보호해야 한다.
- 코드에서 여러 스레드가 상호 배제 락(뮤텍스) 없이 같은 객체를 변경하도록 허용하면 코드가 데이터 구조를 오염시킬 것이다.
- 여러 스레드 사이에서 프로그램의 불변 조건을 유지하려면 threading 내장 모듈의 Lock 클래스를 활용하라.

BETTER WAY 55 Queue를 사용해 스레드 사이의 작업을 조율하라

파이썬 프로그램이 동시에 여러 일을 수행한다면 각 작업을 잘 조율해야 한다. 동시성 작업을 처리할 때 가장 유용한 방식은 함수 파이프라인이다.

파이프라인은 공장 조립 라인처럼 작동한다. 파이프라인에는 순차적으로 실행해야 하는 여러 단계가 있고, 각 단계마다 실행할 구체적인 함수가 정해진다. 파이프라인의 한쪽 끝에는 새로운 작업이 계속 추가된다. 각 함수는 동시에 실행될 수 있고 각 단계에서 처리해야 하는 일을 담당한다. 작업은 매 단계 함수가 완료될 때마다 다음 단계로 전달되며, 더 이상 실행할 단계가 없을 때 끝난다. 이런 접근 방법은 작업 처리에 블로킹 I/O나 하위 프로세스가 포함되는 경우에 특히 좋다. 파이썬에서는 블로킹 I/O나 하위 프로세스를 더 쉽게 병렬화할 수 있기 때문이다(Better way 53: '블로킹 I/O의 경우 스레드를 사용하고 병렬성을 피하라' 참고).

예를 들어, 디지털 카메라에서 이미지 스트림을 계속 가져와 이미지 크기를 변경하고 온라인 포토 갤러리에 저장하고 싶다고 하자. 3단계 파이프라인으로 나눠 프로그램을 구성할 수 있다. 첫 번째 단계에서 새 이미지를 얻고, 얻은 이미지는 두 번째 단계의 크기 변환 함수로 보내 처리한다. 크기가 조정된 이미지를 마지막 단계의 업로드 함수에 전달해 처리한다.

각 단계를 처리하는 함수는 download, resize, upload라는 파이썬 함수로 작성했다. 이 세 함수를 사용해 동시성 파이프라인을 어떻게 만들 수 있을까?

```
def download(item):
    ...

def resize(item):
    ...

def upload(item):
    ...
```

가장 먼저 필요한 기능은 파이프라인의 단계마다 작업을 전달할 방법이다. 스레드 안전한 생산자-소비자(producer–consumer)를 사용해 이를 모델링할 수 있다(Better way 54: '스레드에서 데이터 경합을 피하기 위해 Lock을 사용하라' 참고, 큐의 성능에 대해 이해하려면 Better way 71: '생산자-소비자 큐로 deque를 사용하라' 참고)

```
from collections import deque
from threading import Lock

class MyQueue:
    def __init__(self):
        self.items = deque()
        self.lock = Lock()
```

생산자인 디지털 카메라는 미처리 작업을 표현하는 deque의 끝에 새로운 이미지를 추가한다.

```
def put(self, item):
    with self.lock:
        self.items.append(item)
```

파이프라인의 첫 번째 단계인 소비자는 미처리 작업을 표현하는 deque의 맨 앞에서 이미지를 제거한다.

```
def get(self):
    with self.lock:
        return self.items.popleft()
```

다음 코드는 방금 본 것과 비슷한 큐(queue)에서 가져온 작업에 함수를 적용하고, 그 결과를 다른 큐에 넣는 스레드를 통해 파이프라인의 각 단계를 구현한다. 그리고 각 작업자가 얼마나 많이 새로운 입력을 검사(폴링)했고 얼마나 많이 작업을 완료했는지 추적한다.

```
from threading import Thread
import time

class Worker(Thread):
    def __init__(self, func, in_queue, out_queue):
        super().__init__()
        self.func = func
        self.in_queue = in_queue
        self.out_queue = out_queue
        self.polled_count = 0
        self.work_done = 0
```

가장 까다로운 곳은 입력 큐가 비어 있는 경우를 작업자 스레드가 제대로 처리하는 부분이다. 큐가 비어 있다는 말은 이전 단계가 아직 작업을 완료하지

못했다는 뜻이다. 다음 코드에서 IndexError 예외를 잡아내는 부분이 바로
이런 경우다. 이를 조립 라인을 일시 중단시키는 것으로 생각할 수 있다.

```python
def run(self):
    while True:
        self.polled_count += 1
        try:
            item = self.in_queue.get()
        except IndexError:
            time.sleep(0.01)  # 할 일이 없음
        else:
            result = self.func(item)
            self.out_queue.put(result)
            self.work_done += 1
```

이제 파이프라인을 조율하기 위한 조율 지점 역할을 할 수 있도록 각 단계별로
큐를 생성하고 각 단계에 맞는 작업 스레드를 만들어서 서로 연결할 수 있다.

```python
download_queue = MyQueue()
resize_queue = MyQueue()
upload_queue = MyQueue()

done_queue = MyQueue()
threads = [
    Worker(download, download_queue, resize_queue),
    Worker(resize, resize_queue, upload_queue),
    Worker(upload, upload_queue, done_queue),
]
```

각 단계를 처리하기 위해 세 가지 스레드를 시작하고, 파이프라인의 첫 번째
단계에 원하는 만큼 작업을 넣는다. 다음 코드는 download 함수에 필요한 실
제 데이터 대신 간단한 object를 사용한다.

```python
for thread in threads:
    thread.start()
```

```
for _ in range(1000):
    download_queue.put(object())
```

이제 done_queue를 지켜보면서 파이프라인이 모든 원소를 처리할 때까지 기다린다.

```
while len(done_queue.items) < 1000:
    # 기다리는 동안 유용한 작업을 수행한다
    ...
```

이 코드는 제대로 작동하지만, 스레드들이 새로운 작업을 기다리면서 큐를 폴링하기 때문에 재미있는 부작용이 생긴다. run 메서드 안의 까다로운 부분인 IndexError 예외를 잡아내는 부분이 상당히 많이 실행된다.

```
processed = len(done_queue.items)
polled = sum(t.polled_count for t in threads)
print(f'{processed} 개의 아이템을 처리했습니다, '
    f'이때 폴링을 {polled} 번 했습니다.')
```

```
>>>
1000 개의 아이템을 처리했습니다, 이때 폴링을 3009 번 했습니다.
```

작업자 함수의 속도가 달라지면 앞에 있는 단계가 그보다 더 뒤에 있는 단계의 진행을 방해하면서 파이프라인을 막을 수 있다. 이로 인해 뒤에 있는 단계는 작업을 받지 못하는 기아 상태(starvation)가 돼서 처리할 작업이 없으므로, 루프를 빠르게 돌며 새로운 작업이 들어왔는지 자신의 입력 큐를 계속 검사한다. 이로 인해 작업자 스레드가 유용하지 않은 일(지속적으로 IndexError 예외를 잡아냄)을 하느라 CPU 시간을 잡아먹게 된다.*

---

* **역주** 이 경우에 또 다른 문제는 쓸모없는 일을 하느라 CPU 시간을 잡아먹는 스레드로 인해 실제 유용한 작업을 수행하는 스레드가 실행되는 시간이 줄어든다는 점이다. 이로 인해 CPU는 충분한 처리 능력이 있는데도 작업을 제때 완료하지 못하며, 그로 인해 앞 단계에는 데이터가 쌓이고 뒷 단계에는 폴링하는 작업자가 늘어나면서 전체 시스템의 스루풋이 더 나빠지는 악순환이 발생한다. 이럴 때 앞 단계에 더 많은 자원을 투입할 수 있다면 전체 속도가 빨라질 수도 있다.

하지만 이는 문제의 시작일 뿐이다. 이 구현에는 여러분이 피해야 할 문제점이 세 가지나 더 있다. 첫째, 모든 작업이 다 끝났는지 검사하기 위해 추가로 done_queue에 대해 바쁜 대기(busy waiting)를 수행해야 한다. 둘째, Worker의 run 메서드가 루프를 무한히 반복한다. 현재 구현에서는 작업자 스레드에게 루프를 중단할 시점임을 알려줄 뚜렷한 방법이 없다.

셋째, 무엇보다 최악인 점은 파이프라인 진행이 막히면 프로그램이 임의로 중단될 수 있다는 것이다. 첫 번째 단계가 빠르게 진행되는데 두 번째 단계가 느리게 진행되면, 첫 번째 단계와 두 번째 단계를 연결하는 큐의 크기가 계속 늘어난다. 이 경우에는 두 번째 단계가 작업을 계속 처리할 수 없게 된다. 시간과 입력 데이터가 충분히 많으면 언젠가는 메모리를 다 소모하고 프로그램이 죽어버릴 것이다.

여기서 얻을 수 있는 교훈은 파이프라인이 나쁘다는 것이 아니라, 제대로 작동하는 생산자-소비자 큐를 직접 구현하기가 어렵다는 것이다. 따라서 굳이 직접 할 필요가 없다.

대안: Queue

queue 내장 모듈에 있는 Queue 클래스는 앞에서 설명한 모든 문제를 해결할 수 있는 기능을 제공한다.

Queue는 새로운 데이터가 나타날 때까지 get 메서드가 블록되게 만들어서 작업자의 바쁜 대기 문제를 해결한다. 예를 들어 다음 코드는 큐에 입력 데이터가 들어오기를 기다리는 스레드를 하나 시작한다.

```
from queue import Queue

my_queue = Queue()
```

```
def consumer():
    print('소비자 대기')
    my_queue.get()    # 다음에 보여줄 put()이 실행된 다음에 실행된다
    print('소비자 완료')

thread = Thread(target=consumer)
thread.start()
```

이 스레드가 더 먼저 실행되지만, Queue 인스턴스에 원소가 put돼서 get 메서드가 반환할 원소가 생기기 전까지 이 스레드는 끝나지 않는다.

```
print('생산자 데이터 추가')
my_queue.put(object())        # 앞에서 본 get()이 실행되기 전에 실행된다
print('생산자 완료')
thread.join()
```

```
>>>
소비자 대기
생산자 데이터 추가
생산자 완료
소비자 완료
```

파이프라인 중간이 막히는 경우를 해결하기 위해 Queue 클래스에서는 두 단계 사이에 허용할 수 있는 미완성 작업의 최대 개수를 지정할 수 있다.

이렇게 버퍼 크기를 정하면 큐가 이미 가득 찬 경우 put이 블록된다. 예를 들어 다음 코드는 큐 원소가 소비될 때까지 대기하는 스레드를 정의한다.

```
my_queue = Queue(1)  # 버퍼 크기 1

def consumer():
    time.sleep(0.1)  # 대기
    my_queue.get()    # 두 번째로 실행됨
    print('소비자 1')
    my_queue.get()    # 네 번째로 실행됨
    print('소비자 2')
```

```
    print('소비자 완료')

thread = Thread(target=consumer)
thread.start()
```

큐에 원소가 없을 경우 소비자 스레드가 대기하므로, 생산자 스레드는 소비
자 스레드가 get을 호출했는지 여부와 관계없이 put을 두 번 호출해 객체를
큐에 추가할 수 있다. 하지만 이 코드에서 Queue의 크기는 1이다. 이는 생산
자가 두 번째로 호출한 put이 큐에 두 번째 원소를 넣으려면 소비자가 최소
한 번이라도 get을 호출할 때까지 기다려야 한다는 뜻이다.

```
my_queue.put(object())  # 첫 번째로 실행됨
print('생산자 1')
my_queue.put(object())  # 세 번째로 실행됨
print('생산자 2')
print('생산자 완료')
thread.join()
```

```
>>>
생산자 1
소비자 1
생산자 2
생산자 완료
소비자 2
소비자 완료
```

Queue 클래스의 task_done 메서드를 통해 작업의 진행을 추적할 수 있다. 이
메서드를 사용하면 어떤 단계의 입력 큐가 다 소진될 때까지 기다릴 수 있
고, (앞 예제에서 done_queue에 대해 수행했던 것처럼) 파이프라인의 마지막
단계를 폴링할 필요도 없어진다. 예를 들어 다음 코드는 소비자 스레드가 자
신의 작업을 하나 완료한 다음에 task_done을 호출하게 만든다.

```
in_queue = Queue()
def consumer():
    print('소비자 대기')
    work = in_queue.get()   # 두 번째로 실행됨
    print('소비자 작업 중')
    # 작업 진행
    ...
    print('소비자 완료')
    in_queue.task_done()   # 세 번째로 실행됨

thread = Thread(target=consumer)
thread.start()
```

이제 생산자 코드가 소비자 스레드를 조인(join)하거나 폴링할 필요가 없다. 생산자는 Queue 인스턴스의 join 메서드를 호출함으로써 in_queue가 끝나기를 기다릴 수 있다. in_queue가 비어 있더라도 지금까지 이 큐에 들어간 모든 원소에 대해 task_done이 호출되기 전까지는 join이 끝나지 않는다.

```
print('생산자 데이터 추가)
in_queue.put(object())      # 첫 번째로 실행됨
print('생산자 대기')
in_queue.join()             # 네 번째로 실행됨
print('생산자 완료')
thread.join()
```

```
>>>
소비자 대기
생산자 데이터 추가
생산자 대기
소비자 작업 중
소비자 완료
생산자 완료
```

이 모든 동작을 Queue 하위 클래스에 넣고, 처리가 끝났음을 작업자 스레드에게 알리는 기능을 추가할 수 있다. 다음 코드는 큐에 더 이상 다른 입력이

없음을 표시하는 특별한 **센티넬**(sentinel) 원소를 추가하는 close 메서드를 정의한다.

```
class ClosableQueue(Queue):
    SENTINEL = object()

    def close(self):
        self.put(self.SENTINEL)
```

그 후 큐를 이터레이션하다가 이 특별한 object를 찾으면 이터레이션을 끝낸다. 그리고 이 __iter__ 메서드는 큐의 작업 진행을 감시할 수 있게 하고자 task_done을 적당한 횟수만큼 호출해준다(Better way 31: '인자에 대해 이터레이션할 때는 방어적이 돼라'에서 __iter__에 대한 자세한 내용을 볼 수 있다).

```
    def __iter__(self):
        while True:
            item = self.get()
            try:
                if item is self.SENTINEL:
                    return    # 스레드를 종료시킨다
                yield item
            finally:
                self.task_done()
```

이제 작업자 스레드가 ClosableQueue 클래스의 동작을 활용하게 할 수 있다. 이 스레드는 for 루프가 끝나면 종료된다.

```
class StoppableWorker(Thread):
    def __init__(self, func, in_queue, out_queue):
        super().__init__()
        self.func = func
        self.in_queue = in_queue
        self.out_queue = out_queue
```

```
def run(self):
    for item in self.in_queue:
        result = self.func(item)
        self.out_queue.put(result)
```

이렇게 정의한 새 작업자 클래스를 사용해 작업자 스레드를 새로 정의한다.

```
download_queue = ClosableQueue()
resize_queue = ClosableQueue()
upload_queue = ClosableQueue()
done_queue = ClosableQueue()
threads = [
    StoppableWorker(download, download_queue, resize_queue),
    StoppableWorker(resize, resize_queue, upload_queue),
    StoppableWorker(upload, upload_queue, done_queue),
]
```

이전과 마찬가지로 작업자 스레드를 실행하고 첫 번째 단계의 입력 큐에 모든 입력 작업을 추가한 다음, 입력이 모두 끝났음을 표시하는 신호를 추가한다.

```
for thread in threads:
    thread.start()

for _ in range(1000):
    download_queue.put(object())

download_queue.close()
```

마지막으로 각 단계를 연결하는 큐를 join함으로써 작업 완료를 기다린다. 각 단계가 끝날 때마다 다음 단계의 입력 큐의 close를 호출해서 작업이 더 이상 없음을 통지한다. 마지막 done_queue에는 예상대로 모든 출력이 들어 있다.

```
download_queue.join()
resize_queue.close()
resize_queue.join()
```

```
upload_queue.close()
upload_queue.join()
print(done_queue.qsize(), '개의 원소가 처리됨')

for thread in threads:
    thread.join()
```

```
>>>
1000 개의 원소가 처리됨
```

이 접근 방법을 확장해 단계마다 여러 작업자를 사용할 수 있다. 그러면 I/O 병렬성을 높일 수 있으므로 이런 유형에 속한 프로그램의 속도를 상당히 증가시킬 수 있다. 이를 위해 먼저 다중 스레드를 시작하고 끝내는 도우미 함수를 만든다. stop_threads 함수는 소비자 스레드의 입력 큐마다 close를 호출하는 방식으로 작동한다. 이렇게 하면 모든 작업자를 깔끔하게 종료시킬 수 있다.

```
def start_threads(count, *args):
    threads = [StoppableWorker(*args) for _ in range(count)]
    for thread in threads:
        thread.start()
    return threads

def stop_threads(closable_queue, threads):
    for _ in threads:
        closable_queue.close()

    closable_queue.join()

    for thread in threads:
        thread.join()
```

이제 앞에서 본 예제처럼 각 조각을 서로 연결해 파이프라인에 객체를 넣고, 그 과정에서 큐와 스레드의 완료를 join을 통해 기다리고, 최종 결과를 소비할 수 있다.

```
download_queue = ClosableQueue()
resize_queue = ClosableQueue()
upload_queue = ClosableQueue()
done_queue = ClosableQueue()

download_threads = start_threads(
    3, download, download_queue, resize_queue)
resize_threads = start_threads(
    4, resize, resize_queue, upload_queue)
upload_threads = start_threads(
    5, upload, upload_queue, done_queue)

for _ in range(1000):
    download_queue.put(object())

stop_threads(download_queue, download_threads)
stop_threads(resize_queue, resize_threads)
stop_threads(upload_queue, upload_threads)

print(done_queue.qsize(), '개의 원소가 처리됨')

>>>
1000 개의 원소가 처리됨
```

선형적인 파이프라인의 경우 Queue가 잘 작동하지만, 다른 도구가 더 나은
상황도 많다(Better way 60: 'I/O를 할 때는 코루틴을 사용해 동시성을 높
여라' 참고).

기억해야 할 내용

- 순차적인 작업을 동시에 여러 파이썬 스레드에서 실행되도록 조직하고 싶을 때, 특히
  I/O 위주의 프로그램인 경우라면 파이프라인이 매우 유용하다.
- 동시성 파이프라인을 만들 때 발생할 수 있는 여러 가지 문제(바쁜 대기, 작업자에게 종
  료를 알리는 방법, 잠재적인 메모리 사용량 폭발 등)를 잘 알아두라.
- Queue 클래스는 튼튼한 파이프라인을 구축할 때 필요한 기능인 블로킹 연산, 버퍼 크기
  지정, join을 통한 완료 대기를 모두 제공한다.

BETTER WAY 56 언제 동시성이 필요할지 인식하는 방법을 알아두라

프로그램이 다루는 영역이 커짐에 따라 불가피하게 복잡도도 증가한다. 프로그램의 명확성, 테스트 가능성(testablility), 효율성을 유지하면서 늘어나는 요구 조건을 만족시키는 것은 프로그래밍에서 가장 어려운 부분이다. 그중에서도 가장 처리하기 어려운 일은 단일 스레드 프로그램을 동시 실행되는 여러 흐름으로 이뤄진 프로그램으로 바꾸는 경우일 것이다.

여러분이 이런 문제를 겪을 수 있는 경우를 예제로 살펴보자. 콘웨이(Conway)의 '생명 게임(Game of Life)'을 구현한다고 하자. 생명 게임은 유한 상태 오토마타(finite state automata)를 보여주는 고전적인 예제다. 이 게임의 규칙은 간단하다. 임의의 크기인 2차원 그리드가 있으며, 이 그리드의 각 셀(cell)은 비어 있거나(empty) 살아 있을(alive) 수 있다.

```
ALIVE = '*'
EMPTY = '-'
```

클럭이 한 번 틱할 때마다* 게임이 진행된다. 틱마다 각 셀은 자신의 주변 여덟 개 셀이 살아 있는지 살펴보고, 주변 셀 중에서 살아 있는 셀의 개수에 따라 계속 살아남을지, 죽을지, 재생성할지를 결정한다(자세한 규칙은 나중에 설명한다). 다음은 5×5 생명 게임 그리드가 5틱 동안 시간의 흐름에 따라 어떻게 변했는지 보여준다(오른쪽으로 갈수록 더 나중이다).

```
0       1       2       3       4
-----   -----   -----   -----   -----
-*---   --*--   --**-   --*--   -----
--**-   --**-   -*---   -*---   -**--
---*-   -**--   --**-   --*--   -----
-----   -----   -----   -----   -----
```

---

* 역주 클럭(clock)은 '시계'를 의미하고, 틱(tick)은 시계 바늘이 똑딱하는 소리를 내며 움직이는 것을 표현하는 의성어다. 게임 관련 프로그래밍에서는 논리적인 시간의 흐름을 클럭이라 부르고, 클럭의 가장 작은 단위를 틱이라 부르곤 한다.

각 셀의 상태를 간단한 컨테이너 클래스를 사용해 표현할 수 있다. 이 클래스는 임의의 좌표에 있는 셀의 값을 설정하는 메서드를 제공해야 한다. 그리드 크기를 벗어나는 좌표는 나머지 연산을 사용해 적절한 그리드 내부 좌표로 바뀐다(wrap around). 따라서 이 그리드 클래스는 무한히 반복되는 공간처럼 작동한다.

```python
class Grid:
    def __init__(self, height, width):
        self.height = height
        self.width = width
        self.rows = []
        for _ in range(self.height):
            self.rows.append([EMPTY] * self.width)

    def get(self, y, x):
        return self.rows[y % self.height][x % self.width]

    def set(self, y, x, state):
        self.rows[y % self.height][x % self.width] = state

    def __str__(self):
        ...
```

클래스가 작동하는 모습을 보기 위해 Grid 인스턴스를 만들고 초기 상태를 고전적인 글라이더* 형태로 설정했다.

```python
grid = Grid(5, 9)
grid.set(0, 3, ALIVE)
grid.set(1, 4, ALIVE)
grid.set(2, 2, ALIVE)
grid.set(2, 3, ALIVE)
```

---

* 역주 콘웨이 생명 게임은 단순한 규칙에서 다양한 변화가 표현되는 예를 보여주는데, 본문에 있는 모양은 틱이 지남에 따라 초기 위치로부터 미끄러지듯(glide) 한쪽 방향으로 이동하는 모습을 보여주기 때문에 '글라이더(glider)'라고 한다.

```
grid.set(2, 4, ALIVE)
print(grid)

>>>
---*-----
----*----
--***----
---------
---------
```

이제 어떤 셀의 주변 셀 상태를 얻을 방법이 필요하므로, 그리드에 대해 질의를 수행해 살아 있는 주변 셀 수를 반환하는 도우미 함수를 만든다. 코드 결합을 줄이고자(Better way 38: '간단한 인터페이스의 경우 클래스 대신 함수를 받아라'에서 이런 접근 방법을 더 살펴볼 수 있다) Grid 인스턴스를 넘기는 대신 get 함수를 파라미터로 받는 간단한 함수를 사용한다.

```
def count_neighbors(y, x, get):
    n_ = get(y - 1, x + 0) # 북(N)
    ne = get(y - 1, x + 1) # 북동(NE)
    e_ = get(y + 0, x + 1) # 동(E)
    se = get(y + 1, x + 1) # 남동(SE)
    s_ = get(y + 1, x + 0) # 남(S)
    sw = get(y + 1, x - 1) # 남서(SW)
    w_ = get(y + 0, x - 1) # 서(W)
    nw = get(y - 1, x - 1) # 북서(NW)
    neighbor_states = [n_, ne, e_, se, s_, sw, w_, nw]
    count = 0
    for state in neighbor_states:
        if state == ALIVE:
            count += 1
    return count
```

이제 콘웨이 생명 게임의 세 가지 규칙(이웃한 셀 중에서 두 개 이하가 살아 있으면 가운데 셀이 죽는다. 네 개 이상이 살아 있으면 가운데 셀이 죽는다.

정확히 세 개가 살아 있을 때 가운데 셀이 살아 있으면 계속 살아남고, 빈 셀이면 살아 있는 상태로 바뀐다)에 따른 로직을 간단히 정의한다.

```
def game_logic(state, neighbors):
    if state == ALIVE:
        if neighbors < 2:
            return EMPTY  # 살아 있는 이웃이 너무 적음: 죽음
        elif neighbors > 3:
            return EMPTY  # 살아 있는 이웃이 너무 많음: 죽음
    else:
        if neighbors == 3:
            return ALIVE  # 다시 생성됨
    return state
```

count_neighbors와 game_logic 함수를 셀 상태를 변화시키는 다른 함수와 연결할 수 있다. 각 제너레이션(때로 틱을 제너레이션*이라고 하기도 한다)마다 이 (셀 상태를 변화시키는) 함수를 한 그리드 셀에 대해 호출해서, 현재 셀 상태를 알아내고 이웃 셀의 상태를 살펴본 후 다음 상태를 결정한 다음 결과 그리드의 셀 상태를 적절히 갱신한다. 여기서도 Grid 인스턴스를 넘기는 대신 그리드를 설정하는 함수를 set 파라미터로 받는 함수 인터페이스를 사용해 코드의 결합도를 낮춘다.

```
def step_cell(y, x, get, set):
    state = get(y, x)
    neighbors = count_neighbors(y, x, get)
    next_state = game_logic(state, neighbors)
    set(y, x, next_state)
```

마지막으로 셀로 이뤄진 전체 그리드를 한 단계 진행시켜서 다음 세대의 상태가 담긴 그리드를 반환하는 함수를 정의한다. 여기서 중요한 세부 사항은

---

* **역주** 일반적으로 틱을 제너레이션(generation)이라고 부르지는 않는다. 여기서는 한 틱에 전체 그리드의 셀들이 한 세대씩 (생성이나 사망을 하면서) 바뀌니까 제너레이션이라 부를 수 있지만, 게임 종류에 따라서는 제너레이션이라 부를 만한 단계가 없을 수도 있고 제너레이션이 여러 틱으로 이뤄질 수도 있다.

방금 우리가 만든 함수들이 이전 세대의 Grid 인스턴스에 대해 get 메서드를 호출해주는 함수와 다음 세대의 Grid 인스턴스에 대해 set 메서드를 호출해주는 함수에 의존한다는 점이다. 이로 인해 모든 셀이 동일하게 작동하도록 할 수 있다. 이 기능은 생명 게임이 제대로 작동하려면 반드시 필요하다. 앞에서 Grid 대신 get과 set에 대한 함수 인터페이스를 사용했으므로 이 기능을 쉽게 구현할 수 있다.

```python
def simulate(grid):
    next_grid = Grid(grid.height, grid.width)
    for y in range(grid.height):
        for x in range(grid.width):
            step_cell(y, x, grid.get, next_grid.set)
    return next_grid
```

이제 한 번에 한 세대씩 전체 그리드를 진행할 수 있다. game_logic 함수에 구현한 간단한 규칙을 사용해 글라이더가 오른쪽 아래 방향으로 움직이는 모습을 볼 수 있다.

```python
class ColumnPrinter:
    ...

columns = ColumnPrinter()
for i in range(5):
    columns.append(str(grid))
    grid = simulate(grid)

print(columns)
```

```
>>>
    0     |    1     |    2     |    3     |    4
---*----- | --------- | --------- | --------- | ---------
----*---- | --*-*---- | ----*---- | ---*----- | ----*----
--***---- | ---**---- | --*-*---- | ----**--- | -----*---
--------- | ---*----- | ---**---- | ---**---- | ---***---
--------- | --------- | --------- | --------- | ---------
```

단일 코어에서 한 스레드로 실행되는 프로그램의 경우에는 이런 코드가 잘 작동한다. 하지만 프로그램의 요구 사항이 바뀌어서 이제는 앞에서 살짝 암시한 바와 같이, game_logic 함수 안에서 약간의 I/O(소켓 통신 등)가 필요하다고 하자. 예를 들어 그리드 상태와 인터넷을 통한 사용자 간 통신에 의해 상태 전이가 결정되는 MMOG(Massively Multiplayer Online Game)(다중 사용자 온라인 게임)가 이런 경우다.

앞의 구현을 어떻게 확장하면 이런 기능을 지원하게 할 수 있을까? 가장 단순한 방법은 블로킹 I/O를 game_logic 함수 안에 직접 추가하는 것이다.

```
def game_logic(state, neighbors):
    ...
    # 블로킹 I/O를 여기서 수행한다
    data = my_socket.recv(100)
    ...
```

하지만 이 접근 방법은 블로킹 I/O로 인해 전체 프로그램이 느려진다. I/O의 지연 시간이 100밀리초이고(상태가 좋은 인터넷 국가 간 지연 시간이 대략 이 수준이다) 그리드에 셀이 45개 있으면, simulate 함수에서 각 셀이 순차적으로 처리되기 때문에 한 세대를 처리하는 데 최소 4.5초가 걸린다. 너무 느려서 게임을 즐길 수 없을 정도의 성능이다. 게다가 이런 구조는 규모 확장이 쉽지 않다. 나중에 그리드가 10,000개의 셀을 포함하게 변경해야 한다면 각 세대를 계산하는 데 15분이 걸린다.

해결책은 I/O를 병렬로 수행해서 그리드 크기와 관계없이 각 세대를 대략 100밀리초 안에 계산할 수 있게 만드는 것이다. 각 작업 단위(여기서는 셀)에 대해 동시 실행되는 여러 실행 흐름을 만들어내는 과정을 **팬아웃**(fan-out)이라고 한다. 전체를 조율하는 프로세스(여기서는 세대) 안에서 다음 단계로 진행하기 전에 동시 작업 단위의 작업이 모두 끝날 때까지 기다리는 과정을 팬인(fan-in)이라고 한다.

파이썬은 팬아웃과 팬인을 지원하는 여러 가지 내장 도구를 제공하며, 각 도구는 서로 다른 장단점을 지닌다. 따라서 각 접근 방식의 장단점을 이해하고 상황에 따라 원하는 작업에 가장 알맞은 도구를 택해야 한다. 이제부터는 앞에서 다룬 생명 게임 예제 프로그램을 바탕으로 다양한 접근 방식을 살펴본다(Better way 57: '요구에 따라 팬아웃을 진행하려면 새로운 스레드를 생성하지 말라', Better way 58: '동시성과 Queue를 사용하기 위해 코드를 어떻게 리팩터링해야 하는지 이해하라', Better way 59: '동시성을 위해 스레드가 필요한 경우에는 ThreadpoolExecutor를 사용하라', Better way 60: 'I/O를 할 때는 코루틴을 사용해 동시성을 높여라' 참고).

기억해야 할 내용

- 프로그램이 커지면서 범위와 복잡도가 증가함에 따라 동시에 실행되는 여러 실행 흐름이 필요해지는 경우가 많다.
- 동시성을 조율하는 가장 일반적인 방법으로는 팬아웃(새로운 동시성 단위들을 만들어냄)과 팬인(기존 동시성 단위들의 실행이 끝나기를 기다림)이 있다.
- 파이썬은 팬아웃과 팬인을 구현하는 다양한 방법을 제공한다.

BETTER WAY 57 요구에 따라 팬아웃을 진행하려면 새로운 스레드를 생성하지 말라

파이썬에서 병렬 I/O를 실행하고 싶을 때는 자연스레 스레드를 가장 먼저 고려하게 된다(Better way 53: '블로킹 I/O의 경우 스레드를 사용하고 병렬성을 피하라' 참고). 하지만 여러 동시 실행 흐름을 만들어내는 팬아웃을 수행하고자 스레드를 사용할 경우 중요한 단점과 마주하게 된다.

이 단점을 보여주기 위해 앞에서 다룬 생명 게임 예제를 계속 살펴보자(Better way 56: '언제 동시성이 필요할지 인식하는 방법을 알아두라'에서 배경지식을 얻고 지금부터 사용할 여러 함수와 클래스 구현을 살펴볼 수 있다). 여기서는 스레드를 사용해 game_logic 안에서 I/O를 수행함으로써 생기는 지연 시간을 해결한다. 먼저 스레드를 사용할 때는 락을 사용해 데이터 구조에 대해 가정한 내용을 유지하도록 여러 스레드를 조율해야 한다. Grid 클래스에 락 관련 동작을 추가하면, 여러 스레드에서 인스턴스를 동시에 사용해도 안전한 하위 클래스를 정의할 수 있다.

```python
from threading import Lock

ALIVE = '*'
EMPTY = '-'

class Grid:
    ...

class LockingGrid(Grid):
    def __init__(self, height, width):
        super().__init__(height, width)
        self.lock = Lock()

    def __str__(self):
        with self.lock:
            return super().__str__()

    def get(self, y, x):
        with self.lock:
            return super().get(y, x)

    def set(self, y, x, state):
        with self.lock:
            return super().set(y, x, state)
```

이제 각 step_cell 호출마다 스레드를 정의해 **팬아웃**하도록 simulate 함수를
다시 정의할 수 있다. 스레드는 병렬로 실행되며, 다른 I/O가 끝날 때까지
기다리지 않아도 된다. 그 후 다음 세대로 진행하기 전에 모든 스레드가 작업
을 마칠 때까지 기다리므로 **팬인**할 수 있다.

```python
from threading import Thread

def count_neighbors(y, x, get):
    ...

def game_logic(state, neighbors):
    ...
    # 여기서 블로킹 I/O를 수행한다
    data = my_socket.recv(100)
    ...

def step_cell(y, x, get, set):
    state = get(y, x)
    neighbors = count_neighbors(y, x, get)
    next_state = game_logic(state, neighbors)
    set(y, x, next_state)

def simulate_threaded(grid):
    next_grid = LockingGrid(grid.height, grid.width)

    threads = []
    for y in range(grid.height):
        for x in range(grid.width):
            args = (y, x, grid.get, next_grid.set)
            thread = Thread(target=step_cell, args=args)
            thread.start()  # 팬아웃
            threads.append(thread)

    for thread in threads:
        thread.join()       # 팬인

    return next_grid
```

앞에서 본 예제의 step_cell을 그대로 사용하고, 구동 코드가 LockingGrid와 simulate_threaded 구현을 사용하도록 두 줄만 바꾸면 방금 만든 그리드 클래스 코드를 구동할 수 있다.

```
class ColumnPrinter:
    ...

grid = LockingGrid(5, 9)              # 바뀐 부분
grid.set(0, 3, ALIVE)
grid.set(1, 4, ALIVE)
grid.set(2, 2, ALIVE)
grid.set(2, 3, ALIVE)
grid.set(2, 4, ALIVE)

columns = ColumnPrinter()
for i in range(5):
    columns.append(str(grid))
    grid = simulate_threaded(grid)  # 바뀐 부분

print(columns)
```

```
>>>
    0     |    1     |    2     |    3     |    4
---*----- | -------- | -------- | -------- | --------
----*---- | --*-*---- | ----*---- | ---*----- | ----*----
--***---- | ---**---- | --*-*---- | ----**--- | -----*---
-------- | ---*----- | ---**---- | ---**---- | ---***---
-------- | -------- | -------- | -------- | --------
```

코드는 예상대로 잘 작동하며, 스레드 사이에 I/O가 병렬화됐다. 하지만 이 코드에는 다음과 같은 세 가지 큰 문제점이 있다.

- Thread 인스턴스를 서로 안전하게 조율하려면 특별한 도구가 필요하다 (Better way 54: '스레드에서 데이터 경합을 피하기 위해 Lock을 사용하라' 참고). 이로 인해 Better way 56에서 살펴본 순차적인 단일 스레드 코드

보다 스레드를 사용하는 코드가 읽기 어렵다. 복잡도 때문에 시간이 지남에 따라 스레드를 사용한 코드를 확장하고 유지 보수하기도 더 어렵다.

- 스레드는 메모리를 많이 사용하며, 스레드 하나당 약 8MB가 더 필요하다. 이 예제처럼 스레드를 45개 정도만 사용하는 경우에는 대부분의 컴퓨터에서 메모리 용량이 문제가 되지 않는다. 하지만 게임 그리드 크기가 10,000 셀로 커지면 스레드를 셀 수 없을 만큼 많이 생성해야 하는데, 내(저자) 컴퓨터는 이를 감당하지 못한다. 동시성 작업마다 스레드를 하나씩 실행하는 코드는 제대로 작동할 수 없다.

- 스레드를 시작하는 비용이 비싸며, 컨텍스트 전환(context switching)에 비용이 들기 때문에 스레드는 성능에 부정적인 영향을 미친다. 우리가 만든 코드에서는 세대가 진행될 때마다 모든 스레드가 시작되고 끝나는데, 이는 상당히 큰 부가 비용을 유발하며 예상 I/O 지연 시간이 100밀리초보다 더 커지게 만든다.

게다가 이 코드는 무엇인가 잘못됐을 때 디버깅하기가 매우 어렵다. 예를 들어 I/O 예외가 발생한 경우를 생각해보자. I/O는 신뢰할 수 없기 때문에 game_logic 함수에서 예외가 발생할 가능성이 매우 높다.

```
def game_logic(state, neighbors):
    ...
    raise OSError('I/O 문제 발생')
    ...
```

이 함수를 가리키는 Thread 인스턴스를 실행하고, 프로그램의 sys.stderr 출력을 메모리상의 StringIO 버퍼로 전달해 이 코드에서 어떤 일이 벌어지는지 살펴볼 수 있다.

```
import contextlib
import io

fake_stderr = io.StringIO()
```

```
with contextlib.redirect_stderr(fake_stderr):
    thread = Thread(target=game_logic, args=(ALIVE, 3))
    thread.start()
    thread.join()

print(fake_stderr.getvalue())
```

```
>>>
Exception in thread Thread-226:
Traceback (most recent call last):
  File "threading.py", line 917, in _bootstrap_inner
    self.run()
  File "threading.py", line 865, in run
    self._target(*self._args, **self._kwargs)
  File "example.py", line 193, in game_logic
    raise OSError('I/O 문제 발생')
OSError: I/O 문제 발생
```

예상대로 OSError 예외가 발생한다. 하지만 Thread를 만들고 join을 호출하는 코드는 영향을 받지 않는다. 어째서일까? Thread 클래스가 target 함수에서 발생하는 예외를 독립적으로 잡아내서 sys.stderr로 예외의 트레이스(trace)를 출력하기 때문이다. 이런 예외는 결코 최초에 스레드를 시작한 쪽으로 다시 던져지지 않는다.

이와 같은 여러 문제가 있으므로, 여러분이 지속적으로 새로운 동시성 함수를 시작하고 끝내야 하는 경우 스레드는 적절한 해법이 아니다. 파이썬은 이런 경우에 더 적합한 다른 해법을 제공한다(Better way 58: '동시성과 Queue를 사용하기 위해 코드를 어떻게 리팩터링해야 하는지 이해하라', Better way 59: '동시성을 위해 스레드가 필요한 경우에는 ThreadpoolExecutor를 사용하라', Better way 60: 'I/O를 할 때는 코루틴을 사용해 동시성을 높여라' 참고).

BETTER WAY 58 동시성과 Queue를 사용하기 위해 코드를 어떻게 리팩터링해야 하는지 이해하라

바로 앞(Better way 57: '요구에 따라 팬아웃을 진행하려면 새로운 스레드를 생성하지 말라' 참고)에서는 Thread를 사용해 생명 게임 예제(Better way 56: '언제 동시성이 필요할지 인식하는 방법을 알아두라'에서 배경지식을 얻고 이 절에서 사용할 여러 함수와 클래스 구현을 살펴볼 수 있다)의 병렬 I/O 문제를 해결할 경우 어떤 단점이 있는지 살펴봤다.

다음으로 시도해볼 접근 방법은 queue 내장 모듈의 Queue 클래스를 사용해 파이프라인을 스레드로 실행하게 구현하는 것이다(Better way 55: 'Queue를 사용해 스레드 사이의 작업을 조율하라'에서 배경지식을 얻을 수 있다. Better way 55에 있는 ClosableQueue와 StoppableWorker 구현을 이 절의 코드에서 사용한다).

일반적인 접근 방법은 다음과 같다. 생명 게임의 세대마다 셀당 하나씩 스레드를 생성하는 대신, 필요한 병렬 I/O의 숫자에 맞춰 미리 정해진 작업자 스레드를 만든다. 프로그램은 이를 통해 자원 사용을 제어하고, 새로운 스레드를 자주 시작하면서 생기는 부가 비용을 덜 수 있다.

이를 위해 작업자 스레드와 game_logic 함수 사이의 통신에 ClosableQueue 인스턴스 두 개를 사용한다.

```python
from queue import Queue

class ClosableQueue(Queue):
    ...

in_queue = ClosableQueue()
out_queue = ClosableQueue()
```

in_queue에서 원소를 소비하는 스레드를 여러 개 시작할 수 있다. 각 스레드는 game_logic을 호출해 원소를 처리한 다음 out_queue에 결과를 넣는다. 각 스레드는 동시에 실행되며 병렬적으로 I/O를 수행하므로, 그에 따라 세대를 처리하는 데 필요한 지연 시간이 줄어든다.

```python
from threading import Thread

class StoppableWorker(Thread):
    ...
def game_logic(state, neighbors):
    ...
    # 여기서 블로킹 I/O를 수행한다
    data = my_socket.recv(100)
    ...

def game_logic_thread(item):
    y, x, state, neighbors = item
    try:
        next_state = game_logic(state, neighbors)
    except Exception as e:
        next_state = e
    return (y, x, next_state)

# 스레드를 미리 시작한다
```

```
threads = []
for _ in range(5):
    thread = StoppableWorker(
        game_logic_thread, in_queue, out_queue)
    thread.start()
    threads.append(thread)
```

이제 이런 큐와 상호작용하면서 상태 전이 정보를 요청하고 응답을 받도록 simulate 함수를 재정의할 수 있다. 원소를 in_queue에 추가하는 과정은 **팬아 웃**이고, out_queue가 빈 큐가 될 때까지 원소를 소비하는 과정은 **팬인**이다.

```
ALIVE = '*'
EMPTY = '-'

class SimulationError(Exception):
    pass

class Grid:
    ...

def count_neighbors(y, x, get):
    ...

def simulate_pipeline(grid, in_queue, out_queue):
    for y in range(grid.height):
        for x in range(grid.width):
            state = grid.get(y, x)
            neighbors = count_neighbors(y, x, grid.get)
            in_queue.put((y, x, state, neighbors))  # 팬아웃

    in_queue.join()
    out_queue.close()
    next_grid = Grid(grid.height, grid.width)
    for item in out_queue:                          # 팬인
        y, x, next_state = item
        if isinstance(next_state, Exception):
```

```
        raise SimulationError(y, x) from next_state
    next_grid.set(y, x, next_state)

return next_grid
```

Grid.get과 Grid.set 호출은 모두 새로운 simulate_pipeline 함수 안에서만 일어난다. 이는 동기화를 위해 Lock 인스턴스를 사용하는 Grid 구현을 새로 만드는 대신에 기존의 단일 스레드 구현을 쓸 수 있다는 뜻이다.

이 코드는 Better way 56의 Thread를 사용한 코드보다 디버깅하기도 더 쉽다. game_logic 함수 안에서 I/O를 하는 동안 발생하는 예외는 모두 잡혀서 out_queue로 전달되고 주 스레드에서 다시 던져진다.

```
def game_logic(state, neighbors):
    ...
    raise OSError('게임 로직에서 I/O 문제 발생')
    ...

simulate_pipeline(Grid(1, 1), in_queue, out_queue)

>>>
Traceback ...
OSError: 게임 로직에서 I/O 문제 발생

The above exception was the direct cause of the following
➡exception:

Traceback ...
SimulationError: (0, 0)
```

simulate_pipeline을 루프 안에서 호출해 이 세대별 다중 스레드 파이프라인을 구동할 수 있다.

```
class ColumnPrinter:
    ...
```

```
grid = Grid(5, 9)
grid.set(0, 3, ALIVE)
grid.set(1, 4, ALIVE)
grid.set(2, 2, ALIVE)
grid.set(2, 3, ALIVE)
grid.set(2, 4, ALIVE)

columns = ColumnPrinter()
for i in range(5):
    columns.append(str(grid))
    grid = simulate_pipeline(grid, in_queue, out_queue)

print(columns)

for thread in threads:
    in_queue.close()
for thread in threads:
    thread.join()

>>>
    0     |    1     |    2     |    3     |    4
---*----- | -------- | -------- | -------- | --------
----*---- | --*-*--- | ----*--- | ---*----- | ----*----
--***---- | ---**--- | --*-*--- | ----**--- | -----*---
-------- | ---*----- | ---**--- | ---**----- | ---***---
-------- | -------- | -------- | -------- | --------
```

결과는 이전과 같다. 메모리를 폭발적으로 사용하는 문제, (스레드) 시작 비용, 스레드를 디버깅하는 문제 등을 해결했지만, 여전히 많은 문제가 남아 있다.

- Better way 56에서 본 simulate_thread 함수의 방식보다 simulate_pipeline 함수가 더 따라가기 어렵다.
- 코드의 가독성을 개선하려면 ClosableQueue와 StoppableWorker라는 추가 지원 클래스가 필요하며, 이에 따라 복잡도가 늘어난다.

- 병렬성을 활용해 필요에 따라 자동으로 시스템 규모가 확장되지 않는다. 따라서 미리 부하를 예측해서 잠재적인 병렬성 수준(game_logic_thread 안에서 실행될 스레드 개수)을 미리 지정해야 한다.
- 디버깅을 활성화하려면 발생한 예외를 작업 스레드에서 수동으로 잡아 Queue를 통해 전달함으로써 주 스레드에서 다시 발생시켜야 한다.

하지만 이 코드의 가장 큰 문제점은 요구 사항이 다시 변경될 때 드러난다. 예를 들어 나중에 game_logic뿐 아니라 count_neighbors 함수에서도 I/O를 수행해야 한다고 가정해보자.

```python
def count_neighbors(y, x, get):
    ...
    # 여기서 블로킹 I/O를 수행한다
    data = my_socket.recv(100)
    ...
```

이 코드를 병렬화하려면 count_neighbpors를 별도의 스레드에서 실행하는 단계를 파이프라인에 추가해야 한다. 이때 작업자 스레드 사이에서 예외가 제대로 전달돼 주 스레드까지 도달하는지 확인해야 한다. 그리고 작업자 스레드 사이의 동기화를 위해 Grid 클래스에 대해 Lock을 사용해야 한다(Better way 54: '스레드에서 데이터 경합을 피하기 위해 Lock을 사용하라'에서 배경지식을 얻고, Better way 57: '요구에 따라 팬아웃을 진행하려면 새로운 스레드를 생성하지 말라'에서 LockingGrid 구현을 살펴볼 수 있다).

```python
def count_neighbors_thread(item):
    y, x, state, get = item
    try:
        neighbors = count_neighbors(y, x, get)
    except Exception as e:
        neighbors = e
    return (y, x, state, neighbors)
```

```python
def game_logic_thread(item):
    y, x, state, neighbors = item
    if isinstance(neighbors, Exception):
        next_state = neighbors
    else:
        try:
            next_state = game_logic(state, neighbors)
        except Exception as e:
            next_state = e
    return (y, x, next_state)

class LockingGrid(Grid):
    ...
```

count_neighbors_thread 작업자와 그에 해당하는 Thread 인스턴스를 위해 또
다른 Queue 인스턴스 집합을 만들어야 한다.

```python
in_queue = ClosableQueue()
logic_queue = ClosableQueue()
out_queue = ClosableQueue()

threads = []

for _ in range(5):
    thread = StoppableWorker(
        count_neighbors_thread, in_queue, logic_queue)
    thread.start()
    threads.append(thread)

for _ in range(5):
    thread = StoppableWorker(
        game_logic_thread, logic_queue, out_queue)
    thread.start()
    threads.append(thread)
```

마지막으로 파이프라인의 여러 단계를 조율하고 작업을 제대로 팬아웃하거
나 팬인하도록 simulate_pipeline을 변경해야 한다.

```python
def simulate_phased_pipeline(
        grid, in_queue, logic_queue, out_queue):
    for y in range(grid.height):
        for x in range(grid.width):
            state = grid.get(y, x)
            item = (y, x, state, grid.get)
            in_queue.put(item)  # 팬아웃

    in_queue.join()
    logic_queue.join()          # 파이프라인을 순서대로 실행한다
    out_queue.close()

    next_grid = LockingGrid(grid.height, grid.width)
    for item in out_queue:      # 팬인
        y, x, next_state = item
        if isinstance(next_state, Exception):
            raise SimulationError(y, x) from next_state
        next_grid.set(y, x, next_state)

    return next_grid
```

다음과 같이 바꾼 구현을 사용하면 다단계로 변경한 파이프라인을 처음부터 끝까지 실행할 수 있다.

```python
grid = LockingGrid(5, 9)
grid.set(0, 3, ALIVE)
grid.set(1, 4, ALIVE)
grid.set(2, 2, ALIVE)
grid.set(2, 3, ALIVE)
grid.set(2, 4, ALIVE)

columns = ColumnPrinter()
for i in range(5):
    columns.append(str(grid))
    grid = simulate_phased_pipeline(
        grid, in_queue, logic_queue, out_queue)

print(columns)
```

```
for thread in threads:
    in_queue.close()
for thread in threads:
    logic_queue.close()
for thread in threads:
    thread.join()

>>>
        0        |     1      |     2      |     3      |     4
    ---*-----    | ---------  | ---------  | ---------  | ---------
    ----*----    | --*-*----  | ----*----  | ---*-----  | ----*----
    --***----    | ---**----  | --*-*----  | ----**---  | -----*---
    ---------    | ---*-----  | ---**----  | ---**----  | ---***---
    ---------    | ---------  | ---------  | ---------  | ---------
```

이 코드도 역시 예상대로 작동한다. 하지만 변경할 부분이 아주 많고 준비 코드도 많이 필요하다. 또한, Queue가 팬아웃과 팬인 문제를 해결해줄 수는 있지만 부가 비용이 아주 높다는 사실도 중요하다. Thread만 사용하는 방식보다는 Queue를 사용하는 방식이 더 낫지만, Queue는 파이썬이 제공하는 다른 도구만큼 좋지 못하다(Better way 59: '동시성을 위해 스레드가 필요한 경우에는 ThreadpoolExecutor를 사용하라', Better way 60: 'I/O를 할 때는 코루틴을 사용해 동시성을 높여라' 참고).

기억해야 할 내용

- 작업자 스레드 수를 고정하고 Queue와 함께 사용하면 스레드를 사용할 때 팬인과 팬아웃의 규모 확장성을 개선할 수 있다.
- Queue를 사용하도록 기존 코드를 리팩터링하려면 상당히 많은 작업이 필요하다. 특히 다단계로 이뤄진 파이프라인이 필요하면 작업량이 더 늘어난다.
- 다른 파이썬 내장 기능이나 모듈이 제공하는 병렬 I/O를 가능하게 해주는 다른 기능과 비교하면, Queue는 프로그램이 활용할 수 있는 전체 I/O 병렬성의 정도를 제한한다는 단점이 있다.

BETTER WAY 59 동시성을 위해 스레드가 필요한 경우에는 ThreadpoolExecutor를 사용하라

파이썬에는 concurrent.futures라는 내장 모듈이 있다. 이 모듈은 ThreadPool Executor 클래스를 제공한다. ThreadPoolExecutor는 Thread (Better way 57: '요구에 따라 팬아웃을 진행하려면 새로운 스레드를 생성하지 말라' 참고)와 Queue(Better way 58: '동시성과 Queue를 사용하기 위해 코드를 어떻게 리팩터링해야 하는지 이해하라' 참고)를 사용한 접근 방법들의 장점을 조합해 생명 게임 예제(Better way 56: '언제 동시성이 필요할지 인식하는 방법을 알아두라'에서 배경지식을 얻고, 본 Better way에서 사용하는 여러 함수와 클래스 구현을 살펴볼 수 있다)의 병렬 I/O 문제를 해결한다.

```
ALIVE = '*'
EMPTY = '-'

class Grid:
    ...

class LockingGrid(Grid):
    ...

def count_neighbors(y, x, get):
    ...

def game_logic(state, neighbors):
    ...
    # 여기서 블로킹 I/O를 수행한다
    data = my_socket.recv(100)
    ...

def step_cell(y, x, get, set):
    state = get(y, x)
    neighbors = count_neighbors(y, x, get)
```

```
        next_state = game_logic(state, neighbors)
        set(y, x, next_state)
```

Grid의 각 셀에 대해 새 Thread 인스턴스를 시작하는 대신, 함수를 실행기(executor)에 제출함으로써 **팬아웃**할 수 있다. 실행기는 제출받은 함수를 별도의 스레드에서 수행해준다. 나중에 다음과 같이 팬인하기 위해 모든 작업의 결과를 기다릴 수 있다.

```python
from concurrent.futures import ThreadPoolExecutor

def simulate_pool(pool, grid):
    next_grid = LockingGrid(grid.height, grid.width)
    futures = []
    for y in range(grid.height):
        for x in range(grid.width):
            args = (y, x, grid.get, next_grid.set)
            future = pool.submit(step_cell, *args) # 팬아웃
            futures.append(future)

    for future in futures:
        future.result()                            # 팬인

    return next_grid
```

실행기는 사용할 스레드를 미리 할당한다. 따라서 simulate_pool을 실행할 때마다 스레드를 시작하는 데 필요한 비용이 들지 않는다. 또한, 병렬 I/O 문제를 처리하기 위해 Thread를 별 생각 없이 사용하면 메모리 부족 문제가 발생할 수 있는데, 이 문제를 해결하기 위해 스레드 풀(pool)에 사용할 스레드의 최대 개수를 지정할 수도 있다(max_workers 파라미터를 사용함).

```python
class ColumnPrinter:
    ...

grid = LockingGrid(5, 9)
grid.set(0, 3, ALIVE)
```

```
grid.set(1, 4, ALIVE)
grid.set(2, 2, ALIVE)
grid.set(2, 3, ALIVE)
grid.set(2, 4, ALIVE)

columns = ColumnPrinter()
with ThreadPoolExecutor(max_workers=10) as pool:
    for i in range(5):
        columns.append(str(grid))
        grid = simulate_pool(pool, grid)

print(columns)

>>>
    0     |     1     |     2     |     3     |     4
---*----- | --------- | --------- | --------- | ---------
----*---- | --*-*---- | ----*---- | ---*----- | ----*----
--****--- | ---**---- | --*-*---- | ----**--- | -----*---
--------- | ---*----- | ---**---- | ---**---- | ---***---
--------- | --------- | --------- | --------- | ---------
```

ThreadPoolExecutor 클래스에서 가장 좋은 점은 submit 메서드가 반환하는 Future 인스턴스에 대해 result 메서드를 호출하면 스레드를 실행하는 중에 발생한 예외를 자동으로 전파시켜준다는 것이다.

```
def game_logic(state, neighbors):
    ...
    raise OSError('I/O 문제 발생')
    ...

with ThreadPoolExecutor(max_workers=10) as pool:
    task = pool.submit(game_logic, ALIVE, 3)
    task.result()

>>>
Traceback ...
OSError: I/O 문제 발생
```

game_logic 함수와 더불어 count_neighbors 함수에 I/O 병렬성을 제공해야 할 때도 ThreadPoolExecutor가 step_cell의 일부분으로 이 두 함수를 이미 동시에 실행하고 있기 때문에 별도로 프로그램을 변경하지 않아도 된다. 심지어 필요하면 같은 인터페이스를 사용해 CPU 병렬성(I/O뿐 아니라 계산 위주의 코드를 다중 코어에서 병렬로 실행함)을 달성할 수도 있다(Better way 64: '진정한 병렬성을 살리리면 concurrent.futures를 사용하라' 참고).

하지만 ThreadPoolExecutor가 제한된 수의 I/O 병렬성만 제공한다는 큰 문제점이 남아 있다. max_workers 파라미터를 100으로 설정한다고 해도, 이 해결책은 동시 I/O가 필요한 그리드에 10,000개 이상의 셀을 넣을 경우 규모를 확장할 수 없다. ThreadPoolExecutor는 비동기적인 해법이 존재하지 않는 상황(예: 파일 I/O)을 처리할 때는 좋은 방법이지만, 그 외 많은 경우에는 I/O 병렬성을 최대화할 수 있는 더 나은 방법이 존재한다(Better way 60: 'I/O를 할 때는 코루틴을 사용해 동시성을 높여라' 참고).

기억해야 할 내용

- ThreadPoolExecutor를 사용하면 한정된 리팩터링만으로 간단한 I/O 병렬성을 활성화할 수 있고, 동시성을 팬아웃해야 하는 경우에 발생하는 스레드 시작 비용을 쉽게 줄일 수 있다.
- ThreadPoolExecutor를 사용하면 스레드를 직접 사용할 때 발생할 수 있는 잠재적인 메모리 낭비 문제를 없애주지만, max_workers의 개수를 미리 지정해야 하므로 I/O 병렬성을 제한한다.[*]

---

[*] 역주 실제로는 ThreadPoolExecutor만의 문제가 아니며, 스레드나 다중 프로세스를 사용하는 병렬 처리의 한계라고 봐야 한다. ThreadPoolExecutor가 아닌 어떤 구조의 다중 스레드/다중 프로세스를 사용해도 CPU와 코어 개수가 최대한 동시 실행할 수 있는 스레드 수를 제한하고 I/O 병렬성이 커서 컨텍스트 전환이 자주 일어나는 경우에는 스레드 컨텍스트 전환에 드는 비용이 상당히 커지기 때문에 원하는 성능을 얻기는 어렵다. 예를 들어 2000년대 초까지는 소켓으로 동시 연결을 10,000개 이상 처리하는 C10K 문제가 유명했다. 비동기 통신과 커널 구조와 네트워크 프로그래밍 모델 변경을 통해 이 한계를 깼고, 점차 개선되면서(C10M 문제) 2010년 초반에는 이미 수백만 개의 동시 연결을 처리할 수 있게 됐다. 한편 C10K나 C10M 등에서 연결 처리는 리슨(listen)하고 접속이 들어오면 소켓 연결을 맺은 후 소량의 데이터를 송수신(수십 Kbit/s 이내)하는 부분만 감안한 것이며, 작업자 스레드의 작업 부하는 아주 미미한 것으로 가정한다는 점에 유의해야 한다.

BETTER WAY 60 I/O를 할 때는 코루틴을 사용해 동시성을 높여라

Better way 56~59에서는 생명 게임 예제를 사용해 병렬 I/O 문제를 해결하려 노력했고, 다양한 수준의 성공을 거둘 수 있었다(Better way 56: '언제 동시성이 필요할지 인식하는 방법을 알아두라'에서 배경지식을 얻고, 본 Better way에서 사용할 여러 함수와 클래스를 살펴볼 수 있다). 수천 개의 동시성 함수를 다룰 때 다른 접근 방식은 모두 한계가 있다(Better way 57: '요구에 따라 팬아웃을 진행하려면 새로운 스레드를 생성하지 말라', Better way 58: '동시성과 Queue를 사용하기 위해 코드를 어떻게 리팩터링해야 하는지 이해하라', Better way 59: '동시성을 위해 스레드가 필요한 경우에는 ThreadpoolExecutor를 사용하라' 참고).

파이썬은 높은 I/O 동시성을 처리하기 위해 **코루틴**을 사용한다. 코루틴을 사용하면 파이썬 프로그램 안에서 동시에 실행되는 것처럼 보이는 함수를 아주 많이 쓸 수 있다. 코루틴은 async와 await 키워드를 사용해 구현되며, 제너레이터를 실행하기 위한 인프라(Better way 30: '리스트를 반환하기보다는 제너레이터를 사용하라', Better way 34: 'send로 제너레이터에 데이터를 주입하지 말라', Better way 35: '제너레이터 안에서 throw로 상태를 변화시키지 말라' 참고)를 사용한다.

코루틴을 시작하는 비용은 함수 호출뿐이다. 활성화된 코루틴은 종료될 때까지 1KB 미만의 메모리를 사용한다. 스레드와 마찬가지로 코루틴도 환경으로부터 입력을 소비하고 결과를 출력할 수 있는 독립적인 함수다. 코루틴과 스레드를 비교해보면, 코루틴은 매 await 식에서 일시 중단되고 일시 중단된 **대기 가능성**(awaitable)이 해결된 다음에 async 함수로부터 실행을 재개한다는 차이점이 있다(이는 제너레이터의 yield 동작과 비슷하다).

여러 분리된 async 함수가 서로 장단을 맞춰 실행되면 마치 모든 async 함수가 동시에 실행되는 것처럼 보이며, 이를 통해 파이썬 스레드의 동시성 동작을 흉내 낼 수 있다. 하지만 이런 동작을 하는 코루틴은 스레드와 달리 메모리 부가 비용이나 시작 비용, 컨텍스트 전환 비용이 들지 않고 복잡한 락과 동기화 코드가 필요하지 않다. 코루틴을 가능하게 하는 마법과 같은 메커니즘은 **이벤트 루프**(event loop)로, 다수의 I/O를 효율적으로 동시에 실행할 수 있고 이벤트 루프에 맞춰 작성된 함수들을 빠르게 전환해가며 골고루 실행할 수 있다.

코루틴을 사용해 생명 게임을 구현해보자. 이전 Better way인 Thread나 Queue를 사용한 방법에 나타난 문제를 극복하면서 game_logic 함수 안에서 I/O를 발생시키는 것이 그 목표다. 이를 위해 먼저 def 대신 async def를 사용해 정의하면 game_logic 함수를 코루틴으로 만들 수 있음을 알아둬야 한다. 이렇게 async def로 함수를 정의하면 그 함수 안에서 I/O에 await 구문(소켓에서 비동기적으로 read하기 등)을 사용할 수 있다.

```
ALIVE = '*'
EMPTY = '-'

class Grid:
    ...

def count_neighbors(y, x, get):
    ...

async def game_logic(state, neighbors):
    ...
    # 여기서 I/O를 수행한다
    data = await my_socket.read(50)
    ...
```

비슷한 방식으로 step_cell의 정의에 def를 추가하고 game_logic 함수 호출 앞에 await를 덧붙이면 step_cell을 코루틴으로 바꿀 수 있다.

```python
async def step_cell(y, x, get, set):
    state = get(y, x)
    neighbors = count_neighbors(y, x, get)
    next_state = await game_logic(state, neighbors)
    set(y, x, next_state)
```

그리고 simulate 함수도 코루틴으로 만들어야 한다.

```python
import asyncio

async def simulate(grid):
    next_grid = Grid(grid.height, grid.width)

    tasks = []
    for y in range(grid.height):
        for x in range(grid.width):
            task = step_cell(
                y, x, grid.get, next_grid.set) # 팬아웃
            tasks.append(task)

    await asyncio.gather(*tasks)            # 팬인

    return next_grid
```

simulate 함수의 코루틴 버전을 좀 더 자세히 살펴보자.

- step_cell을 호출해도 이 함수가 즉시 호출되지 않는다. 대신 step_cell 호출은 나중에 await 식에 사용할 수 있는 coroutine 인스턴스를 반환한다. 마치 yield를 사용하는 제너레이터 함수를 호출하면 즉시 실행되지 않고 제너레이터를 반환하는 것과 같다. 이와 같은 실행 연기 메커니즘이 **팬아웃**을 수행한다.

- asyncio 내장 라이브러리가 제공하는 gather 함수는 **팬인**을 수행한다. gather에 대해 적용한 await 식은 이벤트 루프가 step_cell 코루틴을 동시에 실행하면서 step_cell 코루틴이 완료될 때마다 simulate 코루틴 실행을 재개하라고 요청한다.
- 모든 실행이 단일 스레드에서 이뤄지므로 Grid 인스턴스에 락을 사용할 필요가 없다. I/O는 asyncio가 제공하는 이벤트 루프의 일부분으로 병렬화된다.

마지막으로 Better way 56에서 다룬 원래 예제의 구동 코드를 한 줄만 바꾸면 이 절에서 구현한 생명 게임을 구동할 수 있다. 새로운 코드는 asyncio. run 함수를 사용해 simulate 코루틴을 이벤트 루프상에서 실행하고 각 함수가 의존하는 I/O를 수행한다.

```
class ColumnPrinter:
    ...

grid = Grid(5, 9)
grid.set(0, 3, ALIVE)
grid.set(1, 4, ALIVE)
grid.set(2, 2, ALIVE)
grid.set(2, 3, ALIVE)
grid.set(2, 4, ALIVE)

columns = ColumnPrinter()
for i in range(5):
    columns.append(str(grid))
    grid = asyncio.run(simulate(grid)) # 이벤트 루프를 실행한다

print(columns)

>>>
    0     |     1     |     2     |     3     |     4
---*----- | --------- | --------- | --------- | ---------
----*---- | --*-*---- | ----*---- | ---*----- | ----*----
```

```
--***----  |  ---**----  |  --*-*----  |  ----**---  |  -----*---
---------  |  ---*-----  |  ---**----  |  ---**----  |  ---***---
---------  |  ---------  |  ---------  |  ---------  |  ---------
```

결과는 예전과 같다. 스레드와 관련한 모든 부가 비용이 제거됐다. Queue나 ThreadPoolExecutor 접근 방법은 예외 처리에 한계가 있었지만(예외를 스레드 경계에서 다시 발생시켜야 했다), 코루틴에서는 대화형 디버거를 사용해 코드를 한 줄씩 실행시켜볼 수 있다(Better way 80: 'pdb를 사용해 대화형으로 디버깅하라' 참고).

```python
async def game_logic(state, neighbors):
    ...
    raise OSError('I/O 문제 발생')
    ...

asyncio.run(game_logic(ALIVE, 3))
```

```
>>>
Traceback ...
OSError: I/O 문제 발생
```

나중에 요구 사항이 변경돼 count_neighbors에서 I/O를 수행해야 한다면 Thread나 Queue 인스턴스를 사용할 때 모든 코드의 구조를 변경했던 것과 달리, 기존 함수와 함수 호출 부분에 async와 await를 붙이면 바뀐 요구 사항을 쉽게 달성할 수 있다(Better way 61: '스레드를 사용한 I/O를 어떻게 asyncio로 포팅할 수 있는지 알아두라'에서 다른 예제를 볼 수 있다).

```python
async def count_neighbors(y, x, get):
    ...

async def step_cell(y, x, get, set):
    state = get(y, x)
    neighbors = await count_neighbors(y, x, get)
```

```
        next_state = await game_logic(state, neighbors)
        set(y, x, next_state)

grid = Grid(5, 9)
grid.set(0, 3, ALIVE)
grid.set(1, 4, ALIVE)
grid.set(2, 2, ALIVE)
grid.set(2, 3, ALIVE)
grid.set(2, 4, ALIVE)

columns = ColumnPrinter()
for i in range(5):
    columns.append(str(grid))
    grid = asyncio.run(simulate(grid))

print(columns)

>>>
    0     |     1     |     2     |     3     |     4
---*----- | --------- | --------- | --------- | ---------
----*---- | --*-*---- | ----*---- | ---*----- | ----*----
--***---- | ---**---- | --*-*---- | ----**--- | -----*---
--------- | ---*----- | ---**---- | ---**---- | ---***---
--------- | --------- | --------- | --------- | ---------
```

코루틴은 코드에서 외부 환경에 대한 명령(예: I/O)과 원하는 명령을 수행하는 방법을 구현하는 것(예: 이벤트 루프)을 분리해준다는 점이 멋지다. 코루틴을 사용하면 원하는 목표를 동시성을 사용해 달성하는 방법을 알아내는 데 시간을 낭비하는 대신, 여러분이 만들고 싶은 로직을 작성하는 데 초점을 맞출 수 있다.

BETTER WAY 61 스레드를 사용한 I/O를 어떻게 asyncio로 포팅할 수 있는지 알아두라

코루틴의 장점을 이해한 뒤에는(Better way 60: 'I/O를 할 때는 코루틴을 사용해 동시성을 높여라' 참고) 코루틴을 사용하고자 기존 코드베이스를 포 팅하기가 두려울 수 있다. 다행히 파이썬의 비동기 지원은 파이썬 언어에 잘 통합돼 있다. 따라서 스레드와 블로킹 I/O를 사용하는 코드를 코루틴과 비동 기 I/O를 사용하는 코드로 옮기기 쉽다.

예를 들어 숫자를 추측하는 게임을 실행해주는 TCP 기반의 서버를 생각해 보자. 이 서버는 고려할 숫자의 범위를 표현하는 lower와 upper 파라미터를 받는다. 그 후 클라이언트가 요청할 때마다 서버는 이 범위 안의 숫자를 반 환한다. 마지막으로 서버는 자신이 추측한 숫자가 클라이언트가 정한 비밀의 수에 가까운지(따뜻함), 아니면 먼지(차가움)에 대한 정보를 클라이언트로부 터 받는다.

이런 유형의 클라이언트/서버 시스템을 구축하는 가장 일반적인 방법은 블 로킹 I/O와 스레드를 사용하는 것이다(Better way 53: '블로킹 I/O의 경우 스레드를 사용하고 병렬성을 피하라' 참고). 그러려면 메시지 송수신을 처리하는 도우미 클래스가 필요하다. 이 경우 서버가 보내거나 받는 메시지 한 줄 한 줄은 처리할 명령을 표현한다.

```python
class EOFError(Exception):
    pass

class ConnectionBase:
    def __init__(self, connection):
        self.connection = connection
        self.file = connection.makefile('rb')

    def send(self, command):
        line = command + '\n'
        data = line.encode()
        self.connection.send(data)

    def receive(self):
        line = self.file.readline()
        if not line:
            raise EOFError('Connection closed')
        return line[:-1].decode()
```

서버는 한 번에 하나씩 연결을 처리하고 클라이언트의 세션 상태를 유지하는 클래스로 구현된다.

```python
import random

WARMER = '더 따뜻함'
COLDER = '더 차가움'
UNSURE = '잘 모르겠음'
CORRECT = '맞음'

class UnknownCommandError(Exception):
    pass

class Session(ConnectionBase):
```

```
def __init__(self, *args):
    super().__init__(*args)
    self._clear_state(None, None)

def _clear_state(self, lower, upper):
    self.lower = lower
    self.upper = upper
    self.secret = None
    self.guesses = []
```

이 클래스에서 가장 중요한 메서드는 다음에 보이는 메서드다. 이 메서드는
클라이언트에서 들어오는 메시지를 처리해 명령에 맞는 메서드를 호출해준
다. 대입식(파이썬 3.8에 도입됨. Better way 10: '대입식을 사용해 반복을
피하라' 참고)을 사용해 코드를 짧게 유지한다.

```
def loop(self):
    while command := self.receive():
        parts = command.split(' ')
        if parts[0] == 'PARAMS':
            self.set_params(parts)
        elif parts[0] == 'NUMBER':
            self.send_number()
        elif parts[0] == 'REPORT':
            self.receive_report(parts)
        else:
            raise UnknownCommandError(command)
```

첫 번째 명령은 서버가 추측할 값의 상한과 하한을 설정한다.

```
def set_params(self, parts):
    assert len(parts) == 3
    lower = int(parts[1])
    upper = int(parts[2])
    self._clear_state(lower, upper)
```

두 번째 명령은 클라이언트에 해당하는 Session 인스턴스에 저장된 이전 상태를 바탕으로 새로운 수를 추측한다. 특히 이 코드는 서버가 파라미터가 설정된 시점 이후에 같은 수를 두 번 반복해 추측하지 않도록 보장한다.

```
def next_guess(self):
    if self.secret is not None:
        return self.secret

    while True:
        guess = random.randint(self.lower, self.upper)
        if guess not in self.guesses:
            return guess

def send_number(self):
    guess = self.next_guess()
    self.guesses.append(guess)
    self.send(format(guess))
```

세 번째 명령은 서버의 추측이 따뜻한지 차가운지에 대해 클라이언트가 보낸 결과를 받은 후 Session 상태를 적절히 바꾼다.

```
def receive_report(self, parts):
    assert len(parts) == 2
    decision = parts[1]

    last = self.guesses[-1]
    if decision == CORRECT:
        self.secret = last

    print(f'서버: {last}는 {decision}')
```

클라이언트도 상태가 있는 클래스를 사용해 구현된다.

```
import contextlib
import math
```

```
class Client(ConnectionBase):
    def __init__(self, *args):
        super().__init__(*args)
        self._clear_state()

    def _clear_state(self):
        self.secret = None
        self.last_distance = None
```

추측 게임의 파라미터를 with 문을 통해 설정함으로써 서버 측에서 상태를 제대로 관리하게 만든다(Better way 66: '재사용 가능한 try/finally 동작을 원한다면 contextlib과 with 문을 사용하라'에서 배경지식을 얻고, Better way 63: '응답성을 최대로 높이려면 asyncio 이벤트 루프를 블록하지 말라'에서 다른 예제를 살펴볼 수 있다). 다음 메서드는 첫 번째 명령을 서버에게 보낸다.

```
    @contextlib.contextmanager
    def session(self, lower, upper, secret):
        print(f'\n{lower}와 {upper} 사이의 숫자를 맞춰보세요!'
              f' 쉿! 그 숫자는 {secret} 입니다.')
        self.secret = secret
        self.send(f'PARAMS {lower} {upper}')
        try:
            yield
        finally:
            self._clear_state()
            self.send('PARAMS 0 -1')
```

두 번째 명령을 구현하는 다른 메서드를 사용해 새로운 추측을 서버에게 요청한다.

```
    def request_numbers(self, count):
        for _ in range(count):
            self.send('NUMBER')
            data = self.receive()
            yield int(data)
```

```
        if self.last_distance == 0:
            return
```

세 번째 명령을 구현하는 마지막 메서드를 통해 서버가 돌려준 추측이 마지막으로 결과를 알려준 추측보다 더 차갑거나 따뜻한지를 알려준다.

```
def report_outcome(self, number):
    new_distance = math.fabs(number - self.secret)
    decision = UNSURE

    if new_distance == 0:
        decision = CORRECT
    elif self.last_distance is None:
        pass
    elif new_distance < self.last_distance:
        decision = WARMER
    elif new_distance > self.last_distance:
        decision = COLDER

    self.last_distance = new_distance

    self.send(f'REPORT {decision}')
    return decision
```

소켓에 리슨(listen)하는 스레드를 하나 사용하고 새 연결이 들어올 때마다 스레드를 추가로 시작하는 방식으로 서버를 실행한다.

```
import socket
from threading import Thread

def handle_connection(connection):
    with connection:
        session = Session(connection)
        try:
            session.loop()
        except EOFError:
            pass
```

```
def run_server(address):
    with socket.socket() as listener:
        listener.bind(address)
        listener.listen()
        while True:
            connection, _ = listener.accept()
            thread = Thread(target=handle_connection,
                            args=(connection,),
                            daemon=True)
            thread.start()
```

클라이언트는 주 스레드에서 실행되며 추측 게임의 결과를 호출한 쪽에 돌려
준다. 이 코드는 명시적으로 다양한 파이썬 언어 기능(for 루프, with 문, 제
너레이터, 컴프리헨션)을 활용한다. 앞으로 각 기능을 코루틴으로 어떻게 포
팅할 수 있는지 살펴보자.

```
def run_client(address):
    with socket.create_connection(address) as connection:
        client = Client(connection)

        with client.session(1, 5, 3):
            results = [(x, client.report_outcome(x))
                       for x in client.request_numbers(5)]

        with client.session(10, 15, 12):
            for number in client.request_numbers(5):
                outcome = client.report_outcome(number)
                results.append((number, outcome))

    return results
```

마지막으로 지금까지 만든 모든 요소를 하나로 붙여서 제대로 작동하는지 확
인한다.*

---

* 역주 서버에서 난수를 사용하기 때문에 실행할 때마다 결과가 달라진다.

```
def main():
    address = ('127.0.0.1', 1234)
    server_thread = Thread(
        target=run_server, args=(address,), daemon=True)
    server_thread.start()

    results = run_client(address)
    for number, outcome in results:
        print(f'클라이언트: {number}는 {outcome}')

main()
```

>>>
1와 5 사이의 숫자를 맞춰보세요! 쉿! 그 숫자는 3 입니다.
서버: 1는 잘 모르겠음
서버: 2는 더 따뜻함
서버: 5는 더 차가움
서버: 3는 맞음
10와 15 사이의 숫자를 맞춰보세요! 쉿! 그 숫자는 12 입니다.
서버: 14는 잘 모르겠음
서버: 10는 잘 모르겠음
서버: 15는 더 차가움
서버: 13는 더 따뜻함
서버: 12는 맞음
클라이언트: 1는 잘 모르겠음
클라이언트: 2는 더 따뜻함
클라이언트: 5는 더 차가움
클라이언트: 3는 맞음
클라이언트: 14는 잘 모르겠음
클라이언트: 10는 잘 모르겠음
클라이언트: 15는 더 차가움
클라이언트: 13는 더 따뜻함
클라이언트: 12는 맞음

이 예제를 async, await, asyncio 내장 모듈을 사용해 변환하려면 얼마나 많은 노력이 필요할까?

먼저 ConnectionBase 클래스가 블로킹 I/O 대신 send와 receive라는 코루틴을 제공하게 바뀌어야 한다. 앞에서 본 코드와 새로운 코드의 차이를 명확히 보여주고자 변경된 부분에 '# 변경됨'이라고 주석을 넣었다.

```
class AsyncConnectionBase:
    def __init__(self, reader, writer):      # 변경됨
        self.reader = reader                 # 변경됨
        self.writer = writer                 # 변경됨

    async def send(self, command):
        line = command + '\n'
        data = line.encode()
        self.writer.write(data)              # 변경됨
        await self.writer.drain()            # 변경됨

    async def receive(self):
        line = await self.reader.readline()  # 변경됨
        if not line:
            raise EOFError('연결 닫힘')
        return line[:-1].decode()
```

단일 연결의 세션 상태를 표현하기 위해 상태를 담는 클래스를 추가해야 한다. 여기서 달라진 부분은 클래스 이름과 이 클래스가 ConnectionBase 대신 AsyncConnectionBase를 상속한다는 점뿐이다.

```
class AsyncSession(AsyncConnectionBase):     # 변경됨
    def __init__(self, *args):
        ...

    def _clear_values(self, lower, upper):
        ...
```

서버의 명령 처리 루프에 들어가는 주 진입점 메서드를 변경한다. 코루틴이 되기 위해 꼭 필요한 곳만 바꾸자.

```
async def loop(self):  # 변경됨
    while command := await self.receive():  # 변경됨
        parts = command.split(' ')
        if parts[0] == 'PARAMS':
            self.set_params(parts)
        elif parts[0] == 'NUMBER':
            await self.send_number()        # 변경됨
        elif parts[0] == 'REPORT':
            self.receive_report(parts)
        else:
            raise UnknownCommandError(command)
```

첫 번째 명령을 처리하는 메서드는 바꿀 필요가 없다.

```
def set_params(self, parts):
    ...
```

두 번째 명령을 처리하는 메서드에서 바꿀 부분은 추측한 값을 클라이언트에게 송신할 때 비동기 I/O를 쓰게 하는 것뿐이다.

```
def next_guess(self):
    ...
async def send_number(self):            # 변경됨
    guess = self.next_guess()
    self.guesses.append(guess)
    await self.send(format(guess))      # 변경됨
```

세 번째 명령을 처리하는 메서드에서 바꿀 부분은 없다.

```
def receive_report(self, parts):
    ...
```

마찬가지로 클라이언트 클래스도 AsyncConnectionBase를 상속하게 바꿔야 한다.

```
class AsyncClient(AsyncConnectionBase):      # 변경됨
    def __init__(self, *args):
```

```
    ...

    def _clear_state(self):
        ...
```

클라이언트의 첫 번째 명령을 처리하는 메서드에서는 몇 부분에 async와 await 키워드를 추가해야 한다. 그리고 contextlib 내장 모듈에서 async contextmanager 도우미 함수를 가져와 사용해야 한다.

```
    @contextlib.asynccontextmanager                          # 변경됨
    async def session(self, lower, upper, secret):           # 변경됨
        print(f'\n{lower}와 {upper} 사이의 숫자를 맞춰보세요!'
              f' 쉿! 그 숫자는 {secret} 입니다.')
        self.secret = secret
        await self.send(f'PARAMS {lower} {upper}')            # 변경됨
        try:
            yield
        finally:
            self._clear_state()
            await self.send('PARAMS 0 -1')                   # 변경됨
```

두 번째 명령에서도 코루틴 동작이 필요한 부분에 async와 await를 추가하기만 하면 된다.

```
    async def request_numbers(self, count):          # 변경됨
        for _ in range(count):
            await self.send('NUMBER')                # 변경됨
            data = await self.receive()              # 변경됨
            yield int(data)
            if self.last_distance == 0:
                return
```

세 번째 명령에서는 async와 await를 각각 하나씩만 추가하면 된다.

```
    async def report_outcome(self, number):          # 변경됨
        ...
```

```
        await self.send(f'REPORT {decision}')          # 변경됨
        ...
```

서버를 실행하는 코드는 asyncio 내장 모듈과 그 모듈에 있는 start_server
함수를 사용하도록 완전히 다시 작성해야 한다.

```
import asyncio

async def handle_async_connection(reader, writer):
    session = AsyncSession(reader, writer)
    try:
        await session.loop()
    except EOFError:
        pass

async def run_async_server(address):
    server = await asyncio.start_server(
        handle_async_connection, *address)
    async with server:
        await server.serve_forever()
```

게임을 시작하는 run_client 함수는 거의 모든 줄을 바꿔야 한다. 예전에 블
로킹 socket 인스턴스와 상호작용하던 모든 부분을 비슷한 기능을 제공하는
asyncio 버전으로 변경해야 한다(다음 코드에서는 이런 부분을 '# 새 기능'이
라고 표시했다). 함수에서 코루틴과 상호작용해야 하는 다른 부분에는 async
와 await 키워드를 적절히 추가해줘야 한다. 이런 키워드를 추가하지 않으면
실행 시점에 예외가 발생한다.

```
async def run_async_client(address):
    streams = await asyncio.open_connection(*address)    # 새 기능
    client = AsyncClient(*streams)                        # 새 기능

    async with client.session(1, 5, 3):
        results = [(x, await client.report_outcome(x))
                   async for x in client.request_numbers(5)]
```

```
async with client.session(10, 15, 12):
    async for number in client.request_numbers(5):
        outcome = await client.report_outcome(number)
        results.append((number, outcome))

_, writer = streams                        # 새 기능
writer.close()                             # 새 기능
await writer.wait_closed()                 # 새 기능

return results
```

run_async_client에서 흥미로운 부분은 기존 함수를 코루틴으로 포팅하기 위해 AsyncClient와 상호작용하는 대부분의 코드 구조를 바꿀 필요가 없었다는 점이다. 우리에게 필요한 언어 기능들은 대부분 그에 대응하는 비동기 기능이 존재하므로 코드를 쉽게 마이그레이션할 수 있다.

하지만 항상 포팅이 쉬운 것은 아니다. next와 iter 내장 함수에 대응하는 비동기 함수는 없다(Better way 31: '인자에 대해 이터레이션할 때는 방어적이 돼라'에서 배경지식을 얻을 수 있다). 대신 직접 __anext__나 __aiter__ 메서드에 대해 await를 해야 한다. yield from에 대응하는 비동기 버전도 없다(Better way 33: 'yield from을 사용해 여러 제너레이터를 합성하라' 참고). 따라서 제너레이터를 합성하면 코드 잡음이 늘어난다. 하지만 파이썬에 async 기능이 빠르게 추가된 추세를 감안하면, 이런 기능이 추가되는 것은 단지 시간 문제일 뿐이다.

마지막으로 위에서 만든 새로운 비동기 예제를 전부 실행하기 위한 코드를 변경해야 한다. 다음 코드는 asyncio.create_task 함수를 통해 서버를 큐에 넣은 후 이벤트 루프에서 실행한다. 그 후 코드가 await에 도달하면 클라이언트 코드와 서버가 병렬로 수행된다. 이 방식은 asyncio.gather 함수의 동작과는 다른 팬아웃 접근 방법이다.

```python
async def main_async():
    address = ('127.0.0.1', 4321)

    server = run_async_server(address)
    asyncio.create_task(server)

    results = await run_async_client(address)
    for number, outcome in results:
        print(f'클라이언트: {number}는 {outcome}')

asyncio.run(main_async())
```

```
>>>
1와 5 사이의 숫자를 맞춰보세요! 쉿! 그 숫자는 3 입니다.
서버: 5는 잘 모르겠음
서버: 1는 잘 모르겠음
서버: 4는 더 따뜻함
10와 15 사이의 숫자를 맞춰보세요! 쉿! 그 숫자는 12 입니다.
서버: 3는 맞음
서버: 15는 잘 모르겠음
서버: 11는 잘 모르겠음
서버: 10는 더 차가움
클라이언트: 5는 잘 모르겠음
클라이언트: 1는 잘 모르겠음
클라이언트: 4는 더 따뜻함
클라이언트: 3는 맞음
클라이언트: 15는 잘 모르겠음
클라이언트: 11는 잘 모르겠음
클라이언트: 10는 더 차가움
```

코드는 예상대로 작동한다. 코루틴 버전은 스레드와의 상호작용이 제거됐기 때문에 코드를 따라가기가 더 쉽다. asyncio 내장 모듈은 다양한 도우미 함수를 제공하므로, asyncio를 사용하면 본 예제와 같은 서버를 작성할 때 필요한 소켓 관련 준비 코드의 양을 줄일 수 있다.

여러분의 용례는 더 복잡하고 여러 가지 다른 이유로 인해 비동기로 포팅하기 어려울 수 있다. asyncio 모듈에는 다양한 I/O, 동기화, 작업 관리 기능이 들어 있다. 이런 기능을 사용하면 코루틴을 더 쉽게 적용할 수 있다(Better way 62: 'asyncio로 쉽게 옮겨갈 수 있도록 스레드와 코루틴을 함께 사용하라', Better way 63: '응답성을 최대로 높이려면 asyncio 이벤트 루프를 블록하지 말라' 참고). asyncio 모듈의 잠재 능력을 모두 이해하려면 라이브러리 온라인 문서(https://docs.python.org/3/library/asyncio.html)를 꼭 읽어보길 바란다.

기억해야 할 내용

- 파이썬은 for 루프, with 문, 제너레이터, 컴프리헨션의 비동기 버전을 제공하고, 코루틴 안에서 기존 라이브러리 도우미 함수를 대신해 즉시 사용할 수 있는 대안을 제공한다.
- asyncio 내장 모듈을 사용하면 스레드와 블로킹 I/O를 사용하는 기존 코드를 코루틴과 비동기 I/O를 사용하는 코드로 쉽게 포팅할 수 있다.

BETTER WAY 62 asyncio로 쉽게 옮겨갈 수 있도록 스레드와 코루틴을 함께 사용하라

이전 Better way(Better way 61: '스레드를 사용한 I/O를 어떻게 asyncio로 포팅할 수 있는지 알아두라' 참고)에서는 블로킹 I/O와 스레드를 사용하는 TCP 서버를 asyncio와 코루틴을 사용하는 코드로 포팅했다. 이 변환은 '빅뱅'처럼 큰 변화였다. 우리는 코드를 한꺼번에 새로운 스타일로 변경했다. 하지만 큰 프로그램 전체를 이런 식으로 변경할 수는 없다. 코드베이스를 점진적으로 마이그레이션하면서 필요에 따라 테스트를 함께 갱신하며, 각 단계에서 모든 기능이 제대로 작동하는지 확인해야 한다.

이런 마이그레이션이 가능하려면, 여러분의 코드베이스에서 블로킹 I/O에 스레드를 사용하는(Better way 53: '블로킹 I/O의 경우 스레드를 사용하고 병렬성을 피하라' 참고) 부분과 비동기 I/O에 코루틴을 사용하는(Better way 60: 'I/O를 할 때는 코루틴을 사용해 동시성을 높여라' 참고) 부분이 서로 호환되면서 공존할 수 있어야 한다. 실질적으로 여러분의 스레드가 코루틴을 실행할 수 있어야 하고 여러분의 코루틴이 스레드를 시작하거나 기다릴 수 있어야 한다는 뜻이다. 다행히 asyncio에는 이런 상호작용을 쉽게 제공할 수 있는 도구가 들어 있다.

예를 들어 여러 로그 파일을 한 출력 스트림으로 병합해 디버깅을 돕는 프로그램을 작성한다고 가정하자. 어떤 파일 핸들이 주어지면 새로운 데이터가 도착했는지 감지해서 다음 줄을 반환할 방법이 필요하다. 파일 핸들의 tell 메서드를 사용하면 현재 읽기 중인 위치가 파일의 길이와 일치하는지 알아낼 수 있다. 새로운 데이터가 없으면 예외를 발생시켜야 한다(Better way 20: 'None을 반환하기보다는 예외를 발생시켜라' 참고).

```
class NoNewData(Exception):
    pass

def readline(handle):
    offset = handle.tell()
    handle.seek(0, 2)
    length = handle.tell()

    if length == offset:
        raise NoNewData

    handle.seek(offset, 0)
    return handle.readline()
```

이 함수를 while 루프로 감싸서 작업자 스레드를 만들 수 있다. 새로운 줄이 들어오면, 주어진 콜백 함수로 그 줄을 전달해서 출력 로그에 데이터를 기록한다(Better way 38: '간단한 인터페이스의 경우 클래스 대신 함수를 받아라' 참고). 데이터가 없는 경우, 데이터를 폴링하며 대기하느라 CPU를 낭비하는 시간을 줄이기 위해 스레드를 일시 정지 상태로 만든다. 입력 파일 핸들이 닫히면 스레드도 종료된다.

```python
import time

def tail_file(handle, interval, write_func):
    while not handle.closed:
        try:
            line = readline(handle)
        except NoNewData:
            time.sleep(interval)
        else:
            write_func(line)
```

이제 입력 파일마다 하나씩 작업자 스레드를 시작하고 각 스레드의 출력을 한 출력 파일에 모을 수 있다. 다음 코드에 있는 write 도우미 함수는 Lock 인스턴스(Better way 54: '스레드에서 데이터 경합을 피하기 위해 Lock을 사용하라' 참고)를 사용해 출력 스트림에 데이터를 쓰는 순서를 직렬화하고, 각 줄이 중간에 충돌해서 서로 뒤섞이는 일이 없게 만든다.

```python
from threading import Lock, Thread

def run_threads(handles, interval, output_path):
    with open(output_path, 'wb') as output:
        lock = Lock()
        def write(data):
            with lock:
                output.write(data)
```

```
threads = []
for handle in handles:
    args = (handle, interval, write)
    thread = Thread(target=tail_file, args=args)
    thread.start()
    threads.append(thread)

for thread in threads:
    thread.join()
```

입력 파일 핸들이 열려 있는 한 그에 해당하는 작업자 스레드도 살아 있다.
따라서 모든 과정이 끝났음을 확인하는 데는 각 스레드에 대한 join 메서드
가 반환되기를 기다리는 것만으로 충분하다.

주어진 입력 경로 집합과 출력 경로에 대해 run_threads를 실행하고 코드가
제대로 작동했는지 확인할 수 있다. 각 입력 파일 핸들을 만들거나 별도로 닫
는 방법이나 출력을 검증하는 함수(다음에 있는 confirm_merge의 내용)는 이
코드의 동작을 설명하는 데 중요하지 않으므로, 다음 코드에서는 생략했다.

```
def confirm_merge(input_paths, output_path):
    ...

input_paths = ...
handles = ...
output_path = ...
run_threads(handles, 0.1, output_path)

confirm_merge(input_paths, output_path)
```

이런 스레드 기반 구현으로부터 어떻게 하면 코드를 점진적으로 asyncio
와 코루틴 기반으로 바꿀 수 있을까? 여기에는 하향식(top-down)과 상향식
(bottom-up)이라는 두 가지 방법이 있다.

하향식이란 main 진입점처럼 코드베이스에서 가장 높은 구성 요소로부터 시작해 점차 호출 계층의 잎 부분에 위치한 개별 함수와 클래스로 내려가면서 작업한다는 뜻이다. 여러분에게 여러 다른 프로그램에 사용하는 공통 모듈이 많이 있다면 이런 접근 방법이 유용할 수 있다. 진입점부터 차례로 포팅해나 가므로, 공통 모듈 포팅이 끝나면 모든 곳에서 코루틴을 사용하게 된다.

구체적인 단계는 다음과 같다.

1. 최상위 함수가 def 대신 async def를 사용하게 변경하라.
2. 최상위 함수가 I/O를 호출하는 모든 부분(이벤트 루프가 블록될 가능성이 있다)을 asyncio.run_in_executor로 감싸라.
3. run_in_executor 호출이 사용하는 자원이나 콜백이 제대로 동기화(예: Lock이나 asyncio.run_coroutine_threadsafe 함수를 사용)됐는지 확인하라.
4. 호출 계층의 잎 쪽으로 내려가면서 중간에 있는 함수와 메서드를 코루틴으로 변환하며 get_event_loop와 run_in_executor 호출을 없애려고 시도하라(이때 변환할 내부 코드에 대해 1~3단계를 다시 따른다).

run_thread 함수에 대해 1~3단계를 적용해보자.

```
import asyncio

async def run_tasks_mixed(handles, interval, output_path):
    loop = asyncio.get_event_loop()

    with open(output_path, 'wb') as output:
        async def write_async(data):
            output.write(data)

        def write(data):
            coro = write_async(data)
            future = asyncio.run_coroutine_threadsafe(
                coro, loop)
```

```
        future.result()

    tasks = []
    for handle in handles:
        task = loop.run_in_executor(
            None, tail_file, handle, interval, write)
        tasks.append(task)

    await asyncio.gather(*tasks)
```

run_in_executor 메서드는 이벤트 루프가 특정 ThreadPoolExecutor(Better way 59: '동시성을 위해 스레드가 필요한 경우에는 ThreadpoolExecutor 를 사용하라' 참고)나 디폴트 실행기 인스턴스(첫 번째 인자가 None인 경우) 를 사용해 주어진 함수(여기서는 tail_fail)를 실행하게 만든다. run_in_executor 함수를 그에 대응하는 await 식 없이 여러 번 호출함으로써 run_tasks_mixed 코루틴은 각 입력 파일마다 파일을 한 줄씩 처리하는 작업을 팬 아웃시킨다. 그 후 asyncio.gather 함수와 await 식을 사용해 tail_file이 모 두 종료되도록 팬인시킨다(Better way 56: '언제 동시성이 필요할지 인식하 는 방법을 알아두라'에서 팬인과 팬아웃을 더 살펴볼 수 있다).

이 코드는 asyncio.run_coroutine_threadsafe를 사용하기 때문에 Lock 인스 턴스와 writer 도우미 함수를 사용할 필요가 없다. asyncio.run_coroutine_ threadsafe 함수를 사용하면 일반적인 작업자 스레드가 코루틴(여기서는 write_sync)을 호출해 주 스레드에서 실행되는 이벤트 루프를 통해 실행하도 록 만든다(필요하다면 다른 스레드에서 실행되게 할 수도 있다). 따라서 스 레드 간 동기화가 이뤄지는 효과가 있고 출력 파일에 기록하는 작업이 모두 이벤트 루프에 의해 주 스레드에서 이뤄지도록 보장한다. asyncio.gather 대 기가 끝나면 출력 파일에 대한 데이터 기록도 끝났다고 가정할 수 있으므로 경합 조건이 일어나는 것을 걱정할 필요 없이 with 문을 통해 출력 파일을 close할 수 있다.

이 코드가 제대로 작동하는지 검증할 수 있다. asyncio.run 함수를 통해 코루틴과 주 이벤트 루프를 시작한다.

```
input_paths = ...
handles = ...
output_path = ...
asyncio.run(run_tasks_mixed(handles, 0.1, output_path))

confirm_merge(input_paths, output_path)
```

이제 호출 계층으로 한 단계 더 들어가서 run_tasks_mixed 함수에 4단계를 적용하자. 1~3단계의 절차를 따라 tail_file 함수가 블로킹 I/O 대신 비동기 코루틴을 사용하게 변경할 수 있다.

```
async def tail_async(handle, interval, write_func):
    loop = asyncio.get_event_loop()

    while not handle.closed:
        try:
            line = await loop.run_in_executor(
                None, readline, handle)
        except NoNewData:
            await asyncio.sleep(interval)
        else:
            await write_func(line)
```

새로운 tail_async 구현을 사용하면 get_event_loop와 run_in_executor를 run_tasks_mixed 함수에서 완전히 제거해 호출 계층의 한 단계 아래로 내려보낼 수 있다. 그러면 깔끔하고 훨씬 쫓아가기 쉬운 코드만 남는다.

```python
async def run_tasks(handles, interval, output_path):
    with open(output_path, 'wb') as output:
        async def write_async(data):
            output.write(data)

        tasks = []
        for handle in handles:
            coro = tail_async(handle, interval, write_async)
            task = asyncio.create_task(coro)
            tasks.append(task)

        await asyncio.gather(*tasks)
```

run_tasks가 제대로 작동하는지도 검증할 수 있다.

```python
input_paths = ...
handles = ...
output_path = ...
asyncio.run(run_tasks(handles, 0.1, output_path))

confirm_merge(input_paths, output_path)
```

이런 식으로 반복적인 리팩터링 패턴을 계속 진행하면서 readline 함수를 비동기 코루틴으로 변경할 수도 있다. 하지만 이 함수는 너무 많은 블로킹 파일 I/O 연산을 사용하므로, 코드의 명확성이 떨어지고 성능을 저하시킨다는 단점을 감안하면 asyncio로 포팅하기에 적합하지 않아 보인다. 어떤 경우에는 모든 코드를 asyncio로 변환하는 편이 더 낫지만, 또 다른 경우에는 그렇지 않을 수도 있다.

코루틴 도입을 위한 상향식 접근 방법도 하향식 접근 방법과 비슷한 4단계로 이뤄지지만, 변환 과정에서 호출 계층을 반대 방향(즉, 잎에서 줄기 쪽)으로 옮겨간다는 점이 다르다.

구체적인 단계는 다음과 같다.

1. 프로그램에서 잎 부분에 있는, 포팅하려는 함수의 비동기 코루틴 버전을 새로 만들라.
2. 기존 동기 함수를 변경해서 코루틴 버전을 호출하고 실제 동작을 구현하는 대신 이벤트 루프를 실행하게 하라.
3. 호출 계층을 한 단계 올려서 다른 코루틴 계층을 만들고, 기존에 동기적 함수를 호출하던 부분을 1단계에서 정의한 코루틴 호출로 바꿔라.
4. 이제 비동기 부분을 결합하기 위해 2단계에서 만든 동기적인 래퍼가 더 이상 필요하지 않다. 이를 삭제하라.

앞에서 본 예제의 경우 readline에는 계속 블로킹 I/O를 사용하기로 결정했으므로 tail_file 함수로부터 변환을 시작할 수 있다. 앞에서 작성한 tail_async 코루틴 함수를 감싸도록 tail_file을 재작성하면 된다. 코루틴이 끝날 때까지 실행하기 위해 각각의 tail_file 작업자 스레드에 대해 이벤트 루프를 만들고, 이 이벤트 루프의 run_until_complete 메서드를 호출한다. run_until_complete 메서드는 현재 스레드를 블록시키고 tail_async 코루틴이 끝날 때까지 이벤트 루프를 구동시켜준다. 따라서 이렇게 변경한 tail_file은 스레드와 블로킹 I/O를 사용하는 tail_file과 똑같이 동작한다.

```
def tail_file(handle, interval, write_func):
    loop = asyncio.new_event_loop()
    asyncio.set_event_loop(loop)

    async def write_async(data):
        write_func(data)

    coro = tail_async(handle, interval, write_async)
    loop.run_until_complete(coro)
```

새로운 tail_file 함수는 다른 코드를 변경하지 않고 기존 함수를 대치할 수 있다. run_threads를 다시 실행해 모든 코드가 제대로 작동하는지 검증할 수 있다.

```
input_paths = ...
handles = ...
output_path = ...
run_threads(handles, 0.1, output_path)

confirm_merge(input_paths, output_path)
```

tail_async를 tail_file로 감싸고 나면, 다음 단계는 run_threads 함수를 코루틴으로 변경하는 것이다. 이 단계는 결국 앞에서 살펴본 하향식 접근 방법의 4단계와 같은 작업이므로, 결과도 똑같은 형태로 끝난다. 즉, 이 시점에서 상향식 방식과 하향식 방식이 만들어낸 코드는 똑같아진다.

asyncio를 도입할 때 이런 식으로 코드를 변경하는 것은 좋은 시작이 될 수 있다. 하지만 프로그램의 응답성을 향상시키기 위해 할 수 있는 일이 더 많이 있다(Better way 63: '응답성을 최대로 높이려면 asyncio 이벤트 루프를 블록하지 말라' 참고).

기억해야 할 내용

- asyncio 이벤트 루프의 run_in_executor 메서드(이 메서드에 대해 await를 사용해 완료를 기다릴 수 있다)를 사용하면 코루틴이 ThreadPoolExecutor 스레드 풀을 사용해 동기적인 함수를 호출할 수 있다. 이 기능을 활용하면 코드를 하향식으로 asyncio로 마이그레이션할 수 있다.
- asyncio 이벤트 루프의 run_until_complete 메서드를 사용하면 동기적인 코드가 코루틴을 호출하고 완료를 기다릴 수 있다. asyncio.run_coroutine_threadsafe도 같은 기능을 제공하지만 스레드 경계에서도 안전하게 작동한다. 이 두 메서드를 활용하면 코드를 상향식으로 asyncio로 마이그레이션할 때 도움이 된다.

BETTER WAY 63 응답성을 최대로 높이려면
asyncio 이벤트 루프를 블록하지 말라

Better way 62에서는 코드를 점진적으로 asyncio로 마이그레이션하는 방법을 살펴봤다(Better way 62: 'asyncio로 쉽게 옮겨갈 수 있도록 스레드와 코루틴을 함께 사용하라' 참고). 마이그레이션한 결과로 만들어진 코루틴은 입력 파일에 새로 들어오는 데이터를 한 출력에 합쳐준다.

```
import asyncio

async def run_tasks(handles, interval, output_path):
    with open(output_path, 'wb') as output:
        async def write_async(data):
            output.write(data)

        tasks = []
        for handle in handles:
            coro = tail_async(handle, interval, write_async)
            task = asyncio.create_task(coro)
            tasks.append(task)

        await asyncio.gather(*tasks)
```

하지만 이 코드에도 한 가지 큰 문제가 남아 있다. 출력 파일 핸들에 대한 open, close, write 호출이 주 이벤트 루프에서 이뤄져야 한다는 것이다. 이런 연산은 모두 프로그램을 실행하는 운영체제의 시스템 콜을 사용해야 하기 때문에 이벤트 루프를 상당히 오랫동안 블록할 수 있으므로 다른 코루틴이 진행하지 못하게 된다. 이로 인해 전체 응답성이 나빠지고, 특히 동시성이 아주 높은 서버에서는 응답 시간(latency)이 늘어날 수 있다.

이런 문제가 발생하는지 감지하고 싶으면 debug=True라는 파라미터를 asyncio.run 함수에 넘기면 된다. 다음 코드에서는 느린 시스템 콜에 의해 블

록되는 경우를 가정하고, 잘못 작성된 코루틴이 어떤 파일의 어느 줄에 있는
지 알아내는 방법을 보여준다.

```
import time

async def slow_coroutine():
    time.sleep(0.5)  # 느린 I/O를 시뮬레이션함

asyncio.run(slow_coroutine(), debug=True)
```

```
>>>
Executing <Task finished name='Task-1' coro=<slow_coroutine()
➡done, defined at example.py:29> result=None created
➡at .../asyncio/base_events.py:487> took 0.503 seconds
...
```

프로그램의 응답성을 최대로 높이려면 이벤트 루프 안에서 시스템 콜이 이뤄
질 잠재적인 가능성을 최소화해야 한다. 다음 코드는 자신만의 이벤트 루프
를 사용해 출력 파일에 필요한 모든 데이터를 기록하는 새로운 Thread 하위
클래스(Better way 53: '블로킹 I/O의 경우 스레드를 사용하고 병렬성을 피
하라' 참고)를 만든다.

```
from threading import Thread

class WriteThread(Thread):
    def __init__(self, output_path):
        super().__init__()
        self.output_path = output_path
        self.output = None
        self.loop = asyncio.new_event_loop()

    def run(self):
        asyncio.set_event_loop(self.loop)
        with open(self.output_path, 'wb') as self.output:
            self.loop.run_forever()
```

```
# 맨 마지막에 한 번 더 이벤트 루프를 실행해서
# 다른 이벤트 루프가 stop()에 await하는 경우를 해결한다
self.loop.run_until_complete(asyncio.sleep(0))
```

다음 코드를 보면, 이 클래스의 write 메서드는 실제 I/O를 수행하는 real_write 메서드를 스레드 안전하게 감싸준다. 다른 스레드에서 실행되는 코루틴은 이 클래스의 write 메서드를 직접 실행하면서 await할 수 있다. 이로 인해 Lock을 사용할 필요가 없어진다(Better way 54: '스레드에서 데이터 경합을 피하기 위해 Lock을 사용하라' 참고).

```
async def real_write(self, data):
    self.output.write(data)

async def write(self, data):
    coro = self.real_write(data)
    future = asyncio.run_coroutine_threadsafe(
        coro, self.loop)
    await asyncio.wrap_future(future)
```

다른 코루틴은 stop 메서드를 사용해 이 작업자 스레드에게 실행을 중단하라고 알려줄 수 있다. 이때 스레드 중단 통지도 스레드 안전하게 실행돼야 하므로, 앞에서 본 write와 비슷한 준비 코드를 사용해 처리한다.

```
async def real_stop(self):
    self.loop.stop()

async def stop(self):
    coro = self.real_stop()
    future = asyncio.run_coroutine_threadsafe(
        coro, self.loop)
    await asyncio.wrap_future(future)
```

이 클래스를 with 문과 함께 사용할 수 있게 __aenter__와 __aexit__ 메서드를 정의한다(Better way 66: '재사용 가능한 try/finally 동작을 원한다면

contextlib과 with 문을 사용하라' 참고). 이렇게 하면 작업자 스레드가 주 이벤트 루프 스레드를 느리게 만들지 않으면서 제시간에 시작하고 종료할 수 있다.

```
async def __aenter__(self):
    loop = asyncio.get_event_loop()
    await loop.run_in_executor(None, self.start)
    return self

async def __aexit__(self, *_):
    await self.stop()
```

이렇게 바꾼 WriteThread 클래스를 사용하면 run_tasks를 완전히 비동기적인 버전으로 리팩터링할 수 있다. 비동기 버전은 읽기도 좋고, 주 이벤트 루프 스레드의 동작을 느리게 하는 시스템 콜을 전혀 실행하지 않는다.

```
def readline(handle):
    ...

async def tail_async(handle, interval, write_func):
    ...

async def run_fully_async(handles, interval, output_path):
    async with WriteThread(output_path) as output:
        tasks = []
        for handle in handles:
            coro = tail_async(handle, interval, output.write)
            task = asyncio.create_task(coro)
            tasks.append(task)

        await asyncio.gather(*tasks)
```

주어진 입력 핸들과 출력 파일 경로에 대해 작업자가 예상대로 작동하는지 검증할 수 있다.

```
def confirm_merge(input_paths, output_path):
    ...

input_paths = ...
handles = ...
output_path = ...
asyncio.run(run_fully_async(handles, 0.1, output_path))

confirm_merge(input_paths, output_path)
```

기억해야 할 내용

- 시스템 콜(블로킹 I/O와 스레드 시작도 포함해)을 코루틴으로 만들면 프로그램의 응답성
  이 좋아지고 사용자가 느끼는 지연 시간을 줄일 수 있다.
- debug=True 파라미터를 asyncio.run에 넘기면 이벤트 루프가 빨리 반응하지 못하게
  방해하는 코루틴을 식별할 수 있다.

BETTER WAY 64 진정한 병렬성을 살리려면 concurrent.futures를 사용하라

파이썬 프로그램을 작성하다 보면 언젠가는 성능의 벽에 부딪치게 될 것이다.
코드를 최적화(Better way 70: '최적화하기 전에 프로파일링을 하라' 참고)한
후에도 프로그램 실행 속도가 필요한 수준보다 더 느릴 수 있다. CPU 코어
수가 늘어난 요즘 컴퓨터에서는 병렬화가 이런 문제를 극복하게 해주는 최적
의 해법이라고 가정해도 좋다. 여러분의 코드에 있는 계산을 여러 CPU 코어
가 병렬로 실행할 수 있는 독립적인 작업 단위로 나눈다면 (성능이) 어떨까?

불행히도 파이썬 전역 인터프리터 락(GIL)으로 인해 파이썬 스레드는 진정
한 병렬 실행이 불가능하므로(Better way 53: '블로킹 I/O의 경우 스레드를
사용하고 병렬성을 피하라' 참고), 계산을 여러 작업으로 나누는 방법은 파이

썬에서 쓸모가 없다. 다른 일반적인 조언은 코드에서 성능에 가장 결정적인 영향을 미치는 부분을 C 언어를 사용한 확장 모듈로 작성하라는 것이다. C를 사용하면 좀 더 하부 기계에 가깝게 실행되므로 파이썬보다 더 빠르게 실행되고, 경우에 따라 더 이상 병렬화가 필요하지 않을 수도 있다. 또한, C 확장은 파이썬 인터프리터와 무관하게 작동하며 GIL에 대해 신경 쓰지 않고 여러 CPU 코어를 활용할 수 있도록 네이티브 스레드를 시작할 수도 있다. 파이썬이 제공하는 C 확장 API는 문서화가 잘돼 있고, 다중 코어를 활용해야 할 때 마지막 탈출구가 될 수 있다. 확장 개발을 도와주는 SWIG(https://github.com/swig/swig)나 CLIF(https://github.com/google/clif) 같은 도구를 살펴보는 것도 좋다.

하지만 C로 코드를 재작성하려면 많은 비용이 든다. 파이썬에서는 짧고 이해하기 쉬운 코드가 C에서는 복잡하고 장황한 코드가 될 수도 있다. 파이썬 코드를 C로 포팅하려면, 원래 파이썬 코드와 변환한 C 코드가 똑같이 작동하는지와 새로 생긴 버그가 없는지를 확인하기 위한 광범위한 테스트가 필요하다. 때로 이런 변환을 할 만한 가치가 있는 경우도 있다. 파이썬 커뮤니티에서 텍스트 구문 분석, 이미지 합성, 행렬 연산 등의 속도를 높이고자 다양한 C 확장 모듈이 쓰이고 있다는 사실이 이를 증명한다. 심지어 Cython(https://cython.org/)이나 Numba(https://numba.pydata.org/)처럼 파이썬에서 C로 편하게 전환시켜주는 오픈 소스 도구도 있다.

문제는 코드의 한 부분만 C로 바꾸면 되는 경우가 드물다는 점이다. 파이썬 프로그램을 최적화할 때 속도 저하의 원인이 코드의 어느 한 곳에만 있는 경우는 드물다. 오히려 속도를 느리게 만드는 여러 가지 요소가 공존하는 경우가 많다. 기계나 스레드에 가까운 C의 장점을 취하려면 프로그램의 대부분을 포팅해야 하며, 이로 인해 테스트의 필요성이 급격히 늘어나고 코드의 위험성도 급속도로 증가한다. 따라서 어려운 계산 문제를 풀기 위해 그동안 많은 비용을 투자해 공부한 파이썬을 활용할 수 있는 더 나은 다른 방법이 있어야만 한다.

concurrent.futures 내장 모듈을 통해 쉽게 사용할 수 있는 multiprocessing 내장 모듈이 여기에 정확히 맞아떨어질 수 있다(Better way 59: '동시성을 위해 스레드가 필요한 경우에는 ThreadpoolExecutor를 사용하라'에서 관련 예제를 볼 수 있다). 이 모듈을 사용하면 자식 프로세스로 다른 파이썬 인터프리터를 실행함으로써 파이썬에서 여러 CPU 코어를 활용할 수 있다. 자식 프로세스는 주 인터프리터와 별도로 실행되기 때문에 자식 프로세스의 GIL이 주 인터프리터의 GIL과 분리된다. 각 자식 프로세스는 한 CPU 코어를 완전히 활용할 수 있다. 각 자식에는 주 프로세스에 대한 연결이 들어 있으므로, 이 연결을 활용해 어떤 연산을 수행할지 지시를 받고 계산한 결과를 돌려줄 수 있다.

예를 들어 계산이 많이 필요한 작업을 여러 CPU 코어를 활용해 파이썬으로 실행하고 싶다고 하자. 계산이 많이 필요한 알고리즘(예를 들면 나비에 스톡스 방정식(Navier-Stokes equation)을 활용한 유체 역학 시뮬레이션)을 대신해 여기서는 두 수의 최대공약수(GCD)를 구하는 구현을 사용한다.

```python
# mymodule.py
def gcd(pair):
    a, b = pair
    low = min(a, b)
    for i in range(low, 0, -1):
        if a % i == 0 and b % i == 0:
            return i
    assert False, '도달할 수 없음'
```

이 함수를 순차적으로 실행하면 병렬성이 없기 때문에 계산 시간이 선형적으로 증가한다.

```python
# run_serial.py
import my_module
import time

NUMBERS = [
    (1963309, 2265973), (2030677, 3814172),
    (1551645, 2229620), (2039045, 2020802),
    (1823712, 1924928), (2293129, 1020491),
    (1281238, 2273782), (3823812, 4237281),
    (3812741, 4729139), (1292391, 2123811),
]

def main():
    start = time.time()
    results = list(map(my_module.gcd, NUMBERS))
    end = time.time()
    delta = end - start
    print(f'총 {delta:.3f} 초 걸림')

if __name__ == '__main__':
    main()
```

```
>>>
총 0.911 초 걸림
```

GIL로 인해 파이썬이 여러 스레드를 다중 CPU 코어에서 병렬 실행할 수 없으므로, 이 코드를 여러 파이썬 스레드를 활용해 실행해도 속도가 향상되지 않는다. 다음 코드에서는 concurrent.futures 모듈에 있는 Thread PoolExecutor 클래스를 활용해 앞의 코드와 같은 계산을 두 개의 작업자 스레드로 수행한다(작업자 스레드가 두 개인 이유는 내(저자) 컴퓨터의 코어 수에 맞췄기 때문이다).

```
# run_threads.py
import my_module
from concurrent.futures import ThreadPoolExecutor
import time

NUMBERS = [
    ...
]

def main():
    start = time.time()
    pool = ThreadPoolExecutor(max_workers=2)
    results = list(pool.map(my_module.gcd, NUMBERS))
    end = time.time()
    delta = end - start
    print(f'총 {delta:.3f} 초 걸림')

if __name__ == '__main__':
    main()
```

```
>>>
총 1.436 초 걸림
```

심지어 스레드 풀을 시작하고 풀과 통신하기 위한 비용이 들기 때문에 속도
가 더 느려졌다.

이제 여러분이 놀랄 만한 예제를 살펴본다. 코드를 한 줄만 바꾸면 마법 같은
일이 벌어진다. concurrent.futures 모듈에 있는 ThreadPoolExecutor를 같은
모듈의 ProcessPoolExecutor로 바꾸면 프로그램 속도가 빨라진다.

```
# run_parallel.py
import my_module
from concurrent.futures import ProcessPoolExecutor
import time
```

```
NUMBERS = [
...
]

def main():
    start = time.time()
    pool = ProcessPoolExecutor(max_workers=2)     # 이 부분만 바꿈
    results = list(pool.map(my_module.gcd, NUMBERS))
    end = time.time()
    delta = end - start
    print(f'총 {delta:.3f} 초 걸림')

if __name__ == '__main__':
    main()
```

```
>>>
총 0.683 초 걸림
```

내 듀얼코어 기계에서 실행한 결과를 보면, 이 코드가 훨씬 더 빠르다! 어떻
게 이럴 수 있을까? 다음은 ProcessPoolExecutor 클래스가 (multiprocessing
모듈이 제공하는 저수준 요소를 활용해) 실제로 하는 일이다.

1. (부모) 이 객체(ProcessPoolExecutor 인스턴스)는 입력 데이터로 들어온
   map 메서드에 전달된 NUMBERS의 각 원소를 취한다.
2. (부모) 이 객체는 1번에서 얻은 원소를 pickle 모듈을 사용해 이진 데이터
   로 직렬화한다(Better way 68: 'copyreg를 사용해 pickle을 더 신뢰성 있
   게 만들라' 참고).
3. (부모, 자식) 이 객체는 로컬 소켓을 통해 주 인터프리터 프로세스로부터
   자식 인터프리터 프로세스에게 2번에서 직렬화한 데이터를 복사한다.
4. (자식) 이 객체는 pickle을 사용해 데이터를 파이썬 객체로 역직렬화한다.
5. (자식) 이 객체는 gcd 함수가 들어 있는 모듈을 임포트한다.
6. (자식) 이 객체는 입력 데이터에 대해 gcd 함수를 실행한다. 이때 다른 자
   식 인터프리터 프로세스와 병렬로 실행한다.

7. (자식) 이 객체는 gcd 함수의 결과를 이진 데이터로 직렬화한다.

8. (부모, 자식) 이 객체는 로컬 소켓을 통해 자식 인터프리터 프로세스로부터 부모 인터프리터 프로세스에게 7번에서 직렬화한 결과 데이터를 돌려준다.

9. (부모) 이 객체는 데이터를 파이썬 객체로 역직렬화한다.

10. (부모) 여러 자식 프로세스가 돌려준 결과를 병합해서 한 list로 만든다.

프로그래머가 코드를 작성할 때는 간단해 보이지만, multiprocessing 모듈과 ProcessPoolExecutor 클래스는 병렬성을 활용하고자 엄청나게 많은 일을 한다. 대부분의 다른 언어에서는 두 스레드 사이에서 연산을 조율해야 하는 경우 (공유 데이터를 보호하기 위한) 락이나 원자적 연산이 하나 필요할 뿐이다 (Better way 54: '스레드에서 데이터 경합을 피하기 위해 Lock을 사용하라' 에서 예제를 볼 수 있다). 부모와 자식 프로세스 사이에 데이터가 오고 갈 때마다 항상 직렬화와 역직렬화가 일어나야 하므로 ProcessPoolExecutor를 통해 multiprocessing 모듈을 사용하는 데 따른 추가 비용이 매우 크다.

이 방식은 서로 잘 격리되고 레버리지(leverage)가 큰 유형의 작업에는 잘 들어맞는다. 여기서 **격리**란 프로그램의 다른 부분과 상태를 공유할 필요가 없는 함수를 실행한다는 뜻이다. 또 **레버리지**란 부모와 자식 사이에 주고받아야 하는 데이터 크기는 작지만, 이 데이터로 인해 자식 프로세스가 계산해야 하는 연산의 양이 상당히 크다는 뜻이다. 최대공약수 알고리즘이 바로 이런 예지만, 다른 여러 수학 알고리즘도 비슷하게 작동한다.

수행해야 하는 계산이 이런 특징을 지니고 있지 않다면, ProcessPool Executor 사용에 따른 부가 비용으로 인해 병렬화를 해도 속도가 그리 빨라지지 않을 수 있다. 이런 경우를 대비해 multiprocessing 모듈은 공유 메모리를 사용하는 더 고급스런 기능을 제공한다. 하지만 이런 기능은 모두 매우 복잡하다. 이런 도구를 사용할 경우, 한 프로세스 안에서 여러 파이썬 스레드 사이에 공유되는 메모리 공간을 추론하기가 쉽지 않다. 그러한 복잡도를 다른 프로세스로까지 확장하고 소켓까지 추가하면 프로그램의 동작을 이해하기 더 어려워진다.

처음에는 multiprocessing 모듈을 전혀 사용하지 않고 파이썬 프로그램을 작성하는 것이 좋다. ThreadPoolExecutor를 통해 격리된 레버리지가 큰 함수를 스레드에서 실행할 수 있으며, 이후 속도 향상을 위해 ProcessPoolExecutor로 옮겨갈 수 있다. 이 방법을 모두 시도해본 다음에 비로소 multiprocessing 모듈을 직접 사용해도 될지 검토해보라.

기억해야 할 내용

- CPU 병목 지점을 C 확장 모듈로 옮기면 파이썬에 투자한 비용을 최대한 유지하면서 프로그램 성능을 개선하는 데 효과적일 수도 있다. 하지만 C 확장 모듈로 옮기려면 많은 비용이 들고 포팅하는 과정에서 버그가 생겨날 수도 있다.
- multiprocessing 모듈을 사용하면 특정 유형의 파이썬 계산을 최소의 노력으로 병렬화할 수 있다.
- concurrent.futures 내장 모듈이 제공하는 간단한 ProcessPoolExecutor 클래스를 활용하면 multiprocessing의 능력을 최대한 활용할 수 있다.
- 사용할 수 있는 모든 방법을 다 써보기 전에는 multiprocessing이 제공하는 (복잡한) 고급 기능을 시도하지 말라.

8

강건성과 성능

유용한 파이썬 프로그램을 만들었다면, 다음으로는 오류가 발생해도 문제가 없도록 **프로덕션화**(productionize)해 코드에 방탄 처리를 해야 한다. 예상하지 못한 상황을 만나도 프로그램을 신뢰할 수 있게 만드는 것은 프로그램을 제대로 작동시키는 것만큼 중요하다. 파이썬은 프로그램을 더 강화시켜 다양한 상황에서 프로그램을 강건하게(robust)* 만드는 데 도움이 되는 다양한 기능과 모듈을 내장하고 있다.

강건성에는 규모 확장성(scalability)과 성능이라는 차원이 포함된다. 알고리즘 복잡도나 다른 계산 부가 비용으로 인해 아주 큰 데이터를 처리하는 파이썬 프로그램이 전체적으로 느려지는 경우가 자주 있다. 다행히 파이썬은 여러분이 최소의 노력으로 고성능을 달성할 수 있도록 다양한 데이터 구조와 알고리즘을 제공한다.

---

* 역주 소프트웨어에서 강건성(또는 견고성)은 프로그램이 실행되는 동안에 주위 환경이 변하거나, 잘못된 입력이 들어오거나, 내부에서 오류가 발생해도 별 문제없이 계속 실행되며 (오류 보고 등을 한 후) 정상적으로 계속 실행될 수 있는 능력을 뜻한다.

BETTER WAY 65 try/except/else/finally의 각 블록을 잘 활용하라

파이썬에서 예외를 처리하는 과정에서는 특정 동작을 수행하고 싶은 네 가지 경우가 있으며 각각 try, except, else, finally라는 네 블록에 해당한다. 전체 복합문에서 각 블록은 서로 다른 목적에 쓰이며, 다양하게 조합하면 유용하다(Better way 87: '호출자를 API로부터 보호하기 위해 최상위 Exception을 정의하라' 참고).

finally 블록

예외를 호출 스택의 위(함수 자신을 호출한 함수 쪽)로 전달해야 하지만, 예외가 발생하더라도 정리 코드를 실행해야 한다면 try/finally를 사용하라. 파일 핸들을 안전하게 닫기 위해 try/finally를 사용하는 경우가 자주 있다(Better way 66: '재사용 가능한 try/finally 동작을 원한다면 contextlib과 with 문을 사용하라'에서 다른(아마도 더 나은) 접근 방법을 볼 수 있다).

```
def try_finally_example(filename):
    print('* 파일 열기')
    handle = open(filename, encoding='utf-8') # OSError가 발생할 수 있음
    try:
        print('* 데이터 읽기')
        return handle.read()    # UnicodeDecodeError가 발생할 수 있음
    finally:
        print('* close() 호출')
        handle.close()          # try 블록이 실행된 다음에는 항상 이 블록이
실행됨
```

read 메서드에서 예외가 발생하면 항상 try_finally_example을 호출한 쪽으로 이 예외가 전달되지만, finally 블록에 있는 handle의 close 메서드가 먼저 호출된다.

```
filename = 'random_data.txt'

with open(filename, 'wb') as f:
    f.write(b'\xf1\xf2\xf3\xf4\xf5')  # 잘못된 utf-8 이진 문자열

data = try_finally_example(filename)

>>>
* 파일 열기
* 데이터 읽기
* close() 호출
Traceback ...
UnicodeDecodeError: 'utf-8' codec can't decode byte 0xf1 in
➡position 0: invalid continuation byte
```

파일을 열 때 발생하는 오류(파일이 없는 경우 발생하는 OSError 등)는
finally 블록을 전혀 거치지 않고 호출한 쪽에 전달돼야 하므로 try 블록 앞
에서 open을 호출해야 한다.

```
try_finally_example('does_not_exist.txt')

>>>
* 파일 열기
Traceback ...
FileNotFoundError: [Errno 2] No such file or directory:
➡'does_not_exist.txt'
```

else 블록

코드에서 처리할 예외와 호출 스택을 거슬러 올라가며 전달할 예외를 명확히
구분하기 위해 try/catch/else를 사용하라. try 블록이 예외를 발생시키지
않으면 else 블록이 실행된다. else 블록을 사용하면 try 블록 안에 들어갈
코드를 최소화할 수 있다. try 블록에 들어가는 코드가 줄어들면 발생할 여
지가 있는 예외를 서로 구분할 수 있으므로 가독성이 좋아진다. 예를 들어,

문자열에서 JSON 딕셔너리 데이터를 읽어온 후 어떤 키에 해당하는 값을 반환하고 싶다고 하자.

```
import json

def load_json_key(data, key):
    try:
        print('* JSON 데이터 읽기')
        result_dict = json.loads(data)      # ValueError가 발생할 수 있음
    except ValueError as e:
        print('* ValueError 처리')
        raise KeyError(key) from e
    else:
        print('* 키 검색')
        return result_dict[key]             # KeyError가 발생할 수 있음
```

성공적으로 실행되는 경우, JSON 데이터가 try 블록 안에서 디코딩된 다음에 else 블록 안에서 키 검색이 일어난다.

```
assert load_json_key('{"foo": "bar"}', 'foo') == 'bar'
```

```
>>>
* JSON 데이터 읽기
* 키 검색
```

입력이 올바른 JSON이 아니라면 json.loads가 디코딩하는 중간에 ValueError를 발생시킨다. 이 예외는 except 블록에 의해 처리된다.

```
load_json_key('{"foo": bad payload', 'foo')
```

```
>>>
* JSON 데이터 읽기
* ValueError 처리
Traceback ...
JSONDecodeError: Expecting value: line 1 column 9 (char 8)
```

```
The above exception was the direct cause of the following
➥exception:

Traceback ...
KeyError: 'foo'
```

키 검색에서 예외가 발생하면, try 블록 외부이므로 호출자에게 이 예외가
전달된다. else 절은 try/except 뒤에 따라오는 코드를 except 블록과 시각적
으로 구분해준다. 이렇게 하면 예외가 전파되는 방식을 (소스 코드에서) 더
명확히 볼 수 있다.

```
load_json_key('{"foo": "bar"}', '존재하지 않음')

>>>
* JSON 데이터 읽기
* 키 검색
Traceback ...
KeyError: '존재하지 않음'
```

모든 요소를 한꺼번에 사용하기

복합적인 문장 안에 모든 요소를 다 넣고 싶다면 try/except/else/finally
를 사용하라. 예를 들어 수행할 작업에 대한 설명을 파일에서 읽어 처리한 다
음, 원본 파일 자체를 변경하고 싶다. 이 경우 try 블록을 사용해 파일을 읽
고 처리하며, try 블록 안에서 발생할 것으로 예상되는 예외를 처리하고자
except 블록을 사용한다. else 블록을 사용해 원본 파일의 내용을 변경하고,
이 과정에서 오류가 생기면 호출한 쪽에 예외를 돌려준다. finally 블록은 파
일 핸들을 닫는다.

```
UNDEFINED = object()

def divide_json(path):
```

```python
    print('* 파일 열기')
    handle = open(path, 'r+')            # OSError가 발생할 수 있음
    try:
        print('* 데이터 읽기')
        data = handle.read()             # UnicodeDecodeError가 발생할 수 있음
        print('* JSON 데이터 읽기')
        op = json.loads(data)            # ValueError가 발생할 수 있음
        print('* 계산 수행')
        value = (
            op['numerator'] /
            op['denominator'])           # ZeroDivisionError가 발생할 수 있음
    except ZeroDivisionError as e:
        print('* ZeroDivisionError 처리')
        return UNDEFINED
    else:
        print('* 계산 결과 쓰기')
        op['result'] = value
        result = json.dumps(op)
        handle.seek(0)                   # OSError가 발생할 수 있음
        handle.write(result)             # OSError가 발생할 수 있음
        return value
    finally:
        print('* close() 호출')
        handle.close()                   # 어떤 경우든 실행됨
```

정상적인 경우 try, else, finally 블록이 실행된다.

```python
temp_path = 'random_data.json'

with open(temp_path, 'w') as f:
    f.write('{"numerator": 1, "denominator": 10}')

assert divide_json(temp_path) == 0.1
```

```
>>>
* 파일 열기
* 데이터 읽기
```

* JSON 데이터 읽기
* 계산 수행
* 계산 결과 쓰기
* close() 호출

계산이 잘못된 경우 try, except, finally 블록은 실행되지만 else 블록은 실행되지 않는다.

```
with open(temp_path, 'w') as f:
    f.write('{"numerator": 1, "denominator": 0}')

assert divide_json(temp_path) is UNDEFINED
```

```
>>>
* 파일 열기
* 데이터 읽기
* JSON 데이터 읽기
* 계산 수행
* ZeroDivisionError 처리
* close() 호출
```

JSON 데이터가 잘못된 경우에는 try 블록이 실행돼 예외가 발생하고, finally 블록이 실행된다. 그리고 예외가 호출한 쪽에 전달된다. except와 else 블록은 실행되지 않는다.

```
with open(temp_path, 'w') as f:
    f.write('{"numerator": 1 bad data')

divide_json(temp_path)
```

```
>>>
* 파일 열기
* 데이터 읽기
* JSON 데이터 읽기
* close() 호출
Traceback ...
```

```
JSONDecodeError: Expecting ',' delimiter: line 1 column 17
➥(char 16)
```

이 구조는 모든 블록이 직관적으로 작동하기 때문에 매우 유용하다. 예를 들어 divide_json 함수를 실행하는 동안 하드 디스크 공간을 모두 써버리면 다음과 같은 결과를 볼 수 있다.

```
with open(temp_path, 'w') as f:
    f.write('{"numerator": 1, "denominator": 10}')

divide_json(temp_path)

>>>
* 파일 열기
* 데이터 읽기
* JSON 데이터 읽기
* 계산 수행
* 계산 결과 쓰기
* close() 호출
Traceback ...
OSError: [Errno 28] No space left on device
```

else 블록에서 결과 데이터를 파일에 다시 쓰는 동안 예외가 발생하면, 예상대로 finally 블록이 실행돼 파일 핸들을 닫아준다.

기억해야 할 내용

• try/finally 복합문을 사용하면 try 블록이 실행되는 동안 예외가 발행하든 발생하지 않든 정리 코드를 실행할 수 있다.

• else 블록을 사용하면 try 블록 안에 넣을 코드를 최소화하고, try/except 블록과 성공적인 경우에 수행해야 할 코드를 시각적으로 구분할 수 있다.

• try 블록이 성공적으로 처리되고 finally 블록이 공통적인 정리 작업을 수행하기 전에 실행해야 하는 동작이 있는 경우 else 블록을 사용할 수 있다.

BETTER WAY 66 재사용 가능한 try/finally 동작을 원한다면 contextlib과 with 문을 사용하라

파이썬의 with 문은 코드가 특별한 컨텍스트(context) 안에서 실행되는 경우를 표현한다. 예를 들어 상호 배제 락(뮤텍스)을 with 문 안에서 사용하면 락을 소유했을 때만 코드 블록이 실행된다는 것을 의미한다(Better way 54: '스레드에서 데이터 경합을 피하기 위해 Lock을 사용하라' 참고).

```
from threading import Lock

lock = Lock()
with lock:
    # 어떤 불변 조건을 유지하면서 작업을 수행한다
    ...
```

Lock 클래스가 with 문을 적절히 활성화해주므로 위 예제는 다음 try/finally 구조와 동등하다(Better way 65: 'try/except/else/finally의 각 블록을 잘 활용하라' 참고).

```
lock.acquire()
try:
    # 어떤 불변 조건을 유지하면서 작업을 수행한다
    ...
finally:
    lock.release()
```

이 경우에는 with 문 쪽이 더 낫다. try/finally 구조를 반복적으로 사용할 필요가 없고, acquire에 대응하는 release를 실수로 빠뜨리는 경우를 방지할 수 있기 때문이다.

contextlib 내장 모듈을 사용하면 여러분이 만든 객체나 함수를 with 문에서 쉽게 쓸 수 있다. contextlib 모듈은 with 문에 쓸 수 있는 함수를 간단히 만들 수 있는 contextmanager 데코레이터를 제공한다(Better way 26: 'functools.wrap을 사용해 함수 데코레이터를 정의하라'에서 배경지식을 얻을 수 있다). 이 데코레이터를 사용하는 방법이 __enter__와 __exit__ 특별 메서드를 사용해 새로 클래스를 정의하는 방법보다 훨씬 쉽다.

예를 들어 어떤 코드 영역에서 디버깅 관련 로그를 더 많이 남기고 싶다고 하자. 다음 코드는 두 단계의 심각성 수준에서 디버깅 로그를 남기는 함수를 정의한다.

```
import logging

def my_function():
    logging.debug('디버깅 데이터')
    logging.error('이 부분은 오류 로그')
    logging.debug('추가 디버깅 데이터')
```

프로그램의 디폴트 로그 수준은 WARNING이다. 따라서 이 함수를 실행하면 오류(error) 메시지만 화면에 출력된다.

```
my_function()

>>>
ERROR:root:이 부분은 오류 로그
```

컨텍스트 매니저를 정의하면 이 함수의 로그 수준을 일시적으로 높일 수 있다. 이 도우미 함수는 with 블록을 실행하기 직전에 로그 심각성 수준을 높이고, 블록을 실행한 직후에 심각성 수준을 이전 수준으로 회복시켜준다.

```
from contextlib import contextmanager

@contextmanager
def debug_logging(level):
    logger = logging.getLogger()
```

```
old_level = logger.getEffectiveLevel()
logger.setLevel(level)
try:
    yield
finally:
    logger.setLevel(old_level)
```

yield 식은 with 블록의 내용이 실행되는 부분을 지정한다(Better way 30: '리스트를 반환하기보다는 제너레이터를 사용하라'에서 배경지식을 얻을 수 있다). with 블록 안에서 발생한 예외는 어떤 것이든 yield 식에 의해 다시 발생되기 때문에 이 예외를 도우미 함수(이 경우는 debug_logging) 안에서 잡아 낼 수 있다(예외 동작은 Better way 35: '제너레이터 안에서 throw로 상태를 변화시키지 말라' 참고).

이제 같은 로그 함수를 호출하되, 이번에는 debug_logging 컨텍스트 안에서 실행하자. with 블록 안에서는 화면에 모든 로그 메시지가 출력된다. with 블록 밖에서 같은 함수를 실행하면 디버그 수준의 메시지는 화면에 출력되지 않는다.

```
with debug_logging(logging.DEBUG):
    print('* 내부:')
    my_function()

print('* 외부:')
my_function()

>>>
* 내부:
DEBUG:root:디버깅 데이터
ERROR:root:이 부분은 오류 로그
DEBUG:root:추가 디버깅 데이터
* 외부:
ERROR:root:이 부분은 오류 로그
```

with와 대상 변수 함께 사용하기

with 문에 전달된 컨텍스트 매니저가 객체를 반환할 수도 있다. 이렇게 반환된 객체는 with 복합문의 일부로 지정된 지역 변수에 대입된다. 이를 통해 with 블록 안에서 실행되는 코드가 직접 컨텍스트 객체와 상호작용할 수 있다.

예를 들어 파일을 작성하고 이 파일이 제대로 닫혔는지 확인하고 싶다고 하자. with 문에 open을 전달하면 이렇게 할 수 있다. open은 with 문에서 as를 통해 대상으로 지정된 변수에게 파일 핸들을 전달하고, with 블록에서 나갈 때 이 핸들을 닫는다.

```
with open('my_output.txt', 'w') as handle:
    handle.write('데이터입니다!')
```

이런 접근 방법은 파일 핸들을 매번 수동으로 열고 닫는 것보다 더 파이썬다운 방식이다. 이 방식을 사용하면 코드 실행이 with 문을 벗어날 때 결국에는 파일이 닫힌다고 확신할 수 있다. 그리고 코드에서 문제가 될 수 있는(파일 핸들이 열려 있을 수 있는) 부분을 강조함으로써 파일 핸들이 열린 채로 실행되는 코드의 양을 줄이도록 여러분을 북돋운다. 일반적으로 파일 핸들이 열려 있는 부분을 줄이면 좋다.

여러분이 만든 함수가 as 대상 변수에게 값을 제공하도록 하기 위해 필요한 일은 컨텍스트 매니저 안에서 yield에 값을 넘기는 것뿐이다. 예를 들면, 다음과 같이 Logger 인스턴스를 가져와서 로그 수준을 설정하고 yield로 대상을 전달하는 컨텍스트 매니저를 만들 수 있다.

```
@contextmanager
def log_level(level, name):
    logger = logging.getLogger(name)
    old_level = logger.getEffectiveLevel()
    logger.setLevel(level)
```

```
    try:
        yield logger
    finally:
        logger.setLevel(old_level)
```

with의 as 대상 변수로 얻은 로그 객체에 대해 debug와 같은 로그 관련 메서드를 호출하면, with 블록 내의 로그 심각성 수준이 낮게 설정돼 있으므로 디버깅 메시지가 출력된다. 하지만 디폴트 로그 심각성 수준이 WARNING이기 때문에 logging 모듈을 직접 사용해 debug 로그 메서드를 호출하면 아무 메시지도 출력되지 않는다.[*]

```
with log_level(logging.DEBUG, 'my-log') as logger:
    logger.debug(f'대상: {logger.name}!')
    logging.debug('이 메시지는 출력되지 않습니다')
```

```
>>>
DEBUG:my-log:대상: my-log!
```

with 문이 끝날 때 로그 심각성 수준이 원래대로 복구되므로, with 문 밖에서 my-log라는 로거에 대해 debug를 통해 메시지를 출력해도 아무 메시지가 표시되지 않는다. 하지만 error로 출력한 로그는 항상 출력된다.

```
logger = logging.getLogger('my-log')
logger.debug('디버그 메시지는 출력되지 않습니다')
logger.error('오류 메시지는 출력됩니다')
```

```
>>>
ERROR:my-log:오류 메시지는 출력됩니다
```

---

[*] 역주 이 예제를 실행해도 아무 메시지도 표시되지 않는 경우가 있다. 파이썬 런타임이 로거 설정을 제대로 하지 못하는 경우로 보이는데, 이 경우에는 logging.basicConfig()를 호출하는 코드를 프로그램 진입 시점에 추가해 주면 된다.

나중에 with 문을 바꾸기만 하면 로거 이름을 바꿀 수 있다. 이렇게 로거 이름을 바꾼 경우 with의 as 대상 변수가 가리키는 Logger가 다른 인스턴스를 가리키게 되지만, 이에 맞춰 다른 코드를 변경할 필요는 없다.

```
with log_level(logging.DEBUG, 'other-log') as logger:
    logger.debug(f'대상: {logger.name}!')
    logging.debug('이 메시지는 출력되지 않습니다')
```

```
>>>
DEBUG:other-log:대상: other-log!
```

이런 식으로 상태를 격리할 수 있고, 컨텍스트를 만드는 부분과 컨텍스트 안에서 실행되는 코드를 서로 분리할 수 있다는 것이 with 문의 또 다른 장점이다.

기억해야 할 내용

- with 문을 사용하면 try/finally 블록을 통해 사용해야 하는 로직을 재활용하면서 시각적인 잡음도 줄일 수 있다.
- contextlib 내장 모듈이 제공하는 contextmanager 데코레이터를 사용하면 여러분이 만든 함수를 with 문에 사용할 수 있다.
- 컨텍스트 매니저가 yield하는 값은 with 문의 as 부분에 전달된다. 이를 활용하면 특별한 컨텍스트 내부에서 실행되는 코드 안에서 직접 그 컨텍스트에 접근할 수 있다.

BETTER WAY 67 지역 시간에는 time보다는 datetime을 사용하라

협정 세계시(Coordinated Universal Time, UTC)는 시간대(timezone)와 독립적으로 시간을 나타낼 때 쓰는 표준이다. 유닉스 기준 시간(epoch) 이후 몇 초가 흘렀는지 계산함으로써 시간을 표현하는 컴퓨터는 UTC를 잘 처리할 수 있다. 하지만 자신의 현재 위치를 기준으로 시간을 따지는 인간에게 UTC는 적당하지 않다. 사람들은 '정오'나 '오전 8시'라고 말할 뿐, 'UTC 15:00 마이너스 7시간'이라고 말하지는 않는다. 프로그램이 시간을 다룬다면 사람들이 이해할 수 있도록 UTC와 지역 시간을 자주 상호 변환해야 할 것이다.

파이썬에서 시간대를 변환하는 방법은 두 가지다. 예전 방식은 time 내장 모듈을 사용하는데, 프로그래머가 실수하기 쉽다. 새로운 방식은 datetime 내장 모듈을 사용하며, 파이썬 커뮤니티에서 만들어진 pytz라는 패키지를 활용하면 아주 잘 작동한다.

왜 datetime이 최선이고 time을 피해야 하는지 이해하려면 time과 datetime을 모두 제대로 알아야 한다.

time 모듈

time 내장 모듈에 있는 localtime 함수를 사용해 유닉스 타임스탬프(UTC로 된 유닉스 기준 시간으로부터 몇 초가 흘렀는지)를 호스트 컴퓨터의 시간대에 맞는 지역 시간(한국이라면 한국 표준 시간(KST*))으로 변환한다. 지역 시간은 strftime 함수를 사용해 사람이 이해하기 쉬운 표현으로 출력한다.

```
import time

now = 1598523184
local_tuple = time.localtime(now)
time_format = '%Y-%m-%d %H:%M:%S'
time_str = time.strftime(time_format, local_tuple)
print(time_str)
```

---

* 역주 KST, AEST 등과 같이 서너 개의 문자로 줄여 부르는 시간대 이름은 혼동할 우려가 있으므로(예를 들어 CST는 중국 표준시와 쿠바 표준시를 모두 뜻할 수 있다) 사용하지 않는 편이 좋다. 앞으로는 IANA 시간대 데이터베이스 표준인 지역/도시(예: Asia/Seou, America/Los_Angeles)를 사용해 시간대를 식별하라. 본 Better way의 뒷부분에서 이와 관련한 예제를 볼 수 있다.

2020-08-27 19:13:04

반대로 변환해야 할 경우도 많다. 이 경우에는 사용자가 입력한 (사람이 이해
하기 쉬운) 2020-08-27 19:13:04와 같은 지역 시간 표현을 지역 시간에
해당하는 유닉스 타임스탬프로 바꾸고, 이 값을 다시 UTC 시간대에 해당하
는 유닉스 타임스탬프로 변환해야 한다. strptime 함수를 사용해 시간을 표
현하는 문자열을 구문 분석한 다음, mktime을 호출해 지역 시간을 유닉스 타
임스탬프로 변환한다.

```
time_tuple = time.strptime(time_str, time_format)
utc_now = time.mktime(time_tuple)
print(utc_now)
```

>>>
1598523184.0

어떤 지역 시간대에 속한 시간을 어떻게 다른 지역의 시간대로 변환할 수 있
을까? 예를 들어 서울에서 비행기를 타고 샌프란시스코로 이동하는 경우, 샌
프란시스코에 도착했을 때 현지 시간으로 몇 시쯤인지 궁금할 것이다.

처음에는 time, localtime, strptime 함수가 반환하는 값을 직접 조작해 시간
대를 변경하려고 생각할 수도 있다. 하지만 시간대를 변환하는 것은 좋은 생
각이 아니다. 시간대는 각 지역의 법에 따라 정해지므로 직접 조작하기에는
너무 복잡하다. 특히 세계 모든 주요 도시의 출발/도착 시간을 변환해야 한
다면 시간 변환이 너무 복잡해진다.

여러 운영체제가 시간대 변경을 자동으로 처리해주는 설정 파일을 제공한다.
여러분의 플랫폼이 이런 설정을 지원한다면 파이썬에서도 time 모듈을 통해
이런 시간대를 활용할 수 있다. 하지만 윈도우 같은 플랫폼에서는 time이 제

공하는 시간대 관련 기능 중 몇 가지를 사용할 수 없다. 예를 들어 다음 코드는 한국 표준 시간(KST)을 사용해 출발 시간을 구문 분석한다.

```python
import os
if os.name == 'nt':
    print("이 예제는 윈도우에서 작동하지 않습니다.")
else:
    parse_format = '%Y-%m-%d %H:%M:%S %Z'    # %Z는 시간대를 뜻함
    depart_icn = '2020-08-27 19:13:04 KST'
    time_tuple = time.strptime(depart_icn, parse_format)
    time_str = time.strftime(time_format, time_tuple)
    print(time_str)
```

```
>>>
2020-08-27 19:13:04
```

'KST'로 설정한 시간이 제대로 작동*하므로 다른 시간대도 잘 처리할 것으로 예상할 수 있다. 하지만 실제로는 그렇지 않다. strptime에 PDT(미국 태평양 시간대이며 샌프란시스코가 속한 캘리포니아 등에서 사용함)를 사용하면 다음과 같은 오류가 발생한다.

```python
arrival_sfo = '2020-08-28 04:13:04 PDT'
time_tuple = time.strptime(arrival_sfo, time_format)
```

```
>>>
Traceback ...
ValueError: unconverted data remains: PDT
```

여기서 문제는 time 모듈이 플랫폼에 따라 다르게 작동한다는 데 있다. time 모듈의 동작은 호스트 운영체제의 C 함수가 어떻게 작동하는지에 따라 달라진다. 이로 인해 파이썬에서는 time 모듈의 동작을 신뢰할 수 없다. 여러 시

---

* 역주 사용자 컴퓨터의 운영체제나 언어 등의 로케일(locale) 설정에 따라 한국에서 한국 표준시를 사용하는 컴퓨터에서 실행해도 'KST'가 작동하지 않을 수 있다. 제대로 작동하는 시간대 문자열을 알고 싶다면 time.tzname의 값을 살펴보라.

간대에서 time 모듈이 일관성 있게 동작한다고 보장할 수 없으므로, 여러 시간대를 다뤄야 하는 경우에는 time 모듈을 사용하면 안 된다. 여러 시간대 사이의 변환을 다룬다면 datetime 모듈을 사용하라.

datetime 모듈

파이썬에서 시간을 표시하는 두 번째 방법은 datetime 내장 모듈에 있는 datetime 클래스를 사용하는 것이다. time 모듈과 마찬가지로 datetime을 사용하면 UTC나 지역 시간 등 여러 시간대에 속한 시간을 상호 변환할 수 있다.

다음 코드는 UTC로 된 시간을 컴퓨터의 지역 시간인 KST로 바꾼다.

```
from datetime import datetime, timezone

now = datetime(2020, 8, 27, 10, 13, 4)      # 시간대 설정이 안 된 시간을 만듦
now_utc = now.replace(tzinfo=timezone.utc) # 시간대를 UTC로 강제 지정
now_local = now_utc.astimezone()        # UTC 시간을 디폴트 시간대로 변환
print(now_local)

>>>
2020-08-27 19:13:04+09:00
```

또한, datetime 모듈을 사용하면 지역 시간을 UTC로 된 유닉스 타임스탬프로 쉽게 바꿀 수 있다.

```
time_str = '2020-08-27 19:13:04'
now = datetime.strptime(time_str, time_format)    # 시간대 설정이 안 된 시간
으로 문자열을 구문 분석
time_tuple = now.timetuple()           # 유닉스 시간 구조체로 변환
utc_now = time.mktime(time_tuple)      # 구조체로부터 유닉스 타임스탬프 생성
print(utc_now)

>>>
1598523184.0
```

time 모듈과 달리 datetime 모듈은 한 지역 시간을 다른 지역 시간으로 바꾸는 신뢰할 수 있는 기능을 제공한다. 하지만 datetime은 자신의 tzinfo 클래스와 이 클래스 안에 들어 있는 메서드에 대해서만 시간대 관련 기능을 제공한다. 파이썬 기본 설치에는 UTC를 제외한 시간대 정의가 들어 있지 않다.

다행히 파이썬 패키지 인덱스(Python Package Index, PyPI)에서 pytz 모듈을 내려받아(Better way 82: '커뮤니티에서 만든 모듈을 어디서 찾을 수 있는지 알아두라' 참고) 기본 설치가 제공하지 않는 시간대 정보를 추가할 수 있다. pytz에는 우리에게 필요한, 모든 시간대 정보에 대한 완전한 데이터베이스가 들어 있다.

pytz를 효과적으로 사용하려면 항상 지역 시간을 UTC로 먼저 바꿔야 한다. 그 후 UTC 값에 대해 여러분이 필요로 하는 datetime 연산(오프셋 연산 등)을 수행하라. 마지막으로 UTC를 지역 시간으로 바꿔라.

예를 들어 다음 코드는 샌프란시스코의 비행기 도착 시간을 UTC datetime으로 변경한다. 각 함수 호출 중에는 불필요해 보이는 부분도 있겠지만, pytz를 사용하려면 이 모든 호출이 필요하다.

```python
import pytz

arrival_sfo = '2020-08-28 04:13:04'
sfo_dt_naive = datetime.strptime(arrival_sfo, time_format)   # 시간대가
설정되지 않은 시간
eastern = pytz.timezone('US/Pacific')                        # 샌프란시스
코의 시간대
sfo_dt = eastern.localize(sfo_dt_naive)                      # 시간대를
샌프란시스코 시간대로 변경
utc_dt = pytz.utc.normalize(sfo_dt.astimezone(pytz.utc))     # UTC로 변경
print(utc_dt)

>>>
```

```
2020-08-28 11:13:04+00:00
```

일단 UTC datetime을 얻으면, 이를 한국 지역 시간으로 변환할 수 있다.

```
korea = pytz.timezone('Asia/Seoul')
korea_dt = korea.normalize(utc_dt.astimezone(korea))
print(korea_dt)
```

```
>>>
2020-08-28 20:13:04+09:00
```

마찬가지로 네팔 시간으로도 쉽게 바꿀 수 있다.

```
nepal = pytz.timezone('Asia/Katmandu')
nepal_dt = nepal.normalize(utc_dt.astimezone(nepal))
print(nepal_dt)
```

```
>>>
2020-08-28 16:58:04+05:45
```

datetime과 pytz를 사용하면 호스트 컴퓨터가 실행 중인 운영체제와 관계없이 어떤 환경에서도 일관성 있게 시간을 변환할 수 있다.

기억해야 할 내용

- 여러 다른 시간대를 변환할 때는 time 모듈을 쓰지 말라.
- 여러 다른 시간대를 신뢰할 수 있게 변환하고 싶으면 datetime과 pytz 모듈을 함께 사용하라.
- 항상 시간을 UTC로 표시하고, 최종적으로 표현하기 직전에 지역 시간으로 변환하라.

BETTER WAY 68 copyreg를 사용해 pickle을
더 신뢰성 있게 만들라

pickle 내장 모듈을 사용하면 파이썬 객체를 바이트 스트림으로 직렬화하거나 바이트 스트림을 파이썬 객체로 역직렬화할 수 있다. 피클(pickle)된 바이트 스트림은 서로 신뢰할 수 없는 당사자 사이의 통신에 사용하면 안 된다. pickle의 목적은 여러분이 제어하는 프로그램들이 이진 채널을 통해 서로 파이썬 객체를 넘기는 데 있다.

> **Note ☰** 설계상 pickle 모듈의 직렬화 형식은 안전하지 않다. 직렬화한 데이터에는 원본 파이썬 객체를 복원하는 방법을 표현하는 데이터가 들어 있는데, 이 데이터는 근본적으로 프로그램이라 할 수 있다. 이는 악의적인 pickle 데이터가 자신을 역직렬화하는 파이썬 프로그램의 일부를 취약하게 만들 수도 있다는 뜻이다.
>
> 반대로 json 모듈은 설계상 안전하다. 직렬화한 JSON 데이터에는 객체 계층 구조를 간단하게 묘사한 값이 들어 있다. JSON 데이터를 역직렬화해도 파이썬 프로그램이 추가적인 위험에 노출되는 일은 없다. 서로를 신뢰할 수 없는 프로그램이 통신해야 할 경우에는 JSON 같은 형식을 사용해야 한다.

예를 들어 파이썬 객체를 사용해 게임 중인 플레이어의 진행 상태를 표현하고 싶다고 하자. 진행 상태에는 플레이어의 레벨과 남은 생명 개수가 들어 있다.

```
class GameState:
    def __init__(self):
        self.level = 0
        self.lives = 4
```

프로그램은 게임이 실행됨에 따라 이 객체를 변경한다.

```
state = GameState()
state.level += 1      # 플레이어가 레벨을 깼다
state.lives -= 1      # 플레이어가 재시도해야 한다

print(state.__dict__)
```

```
>>>
{'level': 1, 'lives': 3}
```

사용자가 게임을 그만두면 나중에 이어서 진행할 수 있도록 프로그램이 게임 상태를 파일에 저장하며, pickle 모듈을 사용하면 상태를 쉽게 저장할 수 있다. 다음 코드는 dump 함수를 사용해 GameState 객체를 파일에 기록한다.

```
import pickle

state_path = 'game_state.bin'
with open(state_path, 'wb') as f:
    pickle.dump(state, f)
```

나중에 이 파일에 대해 load 함수를 호출하면 직렬화한 적이 전혀 없었던 것처럼 다시 GameState 객체를 돌려받을 수 있다.

```
with open(state_path, 'rb') as f:
    state_after = pickle.load(f)

print(state_after.__dict__)
```

```
>>>
{'level': 1, 'lives': 3}
```

이런 접근 방법을 사용하면 시간이 지나면서 게임 기능이 확장될 때 문제가 발생한다. 플레이어가 최고점을 목표로 점수를 얻을 수 있게 게임을 변경한 다고 생각해보자. 사용자의 점수를 추적하기 위해 GameState 클래스에 새로운 필드를 추가해야 한다.

```
class GameState:
    def __init__(self):
        self.level = 0
        self.lives = 4
        self.points = 0    # 새로운 필드
```

pickle을 사용해 새로운 GameState를 직렬화하는 코드는 앞에서 본 것과 똑같이 작동할 것이다. 다음은 dumps를 사용해 데이터를 직렬화한 후 loads를 사용해 문자열에서 객체로 역직렬화하는 과정이다.

```
state = GameState()
serialized = pickle.dumps(state)
state_after = pickle.loads(serialized)
print(state_after.__dict__)
```

```
>>>
{'level': 0, 'lives': 4, 'points': 0}
```

하지만 사용자가 예전 버전에서 저장한 GameState 객체를 사용해 게임을 이어서 진행하길 원하면 어떻게 해야 할까? 다음은 새로운 GameState 클래스 정의가 들어 있는 프로그램을 사용해 예전 게임 파일을 역직렬화한 경우다.

```
with open(state_path, 'rb') as f:
    state_after = pickle.load(f)

print(state_after.__dict__)
```

```
>>>
{'level': 1, 'lives': 3}
```

points 필드가 사라졌다! 특히 새로 반환받은 object가 새로운 GameState 클래스의 인스턴스이므로 이런 동작이 더 혼란스럽게 느껴진다.

```
assert isinstance(state_after, GameState)
```

이런 동작은 pickle 모듈이 작동하는 방식의 부산물이라 할 수 있다. pickle의 주 용도는 객체 직렬화를 쉽게 만드는 것이다. 여러분이 pickle을 사용하는 방식이 아주 간단한 수준을 벗어나는 순간, pickle 모듈의 동작은 예상할 수 없는 방식으로 망가지기 시작한다.

copyreg 내장 모듈을 사용하면 이런 문제를 쉽게 해결할 수 있다. 파이썬 객체를 직렬화하고 역직렬화할 때 사용할 함수를 등록할 수 있으므로 pickle의 동작을 제어할 수 있고, 그에 따라 pickle 동작의 신뢰성을 높일 수 있다.

디폴트 애트리뷰트 값

가장 간단한 경우, 디폴트 인자(Better way 23: '키워드 인자로 선택적인 기능을 제공하라' 참고)가 있는 생성자를 사용하면 GameState 객체를 언피클 (unpickle)했을 때도 항상 필요한 모든 애트리뷰트를 포함시킬 수 있다. 다음 코드는 이런 식으로 생성자를 만든 것이다.

```
class GameState:
    def __init__(self, level=0, lives=4, points=0):
        self.level = level
        self.lives = lives
        self.points = points
```

이 생성자를 피클링(pickling)에 사용하려면 GameState 객체를 받아서 copyreg 모듈이 사용할 수 있는 튜플 파라미터로 변환해주는 도우미 함수가 필요하다. 이 함수가 반환한 튜플 객체에는 언피클 시 사용할 함수와 언피클 시 이 함수에 전달해야 하는 파라미터 정보가 들어간다.

```
def pickle_game_state(game_state):
    kwargs = game_state.__dict__
    return unpickle_game_state, (kwargs,)
```

이제 unpickle_game_state 도우미 함수를 정의해야 한다. 이 함수는 직렬화한 데이터와 pickle_game_state가 돌려주는 튜플에 있는 파라미터 정보를 인자로 받아서 그에 대응하는 GameSate 객체를 돌려준다. 생성자를 감싼 간단한 함수다.

```
def unpickle_game_state(kwargs):
    return GameState(**kwargs)
```

이제 이 함수를 copyreg 내장 모듈에 등록한다.

```
import copyreg

copyreg.pickle(GameState, pickle_game_state)
```

함수를 등록한 다음에는 직렬화와 역직렬화가 예전처럼 잘 작동한다.

```
state = GameState()
state.points += 1000
serialized = pickle.dumps(state)
state_after = pickle.loads(serialized)
print(state_after.__dict__)

>>>
{'level': 0, 'lives': 4, 'points': 1000}
```

변경 함수를 등록한 다음, 다시 GameState의 정의를 바꿔서 사용자가 마법 주
문을 얼마나 사용했는지 알 수 있게 했다. 이 변경은 GameState에 points 필
드를 추가하는 변경과 비슷하다.

```
class GameState:
    def __init__(self, level=0, lives=4, points=0, magic=5):
        self.level = level
        self.lives = lives
        self.points = points
        self.magic = magic    # 추가한 필드
```

하지만 앞에서 points를 추가했던 경우와 달리, 예전 버전의 GameState를 역
직렬화해도 애트리뷰트가 없다는 오류가 발생하지 않고 게임 데이터가 제대
로 만들어진다. pickle 모듈의 디폴트 동작은 object에 속한 애트리뷰트만 저
장한 후 역직렬화할 때 복구하지만, unpickle_game_state는 GameState의 생

성자를 직접 호출하므로 이런 경우에도 객체가 제대로 생성된다. GameState 의 생성자 키워드 인자에는 파라미터가 들어오지 않은 경우 설정할 디폴트 값이 지정돼 있다. 따라서 예전 게임 상태 파일을 역직렬화하면 새로 추가한 magic 필드의 값은 디폴트 값으로 설정된다.

```
print('이전:', state.__dict__)
state_after = pickle.loads(serialized)
print('이후:', state_after.__dict__)

>>>
이전: {'level': 0, 'lives': 4, 'points': 1000}
이후: {'level': 0, 'lives': 4, 'points': 1000, 'magic': 5}
```

클래스 버전 지정

가끔은 파이썬 객체의 필드를 제거해 예전 버전 객체와의 하위 호환성 (backward compatibility)이 없어지는 경우도 발생한다. 이런 식의 변경이 일어 나면 디폴트 인자를 사용하는 접근 방법을 사용할 수 없다.

예를 들어 생명에 제한을 두는 것은 나쁜 생각임을 깨닫고, 게임에서 생명 이라는 개념을 없애고 싶다고 하자. 다음 코드는 lives 필드를 없앤 새로운 GameState 정의다.

```
class GameState:
    def __init__(self, level=0, points=0, magic=5):
        self.level = level
        self.points = points
        self.magic = magic
```

문제는 이렇게 변경한 뒤에는 예전 게임 데이터를 역직렬화할 수 없다 는 점이다. unpickle_game_state 함수에 의해 이전 데이터의 모든 필드가

GameState 생성자에게 전달되므로, 클래스에서 제거된 필드도 생성자에게
전달된다.

```
pickle.loads(serialized)
```

```
>>>
Traceback ...
TypeError: __init__() got an unexpected keyword argument
➡ 'lives'
```

copyreg 함수에게 전달하는 함수에 버전 파라미터를 추가하면 이 문제를 해
결할 수 있다. 새로운 GameState 객체를 피클링할 때는 직렬화한 데이터의 버
전이 2로 설정된다.

```
def pickle_game_state(game_state):
    kwargs = game_state.__dict__
    kwargs['version'] = 2
    return unpickle_game_state, (kwargs,)
```

이전 버전 데이터에는 version 인자가 들어 있지 않다. 따라서 이에 맞춰
GameState 생성자에 전달할 인자를 적절히 변경할 수 있다.

```
def unpickle_game_state(kwargs):
    version = kwargs.pop('version', 1)
    if version == 1:
        del kwargs['lives']
    return GameState(**kwargs)
```

이제는 이전에 직렬화했던 객체도 제대로 역직렬화된다.

```
copyreg.pickle(GameState, pickle_game_state)
print('이전:', state.__dict__)
state_after = pickle.loads(serialized)
print('이후:', state_after.__dict__)
```

```
>>>
이전: {'level': 0, 'lives': 4, 'points': 1000}
이후: {'level': 0, 'points': 1000, 'magic': 5}
```

미래에 같은 클래스의 버전이 변경되는 경우에도 이와 같은 접근 방법을 계
속 사용할 수 있다. 이전 버전의 객체를 새 버전 객체에 맞추기 위해 필요한
모든 로직을 unpickle_game_state 함수에 넣을 수 있다.

안정적인 임포트 경로

pickle을 할 때 마주칠 수 있는 다른 문제점으로, 클래스 이름이 바뀌어 코드
가 깨지는 경우를 들 수 있다. 프로그램이 존재하는 생명 주기에서 클래스 이
름을 변경하거나 클래스를 다른 모듈로 옮기는 방식으로 코드를 리팩터링하
는 경우가 있다. 불행히도 충분한 주의를 기울이지 않으면, 이런 변경이 일
어난 경우 pickle 모듈이 제대로 작동하지 않는다.

다음 코드는 GameState 클래스를 BetterGameState라는 이름으로 바꾸고, 기
존 GameState 클래스를 프로그램에서 완전히 제거한 경우를 보여준다.

```
class BetterGameState:
    def __init__(self, level=0, points=0, magic=5):
        self.level = level
        self.points = points
        self.magic = magic
```

이제 이전 GameState 객체를 역직렬화하려고 시도하면 GameState 클래스를
찾을 수 없으므로 오류가 발생한다.

```
pickle.loads(serialized)
```

```
>>>
Traceback ...
```

```
AttributeError: Can't get attribute 'GameState' on <module
➡ __main__' from 'my_code.py'>
```

이 예외가 발생하는 것은 피클된 데이터 안에 직렬화한 클래스의 임포트 경로가 들어 있기 때문이다.

```
print(serialized)
```

```
>>>
b'\x80\x04\x95A\x00\x00\x00\x00\x00\x00\x00\x8c\x08__main__
➡\x94\x8c\tGameState\x94\x93\x94)\x81\x94}\x94(\x8c\x05level
➡\x94K\x00\x8c\x06points\x94K\x00\x8c\x05magic\x94K\x05ub.'
```

이 경우에도 copyreg를 쓰는 것이 해결 방법이 될 수 있다. copyreg를 쓰면 객체를 언피클할 때 사용할 함수에 대해 안정적인 식별자를 지정할 수 있다. 이로 인해 여러 다른 클래스에서 다른 이름으로 피클된 데이터를 역직렬화 할 때 서로 전환할 수 있다. 이 기능은 한 번 더 간접 계층을 추가해준다.

```
copyreg.pickle(BetterGameState, pickle_game_state)
```

copyreg를 쓰면 BetterGameState 대신 unpickle_game_state에 대한 임포트 경로가 인코딩된다는 사실을 알 수 있다.

```
state = BetterGameState()
serialized = pickle.dumps(state)
print(serialized)
```

```
>>>
b'\x80\x04\x95W\x00\x00\x00\x00\x00\x00\x00\x8c\x08__main__
➡\x94\x8c\x13unpickle_game_state\x94\x93\x94}\x94(\x8c
➡\x05level\x94K\x00\x8c\x06points\x94K\x00\x8c\x05magic\x94K
➡\x05\x8c\x07version\x94K\x02u\x85\x94R\x94.'
```

여기에는 unpickle_game_state 함수가 위치하는 모듈의 경로를 바꿀 수 없다는 작은 문제가 숨어 있다. 일단 어떤 함수를 사용해 데이터를 직렬화하고 나면, 해당 함수를 미래에도 똑같은 임포트 경로에서 사용할 수 있어야 한다.

기억해야 할 내용

- 신뢰할 수 있는 프로그램 사이에 객체를 직렬화하고 역직렬화할 때는 pickle 내장 모듈이 유용하다.
- 시간이 지남에 따라 클래스가 바뀔(애트리뷰트의 추가나 삭제 등) 수 있으므로 이전에 피클한 객체를 역직렬화하면 문제가 생길 수 있다.
- 직렬화한 객체의 하위 호환성을 보장하고자 copyreg 내장 모듈과 pickle을 함께 사용하라.

BETTER WAY 69 정확도가 매우 중요한 경우에는 decimal을 사용하라

파이썬은 수치 데이터를 처리하는 코드를 작성하기에 매우 좋은 언어다. 파이썬 정수 타입은 실용적으로 어떤 크기의 정수든 표현할 수 있다. 2배 정밀도(double precision) 부동소수점 타입*은 IEEE 754 표준을 따른다. 또한, 파이썬 언어는 허수(imaginary) 값을 포함하는 표준 복소수 타입도 제공한다. 하지만 이런 타입들만으로는 충분하지 않은 경우가 있다.

---

* [역주] 2배 정밀도('배정도'라고 쓰는 경우도 있음)에서 정밀도가 두 배라는 말은 일반적으로 float에 비해 정밀도가 두 배 이상 높다는 뜻이다. IEEE 754 표준에서 32비트 타입(표준에서는 binary32라고 부름)은 24개의 이진 유효 숫자 비트와 8비트 지수를 사용하고, 64비트 타입(표준에서는 binary64라고 부름)은 53개의 이진 유효 숫자 비트와 11비트 지수를 사용하므로 십진수로 보면 유효 숫자 개수는 대략 두 배이고 지수의 범위는 열 배 정도 차이가 난다. 한편 부동소수점이라는 말은 소수점 위치가 고정적이지 않아서 붙은 이름이다. 이는 부동소수점 수가 과학적 표기법에 사용하는 1.23e10과 같은 방식을 사용해 값을 표현하기 때문에 붙은 이름이다. 부동소수점 수에서는 11.23을 11.23, 1.123e1, 0.1123e2 등과 같이 여러 가지 형태로 표현할 수 있으므로 소수점 위치가 고정돼 있지 않다.

예를 들어 국제 전화 고객에게 부과할 통화료를 계산하는 경우를 생각해보자. 고객이 통화한 시간을 분과 초 단위로 알고 있으며(예: 3분 42초), 미국과 남극 사이의 도수(분)당 통화료가 1.45달러/분이라고 하자. 전체 통화료는 얼마일까?

부동소수점 수를 사용한 계산 결과는 어느 정도 타당해 보인다.

```
rate = 1.45
seconds = 3*60 + 42
cost = rate * seconds / 60
print(cost)

>>>
5.364999999999999
```

IEEE 754 부동소수점 수의 내부(이진) 표현법으로 인해* 결과는 올바른 값 (5.365)보다 0.00000000000001만큼 더 작다. 물론 이 값을 센트 단위로 반올림해서 고객에게 5.37달러를 적절히 부과하자고 생각할 수도 있다. 하지만 부동소수점 수의 오류로 인해 이 값을 가장 가까운 센트(0.01달러) 단위로 반올림하면, 최종 요금이 늘어나지 않고 줄어들게 된다(5.364가 5.36으로 버려짐).

```
print(round(cost, 2))

>>>
5.36
```

---

* 역주 근본적인 이유를 살펴보면, 십진 유한 소수는 분모가 10의 거듭제곱 꼴이어서 분모를 소인수 분해하면 2와 5의 거듭제곱으로 나타나지만 이진 소수는 2의 거듭제곱 꼴로 표현 가능한 수만 유한하게 표현할 수 있기 때문이다. 예를 들어 0.2(이 값은 1/5와 같다. 2와 5는 서로소이다)를 이진 소수로 표현하면 0.001100110011…이라는 순환 소수가 된다. 따라서 이런 경우에는 정해진 소수점 이하 자릿수의 십진수와 이진수를 변환하는 과정에서 약간의 값 차이가 발생할 수밖에 없다.

이 문제에 대한 해결 방법은 decimal 내장 모듈에 들어 있는 Decimal 클래스를 사용하는 것이다.* Decimal 클래스는 디폴트로 소수점 이하 28번째 자리까지 고정소수점 수 연산을 제공한다. 심지어 자릿수를 더 늘릴 수도 있다. 이 기능을 활용하면 IEEE 754 부동소수점 수에 존재하는 문제를 우회할 수 있다. Decimal을 사용하면 반올림 처리도 원하는 대로 더 정확히 할 수 있다.

예를 들어, 미국과 남극 사이의 통화료 문제를 Decimal을 사용해 처리하면 근사치가 아니라 정확한 요금을 구할 수 있다.

```
from decimal import Decimal

rate = Decimal('1.45')
seconds = Decimal(3*60 + 42)
cost = rate * seconds / Decimal(60)
print(cost)
```

```
>>>
5.365
```

Decimal 인스턴스에 값을 지정하는 방법은 두 가지가 있다. 첫째, 숫자가 들어 있는 str을 Decimal 생성자에 전달하는 방법이다. 이렇게 하면 파이썬 부동소수점 수의 근본적인 특성으로 인해 발생하는 정밀도 손실을 막을 수 있다. 둘째, int나 float 인스턴스를 생성자에 전달하는 방법이다. 다음 코드를 보면 두 생성 방법의 결과가 서로 다를 수 있음을 알 수 있다.

```
print(Decimal('1.45'))
print(Decimal(1.45))
```

```
>>>
```

---

* 역주 파이썬뿐 아니라 어떤 언어를 사용해도 여러분이 작성하는 코드의 용도에 따라 부동소수점 수를 쓸지 Decimal 등과 같은 정확한 소수점 수를 쓸지 결정해야 하며, 부동소수점 수를 쓸 때는 오차 한계를 잘 이해하고 제대로 값이 처리되게 프로그램을 작성해야 한다.

```
1.45
1.4499999999999999555910790149937383830547332763671875
```

Decimal 생성자에 정수를 넘기는 경우에는 이런 문제가 생기지 않는다.

```
print('456')
print(456)

>>>
456
456
```

정확한 답이 필요하다면 좀 더 주의를 기울여서 Decimal 타입 생성자에 str을 사용하라.

다시 통화료 예제로 돌아가서 연결 비용이 훨씬 저렴한 지역 사이의 아주 짧은 통화도 지원하고 싶다(예를 들면, 뉴욕과 필라델피아). 예를 들어 통화 시간은 5초, 통화료는 분당 0.05원이다.

```
rate = Decimal('0.05')
seconds = Decimal('5')
small_cost = rate * seconds / Decimal(60)
print(small_cost)

>>>
0.004166666666666666666666666667
```

계산한 값이 너무 작아서 센트 단위로 반올림하면 0이 나온다. 이런 일이 벌어지면 안 된다.

```
print(round(small_cost, 2))

>>>
0.00
```

다행히 Decimal 클래스에는 원하는 소수점 이하 자리까지 원하는 방식으로 근삿값을 계산하는 내장 함수가 들어 있다. 이 방식은 앞에서 다뤘던 비싼 통화료의 경우에도 잘 작동한다.

```
from decimal import ROUND_UP

rounded = cost.quantize(Decimal('0.01'), rounding=ROUND_UP)
print(f'반올림 전: {cost} 반올림 후: {rounded}')
```

```
>>>
반올림 전: 5.365 반올림 후: 5.37
```

quantize 메서드를 이런 방식으로 사용하면 통화 시간이 짧고 요금이 저렴한 통화료도 제대로 처리할 수 있다.

```
rounded = small_cost.quantize(Decimal('0.01'),
                              rounding=ROUND_UP)
print(f'반올림 전: {small_cost} 반올림 후: {rounded}')
```

```
>>>
반올림 전: 0.004166666666666666666666667 반올림 후: 0.01
```

Decimal은 고정소수점 수에 대해서는 잘 작동하지만 여전히 정밀도에 한계가 있다(예를 들어 1/3은 여전히 근사치를 사용해야 한다). 정밀도 제한 없이 유리수(rational number)를 사용하고 싶다면 fractions 내장 모듈에 있는 Fraction 클래스를 사용하라.

기억해야 할 내용

- 파이썬은 실질적으로 모든 유형의 숫자 값을 표현할 수 있는 내장 타입과 클래스를 제공한다.
- 돈과 관련된 계산 등과 같이 높은 정밀도가 필요하거나 근삿값 계산을 원하는 대로 제어해야 할 때는 Decimal 클래스가 이상적이다.

- 부동소수점 수로 계산한 근사값이 아니라 정확한 답을 계산해야 한다면 Decimal 생성자에 float 인스턴스 대신 str 인스턴스를 넘겨라.

BETTER WAY 70 최적화하기 전에 프로파일링을 하라

파이썬의 동적인 특성으로 인해 실행 시간 성능이 예상과 달라 놀랄 때가 있다. 느릴 것으로 예상한 연산이 실제로는 아주 빠르거나(예: 문자열 조작, 제너레이터), 빠를 것으로 예상한 언어 기능이 실제로는 아주 느린(예: 애트리뷰트 접근, 함수 호출) 경우가 있다. 이로 인해 파이썬 프로그램이 느려지는 원인을 명확히 보지 못할 수 있다.

가장 좋은 접근 방법은 프로그램을 최적화하기 전에 여러분의 직관을 무시하고 직접 프로그램 성능을 측정하는 것이다. 파이썬은 프로그램의 각 부분이 실행 시간을 얼마나 차지하는지 결정할 수 있게 해주는 **프로파일러**(profiler)를 제공한다. 프로파일러가 있기 때문에 프로그램에서 가장 문제가 되는 부분을 집중적으로 최적화하고 프로그램에서 속도에 영향을 미치지 않는 부분은 무시할 수 있다(즉, 암달의 법칙*을 따를 수 있다).

예를 들어 프로그램에서 알고리즘이 느린 이유를 알아보고 싶다고 하자. 다음 코드에서는 삽입 정렬(insertion sort)을 사용해 데이터 리스트를 정렬하는 함수를 정의한다.

---

* 역주 암달의 법칙(Amdah's law)은 프로그램(컴퓨터 시스템)의 일부를 개선하면 전체 시스템이 최대 어느 정도로 개선될 수 있는지 계산할 때 쓰는 법칙이다. 이 법칙에 따르면, 전체 작업 중 P(1이면 100%)를 차지하는 부분의 성능을 s배 향상시킬 경우 전체 성능은 1 / {(1−P) + p/s}배 개선된다. 이 식은 개선 후 실행 시간은 개선되지 않는 부분의 실행 시간과 성능 개선에 의해 향상된 실행 시간의 합이라는 직관적 사실을 식으로 표현한 것이라 할 수 있다. 예를 들어 시스템 전체(100%)를 모두 두 배 개선한다면 전체 성능은 1 / { (1−1) + 1/2} = 2로 두 배 향상되며, 전체의 50%를 두 배 개선하면 1 / { (1−0.5) + 0.5/2 } = 1 / 0.75 = 1.3333배 개선된다.

```
def insertion_sort(data):
    result = []
    for value in data:
        insert_value(result, value)
    return result
```

삽입 정렬의 핵심 메커니즘은 데이터 조각을 삽입할 위치를 찾는 함수다. 다음은 입력 배열을 선형 검색하는 아주 비효율적인 insert_value 함수다.

```
def insert_value(array, value):
    for i, existing in enumerate(array):
        if existing > value:
            array.insert(i, value)
            return
    array.append(value)
```

insert_sort와 insert_value를 프로파일링하려면 먼저 난수 데이터 집합을 만들고 프로파일러에 넘길 test 함수를 정의한다.

```
from random import randint

max_size = 10**4
data = [randint(0, max_size) for _ in range(max_size)]
test = lambda: insertion_sort(data)
```

파이썬에는 두 가지 내장 프로파일러가 있다. 하나는 순수하게 파이썬으로 작성됐고(profile) 다른 하나는 C 확장 모듈로 돼 있는데(cProfile), cProfile 내장 모듈이 더 낫다. 프로파일 대상 프로그램의 성능에 최소로 영향을 미치기 때문이다. 순수 파이썬 버전은 부가 비용이 너무 많이 들어서 결과가 왜곡될 수 있다.

다음 코드는 cProfile 모듈에 있는 Profile 객체를 인스턴스화하고, 이 인스
턴스의 runcall 메서드를 사용해 테스트 함수를 실행한다.

```
from cProfile import Profile

profiler = Profile()
profiler.runcall(test)
```

테스트 함수가 실행되고 나면 pstats 내장 모듈에 들어 있는 Stats 클래스를
사용해 성능 통계를 추출할 수 있다. Stats에 들어 있는 여러 메서드를 사용
해 관심 대상 프로파일 정보를 선택하고 정렬하는 방법을 조절해 내가 관심
있는 항목만 표시할 수 있다.

```
from pstats import Stats

stats = Stats(profiler)
stats.strip_dirs()
stats.sort_stats('cumulative')    # 누적 통계
stats.print_stats()
```

출력은 함수별로 정보가 정리된 표로 돼 있다. 이때 표에 정리된 데이터는 앞에서 설명한 runcall 메서드가 실행되면서 프로파일러가 활성화돼 있는 동안에만 샘플링된다.

```
>>>
          20003 function calls in 1.151 seconds

   Ordered by: cumulative time

   ncalls  tottime  percall  cumtime  percall filename:lineno(function)
        1    0.000    0.000    1.151    1.151 scratch.py:18(<lambda>)
        1    0.002    0.002    1.151    1.151 scratch.py:1(insertion_
➥sort)
    10000    1.141    0.000    1.149    0.000 scratch.py:7(insert_value)
     9991    0.008    0.000    0.008    0.000 {method 'insert' of 'list'
➥objects}
        9    0.000    0.000    0.000    0.000 {method 'append' of 'list'
➥objects}
     ...
```

프로파일러 통계에서 각 열의 의미는 다음과 같다.

- ncalls: 프로파일링 기간 동안 함수가 몇 번 호출됐는지 보여준다.
- tottime: 프로파일링 기간 동안 대상 함수를 실행하는 데 걸린 시간의 합계를 보여준다. 대상 함수가 다른 함수를 호출한 경우, 이 다른 함수를 실행하는 데 걸린 시간은 제외된다.
- tottime percall: 프로파일링 기간 동안 함수가 호출될 때마다 걸린 시간의 평균을 보여준다. 대상 함수가 다른 함수를 호출한 경우, 이 다른 함수를 실행하기 위해 걸린 시간은 제외된다. 이 값은 tottime을 ncalls로 나눈 값과 같다.
- cumtime: 함수를 실행할 때 걸린 누적 시간을 보여준다. 이 시간에는 대상 함수가 호출한 다른 함수를 실행하는 데 걸린 시간이 모두 포함된다.

- cumtime percall: 프로파일링 기간 동안 함수가 호출될 때마다 걸린 누적 시간의 평균을 보여준다. 이 시간에는 대상 함수가 호출한 다른 함수를 실행하는 데 걸린 시간이 모두 포함된다. 이 값은 cumtime을 ncalls로 나눈 값과 같다.

앞의 프로파일러 통계 표를 보면, 우리 코드에서 누적 시간으로 CPU를 가장 많이 사용한 함수는 insert_value 함수라는 점을 알 수 있다. 이 함수를 bisect 내장 모듈(Better way 72: '정렬된 시퀀스를 검색할 때는 bisect를 사용하라' 참고)을 사용해 다시 구현했다.

```python
from bisect import bisect_left

def insert_value(array, value):
    i = bisect_left(array, value)
    array.insert(i, value)
```

프로파일러를 다시 실행해서 새로운 프로파일러 통계 표를 얻었다. 이전의 insert_value 함수에 비해 새로 정의한 함수의 누적 실행 시간이 거의 100배 가까이 줄어들었음을 알 수 있다.

```
>>>
        30003 function calls in 0.014 seconds

    Ordered by: cumulative time

    ncalls  tottime  percall  cumtime  percall filename:lineno(function)
         1    0.000    0.000    0.014    0.014 scratch.py:17(<lambda>)
         1    0.001    0.001    0.014    0.014 scratch.py:1(insertion_
➡sort)
     10000    0.003    0.000    0.012    0.000 scratch.py:9(insert_value)
     10000    0.007    0.000    0.007    0.000 {method 'insert' of 'list'
➡objects}
     10000    0.003    0.000    0.003    0.000 {built-in method _bisect.
```

➥bisect_left

    ...

전체 프로그램을 프로파일링했는데, 공통 유틸리티 함수가 대부분의 실행 시간을 차지한다는 사실을 발견할 때도 있다. 프로그램의 여러 부분에서 이런 유틸리티 함수를 호출하기 때문에 프로파일러의 디폴트 출력을 사용하면 이런 상황을 제대로 이해하기 어려울 수 있다.

예를 들어 다음 프로그램에서는 두 함수가 반복적으로 my_utility 함수를 호출한다.

```python
def my_utility(a, b):
    c = 1
    for i in range(100):
    c += a * b

def first_func():
    for _ in range(1000):
        my_utility(4, 5)

def second_func():
    for _ in range(10):
        my_utility(1, 3)

def my_program():
    for _ in range(20):
        first_func()
        second_func()
```

이 코드를 프로파일링하고 print_stats의 디폴트 옵션으로 통계를 출력하면 통계를 해석하기 어렵다.

```
>>>
        20242 function calls in 0.100 seconds
```

```
Ordered by: cumulative time

ncalls  tottime  percall  cumtime  percall filename:lineno(function)
    1    0.000    0.000    0.100    0.100 scratch.py:14(my_program)
   20    0.003    0.000    0.099    0.005 scratch.py:6(first_func)
20200    0.097    0.000    0.097    0.000 scratch.py:1(my_utility)
   20    0.000    0.000    0.001    0.000 scratch.py:10(second_func)
  ...
```

my_utility 함수가 실행 시간의 대부분을 차지하는 것은 분명하다. 하지만
이 함수가 왜 이렇게 많이 호출됐는지 즉시 알아보기는 어렵다. 프로그램 코
드를 살펴보면 my_utility를 호출하는 부분이 여러 곳이라는 사실을 알 수
있지만, 여전히 혼란스러울 뿐이다.

이런 상황을 처리하고자 파이썬 프로파일러는 각 함수를 프로파일링한 정보
에 대해 그 함수를 호출한 함수들이 얼마나 기여했는지를 보여주는 print_
callers 메서드를 제공한다.

```
stats.print_callers()
```

이 프로파일러 정보 표는 왼쪽에 호출된 함수를, 오른쪽에 그 함수를 호출한
함수를 보여준다. 다음 표를 보면 first_func가 my_utility 함수를 가장 많이
썼다는 점을 분명히 알 수 있다.

```
>>>
   Ordered by: cumulative time

Function                            was called by...
                                       ncalls  tottime  cumtime
scratch.py:14(my_program)           <-
scratch.py:6(first_func)            <-       20    0.003    0.098
➥scatch.py:14(my_program)
scratch.py:1(my_utility)            <-    20000    0.095    0.095
➥scatch.py:6(first_func)
```

```
                                         200    0.001    0.001
➡scatch.py:10(second_func)
scratch.py:10(second_func)          <-     20    0.000    0.001
➡scratch.py:14(my_program)
```

기억해야 할 내용

- 파이썬 프로그램을 느리게 하는 원인이 불분명한 경우가 많으므로 프로그램을 최적화하기 전에 프로파일링하는 것이 중요하다.
- profile 모듈 대신 cProfile 모듈을 사용하라. cProfile이 더 정확한 프로파일링 정보를 제공한다.
- 함수 호출 트리를 독립적으로 프로파일링하고 싶다면 Profile 객체의 runcall 메서드를 사용하기만 하면 된다.
- Stats 객체를 사용하면 프로파일링 정보 중에서 프로그램 성능을 이해하기 위해 살펴봐야 할 부분만 선택해 출력할 수 있다.

BETTER WAY 71 생산자-소비자 큐로 deque를 사용하라

프로그램을 작성할 때 자주 쓰는 기능으로 선입선출(처음 들어온 데이터를 더 먼저 사용하는 구조며, First-In First-Out을 줄여서 FIFO라고 부름) 큐(queue)(대기열)가 있다. 선입선출 큐(FIFO 큐)를 생산자-소비자 큐라고 부르기도 한다. FIFO 큐는 한 함수가 처리할 값을 수집하고, 이렇게 수집된 값들을 다른 함수로 처리해야 할 때 도착 순서대로 사용된다. 프로그래머들은 종종 파이썬 내장 리스트 타입을 FIFO 큐로 쓰곤 한다.

예를 들어 수신된 전자우편을 장기 보관하기 위해 처리하는 프로그램이 있는데, 이 프로그램이 리스트를 생산자-소비자 큐로 사용한다고 하자. 다음 코드는 메시지를 표현하는 클래스를 보여준다.

```
class Email:
    def __init__(self, sender, receiver, message):
        self.sender = sender
        self.receiver = receiver
        self.message = message
    ...
```

전자우편을 수신하는 역할을 맡는 함수를 하나 정의하자. 이 함수는 소켓이나 파일 시스템, 또는 다른 유형의 I/O 시스템을 사용해 전자우편을 받을 수 있다. 이 함수가 어떻게 구현됐는지는 중요하지 않다. 이 함수가 Email 인스턴스를 반환하거나 NoEmailError 예외를 발생시킨다는 인터페이스만 중요하다.

```
class NoEmailError(Exception):
    pass

def try_receive_email():
    # Email 인스턴스를 하나 반환하거나, NoEmailError를 발생시킨다
    ...
```

생산자 함수는 전자우편을 받아서 나중에 소비될 수 있게 큐에 넣는다. 이 함수는 리스트의 append 메서드를 사용해 새 메시지를 큐 맨 뒤에 추가함으로써 이전에 받은 메시지들이 모두 처리된 다음에 처리되게 만든다.

```
def produce_emails(queue):
    while True:
        try:
            email = try_receive_email()
        except NoEmailError:
            return
        else:
            queue.append(email)  # 생산자
```

소비자 함수는 전자우편을 가지고 유용한 일을 수행한다. 이 함수는 큐에 대해 pop(0)을 호출한다. pop(0)은 리스트의 첫 번째 원소를 제거하고, 제거한 첫 번째 값을 호출자에게 돌려준다. 소비자는 항상 큐의 맨 앞에 있는 원소를 처리함으로써 원소가 도착한 순서대로 큐의 원소를 처리하도록 보장한다.

```python
def consume_one_email(queue):
    if not queue:
        return
    email = queue.pop(0) # 소비자

    # 장기 보관을 위해 메시지를 인덱싱함
    ...
```

마지막으로 각 부분을 하나로 엮어줄 루프 함수가 필요하다. 이 함수는 keep_running 함수가 False를 반환할 때까지 생산과 소비를 번갈아 반복한다(이 과정을 동시 처리하는 방법은 Better way 60: 'I/O를 할 때는 코루틴을 사용해 동시성을 높여라' 참고).

```python
def loop(queue, keep_running):
    while keep_running():
        produce_emails(queue)
        consume_one_email(queue)

def my_end_func():
    ...

loop([], my_end_func)
```

어차피 produce_emails 안에서 try_receive_email로부터 전자우편을 받는데, 왜 Email을 produce_emails 안에서 처리하지 않을까? 이 문제는 결국 지연 시간과 단위 시간당 스루풋(throughput)(단위 시간당 처리 속도) 사이의 상충 (trade-off) 관계로 귀결된다. 생산자-소비자 큐를 사용할 때는 가능하면 빨리 원소를 수집하길 원하므로 새로운 원소를 받아들이는 지연 시간을 최소화하고 싶을 때가 많다. 소비자는 큐에 쌓인 원소를 일정한 스루풋(앞의 예제에서는 루프를 한 번 돌 때마다 하나씩)으로 처리한다. 이렇게 하면 종단점 사이(end-to-end)의 지연 시간을 희생함으로써 안정적인 성능 프로파일과 일관성 있는 스루풋을 달성할 수 있다(관련 모범 사례는 Better way 55: 'Queue를 사용해 스레드 사이의 작업을 조율하라' 참고).

이와 같은 생산자-소비자 문제에서는 큐로 리스트를 사용해도 어느 정도까지는 코드가 잘 작동한다. 하지만 크기(cardinality)(리스트 안에 들어 있는 원소 개수)가 늘어나면 리스트 타입의 성능은 선형보다 더 나빠진다. 리스트를 FIFO 큐로 사용할 때 성능이 어떤지 분석하기 위해 timeit 내장 모듈을 사용해 마이크로 벤치마크를 수행할 수 있다. 다음 코드는 리스트의 append 메서드(생산자 함수의 리스트 사용법과 같다)를 사용해 새로운 원소를 큐에 추가하는 연산의 성능을 벤치마크한다.

```python
import timeit

def print_results(count, tests):
    avg_iteration = sum(tests) / len(tests)
    print(f'\n원소 수: {count:>5,} 걸린 시간: {avg_iteration:.6f}초')
    return count, avg_iteration

def list_append_benchmark(count):
    def run(queue):
        for i in range(count):
            queue.append(i)

    tests = timeit.repeat(
        setup='queue = []',
        stmt='run(queue)',
        globals=locals(),
        repeat=1000,
        number=1)

    return print_results(count, tests)
```

여러 크기의 리스트를 사용해 이 벤치마크 함수를 실행하면 데이터 크기와 성능의 관계를 비교할 수 있다.

```python
def print_delta(before, after):
    before_count, before_time = before
    after_count, after_time = after
    growth = 1 + (after_count - before_count) / before_count
    slowdown = 1 + (after_time - before_time) / before_time
    print(f'데이터 크기 {growth:>4.1f}배, 걸린 시간 {slowdown:>4.1f}배')

baseline = list_append_benchmark(500)
for count in (1_000, 2_000, 3_000, 4_000, 5_000):
    comparison = list_append_benchmark(count)
    print_delta(baseline, comparison)

>>>
원소 수: 500 걸린 시간: 0.000023초

원소 수: 1,000 걸린 시간: 0.000045초
데이터 크기  2.0배, 걸린 시간  2.0배

원소 수: 2,000 걸린 시간: 0.000087초
데이터 크기  4.0배, 걸린 시간  3.8배

원소 수: 3,000 걸린 시간: 0.000134초
데이터 크기  6.0배, 걸린 시간  5.8배

원소 수: 4,000 걸린 시간: 0.000181초
데이터 크기  8.0배, 걸린 시간  7.9배

원소 수: 5,000 걸린 시간: 0.000231초
데이터 크기 10.0배, 걸린 시간 10.1배
```

이 결과는 리스트 타입에 있는 append 메서드가 거의 상수 시간*이 걸린다는 것을 보여준다. 따라서 데이터 크기가 커짐에 따라 큐에 데이터를 넣는 데 걸리는 전체 시간이 선형적으로 늘어난다. 내부적으로는 원소가 추가됨에 따라 (가끔) 리스트 타입이 원소를 저장하기 위해 가용량을 늘리는 부가 비용이 약간 발생하지만, 이 비용은 매우 적고 append를 반복 호출하므로 여러 append 호출이 이 비용을 분할상환해준다.[†]

다음 코드는 큐의 맨 앞에서 원소를 제거하는 pop(0) 호출(소비자 함수의 리스트 사용법과 같다)을 벤치마크한다.

```
def list_pop_benchmark(count):
    def prepare():
        return list(range(count))

    def run(queue):
        while queue:
            queue.pop(0)

    tests = timeit.repeat(
        setup='queue = prepare()',
        stmt='run(queue)',
```

---

* [역주] 상수 시간(constant time)이라는 말은 알고리즘의 입력이 달라져도 실행 시간이 변하지 않는다는 뜻이다. 알고리즘의 복잡도를 설명할 때 상수 시간, 선형 시간, 로그 시간, 다항식 시간(polynomial time) 등의 점근적 시간 복잡도를 쓴다는 사실을 배웠을 것이다. 혹 이 용어가 낯설다면, 데이터 구조나 알고리즘 관련 정보를 찾아서 시간 복잡도에 대해 살펴보라.

† [역주] 예를 들어(이 설명이 정확히 파이썬 리스트 구현과 일치하지는 않지만, 파이썬 리스트는 실제로는 가변 길이 배열이므로 성능 특성은 이 설명과 비슷하다) 리스트가 512, 1024, 2048, 4096처럼 $512*2^n$ 형태일 때마다 원소를 저장하는 공간을 두 배 할당한다고 가정하고, 이렇게 크기를 재할당하는 데 걸리는 시간이 (100밀리초 + 10나노초 * 원소 개수)라고 한다면, 리스트에 512번째 원소를 append하는 순간 약 105밀리초의 시간이 걸려 내부를 재할당하게 될 것이다. 하지만 그 후 원소가 1,024개가 될 때까지는 재할당이 일어나지 않으므로 리스트 뒤에 계속 원소를 추가해도 재할당으로 인한 시간 낭비는 없다. 이로 인해 512번째 원소부터 1,023번째 원소가 삽입될 때까지는 재할당이 없다는 사실을 활용해, 512번째 원소를 삽입할 때 일어났던 재할당 비용을 512번의 연산(512번째 append부터 1,023번째 append까지)에 나눠주면 평균적으로는 상수 시간(100/512밀리초 + 10나노초)의 비용이 각 append 연산에 할당될 수 있다. 이런 식으로 드물게 일어나는 정리 연산의 부가 비용을 자주 일어나는 연산에게 부담시켜서 계산하면, 정리 연산에 드는 시간 비용이 비싸도 그로 인해 일반 연산이 얻는 시간상 이득이 클 경우에는 전체적인 알고리즘의 복잡도를 낮출 수 있다. 이런 방식의 복잡도 계산 방법을 분할상환 복잡도(amortized complexity)라고 한다.

```
        globals=locals(),
        repeat=1000,
        number=1)

    return print_results(count, tests)
```

이미 살펴본 append의 경우와 비슷하게 여러 크기의 큐에 대해 이 벤치마크를 실행하면, 큐 길이가 성능에 어떤 영향을 미치는지 확인할 수 있다.

```
baseline = list_pop_benchmark(500)

for count in (1_000, 2_000, 3_000, 4_000, 5_000):
    comparison = list_pop_benchmark(count)
    print_delta(baseline, comparison)
```

```
>>>
원소 수: 500 걸린 시간: 0.000043초

원소 수: 1,000 걸린 시간: 0.000097초
데이터 크기  2.0배, 걸린 시간  2.2배

원소 수: 2,000 걸린 시간: 0.000252초
데이터 크기  4.0배, 걸린 시간  5.8배

원소 수: 3,000 걸린 시간: 0.000464초
데이터 크기  6.0배, 걸린 시간 10.7배

원소 수: 4,000 걸린 시간: 0.000751초
데이터 크기  8.0배, 걸린 시간 17.3배

원소 수: 5,000 걸린 시간: 0.001229초
데이터 크기  10.0배, 걸린 시간  28.3배
```

놀랍게도 리스트에서 pop(0)을 사용해 원소를 큐에서 빼내는 데 걸리는 시간이 큐 길이가 늘어남에 따라 큐 길이의 제곱에 비례해 늘어나는 것을 볼 수 있다. 이유는 pop(0)을 하면 리스트의 모든 남은 원소를 제 위치로 옮겨야 해서, 결과적으로 전체 리스트 내용을 다시 재대입하기 때문이다.[*] 리스트의 모든 원소에 대해 pop(0)을 호출하므로 대략 len(queue) * len(queue) 연산을 수행해야 모든 대기열 원소를 소비할 수 있다. 데이터 크기가 커지면 이런 코드는 원활히 작동할 수 없다.

파이썬 collections 내장 모듈에는 deque 클래스가 들어 있다. deque는 양방향 큐(double-ended queue) 구현이며 '데크'라고 읽는다. 데크의 시작과 끝 지점에 원소를 넣거나 빼는 데는 상수 시간이 걸린다. 따라서 데크는 FIFO 큐를 구현할 때 이상적이다.

deque 클래스를 사용하더라도 produce_emails 함수에 있는 append는 리스트를 사용할 때와 같은 형태로 그대로 둬도 된다. 하지만 consume_one_email에 있는 list.pop 메서드는 deque.popleft 메서드를 아무 인자도 없이 호출하게 바꿔야 한다. 그리고 loop 메서드를 호출할 때 리스트 인스턴스 대신 deque 인스턴스를 전달해야 한다. 나머지 코드는 모두 그대로 두면 된다. 다음 코드는 deque가 제공하는 새 메서드에 맞춰 변경해야 하는 유일한 함수와 loop를 실행하는 부분이다.

```
import collections

def consume_one_email(queue):
    if not queue:
        return
    email = queue.popleft()  # 소비자
    # 전자우편 메시지를 처리한다
    ...
```

---

[*] 역주 리스트의 모든 원소를 복사하지만, 실제로는 원소를 가리키는 포인터를 복사하기만 하면 된다는 사실을 염두에 두라. 어쨌든 이로 인해 pop(0)을 하면 n-1번 복사해야 하므로 pop(0)에 걸리는 시간은 len(queue)에 비례한다.

```
def my_end_func():
    ...

loop(collections.deque(), my_end_func)
```

다른 벤치마크를 실행해보면 append(생산자 함수의 큐 사용법과 같다)의 (상수 배 차이가 난다는 사실을 빼면) 성능이 리스트를 사용하는 경우와 거의 비슷하다는 사실을 알 수 있다.

```
def deque_append_benchmark(count):
    def prepare():
        return collections.deque()

    def run(queue):
        for i in range(count):
            queue.append(i)

    tests = timeit.repeat(
        setup='queue = prepare()',
        stmt='run(queue)',
        globals=locals(),
        repeat=1000,
        number=1)
    return print_results(count, tests)

baseline = deque_append_benchmark(500)
for count in (1_000, 2_000, 3_000, 4_000, 5_000):
    comparison = deque_append_benchmark(count)
    print_delta(baseline, comparison)

>>>
원소 수: 500 걸린 시간: 0.000022초

원소 수: 1,000 걸린 시간: 0.000044초
데이터 크기  2.0배, 걸린 시간  2.0배
```

원소 수: 2,000 걸린 시간: 0.000091초
데이터 크기 4.0배, 걸린 시간 4.2배

원소 수: 3,000 걸린 시간: 0.000142초
데이터 크기 6.0배, 걸린 시간 6.5배

원소 수: 4,000 걸린 시간: 0.000192초
데이터 크기 8.0배, 걸린 시간 8.8배

원소 수: 5,000 걸린 시간: 0.000244초
데이터 크기 10.0배, 걸린 시간 11.1배

또한, 소비자 함수가 deque를 사용하는 법을 흉내 내기 위해 popleft 호출의
성능을 벤치마크할 수 있다.

```
def dequeue_popleft_benchmark(count):
    def prepare():
        return collections.deque(range(count))

    def run(queue):
        while queue:
            queue.popleft()

    tests = timeit.repeat(
        setup='queue = prepare()',
        stmt='run(queue)',
        globals=locals(),
        repeat=1000,
        number=1)

    return print_results(count, tests)

baseline = dequeue_popleft_benchmark(500)
for count in (1_000, 2_000, 3_000, 4_000, 5_000):
    comparison = dequeue_popleft_benchmark(count)
    print_delta(baseline, comparison)
```

```
>>>
원소 수: 500 걸린 시간: 0.000019초

원소 수: 1,000 걸린 시간: 0.000041초
데이터 크기  2.0배, 걸린 시간  2.1배

원소 수: 2,000 걸린 시간: 0.000081초
데이터 크기  4.0배, 걸린 시간  4.2배

원소 수: 3,000 걸린 시간: 0.000126초
데이터 크기  6.0배, 걸린 시간  6.6배

원소 수: 4,000 걸린 시간: 0.000169초
데이터 크기  8.0배, 걸린 시간  8.8배

원소 수: 5,000 걸린 시간: 0.000213초
데이터 크기  10.0배, 걸린 시간  11.0배
```

popleft를 사용하면 앞에서 선형보다 더 나쁜 결과를 보이던 pop(0)과 달리 대기열 길이에 선형적으로 비례해 시간이 늘어난다. 좋다! 여러분의 프로그램에서 생산자-소비자 대기열이 임계 단계*라면 deque가 훌륭한 선택이다. 생산자-소비자 대기열이 임계 단계인지 확신할 수 없다면, 프로그램에 필요한 측정 도구를 추가해서 임계 단계인지 여부를 확인해야 한다(Better way 70: '최적화하기 전에 프로파일링을 하라' 참고).

---

* 역주 어떤 시스템의 전체 성능이 시스템을 이루는 특정 요소에 의해 달라지고 이 요소의 성능을 개선하면 시스템 전체 성능이 좋아질 수 있는 경우, 이런 요소를 임계적(critical) 요소라고 부른다. 단선적인 프로세스의 경우에는 해당 프로세스를 이루는 모든 하위 프로세스가 임계 프로세스다. 예를 들어 아침에 일어나서 (1) 세수를 하고 (2) 밥을 먹고 (3) 교복을 입고 집을 나서야 한다면 (1), (2), (3) 중 어느 한 프로세스에 걸리는 시간을 단축시키면 전체 프로세스가 빨라지므로 (1), (2), (3)은 모두 임계 프로세스다. 하지만 (1) 세수를 하고 (2-1) 밥을 먹으면서 (2-2) 숙제를 하고 (3) 교복을 입고 집을 나서야 한다면(2-1과 2-2는 동시 수행 가능), (2-1)과 (2-2) 중에서 더 시간이 오래 걸리는 프로세스가 임계 프로세스가 된다. 한편, 임계 프로세스를 개선하고 나면 시스템의 전체 수행 시간을 결정하는 시간적인 의존 관계가 달라지기 때문에 임계 프로세스가 달라진다. 따라서 최적화로 어떤 임계 프로세스를 개선한 다음 시스템 성능을 더 개선하고 싶을 때는 다시 벤치마크해서 임계 프로세스를 찾아내야 한다. 따라서 시스템 전체를 최적화하는 과정은 원하는 성능 특성을 만족할 때까지 벤치마크를 통한 원인 파악-개선-실제 시스템에서의 평가를 반복하는 점진적인 과정이 될 수밖에 없다.

BETTER WAY 72 정렬된 시퀀스를 검색할 때는 bisect를 사용하라

메모리에 정렬된 리스트로 존재하는 커다란 데이터를 검색하고 싶은 경우가 자주 있다. 예를 들어, 철자 검사를 위해 영어 사전을 읽어오는 경우나 날짜 별 거래 내역이 바른지 감사하기 위해 특정 날짜의 금융 거래 목록을 읽어오 는 경우가 그렇다.

프로그램이 구체적으로 처리해야 하는 정보의 유형이 무엇이든, 리스트에서 index 함수를 사용해 특정 값을 찾아내려면 리스트 길이에 선형으로 비례하 는 시간이 필요하다.

```
data = list(range(10**5))
index = data.index(91234)
assert index == 91234
```

찾는 값이 리스트 안에 들어 있는지 모른다면, 원하는 값과 같거나 그보다 큰 값의 인덱스 중 가장 작은 인덱스를 찾고 싶을 것이다. 가장 간단한 방법은 리 스트를 앞에서부터 선형으로 읽으면서 각 원소를 찾는 값과 비교하는 것이다.

```
def find_closest(sequence, goal):
    for index, value in enumerate(sequence):
        if goal < value:
```

```
        return index
    raise ValueError(f'범위를 벗어남: {goal}')

index = find_closest(data, 91234.56)
assert index == 91235
```

파이썬 내장 bisect 모듈은 순서가 정해져 있는 리스트에 대해 이런 유형의 검사를 더 효과적으로 수행한다. bisect_left 함수를 사용하면 정렬된 원소로 이뤄진 시퀀스에 대해 이진 검색(binary search)을 효율적으로 수행할 수 있다. bisect_left가 반환하는 인덱스는 리스트에 찾는 값의 원소가 존재하는 경우 이 원소의 인덱스이며, 리스트에 찾는 값의 원소가 존재하지 않는 경우 정렬 순서상 해당 값을 삽입해야 할 자리의 인덱스다.

```
from bisect import bisect_left

index = bisect_left(data, 91234)      # 정확히 일치
assert index == 91234

index = bisect_left(data, 91234.56) # 근접한 값과 일치
assert index == 91235

index = bisect_left(data, 91234.23) # 근접한 값과 일치(찾는 값 이상의 값 중
에서 근접한 값을 찾음)
assert index == 91235
```

bisect 모듈이 사용하는 이진 검색 알고리즘의 복잡도는 로그 복잡도다. 이는 길이가 100만인 리스트를 bisect로 검색하는 데 걸리는 시간과 길이가 20인 리스트를 list.index로 선형 검색하는 데 걸리는 시간이 거의 같다[*]는 뜻이다(math.log2(10**6) == 19.93). 따라서 bisect 쪽이 훨씬 더 빠르다!

---

[*] 역주 실제로는 서로 다른 알고리즘의 실행 시간을 복잡도만으로 이런 식으로 비교하면 안 된다. 알고리즘의 복잡도로는 리스트 길이가 아주 커지면 이진 검색이 훨씬 더 유리하다는 점만 장담할 수 있다. 예를 들어 운이 나쁘게도 찾으려는 값이 1이나 2처럼 아주 작은 값이라면 둘 중 어느 쪽이 빠를까? 성능을 제대로 비교하려면, 다양한 크기의 리스트에 대해 두 알고리즘 각각의 마이크로 벤치마크를 수행하고 리스트 길이에 대한 실행 시간 변화를 그래프로 그려서 두 알고리즘의 성능 특성을 추정해야 한다.

timeit을 사용해 마이크로 벤치마크를 수행해서 bisect를 사용하면 실제 성능이 향상되는지 검증할 수 있다.

```python
import random
import timeit

size = 10 ** 5
iterations = 1000

data = list(range(size))
to_lookup = [random.randint(0, size)
             for _ in range(iterations)]

def run_linear(data, to_lookup):
    for index in to_lookup:
        data.index(index)

def run_bisect(data, to_lookup):
    for index in to_lookup:
        bisect_left(data, index)

baseline = timeit.timeit(
    stmt='run_linear(data, to_lookup)',
    globals=globals(),
    number=10)
print(f'선형 검색: {baseline:.6f}초')

comparison = timeit.timeit(
    stmt='run_bisect(data, to_lookup)',
    globals=globals(),
    number=10)
print(f'이진 검색: {comparison:.6f}초')

slowdown = 1 + ((baseline - comparison) / comparison)
print(f'선형 검색이 {slowdown:.1f}배 더 걸림')

>>>
```

선형 검색: 3.892842초
이진 검색: 0.004266초
선형 검색이 912.4배 더 걸림

bisect에서 가장 좋은 점은 리스트 타입뿐 아니라 시퀀스처럼 작동(이런 객체를 만드는 방법은 Better way 43: '커스텀 컨테이너 타입은 collections.abc를 상속하라' 참고)하는 모든 파이썬 객체에 대해 bisect 모듈의 기능을 사용할 수 있다는 점이다. bisect 모듈은 더 고급스런 기능도 제공한다 (help(bisect)를 보라).

기억해야 할 내용

- 리스트에 들어 있는 정렬된 데이터를 검색할 때 index 메서드를 사용하거나 for 루프와 맹목적인 비교를 사용하면 선형 시간이 걸린다.
- bisect 내장 모듈의 bisect_left 함수는 정렬된 리스트에서 원하는 값을 찾는 데 로그 시간이 걸린다. 따라서 다른 접근 방법보다 훨씬 빠르다.

BETTER WAY 73 우선순위 큐로 heapq를 사용하는 방법을 알아두라

파이썬이 제공하는 다른 큐 구현들(Better way 71: '생산자–소비자 큐로 deque를 사용하라', Better way 55: 'Queue를 사용해 스레드 사이의 작업을 조율하라' 참고)의 제약 중에는 이들이 선입선출(FIFO) 큐라는 점이 있다. 즉, 이런 큐들은 원소를 받은 순서대로 정렬한다. 때로는 프로그램에서 원소를 받은 순서가 아니라 원소 간의 상대적인 중요도에 따라 원소를 정렬해야 하는 경우가 있다. 이런 목적에는 **우선순위 큐**(priority queue)가 적합하다.

예를 들어 도서관에서 대출한 책을 관리하는 프로그램을 작성한다고 하자. 회원 중에는 계속 신간만 대출하는 사람이 있고, 대출한 책을 제시간에 반납

하는 사람이 있으며, 연체된 책이 있음을 통지해줘야 하는 사람이 있다. 다음은 대출한 책을 표현하는 클래스다.

```
class Book:
    def __init__(self, title, due_date):
        self.title = title
        self.due_date = due_date
```

만기일(due_date)을 넘긴 경우에는 연체 사실을 통지하는 메시지를 보내는 시스템이 필요하다. 안타깝지만 책의 최대 대출 기간이 얼마나 최근에 발간된 책인지, 얼마나 유명한 책인지 등의 요소에 따라 달라지므로, 이 경우에는 FIFO 큐를 사용할 수 없다. 예를 들어 오늘 대출한 책이 내일 대출한 책보다 만기일이 더 늦을 수도 있다. 다음 코드에서는 표준 리스트를 사용하고 새로운 Book이 도착할 때마다 원소를 정렬해서 이런 기능을 구현한다.

```
def add_book(queue, book):
    queue.append(book)
    queue.sort(key=lambda x: x.due_date, reverse=True)

queue = []
add_book(queue, Book('돈키호테', '2020-06-07'))
add_book(queue, Book('프랑켄슈타인', '2020-06-05'))
add_book(queue, Book('레미제라블', '2020-06-08'))
add_book(queue, Book('전쟁과 평화', '2020-06-03'))
```

대출한 책의 목록에서는 책이 항상 정렬돼 있다고 가정하면, 연체된 책을 검사하기 위해 할 일은 리스트의 마지막 원소를 검사하는 것뿐이다. 다음 코드는 리스트에서 연체된 책이 있으면 그런 책을 한 권 찾아 큐에서 제거하고 돌려주는 함수를 정의한다.

```
class NoOverdueBooks(Exception):
    pass
```

```
def next_overdue_book(queue, now):
    if queue:
        book = queue[-1]
        if book.due_date < now:
            queue.pop()
            return book

    raise NoOverdueBooks
```

이 함수를 반복적으로 호출해서 연체된 책들을 찾고, 연체 기간이 가장 긴 책
부터 짧은 책 순서로 회원들에게 통지할 수 있다.

```
now = '2020-06-10'

found = next_overdue_book(queue, now)
print(found.title)

found = next_overdue_book(queue, now)
print(found.title)
```

```
>>>
전쟁과 평화
프랑켄슈타인
```

책이 만기일 이전에 반환되면, 리스트에서 반납된 Book을 제거해 연체 통지
가 예정된 책 목록에서 해당 책을 제거할 수 있다.

```
def return_book(queue, book):
    queue.remove(book)

queue = []
book = Book('보물섬', '2020-06-04')

add_book(queue, book)
print('반납 전:', [x.title for x in queue])

return_book(queue, book)
```

```
print('반납 후:', [x.title for x in queue])
```

```
>>>
반납 전: ['보물섬']
반납 후: []
```

그리고 모든 책이 반납됐는지 확인하고 나면 return_book 함수는 정해진 예외를 발생시킨다(Better way 20: 'None을 반환하기보다는 예외를 발생시켜라' 참고).

```
try:
    next_overdue_book(queue, now)
except NoOverdueBooks:
    pass         # 이 문장이 실행될 것으로 예상함
else:
    assert False # 이 문장은 결코 실행되지 않음
```

하지만 이 해결 방법의 계산 복잡도는 이상적이지 않다. 연체된 책을 검사하거나 제거하는 비용은 상수*이지만, 책을 추가할 때마다 전체 리스트를 다시 정렬해야 하는 추가 비용이 들어간다. 추가할 책이 len(queue)만큼 있다면 이를 정렬하는 데 드는 비용은 대략 len(queue) * math.log(len(queue))이므로, 책을 모두 추가하는 데 드는 비용은 (len(queue) * len(queue) * math.log(len(queue)))로 선형보다 더 크게 증가한다.†

---

* [역주] 리스트에서 인덱스를 사용해 원소를 가져오거나 맨 마지막 원소를 제거하는 데는 상수 시간이 걸린다. 이와 달리, 정렬 순서를 반대로 해서 리스트 맨 앞에서 원소를 가져오게 구현하면 원소 제거에 상수 시간이 걸리지 않고 선형 시간이 걸린다는 점에 유의하라. Better way 71에서 이에 대한 설명을 볼 수 있다.

† [역주] 이 문제는 온라인 정렬(원소가 정해져 있지 않고 하나씩 도착하는 정렬)의 전형적인 예이고, 온라인 정렬에서는 항상 리스트가 정렬됐다는 사실과 원소가 하나씩 도착한다는 사실을 이용해 저자의 구현($O(n^2\log(n))$)보다 더 나은 구현을 만들 수 있다. 우선 가장 생각하기 쉬운 방법으로는 원소를 삽입할 위치를 단순한 선형 검색으로 찾아서 삽입하는 것이다. 이런 경우 위치를 찾는 데 리스트에서 원소를 뒤로 복사해야 하는 비용(0.5n)과 삽입 위치를 선형 검색하는 비용(0.5n)을 감안한 실제 복잡도는 $O(n^2)$이다. 한편 이진 검색으로 삽입 위치를 찾을 수도 있는데, 이 경우에도 매번 리스트에 있던 원소를 하나씩 뒤로 옮겨야 하기 때문에 복잡도는 $O(n*(0.5n+\log(n)))$으로 점근적 (asymptotic) 복잡도가 $O(n^2)$이 되며, 이 점근적 복잡도는 단순한 선형 검색을 사용하는 경우와 같다. 하지만 점근 적 복잡도가 같음에도 불구하고, 리스트가 커질수록 검색 비용이 훨씬 적게 들기 때문에 이진 검색을 사용하는 쪽 이 단순한 선형 검색을 사용하는 쪽보다 성능적으로 거의 항상 더 우월하다.

다음 예제에서는 앞에서 설명한 코드의 성능을 실험으로 측정하기 위해 timeit 내장 모듈을 사용하는 마이크로 벤치마크를 정의한다(print_result와 print_delta 구현은 Better way 71: '생산자—소비자 큐로 deque를 사용하라' 참고).

```python
import random
import timeit

def print_results(count, tests):
    ...

def print_delta(before, after):
    ...

def list_overdue_benchmark(count):
    def prepare():
        to_add = list(range(count))
        random.shuffle(to_add)
        return [], to_add

    def run(queue, to_add):
        for i in to_add:
            queue.append(i)
            queue.sort(reverse=True)

        while queue:
            queue.pop()

    tests = timeit.repeat(
        setup='queue, to_add = prepare()',
        stmt=f'run(queue, to_add)',
        globals=locals(),
        repeat=100,
        number=1)

    return print_results(count, tests)
```

대출하는 책의 수가 늘어남에 따라 큐에 책을 추가하고 제거하는 데 드는 실행 시간이 선형보다 더 빠르게 증가한다는 사실을 확인할 수 있다.

```
baseline = list_overdue_benchmark(500)
for count in (1_000, 1_500, 2_000):
    comparison = list_overdue_benchmark(count)
    print_delta(baseline, comparison)
```

```
>>>
원소 수: 500 걸린 시간: 0.000844초

원소 수: 1,000 걸린 시간: 0.002584초
데이터 크기  2.0배, 걸린 시간  3.1배

원소 수: 1,500 걸린 시간: 0.005161초
데이터 크기  3.0배, 걸린 시간  6.1배

원소 수: 2,000 걸린 시간: 0.008700초
데이터 크기  4.0배, 걸린 시간  10.3배
```

책이 만기일 이전에 반납되면, 이 책을 큐에서 선형 검색으로 찾은 후 제거해야 한다. 책을 제거하면 리스트에 있는 모든 원소를 하나씩 뒤로 옮겨야 하는데, 이 경우의 비용도 선형보다 더 커진다. 다음 코드는 이 함수를 사용해 책을 반환하는 경우의 성능을 측정하는 마이크로 벤치마크 프로그램이다.

```
def list_return_benchmark(count):
    def prepare():
        queue = list(range(count))
        random.shuffle(queue)

        to_return = list(range(count))
        random.shuffle(to_return)

        return queue, to_return
```

```
def run(queue, to_return):
    for i in to_return:
        queue.remove(i)

tests = timeit.repeat(
    setup='queue, to_return = prepare()',
    stmt=f'run(queue, to_return)',
    globals=locals(),
    repeat=100,
    number=1)

return print_results(count, tests)
```

여기서도 책의 권수가 늘어남에 따라 성능이 선형보다 더 빠르게 나빠지는 것을 볼 수 있다.

```
baseline = list_return_benchmark(500)
for count in (1_000, 1_500, 2_000):
    comparison = list_return_benchmark(count)
    print_delta(baseline, comparison)
```

```
>>>
원소 수: 500 걸린 시간: 0.000682초

원소 수: 1,000 걸린 시간: 0.002725초
데이터 크기  2.0배, 걸린 시간  4.0배

원소 수: 1,500 걸린 시간: 0.006290초
데이터 크기  3.0배, 걸린 시간  9.2배

원소 수: 2,000 걸린 시간: 0.011128초
데이터 크기  4.0배, 걸린 시간  16.3배
```

도서관 장서 수가 작은 경우라면 리스트에 정의된 메서드를 사용해도 잘 작동할 수 있다. 하지만 우리는 국회 도서관이나 미국의 의회 도서관처럼 아주 큰 규모의 도서관까지 처리하고 싶은데, 이런 경우에는 리스트에 정의된 메서드가 효과적으로 작동하지 않을 것이다.

이런 문제는 우선순위 큐를 구현함으로써 해결할 수 있다. 다행히 파이썬은 원소가 들어 있는 리스트에 대해 우선순위 큐를 효율적으로 구현하는 내장 heapq 모듈을 제공한다. heapq에서 힙(heap)은 여러 아이템을 유지하되 새로운 원소를 추가하거나 가장 작은 원소를 제거할 때 로그 복잡도가 드는 데이터 구조다(따라서 선형 복잡도보다 더 규모 확장성이 좋다). 우리가 다루는 도서관 예제의 경우, 가장 작은 원소라는 말은 만기가 가장 빠른 원소라는 뜻이다. heapq 모듈의 좋은 점은 제대로 작동하는 힙을 어떻게 구현해야 하는지에 대해 여러분이 신경 쓸 필요가 없다는 것이다.[*]

다음 코드는 heapq 모듈을 사용해 add_book 함수를 다시 구현한 것이다. 큐는 여전히 일반 리스트다. heappush 함수는 앞에서 사용한 list.append 호출을 대신한다. 그리고 이 큐에 대해 더 이상 list.sort를 호출할 필요가 없다.

```
from heapq import heappush

def add_book(queue, book):
    heappush(queue, book)
```

앞에서 정의한 Book 클래스를 그대로 사용하면 다음과 같이 무슨 말인지 해석하기 힘든 오류가 발생한다.

```
queue = []
add_book(queue, Book('작은 아씨들', '2020-06-05'))
add_book(queue, Book('타임 머신', '2020-05-30'))
```

---

[*] 역주 대부분의 기초 데이터 구조 교과서에 나오는, 배열을 사용해 꽉 찬 이진 트리를 효율적으로 구현하는 알고리즘을 사용한 전형적인 예가 heapq다. 이진 트리를 배열로 표현하는 방법은 파이썬 heapq 문서의 이론 부분 (https://docs.python.org/3/library/heapq.html#theory)을 참조하라.

```
>>>
Traceback ...
TypeError: '<' not supported between instances of 'Book' and
➡ 'Book'
```

우선순위 큐에 들어갈 원소들이 서로 비교 가능하고 원소 사이에 자연스러운 정렬 순서가 존재해야 heapq 모듈이 제대로 작동할 수 있다(Better way 14: '복잡한 기준을 사용해 정렬할 때는 key 파라미터를 사용하라'에서 자세한 내용을 볼 수 있다). functools 내장 모듈이 제공하는 total_ordering 클래스 데코레이터를 사용하고(Better way 51: '합성 가능한 클래스 확장이 필요하면 메타클래스보다는 클래스 데코레이터를 사용하라'에서 배경지식을 얻을 수 있다) __lt__ 특별 메서드를 구현하면(Better way 43: '커스텀 컨테이너 타입은 collections.abc를 상속하라'에서 배경지식을 얻을 수 있다), 빠르게 Book 클래스에 비교 기능과 자연스러운 정렬 순서를 제공할 수 있다. 다음 코드는 단순히 두 Book 인스턴스 사이에 due_date 필드를 비교하는 방식으로 구현된 __lt__ 메서드다.

```
import functools

@functools.total_ordering
class Book:
    def __init__(self, title, due_date):
        self.title = title
        self.due_date = due_date

    def __lt__(self, other):
        return self.due_date < other.due_date
```

이제는 heapq.heappush 함수를 사용해도 아무 문제없이 책을 우선순위 큐에 등록할 수 있다.

```
queue = []
add_book(queue, Book('오만과 편견', '2020-06-01'))
add_book(queue, Book('타임 머신', '2020-05-30'))
add_book(queue, Book('죄와 벌', '2020-06-06'))
add_book(queue, Book('폭풍의 언덕', '2020-06-12'))
```

다른 방법으로, 순서와 관계없이 모든 책이 들어 있는 리스트를 만들고 리스트의 sort 메서드를 사용해 힙을 만들 수도 있다.

```
queue = [
    Book('오만과 편견', '2020-06-01'),
    Book('타임 머신', '2020-05-30'),
    Book('죄와 벌', '2020-06-06'),
    Book('폭풍의 언덕', '2020-06-12'),
]
queue.sort()
```

또는 heapq.heapify 함수를 사용하면 선형 시간에 힙을 만들 수 있다(이 복잡도는 sort를 사용하는 경우의 복잡도인 len(queue) * log(len(queue))와는 상당히 다르다).

```
from heapq import heapify
```

```
queue = [
    Book('오만과 편견', '2020-06-01'),
    Book('타임 머신', '2020-05-30'),
    Book('죄와 벌', '2020-06-06'),
    Book('폭풍의 언덕', '2020-06-12'),
]
heapify(queue)
```

대출 만기를 넘긴 책을 검사하려면 리스트의 마지막 원소가 아니라 첫 번째 원소를 살펴본 다음, list.pop 함수 대신에 heapq.heappop 함수를 사용한다.

```python
from heapq import heappop

def next_overdue_book(queue, now):
    if queue:
        book = queue[0]          # 만기가 가장 이른 책이 맨 앞에 있다
        if book.due_date < now:
            heappop(queue)       # 연체된 책을 제거한다
            return book

    raise NoOverdueBooks
```

이제 현재 시간보다 만기가 이른 책을 모두 찾아서 제거할 수 있다.

```python
now = '2020-06-02'

book = next_overdue_book(queue, now)
print(book.title)

book = next_overdue_book(queue, now)
print(book.title)

try:
    next_overdue_book(queue, now)
except NoOverdueBooks:
    pass                 # 이 문장이 실행될 것으로 예상함
else:
    assert False         # 이 문장은 결코 실행되지 않음
```

```
>>>
타임 머신
오만과 편견
```

이제 heapq 모듈을 사용하는 구현의 성능을 측정하는 다른 마이크로 벤치마크를 작성할 수 있다.

```python
def heap_overdue_benchmark(count):
    def prepare():
```

```
        to_add = list(range(count))
        random.shuffle(to_add)
        return [], to_add

    def run(queue, to_add):
        for i in to_add:
            heappush(queue, i)
        while queue:
            heappop(queue)

    tests = timeit.repeat(
        setup='queue, to_add = prepare()',
        stmt=f'run(queue, to_add)',
        globals=locals(),
        repeat=100,
        number=1)

    return print_results(count, tests)
```

이 벤치마크는 힙을 사용하는 우선순위 큐를 사용하면 성능이 선형보다 더 빠르게 나빠지지 않고 규모 확장성이 훨씬 더 좋다는 사실을 실험적으로 보여준다.

```
baseline = heap_overdue_benchmark(500)
for count in (1_000, 1_500, 2_000):
    comparison = heap_overdue_benchmark(count)
    print_delta(baseline, comparison)
```

```
>>>
원소 수: 500 걸린 시간: 0.000116초

원소 수: 1,000 걸린 시간: 0.000244초
데이터 크기  2.0배, 걸린 시간  2.1배

원소 수: 1,500 걸린 시간: 0.000374초
데이터 크기  3.0배, 걸린 시간  3.2배
```

원소 수: 2,000 걸린 시간: 0.000510초
데이터 크기 4.0배, 걸린 시간 4.4배

heapq 구현에 대해 한 가지 의문이 남아 있다. 제시간에 반납된 책은 어떻게 처리해야 할까? 해결 방법은 만기일까지 우선순위 큐에서 책을 절대 제거하지 않는 것이다. 만기일이 되면 정상 반납된 책이 우선순위 큐의 맨 앞에 있으므로, 큐에서 연체된 책을 처리할 때 이미 반환된 책은 그냥 무시하면 된다. 다음 코드에서는 책의 반환 상태를 추적하고자 새로운 필드를 추가해 이런 기능을 구현한다.

```
@functools.total_ordering
class Book:
    def __init__(self, title, due_date):
        self.title = title
        self.due_date = due_date
            self.returned = False       # 새로운 필드
    ...
```

그 후 next_overdue_book 함수를 변경해 이미 반환된 책을 무시하게 만든다.

```
def next_overdue_book(queue, now):
    while queue:
        book = queue[0]
        if book.returned:
            heappop(queue)
            continue

        if book.due_date < now:
            heappop(queue)
            return book

        break

    raise NoOverdueBooks
```

이 접근 방법을 택하면 책을 반납할 때 우선순위 큐를 변경할 필요가 없어지므로 return_book 함수가 아주 빨라진다.

```
def return_book(queue, book):
    book.returned = True
```

이 해법의 단점은 도서관의 모든 책이 대출된 후 만기 이전에 반환된 경우 (모든 책의 만기일 중) 가장 빠른 만기일이 될 때까지는 힙의 크기가 최대 크기에서 줄어들지 않는다는 것이다. heapq를 사용하면 힙 연산은 빨라지지만, 이런 저장소 부가 비용으로 인해 메모리 사용량이 크게 늘어날 수 있다 (Better way 81: '프로그램이 메모리를 사용하는 방식과 메모리 누수를 이해하기 위해 tracemalloc을 사용하라'에서 이런 경우를 어떻게 디버깅할지 살펴보라).

이런 단점에도 불구하고 튼튼한 시스템을 구축하려고 한다면, 최악의 경우를 가정하고 계획을 세워야 한다. 따라서 무슨 이유로든(예를 들어, 자연재해로 인해 도서관으로 가는 길이 막힌다든지) 대출된 모든 책이 연체될 수도 있다고 가정해야 한다. 이런 메모리 비용은 여러분이 계획을 세울 때 제약을 추가 (예를 들어 동시에 대출할 수 있는 책의 권수를 제한할 수 있다)함으로써 문제를 완화시킬 방법을 고안해야 하는 설계상의 고려 사항이다.

heapq 모듈은 이 예제에서 사용한 우선순위 큐 기본 요소 외에도 여러 고급 사용에 대응하는 기능을 추가로 제공한다(help(heapq)를 해보라). 이 모듈이 훌륭한 선택이 되려면, 이 모듈이 제공하는 기능이 여러분이 직면한 문제에 잘 들어맞아야 한다(스레드 안전한 다른 선택이 필요하다면 queue. PriorityQueue 클래스를 보라).

- 우선순위 큐를 사용하면 선입선출이 아니라 원소의 중요도에 따라 원소를 처리할 수 있다.
- 리스트 연산을 사용해 우선순위를 구현하면 큐 크기가 커짐에 따라 프로그램의 성능이 선형보다 더 빠르게 나빠진다.
- heapq 내장 모듈은 효율적으로 규모 확장이 가능한 우선순위 큐를 구현하는 데 필요한 모든 기능을 제공한다.
- heapq를 사용하려면 우선순위를 부여하려는 원소들이 자연스러운 순서를 가져야 한다. 이는 원소를 표현하는 클래스에 대해 __lt__와 같은 특별 메서드가 있어야 한다는 뜻이다.

BETTER WAY **74** bytes를 복사하지 않고 다루려면 memoryview와 bytearray를 사용하라

파이썬이 CPU 위주의 계산 작업을 추가적인 노력 없이 병렬화해줄 수는 없지만(Better way 64: '진정한 병렬성을 살리려면 concurrent.futures를 사용하라' 참고), 스루풋이 높은 병렬 I/O를 다양한 방식으로 지원할 수는 있다(Better way 53: '블로킹 I/O의 경우 스레드를 사용하고 병렬성을 피하라', Better way 60: 'I/O를 할 때는 코루틴을 사용해 동시성을 높여라' 참고). 그럼에도 불구하고 이런 I/O 도구를 잘못 사용해서 파이썬 언어가 I/O 위주의 부하에 대해서도 너무 느리다는 결론으로 이어지기가 놀랍도록 쉽다.

예를 들어 TV나 영화를 모두 내려받지 않고도 시청할 수 있게 네트워크를 통해 스트리밍하는 미디어 서버를 만든다고 하자. 이런 시스템의 핵심 기능으로 플레이 중인 비디오를 플레이 시간상 앞이나 뒤로 이동해서 일부를 건너뛰거나 반복하는 기능이 있다. 클라이언트 프로그램에서 사용자가 선택한 시간에 대응하는 데이터 덩어리를 서버에 요청해 이 기능을 구현할 수 있다.

```
def timecode_to_index(video_id, timecode):
    ...
    # 비디오 데이터의 바이트 오프셋을 반환한다

def request_chunk(video_id, byte_offset, size):
    ...
    # video_id에 대한 비디오 데이터 중에서 바이트 오프셋부터 size만큼을 반환한다

video_id = ...
timecode = '01:09:14:28'
byte_offset = timecode_to_index(video_id, timecode)
size = 20 * 1024 * 1024
video_data = request_chunk(video_id, byte_offset, size)
```

request_chunk 요청을 받아서 요청에 해당하는 20MB의 데이터를 돌려주는
서버 측 핸들러를 어떻게 구현할 수 있을까? 이 예제의 경우 서버의 명령과
제어 부분은 이미 만들어져 있다고 가정하자(Better way 61: '스레드를 사
용한 I/O를 어떻게 asyncio로 포팅할 수 있는지 알아두라'에서 이런 작업에
필요한 기능을 살펴볼 수 있다). 여기서는 요청받은 데이터 덩어리를 메모리
캐시에 들어 있는 수 기가바이트 크기의 비디오 정보에서 꺼낸 후 소켓을 통
해 클라이언트에게 돌려주는 과정에 집중한다. 다음은 서버 핸들러를 구현한
코드를 보여준다.

```
socket = ...                   # 클라이언트가 연결한 소켓
video_data = ...               # video_id에 해당하는 데이터가 들어 있는 bytes
byte_offset = ...              # 요청받은 시작 위치
size = 20 * 1024 * 1024        # 요청받은 데이터 크기

chunk = video_data[byte_offset:byte_offset + size]
socket.send(chunk)
```

이 코드의 지연 시간과 스루풋은 video_data에서 20MB의 비디오 덩어리를
가져오는 데 걸리는 시간과 이 데이터를 클라이언트에게 송신하는 데 걸리는

시간이라는 두 가지 요인에 의해 결정된다. 소켓이 무한히 빠르다고 가정하면, 이 코드의 지연 시간과 스루풋은 데이터 덩어리를 가져와 만드는 데 걸리는 시간에 따라 결정된다. 따라서 최대 성능을 알아보려면 소켓 송신 부분은 무시하고 데이터 덩어리를 만들기 위해 bytes 인스턴스를 슬라이싱하는 방법에 걸리는 시간을 측정하면 된다. timeit을 사용한 마이크로 벤치마크를 통해 이 방법의 성능 특성을 알아볼 수 있다(Better way 11: '시퀀스를 슬라이싱하는 방법을 익혀라'에서 배경지식을 얻을 수 있다).

```
import timeit

def run_test():
    chunk = video_data[byte_offset:byte_offset + size]
    # socket.send(chunk)를 호출해야 하지만 벤치마크를 위해 무시한다

result = timeit.timeit(
    stmt='run_test()',
    globals=globals(),
    number=100) / 100

print(f'{result:0.9f} 초')

>>>
0.004925669 초
```

클라이언트에게 보낼 20MB의 슬라이스를 꺼내는 데 대략 5밀리초가 걸린다. 이는 우리 서버의 최대 전체 스루풋이 이론적으로 20MB / 5밀리초 = 7.3GB/초라는 뜻이다. 이보다 더 빨리 메모리에서 비디오 데이터를 꺼내올 수는 없다. 이 서버에서 병렬로 새 데이터 덩어리를 요청할 수 있는 클라이언트의 최대 개수는 1 CPU-초 / 5밀리초 = 200이다. 이 개수는 asyncio 내장 모듈 같은 도구가 지원할 수 있는 수만 건의 동시 접속에 비하면 아주 작다. 문제는 기반 데이터를 bytes 인스턴스로 슬라이싱하려면 메모리를 복사해야 하는데, 이 과정이 CPU 시간을 점유한다는 점이다.

이 코드를 더 잘 작성하는 방법은 파이썬이 제공하는 memoryview 내장 타입을 사용하는 것이다. memoryview는 CPython의 고성능 **버퍼 프로토콜**을 프로그램에 노출시켜준다. 버퍼 프로토콜은 파이썬 런타임과 C 확장이 bytes와 같은 객체를 통하지 않고 하부 데이터 버퍼에 접근할 수 있게 해주는 저수준 C API다. memoryview 인스턴스의 가장 좋은 점은 슬라이싱을 하면 데이터를 복사하지 않고 새로운 memoryview 인스턴스를 만들어준다는 것이다. 다음 코드는 bytes 인스턴스를 둘러싸는 memoryview를 만들고, 이 memoryview의 슬라이스를 살펴본다.

```
data = '동해물과 abc 백두산이 마르고 닳도록'.encode("utf8")
view = memoryview(data)
chunk = view[12:19]
print(chunk)
print('크기:', chunk.nbytes)
print('뷰의 데이터:', chunk.tobytes())
print('내부 데이터:', chunk.obj)
```

```
>>>
<memory at 0x000002245F779D00>
크기: 7
뷰의 데이터: b' abc \xeb\xb0'
내부 데이터: b'\xeb\x8f\x99\xed\x95\xb4\xeb\xac\xbc\xea\xb3\xbc abc
➡\xeb\xb0\xb1\xeb\x91\x90\xec\x82\xb0\xec\x9d\xb4 \xeb\xa7\x88\xeb\xa5
➡\xb4\xea\xb3\xa0 \xeb\x8b\xb3\xeb\x8f\x84\xeb\xa1\x9d'
```

복사가 없는(zero-copy) 연산을 활성화함으로써 memoryview는 NumPy 같은 수치 계산 C 확장이나 이 예제 프로그램 같은 I/O 위주 프로그램이 커다란 메모리를 빠르게 처리해야 하는 경우에 성능을 엄청나게 향상시킬 수 있다. 다음 코드는 앞의 예제에서 사용한 간단한 bytes 슬라이스를 memoryview로 바꿔서 마이크로 벤치마크를 수행한 결과다.

```
video_view = memoryview(video_data)

def run_test():
    chunk = video_view[byte_offset:byte_offset + size]
    # socket.send(chunk)를 호출해야 하지만 벤치마크를 위해 무시한다

result = timeit.timeit(
    stmt='run_test()',
    globals=globals(),
    number=100) / 100

print(f'{result:0.9f} 초')

>>>
0.000000250 초
```

결과는 250나노초다. 이제 서버의 이론적인 최대 스루풋은 20MB / 250나노초 = 164TB/초다. 병렬 클라이언트의 경우 이론적으로 최대 1 CPU-초 / 250나노초 = 400만 개까지 지원할 수 있다. 엄청난 개선이다! 성능 개선으로 인해 이제 프로그램의 성능은 CPU의 성능이 아니라 클라이언트 소켓 연결의 성능에 따라 전적으로 제한된다.

이제 데이터가 반대 방향으로 흘러야 한다고 생각해보자. 일부 클라이언트가 여러 사용자에게 방송을 하기 위해 서버로 라이브 비디오 스트림을 보내야 한다. 그렇게 하려면 사용자가 가장 최근에 보낸 비디오 데이터를 캐시에 넣고 다른 클라이언트가 캐시에 있는 비디오 데이터를 읽게 해야 한다. 다음은 클라이언트가 서버로 1MB 데이터를 새로 보낸 경우를 구현한 코드다.

```
socket = ...          # 클라이언트가 연결한 소켓
video_cache = ...     # 서버로 들어오는 비디오 스트림의 캐시
byte_offset = ...     # 데이터 버퍼 위치
size = 1024 * 1024    # 데이터 덩어리 크기
```

```
chunk = socket.recv(size)
video_view = memoryview(video_cache)
before = video_view[:byte_offset]
after = video_view[byte_offset + size:]
new_cache = b''.join([before, chunk, after])
```

socket.recv 메서드는 bytes 인스턴스를 반환한다. 간단한 슬라이스 연산과 bytes.join 메서드를 사용하면 현재의 byte_offset에 있는 기존 캐시 데이터를 새로운 데이터로 스플라이스(splice)할 수 있다. 이런 연산의 성능을 확인하기 위해 또 다른 마이크로 벤치마크를 실행할 수 있다. 여기서는 가짜 소켓을 사용하기 때문에 이 성능 테스트는 I/O 상호작용을 테스트하지 않고 메모리 연산의 성능만 테스트한다.

```
def run_test():
    chunk = socket.recv(size)
    before = video_view[:byte_offset]
    after = video_view[byte_offset + size:]
    new_cache = b''.join([before, chunk, after])

result = timeit.timeit(
    stmt='run_test()',
    globals=globals(),
    number=100) / 100

print(f'{result:0.9f} 초')

>>>
0.033520550 초
```

1MB 데이터를 받아서 비디오 캐시를 갱신하는 데 33밀리초가 걸린다. 이는 수신 시 최대 스루풋이 1MB / 33밀리초 = 31MB/초이고, 비디오를 이런 방식으로 스트리밍해 방송하는 클라이언트는 최대 31MB / 1MB = 31개로 제한된다는 뜻이다. 이런 구조는 규모 확장성이 없다.

이런 코드를 작성하는 더 나은 방법은 파이썬 내장 bytearray 타입과 memoryview를 같이 사용하는 것이다. bytes 인스턴스의 한 가지 단점은 읽기 전용이라 인덱스를 사용해 값을 변경할 수 없다는 것이다.

```
my_bytes = b'hello'
my_bytes[0] = b'\x79'
```

```
>>>
Traceback ...
TypeError: 'bytes' object does not support item assignment
```

bytearray 타입은 bytes에서 원하는 위치에 있는 값을 바꿀 수 있는 가변 (mutable) 버전과 같다. 인덱스를 사용해 bytearray의 내용을 바꿀 때는 바이트 문자열(한 글자짜리)이 아니라 정수를 대입한다.

```
my_array = bytearray('hello 안녕'.encode("utf8"))  # b''가 아니라 '' 문자열
my_array[0] = 0x79
print(my_array)
```

```
>>>
bytearray(b'yello \xec\x95\x88\xeb\x85\x95')
```

bytearray도 memoryview를 사용해 감쌀 수 있다. memoryview를 슬라이싱해서 객체를 만들고, 이 객체에 데이터를 대입하면 하부의 bytearray 버퍼에 데이터가 대입된다. 이런 방법을 사용하면, 앞에서 bytes 인스턴스를 스플라이스해 클라이언트로부터 받은 데이터를 덧붙였던 것과 달리 데이터 복사에 드는 비용이 사라진다.

```
my_array = bytearray('row, row, row your 보트'.encode("utf8"))
my_view = memoryview(my_array)
write_view = my_view[3:13]
write_view[:] = b'-10 bytes-'
print(my_array)
```

```
>>>
bytearray(b'row-10 bytes- your \xeb\xb3\xb4\xed\x8a\xb8')
```

socket.recv_into나 RawIOBase.readinto와 같은 여러 파이썬 라이브러리 메
서드가 버퍼 프로토콜을 사용해 데이터를 빠르게 받아들이거나 읽을 수 있
다. 이런 메서드를 사용하면 새로 메모리를 할당하고 데이터를 복사할 필
요가 없어진다. 다음 코드는 스플라이스를 하지 않고 socket.recv_into와
memoryview 슬라이스를 사용해 하부의 bytearray에 데이터를 수신한다.

```
video_array = bytearray(video_cache)
write_view = memoryview(video_array)
chunk = write_view[byte_offset:byte_offset + size]
socket.recv_into(chunk)
```

마이크로 벤치마크를 실행해 이런 방법과 앞에서 본 socket.recv를 사용하는
방법의 성능을 비교할 수 있다.

```
def run_test():
    chunk = write_view[byte_offset:byte_offset + size]
    socket.recv_into(chunk)

result = timeit.timeit(
    stmt='run_test()',
    globals=globals(),
    number=100) / 100

print(f'{result:0.9f} 초')
```

```
>>>
0.000033925 초
```

1MB 데이터를 받는 데 33마이크로초가 걸렸다. 이는 이 서버의 최대 스루
풋이 1MB / 33마이크로초 = 31GB/초이고, 최대 31GB / 1MB = 31,000

개의 클라이언트를 병렬로 처리할 수 있다는 의미다. 이런 규모 확장성이 바로 우리가 원하던 확장성이다!

기억해야 할 내용

- memoryview 내장 타입은 객체의 슬라이스에 대해 파이썬 고성능 버퍼 프로토콜로 읽고 쓰기를 지원하는, 복사가 없는 인터페이스를 제공한다.
- bytearray 내장 타입은 복사가 없는 읽기 함수(socket.recv_from과 같은)에 사용할 수 있는 bytes와 비슷한 변경 가능한 타입을 제공한다.
- memoryview로 bytearray를 감싸면 복사에 따른 비용을 추가 부담하지 않고도 수신받은 데이터를 버퍼에서 원하는 위치에 스플라이스할 수 있다.

9

테스트와 디버깅

파이썬은 컴파일 시점에 정적 타입 검사(static type checking)를 수행하지 않는다. 또한, 파이썬 인터프리터가 컴파일 시점에 프로그램이 제대로 작동할 것이라고 확인할 수 있는 요소가 전혀 없다. 파이썬은 선택적인 타입 애너테이션(optional type annotation)을 지원하며, 이를 활용해 정적* 분석을 수행함으로써 여러 가지 오류를 감지할 수 있다(Better way 90: 'typing과 정적 분석을 통해 버그를 없애라' 참고). 하지만 여전히 파이썬은 근본적으로 동적인 언어이며, 프로그램을 실행하는 도중에 어떤 일이든 벌어질 수 있다. 파이썬에서는 소스 코드에서 어떤 함수가 존재한다는 사실이 분명해 보여도 실행시점에 해당 함수를 호출할 때 함수가 정의돼 있는지 궁극적으로 확신할 수는 없다. 따라서 이런 동적인 동작은 축복인 동시에 저주이기도 하다.

현재 파이썬 개발자 중 상당수는 정적 타입 검사를 생략함으로써 단순성과 간결성을 얻을 수 있고 결과적으로 생산성이 높아지므로 타입 검사를 생략할

---

* [역주] 프로그래밍 언어에서 '정적(static)'이라는 말은 컴파일 시점을 뜻하고, '동적(dynamic)'이라는 말은 프로그램을 실행하는 시점을 뜻한다.

만한 가치가 있다고 말한다. 하지만 파이썬을 사용하는 사람 대부분은 프로그램을 작성하다가 너무나 어처구니없는 실수를 저질러 오류를 발생시킨 무서운 경험이 한두 번씩은 있다. 내가 들었던 최악의 오류 사례는 동적 임포트(Better way 88: '순환 의존성을 깨는 방법을 알아두라' 참고)로 인해 발생한 부작용으로, 프로덕션 코드에서 SyntaxError가 발생해 서버 프로세스가 중단된 사건이었다. 이 엄청난 일을 당한 개발자는 그 이후 파이썬을 다시 쳐다보지 않았다.

하지만 우리는 의문을 품어야 한다. (앞의 개발자가) 프로덕션에 배포하기 전에 프로그램을 더 잘 테스트하지 않은 이유가 무엇일까? 컴파일 시점의 정적 타입 안전성이 모든 오류를 방지해주지는 못한다. 코드를 작성할 때 쓴 언어와 관계없이 여러분은 항상 자신이 작성한 코드를 테스트해야 한다. 하지만 나는 다른 언어에서보다도 특히 파이썬에서 테스트를 통해 코드의 올바름을 검증하는 것이 중요하다고 인정한다. 다행히 파이썬 프로그램을 실행할 때 큰 위험이 될 수 있는 동적인 기능들이 여러분의 코드에 대한 테스트를 작성하거나 잘못 작동하는 프로그램을 디버깅하는 작업을 아주 쉽게 할 수 있도록 해준다. 여러분은 파이썬의 동적 기능을 사용해 프로그램의 동작을 다른 동작으로 오버라이드함으로써 테스트를 구현하고 프로그램이 예상대로 작동하는지 확인할 수 있다.

테스트를 코드에 대한 보험으로 생각하라. 테스트를 잘 작성하면 코드가 올바르다고 더 확신할 수 있다. 코드를 확장하거나 리팩터링하면, 코드의 (구현이 아니라) 동작을 검증하는 테스트를 활용해 변경된 부분을 쉽게 식별할 수 있다. 직관에 반하는 것처럼 들리겠지만, 잘 작성한 테스트가 많이 있다면 실제로는 파이썬 코드를 변경하기가 더 쉬워질 뿐이지 결코 더 어려워지지는 않는다.

BETTER WAY 75 디버깅 출력에는 repr 문자열을 사용하라

파이썬 프로그램을 디버깅할 때 print 함수와 형식화 문자열(Better way 4: 'C 스타일 형식 문자열을 str.format과 쓰기보다는 f-문자열을 통한 인터폴레이션을 사용하라' 참고)을 사용하거나 logging 내장 모듈을 사용해 출력을 만들면 아주 긴 출력이 생긴다. 파이썬의 내부 정보도 일반 애트리뷰트만큼 접근하기 쉽다(Better way 42: '비공개 애트리뷰트보다는 공개 애트리뷰트를 사용하라' 참고). 여러분에게 필요한 작업은 프로그램이 실행되는 동안 print를 호출해 상태가 어떻게 바뀌었는지 알아내고 무엇이 잘못됐는지 이해하는 것이다.

print 함수는 인자로 받은 대상을 사람이 읽을 수 있는 문자열로 표시한다. 예를 들어 기본 문자열을 출력하면 주변에 따옴표를 표시하지 않고 내용을 출력한다.

```
print('foo 뭐시기')
```

```
>>>
foo 뭐시기
```

여러 가지 다른 방법을 사용해도 똑같은 결과를 얻을 수 있다.

- 값을 print에 전달하기 전에 str 함수를 호출한다.
- % 연산자에 '%s' 형식화 문자열을 사용한다.
- f-문자열에서 값을 표시하는 기본 형식화 방식을 사용한다.
- format 내장 함수를 호출한다.
- __format__ 특별 메서드를 명시적으로 호출한다.
- __str__ 특별 메서드를 명시적으로 호출한다.

동작을 확인해보면 다음과 같다.

```
my_value = 'foo 뭐시기'
print(str(my_value))
print('%s' % my_value)
print(f'{my_value}')
print(format(my_value))
print(my_value.__format__('s'))
print(my_value.__str__())

>>>
foo 뭐시기
foo 뭐시기
foo 뭐시기
foo 뭐시기
foo 뭐시기
foo 뭐시기
```

문제는 어떤 값을 사람이 읽을 수 있는 형식의 문자열로 바꿔도 이 값의 실제
타입과 구체적인 구성을 명확히 알기 어렵다는 점이다. 예를 들어, print의
기본 출력을 사용하면 5라는 수와 '5'라는 문자열의 타입을 구분할 수 없다.

```
print(5)
print('5')

int_value = 5
str_value = '5'
print(f'{int_value} == {str_value} ?')

>>>
5
5
5 == 5 ?
```

디버깅 과정에서 print를 사용한다면 이런 타입의 차이가 문제가 된다. 디
버깅을 할 때 원하는 문자열은 거의 대부분 객체를 repr로 나타낸 버전이다.
repr 내장 함수는 객체의 **출력 가능한 표현**(printable representation)을 반환하는

데, 출력 가능한 표현은 반드시 객체를 가장 명확하게 이해할 수 있는 문자열 표현이어야 한다. 대부분의 내장 타입에서 repr이 반환하는 문자열은 올바른 파이썬 식이다.

```
a = '\x07'
print(repr(a))
```

```
>>>
'\x07'
```

repr이 돌려준 값을 eval 내장 함수에 넘기면 repr에 넘겼던 객체와 같은 객체가 생겨야 한다(물론 실전에서 eval을 호출할 때는 아주 조심해야 한다).

```
b = eval(repr(a))
assert a == b
```

print를 사용해 디버깅할 때는 값을 출력하기 전에 repr을 호출해서 타입이 다른 경우에도 명확히 차이를 볼 수 있게 만들어야 한다.

```
print(repr(5))
print(repr('5'))
```

```
>>>
5
'5'
```

repr을 호출하는 것은 % 연산자에 %r 형식화 문자열을 사용하는 것이나 f-문자열에 !r 타입 변환을 사용하는 것과 같다.

```
print('%r' % 5)
print('%r' % '5')

int_value = 5
str_value = '5'
print(f'{int_value!r} != {str_value!r}')
```

```
>>>
5
'5'
5 != '5'
```

예를 들어 파이썬 클래스의 경우 사람이 읽을 수 있는 문자열 값은 repr 값과 같다. 이는 인스턴스를 print에 넘기면 원하는 출력이 나오므로 굳이 인스턴스에 대해 repr을 호출할 필요가 없다는 뜻이다. 안타깝지만 object를 상속한 하위 클래스의 repr 기본 구현은 그다지 쓸모가 없다. 예를 들어 다음 코드는 간단한 클래스를 정의하고 그 클래스의 인스턴스를 출력한다.

```
class OpaqueClass:
    def __init__(self, x, y):
        self.x = x
        self.y = y

obj = OpaqueClass(1, 'foo')
print(obj)
```

```
>>>
<__main__.OpaqueClass object at 0x10963d6d0>
```

이 출력은 eval 함수에 넘길 수 없고, 객체의 인스턴스 필드에 대한 정보도 전혀 들어 있지 않다.

이 문제를 해결하는 두 가지 방법이 있다. 여러분이 클래스 소스 코드를 변경할 수 있다면, 객체를 다시 만들어내는 파이썬 식을 포함하는 문자열을 돌려주는 __repr__ 특별 메서드를 직접 정의할 수 있다. 다음은 앞에서 본 클래스에 대해 __repr__ 특별 메서드를 정의한 코드다.

```
class BetterClass:
    def __init__(self, x, y):
        self.x = x
        self.y = y
```

```
    def __repr__(self):
        return f'BetterClass({self.x!r}, {self.y!r})'
```

이제 repr이 훨씬 더 유용한 값을 돌려준다.

```
obj = BetterClass(2, '뭐시기')
print(obj)
```

```
>>>
BetterClass(2, '뭐시기')
```

클래스 정의를 마음대로 바꿀 수 없는 경우에는 __dict__ 애트리뷰트를 통해
객체의 인스턴스 딕셔너리에 접근할 수 있다. 다음 코드는 OpaqueClass 인스
턴스의 내용을 출력한다.

```
obj = OpaqueClass(4, 'baz')
print(obj.__dict__)
```

```
>>>
{'x': 4, 'y': 'baz'}
```

기억해야 할 내용

- 내장 파이썬 타입 값에 대해 print를 호출하면 해당 값을 사람이 읽을 수 있게 표현한
  문자열을 얻는다. 얻은 문자열에서는 타입 정보가 감춰져 있다.
- repr을 내장 파이썬 타입 값에 대해 호출하면 해당 값을 표현하는 출력 가능한 문자열을
  얻는다. repr로 얻은 문자열을 eval 내장 함수에 전달하면 원래 값을 돌려받을 수 있다.
- 형식화 문자열의 %s는 str과 마찬가지로 사람이 읽을 수 있는 문자열을 만들어낸다.
  str.%r은 repr과 마찬가지로 출력 가능한 문자열을 만들어낸다. f-문자열에서 !r 접미
  사를 붙이지 않고 텍스트 치환식을 사용하면 사람이 읽을 수 있는 형태의 문자열이 만들
  어진다.
- 직접 클래스의 __repr__ 특별 메서드를 정의해서 인스턴스의 출력 가능한 표현을 원하
  는 대로 만들 수 있고, 이를 통해 디버깅할 때 더 자세한 정보를 표시할 수 있다.

BETTER WAY 76 TestCase 하위 클래스를 사용해 프로그램에서 연관된 행동 방식을 검증하라

파이썬에서 테스트를 작성하는 표준적인 방법은 unittest 내장 모듈을 쓰는 것이다. 예를 들어 utils.py에 다음 코드처럼 유틸리티 함수가 정의돼 있고, 다양한 입력에 대해 제대로 작동하는지 검증하고 싶다고 하자.

```
# utils.py
def to_str(data):
    if isinstance(data, str):
        return data
    elif isinstance(data, bytes):
        return data.decode('utf-8')
    else:
        raise TypeError('str이나 bytes를 전달해야 합니다, '
                        '찾은 값: %r' % data)
```

테스트를 정의하려면 test_utils.py나 utils_test.py라는 이름의 파일을 만들어야 한다. 두 방식 중 어느 쪽이든 여러분이 좋아하는 쪽을 택하면 된다. 이 파일 안에 원하는 동작이 들어 있는 테스트를 추가한다.

```
# utils_test.py
from unittest import TestCase, main
from utils import to_str

class UtilsTestCase(TestCase):
    def test_to_str_bytes(self):
        self.assertEqual('hello', to_str(b'hello'))

    def test_to_str_str(self):
        self.assertEqual('hello', to_str('hello'))

    def test_failing(self):
        self.assertEqual('incorrect', to_str('hello'))
```

```
if __name__ == '__main__':
    main()
```

그 후 명령줄에서 파이썬을 사용해 테스트 파일을 실행한다. 이 예제의 테스트 메서드 중에서 둘은 성공하고 하나는 실패한다. 테스트가 실패하면 어디가 잘못됐는지 알려주는 메시지도 함께 출력된다.

```
$ python3 utils_test.py
F..
============================================================
FAIL: test_failing (__main__.UtilsTestCase)
------------------------------------------------------------
Traceback (most recent call last):
  File "utils_test.py", line 15, in test_failing
    self.assertEqual('incorrect', to_str('hello'))
AssertionError: 'incorrect' != 'hello'
- incorrect
+ hello


------------------------------------------------------------
Ran 3 tests in 0.002s

FAILED (failures=1)
```

테스트는 TestCase의 하위 클래스로 구성된다. 각각의 테스트 케이스는 이름이 test라는 단어로 시작하는 메서드들이다. 어떤 테스트 메서드가 아무런 Exception도 발생시키지 않고 실행이 끝나면(assert 문에서 발생하는 AssertionError도 Exception으로 친다) 테스트가 성공한 것으로 간주한다. 테스트 중 일부가 실패하더라도 TestCase 하위 클래스는 최초로 문제가 발생한 지점에서 실행을 중단하지 않고, 나머지 테스트 메서드를 실행해서 여러분이 테스트 전체에 대해 전반적인 그림을 그릴 수 있게 해준다.

어느 한 테스트를 개선하거나 빠르게 수정한 경우, 명령줄에서 테스트를 실행할 때 테스트 모듈 내에서 해당 메서드의 경로를 지정해 원하는 테스트 메서드만 실행할 수도 있다.

```
$ python3 utils_test.py UtilsTestCase.test_to_str_bytes
.
----------------------------------------------------------------
Ran 1 test in 0.000s

OK
```

원한다면 테스트 메서드 내부에 있는 구체적인 중단점(breakpoint)에서 직접 디버거를 호출해 테스트가 실패한 원인을 더 깊이 파고들 수도 있다(Better way 80: 'pdb를 사용해 대화형으로 디버깅하라'에서 이런 일을 할 수 있는 방법을 볼 수 있다).

TestCase 클래스는 테스트에 단언문(assertion)을 만들 때 도움이 되는 여러 도우미 메서드를 제공한다. 예를 들어 assertEqual은 두 값이 같은지 비교하고, assertTrue는 주어진 불 식이 참인지 검증하는 등 이외에도 많은 메서드가 있다(help(TestCase)를 하면 전체 목록을 볼 수 있다). 이런 메서드들은 테스트가 왜 실패했는지 알 수 있도록 모든 입력과 출력을 표시해주므로 파이썬 내장 assert 문보다 더 낫다. 예를 들어, 다음은 똑같은 테스트 케이스를 작성하면서 도우미 단언문 메서드(assertEqual)를 사용한 경우와 단순히 단언문만 사용한 경우(assert와 불 식)를 보여주는 코드다.

```
# assert_test.py
from unittest import TestCase, main
from utils import to_str

class AssertTestCase(TestCase):
    def test_assert_helper(self):
```

```
        expected = 12
        found = 2 * 5
        self.assertEqual(expected, found)

    def test_assert_statement(self):
        expected = 12
        found = 2 * 5
        assert expected == found

if __name__ == '__main__':
    main()
```

다음 중 어떤 실패 메시지가 더 도움이 되는가?

```
$ python3 assert_test.py
FF
============================================================
FAIL: test_assert_helper (__main__.AssertTestCase)
------------------------------------------------------------
Traceback (most recent call last):
  File "assert_test.py", line 16, in test_assert_helper
    self.assertEqual(expected, found)
AssertionError: 12 != 10


============================================================
FAIL: test_assert_statement (__main__.AssertTestCase)
------------------------------------------------------------
Traceback (most recent call last):
  File "assert_test.py", line 11, in test_assert_statement
    assert expected == found
AssertionError


------------------------------------------------------------
Ran 2 tests in 0.001s

FAILED (failures=2)
```

예외가 발생하는지 검증하기 위해 with 문 안에서 컨텍스트 매니저로 사용할 수 있는 assertRaises 도우미 메서드도 있다(Better way 66: '재사용 가능한 try/finally 동작을 원한다면 contextlib과 with 문을 사용하라'에서 이 함수가 어떻게 작동하는지 볼 수 있다). 이 메서드를 사용한 코드는 try/except 문과 비슷하므로, 테스트 케이스의 해당 부분에서 예외가 발생할 것으로 예상한다는 점을 아주 명확히 드러낸다.

```
# utils_error_test.py
from unittest import TestCase, main
from utils import to_str

class UtilsErrorTestCase(TestCase):
    def test_to_str_bad(self):
        with self.assertRaises(TypeError):
            to_str(object())

    def test_to_str_bad_encoding(self):
        with self.assertRaises(UnicodeDecodeError):
            to_str(b'\xfa\xfa')

if __name__ == '__main__':
    main()
```

테스트 가독성을 더 높이기 위해 TestCase 하위 클래스 안에 복잡한 로직이 들어가는 도우미 메서드를 직접 작성할 수도 있다. 다만 도우미 메서드 이름이 test로 시작하지 않아야 한다. test로 시작하면 도우미 메서드가 아니라 테스트 케이스로 취급되기 때문이다. 도우미 메서드는 TestCase가 제공하는 단언문 메서드를 호출하지 않고 fail 메서드를 호출해서 어떤 가정이나 불변 조건(invariant)을 만족하지 않았음을 확실히 표현할 수도 있다. 예를 들어 다음 코드는 제너레이터의 동작을 검증하기 위해 만든 도우미 메서드다.

```python
# helper_test.py
from unittest import TestCase, main

def sum_squares(values):
    cumulative = 0
    for value in values:
        cumulative += value ** 2
        yield cumulative

class HelperTestCase(TestCase):
    def verify_complex_case(self, values, expected):
        expect_it = iter(expected)
        found_it = iter(sum_squares(values))
        test_it = zip(expect_it, found_it)

        for i, (expect, found) in enumerate(test_it):
            self.assertEqual(
                expect,
                found,
                f'잘못된 인덱스: {i}')

        # 두 제너레이터를 모두 소진했는지 검증
        try:
            next(expect_it)
        except StopIteration:
            pass
        else:
            self.fail('실제보다 예상한 제너레이터가 더 깁니다')

        try:
            next(found_it)
        except StopIteration:
            pass
        else:
            self.fail('예상한 제너레이터보다 실제가 더 깁니다')

    def test_wrong_lengths(self):
        values = [1.1, 2.2, 3.3]
```

```
        expected = [
            1.1 ** 2,
        ]
        self.verify_complex_case(values, expected)

    def test_wrong_results(self):
        values = [1.1, 2.2, 3.3]
        expected = [
            1.1 ** 2,
            1.1 ** 2 + 2.2 ** 2,
            1.1 ** 2 + 2.2 ** 2 + 3.3 ** 2 + 4.4 ** 2,
        ]
        self.verify_complex_case(values, expected)

if __name__ == '__main__':
    main()
```

도우미 메서드를 사용하면 테스트 케이스를 더 짧고 읽기 좋게 만들 수 있다. 게다가 오류 메시지도 더 이해하기 쉬워진다.

```
$ python3 helper_test.py
FF
======================================================================
FAIL: test_wrong_lengths (__main__.HelperTestCase)
----------------------------------------------------------------------
Traceback (most recent call last):
  File "helper_test.py", line 41, in test_wrong_lengths
    self.verify_complex_case(values, expected)
  File "helper_test.py", line 34, in verify_complex_case
    self.fail('예상한 제너레이터보다 실제가 더 깁니다')
AssertionError: 예상한 제너레이터보다 실제가 더 깁니다

======================================================================
FAIL: test_wrong_results (__main__.HelperTestCase)
----------------------------------------------------------------------
Traceback (most recent call last):
  File "helper_test.py", line 50, in test_wrong_results
```

```
    self.verify_complex_case(values, expected)
  File "helper_test.py", line 17, in verify_complex_case
    self.assertEqual(
AssertionError: 36.3 != 16.939999999999998 : 잘못된 인덱스: 2


-----------------------------------------------------------------------

Ran 2 tests in 0.001s

FAILED (failures=2)
```

일반적으로는 한 TestCase 하위 클래스 안에 관련된 일련의 테스트를 함께 정의한다. 미묘한 경우(edge case)가 많다면 각 함수를 서로 다른 TestCase 하위 클래스에 정의할 때도 있다. 그렇지 않다면 한 모듈 안에 포함된 모든 테스트 함수를 한 TestCase 하위 클래스에 정의한다. 각 기본 클래스에 대응하는 TestCase 하위 클래스를 별도로 만들고, 각 TestCase 하위 클래스 안에 대응하는 기본 클래스의 모든 메서드에 대한 테스트 메서드를 정의하는 경우도 있다.

TestCase 클래스가 제공하는 subTest 도우미 메서드를 사용하면 한 테스트 메서드 안에 여러 테스트를 정의할 수 있다. 이 subTest를 사용하면 준비 코드를 작성하지 않아도 된다. 특히 데이터 기반 테스트를 작성할 때 subTest가 도움이 되며, subTest를 사용하면 하위 테스트 케이스 중 하나가 실패해도 다른 테스트 케이스를 계속 진행할 수 있다(이 동작은 TestCase 안에 들어 있는 각 테스트 메서드들의 동작과 비슷하다). 다음 코드는 이런 특성을 보여주고자 정의한 데이터 기반 테스트 정의다.

```
# data_driven_test.py
from unittest import TestCase, main
from utils import to_str

class DataDrivenTestCase(TestCase):
```

```
    def test_good(self):
        good_cases = [
            (b'my bytes', 'my bytes'),
            ('no error', b'no error'),  # 이 부분에서 실패함
            ('other str', 'other str'),
            ...
        ]
        for value, expected in good_cases:
            with self.subTest(value):
                self.assertEqual(expected, to_str(value))

    def test_bad(self):
        bad_cases = [
            (object(), TypeError),
            (b'\xfa\xfa', UnicodeDecodeError),
            ...
        ]
        for value, exception in bad_cases:
            with self.subTest(value):
                with self.assertRaises(exception):
                    to_str(value)

if __name__ == '__main__':
    main()
```

no error 테스트 케이스는 실패하면서 어디가 잘못됐는지 알려주는 오류 메시지를 표시해주지만, 다른 테스트 케이스는 계속 실행되고 통과된다.

```
$ python3 data_driven_test.py
.
===============================================================
FAIL: test_good (__main__.DataDrivenTestCase) [no error]
---------------------------------------------------------------
Traceback (most recent call last):
  File "testing/data_driven_test.py", line 18, in test_good
    self.assertEqual(expected, to_str(value))
```

```
AssertionError: b'no error' != 'no error'

----------------------------------------------------------------
Ran 2 tests in 0.001s

FAILED (failures=1)
```

> Note ≡ 프로젝트의 복잡성과 테스트 요구 사항에 따라 pytest(https://pytest.org) 오픈
> 소스 패키지와 관련 커뮤니티에서 개발한 다양한 플러그인이 특히 유용할 수 있다.

기억해야 할 내용

- unittest 내장 모듈에 있는 TestCase 클래스의 하위 클래스를 정의하고 테스트하려는
  동작마다 메서드를 정의함으로써 테스트를 정의할 수 있다. TestCase 하위 클래스 안에
  서 테스트 메서드의 이름은 test로 시작해야 한다.
- 테스트 안에서는 파이썬 내장 assert 문을 사용하지 말고, assertEqual과 같이
  TestCase 클래스에 정의된 여러 가지 도우미 메서드를 사용해 원하는 동작을 확인하라.
- 준비 코드를 줄이려면 subTest 도우미 메서드를 사용해 데이터 기반 테스트를 정의
  하라.

BETTER WAY **77** setUp, tearDown, setUpModule,
tearDownModule을 사용해 각각의 테스트를
격리하라

TestCase 클래스(Better way 76: 'TestCase 하위 클래스를 사용해 프로그램
에서 연관된 행동 방식을 검증하라' 참고)에서는 테스트 메서드를 실행하기
전에 테스트 환경을 구축해야 하는 경우가 자주 있다. 이런 테스트 과정을 **테
스트 하네스**(test harness)라고 부르기도 한다. 그렇게 하려면 TestCase 하위 클
래스 안에서 setUp과 tearDown 메서드를 오버라이드해야 한다. setUp은 테스

트 메서드를 실행하기 전에 호출되고, tearDown 메서드는 테스트 메서드를 실행한 다음에 호출된다. 두 메서드를 활용하면 각 테스트를 서로 격리된 상태에서 실행할 수 있다. 테스트 간의 격리는 테스트를 제대로 진행하기 위해 가장 중요한 실무 지침이다.

예를 들어, 다음은 각각의 테스트를 진행하기 전에 임시 디렉터리를 만들고 테스트가 끝난 후 디렉터리 내용을 지우는 TestCase 클래스를 정의한 코드다.

```python
# environment_test.py
from pathlib import Path
from tempfile import TemporaryDirectory
from unittest import TestCase, main

class EnvironmentTest(TestCase):
    def setUp(self):
        self.test_dir = TemporaryDirectory()
        self.test_path = Path(self.test_dir.name)

    def tearDown(self):
        self.test_dir.cleanup()

    def test_modify_file(self):
        with open(self.test_path / 'data.bin', 'w') as f:
            ...

if __name__ == '__main__':
    main()
```

프로그램이 복잡해지면 코드를 독립적으로 실행(목(mock) 등의 도구를 사용한다. Better way 78: '목을 사용해 의존 관계가 복잡한 코드를 테스트하라' 참고)하는 대신에 여러 모듈 사이의 단대단(end-to-end) 상호작용을 검증하는 테스트가 필요할 수도 있다. 이 부분이 **단위 테스트**(unit test)와 **통합 테스트**(integration test) 간에 서로 다른 점이다. 파이썬에서 두 테스트가 필요한 이유는 서로 동일하다. 바로 모듈이 제대로 작동하는지 검증하기 전에는 모듈이 실제로 제대로 작동하는지 알 수 없기 때문이다. 따라서 파이썬에서는 두 유형의 테스트가 모두 중요하다.

흔히 발생하는 문제로 통합 테스트에 필요한 테스트 환경을 구축할 때 계산 비용이 너무 비싸거나, 너무 오랜 시간이 소요될 경우가 있다. 예를 들어, 통합 테스트를 진행하기 위해 데이터베이스 프로세스를 시작하고 데이터베이스가 모든 인덱스를 메모리에 읽어올 때까지 기다려야 할 수도 있다. 이런 지연 시간이 있으면 TestCase 클래스의 setUp과 tearDown 메서드에서 테스트를 준비하고 정리하는 과정이 비실용적이다.

이런 상황을 해결하기 위해 unittest 모듈은 모듈 단위의 테스트 하네스 초기화를 지원한다. 이 기능을 활용하면 비싼 자원을 단 한 번만 초기화하고, 초기화를 반복하지 않고도 모든 TestCase 클래스와 테스트 메서드를 실행할 수 있다. 나중에 모듈 안의 모든 테스트가 끝나면 테스트 하네스를 단 한 번만 정리하면 된다. 다음 코드는 TestCase 클래스가 들어 있는 모듈 안에 setUpModule과 tearDownModule 메서드를 정의해 위 동작을 사용한다.

```python
# integration_test.py
from unittest import TestCase, main

def setUpModule():
    print('* 모듈 설정')

def tearDownModule():
    print('* 모듈 정리')

class IntegrationTest(TestCase):
    def setUp(self):
        print('* 테스트 설정')
```

```python
    def tearDown(self):
        print('* 테스트 정리')

    def test_end_to_end1(self):
        print('* 테스트 1')

    def test_end_to_end2(self):
        print('* 테스트 2')

if __name__ == '__main__':
    main()
```

```
$ python3 integration_test.py
* 모듈 설정
* 테스트 설정
* 테스트 1
* 테스트 정리
.* 테스트 설정
* 테스트 2
* 테스트 정리
.* 모듈 정리


----------------------------------------------------------------------

Ran 2 tests in 0.000s

OK
```

unittest에 의해 setUpModule이 단 한 번만 실행됐음을 확실히 알 수 있을 뿐
아니라, 다른 모든 setUp 메서드가 호출되기 전에 setUpModule이 호출됐음을
알 수 있다. 마찬가지로 tearDownModule은 모든 tearDown 메서드가 호출된 뒤
에 호출된다.

- 단위 테스트(함수, 클래스 등의 기본 단위를 격리시켜 검증하는 테스트)와 통합 테스트 (모듈 간의 상호작용을 검증하는 테스트)를 모두 작성하는 것이 중요하다.
- setUp과 tearDown 메서드를 사용하면 테스트 사이를 격리할 수 있으므로 더 깨끗한 테 스트 환경을 제공할 수 있다.
- 통합 테스트의 경우 모듈 수준의 함수인 setUpModule과 tearDownModule을 사용하면 테스트 모듈과 모듈 안에 포함된 모든 TestCase 클래스의 전체 생명 주기 동안 필요한 테스트 하네스를 관리할 수 있다.

BETTER WAY 78 목을 사용해 의존 관계가 복잡한 코드를 테스트하라

테스트를 작성할 때 필요한 공통 기능으로(Better way 76: 'TestCase 하위 클래스를 사용해 프로그램에서 연관된 행동 방식을 검증하라' 참고), 사용하 기에 너무 느리거나 어려운 함수와 클래스의 목을 만들어 사용하는 기능이 있다. 예를 들어 동물원에서 먹이 주는 시간을 관리하는 프로그램이 필요하 다고 하자. 다음 코드는 특정 종에 속하는 모든 동물과 그 동물들에게 가장 최근에 먹이를 준 시간을 데이터베이스에 질의해서 반환하는 함수다.

```
class DatabaseConnection:
    ...

def get_animals(database, species):
    # 데이터베이스에 질의한다
    ...
    # (이름, 급양 시간) 튜플 리스트를 반환한다
```

이 함수를 테스트할 때 사용할 DatabaseConnection 인스턴스를 어떻게 얻을 수 있을까? 다음은 DatabaseConnection 인스턴스를 만들어서 테스트 대상 함 수에 전달하는 코드다.

```
database = DatabaseConnection('localhost', '4444')

get_animals(database, '미어캣')
```

```
>>>
Traceback ...
DatabaseConnectionError: Not connected
```

물론 실행 중인 데이터베이스가 없으므로 테스트는 실패한다. 한 가지 해결책은 테스트할 때 정말로 데이터베이스 서버를 기동하고 그 서버에 연결하는 것이다. 하지만 데이터베이스를 완전히 자동으로 실행하려면, 단순한 단위 테스트를 진행하는 경우에도 스키마를 설정하고 데이터를 채워 넣는 등 너무 많은 작업이 필요하다. 더 나아가 데이터베이스 서버를 기동하려면 실제로 많은 시간이 소요되기 때문에 단위 테스트 진행이 오래 걸리고 테스트 관리가 어려워질 수 있다.

더 나은 방법은 데이터베이스를 모킹(mocking)하는 것이다. 목(mock)은 자신이 흉내 내려는 대상에 의존하는 다른 함수들이 어떤 요청을 보내면 어떤 응답을 보내야 할지 알고, 요청에 따라 적절한 응답을 돌려준다. 목과 페이크를 구분하는 것이 중요하다. 페이크(fake)는 DatabaseConnection의 기능을 대부분 제공하지만 더 단순한 단일 스레드 인메모리(in-memory) 데이터베이스를 사용한다.

파이썬 unittest.mock 내장 모듈을 사용하면 목을 만들고 테스트에 사용할 수 있다. 다음 코드는 데이터베이스에 실제로 접속하지 않고 get_animals 함수를 시뮬레이션하는 Mock 인스턴스를 보여준다.

```
from datetime import datetime
from unittest.mock import Mock

mock = Mock(spec=get_animals)
```

```
expected = [
    ('점박이', datetime(2020, 6, 5, 11, 15)),
    ('털보', datetime(2020, 6, 5, 12, 30)),
    ('조조', datetime(2020, 6, 5, 12, 45)),
]
mock.return_value = expected
```

Mock 클래스는 목 함수를 만든다. 목의 `return_value` 애트리뷰트는 목이 호출됐을 때 돌려줄 값이다. `spec` 인자는 목이 작동을 흉내 내야 하는 대상이며, 목은 대상에 대한 잘못된 요청이 들어오면 오류를 발생시킨다. 여기서는 대상이 함수다.

예를 들어, 다음은 목 함수를 애트리뷰트가 들어 있는 객체처럼 다룰 때 발생하는 오류를 보여준다.

```
mock.does_not_exist
```

```
>>>
Traceback ...
AttributeError: Mock object has no attribute 'does_not_exist'
```

일단 목이 생기면 이 목을 호출하고, 목이 반환하는 값을 받고, 반환받은 값이 예상하는 값인지 검증할 수 있다. 여기서 목이 database를 실제로 사용하지는 않기 때문에 고유한 object 값을 목의 database 인자로 넘겼다. 우리가 관심 있는 것은 DatabaseConnection 인스턴스를 필요로 하는 객체들이 제대로 작동하기 위해 공급받은 database 파라미터를 제대로 연결해 사용하는지 여부뿐이다(Better way 55: 'Queue를 사용해 스레드 사이의 작업을 조율하라'에서 센티널 object 인스턴스를 사용하는 다른 예를 볼 수 있다).

```
database = object()
result = mock(database, '미어캣')
assert result == expected
```

이렇게 하면 목이 제대로 응답했는지를 검증할 수 있다. 하지만 목을 호출한 코드가 제대로 인자를 목에게 전달했는지 어떻게 알 수 있을까? 이를 위해 Mock 클래스는 assert_called_once_with라는 메서드를 제공한다. 이 메서드는 어떤 파라미터가 목 객체에게 정확히 한 번 전달됐는지를 검증한다.

```
mock.assert_called_once_with(database, '미어캣')
```

잘못된 파라미터를 전달하면 예외가 발생하고 assert_called_once_with 단언문을 사용한 TestCase는 실패한다.

```
mock.assert_called_once_with(database, '기린')
```

```
>>>
Traceback ...
AssertionError: expected call not found.
Expected: mock(<object object at 0x109038790>, '기린')
Actual: mock(<object object at 0x109038790>, '미어캣')
```

여기서 database의 경우처럼 목에 전달되는 개별 파라미터에 관심이 없다면 unittest.mock.ANY 상수를 사용해 어떤 인자를 전달해도 관계없다고 표현할 수도 있다. 또 Mock의 assert_called_with 메서드를 사용하면, 가장 최근(다음 코드에서는 목을 여러 번 호출했다)에 목을 호출할 때 어떤 인자가 전달됐는지 확인할 수도 있다.

```
from unittest.mock import ANY

mock = Mock(spec=get_animals)
mock('database 1', '토끼')
mock('database 2', '들소')
mock('database 3', '미어캣')

mock.assert_called_with(ANY, '미어캣')
```

테스트 대상 객체의 동작에서 어떤 파라미터가 중요하지 않을 때는 ANY가 유용하다. 때로는 여러 파라미터에 대한 기댓값을 하나하나 지정해 테스트를 과도하게 구체적으로 만들기보다는 ANY를 좀 더 자유롭게 사용해서 테스트를 느슨하게 하면 좋을 때가 있다.

Mock 클래스는 예외 발생을 쉽게 모킹할 수 있는 도구도 제공한다.

```
class MyError(Exception):
    pass

mock = Mock(spec=get_animals)
mock.side_effect = MyError('에구머니나! 큰 문제 발생')
result = mock(database, '미어캣')
```

```
>>>
Traceback ...
MyError: 에구머니나! 큰 문제 발생
```

Mock 클래스에는 더 많은 기능이 들어 있으니 help(unittest.mock.Mock)에서 모든 기능을 꼭 살펴보길 바란다.

Mock이 작동하는 메커니즘을 설명했으므로, 이제 실제 테스트 상황에서 단위 테스트를 작성하기 위해 목을 효율적으로 사용하는 방법을 살펴보자. 다음 코드는 데이터베이스와 상호작용하기 위한 몇 가지 함수를 사용해 동물원의 여러 동물에게 먹이를 여러 차례 급양하는 함수를 정의한다.

```
def get_food_period(database, species):
    # 데이터베이스에 질의한다
    ...
    # 주기를 반환한다

def feed_animal(database, name, when):
    # 데이터베이스에 기록한다
    ...
```

```
def do_rounds(database, species):
    now = datetime.datetime.utcnow()
    feeding_timedelta = get_food_period(database, species)
    animals = get_animals(database, species)
    fed = 0

    for name, last_mealtime in animals:
        if (now - last_mealtime) > feeding_timedelta:
            feed_animal(database, name, now)
            fed += 1

    return fed
```

우리가 만들 테스트의 목적은 do_rounds가 실행될 때 원하는 동물에게 먹이가 주어졌는지, 데이터베이스에 최종 급양 시간이 기록되는지, 함수가 반환한 전체 급양 횟수가 제대로인지 검증하는 것이다. 이를 위해 datetime.utcnow를 모킹해서 테스트를 실행하는 시간이 서머타임(일광절약시간)이나 다른 일시적인 변화에 영향을 받지 않게 만든다. 데이터베이스에서 값을 가져와야 하는 get_food_period와 get_animals도 모킹해야 한다. 그리고 feed_animal을 모킹해서 데이터베이스에 다시 써야 하는 데이터를 받을 수 있게 만들어야 한다.

문제는 다음과 같다. 목 함수를 만드는 방법을 알고 원하는 값을 설정하는 방법도 아는데, 테스트 대상인 do_rounds 함수가 실제 함수가 아닌 목 함수를 쓰게 바꾸는 방법은 무엇일까? 한 가지 접근 방법은 모든 요소를 키워드 방식으로 지정해야 하는 인자로 만드는 것이다(Better way 25: '위치로만 인자를 지정하게 하거나 키워드로만 인자를 지정하게 해서 함수 호출을 명확하게 만들라' 참고).

```
def do_rounds(database, species, *,
              now_func=datetime.utcnow,
```

```
                food_func=get_food_period,
                animals_func=get_animals,
                feed_func=feed_animal):
    now = now_func()
    feeding_timedelta = food_func(database, species)
    animals = animals_func(database, species)
    fed = 0

    for name, last_mealtime in animals:
        if (now - last_mealtime) > feeding_timedelta:
            feed_func(database, name, now)
            fed += 1

    return fed
```

이 함수를 테스트하려면 모든 Mock 인스턴스를 미리 만들고 각각의 예상 반환 값을 설정해야 한다.

```
from datetime import timedelta

now_func = Mock(spec=datetime.utcnow)
now_func.return_value = datetime(2020, 6, 5, 15, 45)

food_func = Mock(spec=get_food_period)
food_func.return_value = timedelta(hours=3)

animals_func = Mock(spec=get_animals)
animals_func.return_value = [
    ('점박이', datetime(2020, 6, 5, 11, 15)),
    ('털보', datetime(2020, 6, 5, 12, 30)),
    ('조조', datetime(2020, 6, 5, 12, 45)),
]

feed_func = Mock(spec=feed_animal)
```

그다음에 목을 do_rounds 함수에 넘겨서 디폴트 동작을 오버라이드하면 do_rounds 함수를 테스트할 수 있다.

```
result = do_rounds(
    database,
    'Meerkat',
    now_func=now_func,
    food_func=food_func,
    animals_func=animals_func,
    feed_func=feed_func)

assert result == 2
```

마지막으로 do_rounds가 의존하는 함수가 모두 우리가 예상하는 값을 전달받았는지 검증할 수 있다.

```
from unittest.mock import call

food_func.assert_called_once_with(database, '미어캣')

animals_func.assert_called_once_with(database, '미어캣')

feed_func.assert_has_calls(
    [
        call(database, '점박이', now_func.return_value),
        call(database, '털보', now_func.return_value),
    ],
    any_order=True)
```

datetime.utcnow 목의 경우 함수 반환 값을 통해 값을 검증할 수 있기 때문에 파라미터 값이나 호출된 횟수는 검증하지 않는다. get_food_period나 get_animals에 대해서는 assert_called_once_with를 사용해 단 한 번만 호출됐는지, 우리가 원하는 인자를 받았는지를 검증한다. feed_animals 함수는 unittest.mock.call 도우미 함수와 assert_has_calls 메서드를 사용해 데이터베이스에 기록하는 함수가 두 번 호출됐는지(이때 호출 순서는 고려하지 않는다)를 검증한다.

이런 식으로 키워드 방식으로만 호출할 수 있는 인자를 사용해 목을 주입하는 방식은 잘 작동하지만, 코드가 장황해지고 테스트 대상 함수를 모두 변경해야 한다는 단점이 있다. unittest.mock.patch 관련 함수들은 목 주입을 더 쉽게 만들어준다. patch 함수는 임시로 모듈이나 클래스의 애트리뷰트에 다른 값을 대입해준다. patch를 사용하면 앞에서 본 데이터베이스에 접근하는 함수들을 임시로 다른 함수로 대치할 수 있다. 다음 코드는 patch를 사용해 get_animals를 목으로 대치한다.

```
from unittest.mock import patch

print('패치 외부:', get_animals)

with patch('__main__.get_animals'):
    print('패치 내부:', get_animals)

print('다시 외부:', get_animals)
```

```
>>>
패치 외부: <function get_animals at 0x7fe7dd5d3820>
패치 내부: <MagicMock name='get_animals' id='140633827659680'>
다시 외부: <function get_animals at 0x7fe7dd5d3820>
```

다양한 모듈이나 클래스, 애트리뷰트에 대해 patch를 사용할 수 있다. patch를 with 문 내에서 사용(Better way 66: '재사용 가능한 try/finally 동작을 원한다면 contextlib과 with 문을 사용하라' 참고)할 수도 있고, 함수 데코레이터(Better way 26: 'functools.wrap을 사용해 함수 데코레이터를 정의하라' 참고)로 사용할 수도 있으며, TestCase 클래스 안의 setUp이나 tearDown 메서드(Better way 76: 'TestCase 하위 클래스를 사용해 프로그램에서 연관된 행동 방식을 검증하라' 참고)에서 사용할 수도 있다. 모든 옵션을 보려면 help(unittest.mock.patch)를 살펴보라.

하지만 patch를 모든 경우에 사용할 수 있는 것은 아니다. 예를 들어 do_rounds를 테스트하려면 현재 시간을 돌려주는 datetime.utcnow 클래스 메서드를 모킹해야 한다. datetime 클래스가 C 확장 모듈이므로 파이썬에서 다음과 같이 변경할 수는 없다.

```
fake_now = datetime(2020, 6, 5, 15, 45)

with patch('datetime.datetime.utcnow'):
    datetime.utcnow.return_value = fake_now
```

```
>>>
Traceback ...
TypeError: can't set attributes of built-in/extension type
➡'datetime.datetime'
```

이를 우회하려면 patch를 적용할 수 있는 다른 도우미 함수를 만들어서 시간을 얻어야 한다.

```
def get_do_rounds_time():
    return datetime.datetime.utcnow()

def do_rounds(database, species):
    now = get_do_rounds_time()
    ...

with patch('__main__.get_do_rounds_time'):
    ...
```

다른 방법으로, datetime.utcnow 목에 대해서는 키워드로 호출해야만 하는 인자를 사용하고 다른 모든 목에 대해서는 patch를 사용할 수도 있다.

```
def do_rounds(database, species, *, utcnow=datetime.utcnow):
    now = utcnow()
    feeding_timedelta = get_food_period(database, species)
    animals = get_animals(database, species)
```

```
    fed = 0

    for name, last_mealtime in animals:
        if (now - last_mealtime) > feeding_timedelta:
            feed_func(database, name, now)
            fed += 1

    return fed
```

우리는 두 번째 방법을 사용할 것이다. 이제 patch.multiple 함수를 사용해
여러 목을 만들고 각각의 예상 값을 설정하자.

```
from unittest.mock import DEFAULT

with patch.multiple('__main__',
                    autospec=True,
                    get_food_period=DEFAULT,
                    get_animals=DEFAULT,
                    feed_animal=DEFAULT):
    now_func = Mock(spec=datetime.utcnow)
    now_func.return_value = datetime(2020, 6, 5, 15, 45)
    get_food_period.return_value = timedelta(hours=3)
    get_animals.return_value = [
        ('점박이', datetime(2020, 6, 5, 11, 15)),
        ('털보', datetime(2020, 6, 5, 12, 30)),
        ('조조', datetime(2020, 6, 5, 12, 45))
    ]
```

설정이 끝나면 테스트를 실행하고 patch.multiple을 사용한 with 문 안에서
제대로 목 호출이 이뤄졌는지 검증할 수 있다.

```
result = do_rounds(database, '미어캣', utcnow=now_func)
assert result == 2

food_func.assert_called_once_with(database, '미어캣')
animals_func.assert_called_once_with(database, '미어캣')
```

```
feed_func.assert_has_calls(
    [
        call(database, '점박이', now_func.return_value),
        call(database, '털보', now_func.return_value),
    ],
    any_order=True)
```

patch.multiple의 키워드 인자들은 __main__ 모듈에 있는 이름 중에서 테스트하는 동안에만 변경하고 싶은 이름에 해당한다. DEFAULT 값은 각 이름에 대해 표준 Mock 인스턴스를 만들고 싶다는 뜻이다. autospec=True를 지정했기 때문에 만들어진 목은 각각이 시뮬레이션하기로 돼 있는 객체(__main__ 모듈에 있는 이름이 같은 원 객체)의 명세를 따른다.

이런 식으로 목을 사용해도 제대로 작동하지만, 여러분이 만든 코드를 테스트하기 좋게 리팩터링하면 테스트의 가독성이 더 좋아지고 테스트 준비 코드도 줄어들 수 있다(Better way 79: '의존 관계를 캡슐화해 모킹과 테스트를 쉽게 만들라' 참고).

기억해야 할 내용

- unittest.mock 모듈은 Mock 클래스를 사용해 인터페이스의 동작을 흉내 낼 수 있게 해준다. 테스트를 할 때 테스트 대상 코드가 호출해야 하는 의존 관계 함수를 설정하기 힘들 경우에는 목을 사용하면 유용하다.
- 목을 사용할 때는 테스트 대상 코드의 동작을 검증하는 것과 테스트 대상 코드가 호출하는 의존 관계 함수들이 호출되는 방식을 검증하는 것이 모두 중요하다. Mock.assert_called_once_with나 이와 비슷한 메서드들을 사용해 이런 검증을 수행한다.
- 목을 테스트 대상 코드에 주입할 때는 키워드를 사용해 호출해야 하는 인자를 쓰거나, unittest.mock.patch 또는 이와 비슷한 메서드들을 사용한다.

BETTER WAY 79 의존 관계를 캡슐화해 모킹과 테스트를 쉽게 만들라

이전 Better way(Better way 78: '목을 사용해 의존 관계가 복잡한 코드를 테스트하라' 참고)에서는 unittest.mock 내장 모듈의 기능(Mock 클래스와 patch관련 함수들)을 활용해 데이터베이스 등에 복잡하게 의존하는 테스트를 작성하는 방법을 설명했다. 하지만 이런 방식으로 만든 테스트 케이스에는 준비 코드가 많이 들어가므로 테스트 코드를 처음 보고 테스트가 무엇을 검증하려는 것인지 이해하기 어려울 수 있다.

이러한 테스트를 개선하는 한 가지 방법은 DatabaseConnection 객체를 인자로 직접 전달하는 대신 래퍼 객체를 사용해 데이터베이스 인터페이스를 캡슐화하는 것이다. 더 나은 추상화를 사용하면 목이나 테스트를 더 쉽게 만들 수 있으므로 때로는 더 나은 추상화를 사용하도록 코드를 리팩터링할 만한 가치가 있다(Better way 89: '리팩터링과 마이그레이션 방법을 알려주기 위해 warning을 사용하라'에서 한 가지 접근 방법을 볼 수 있다). 다음 코드는 이전 Better way에서 다룬 여러 가지 데이터베이스 도우미 함수를 개별 함수가 아니라 한 클래스 안에 들어 있는 메서드가 되도록 다시 정의한다.

```
class ZooDatabase:
    ...

    def get_animals(self, species):
        ...

    def get_food_period(self, species):
        ...

    def feed_animal(self, name, when):
        ...
```

이제 do_rounds 함수가 ZooDatabase 객체의 메서드를 호출하게 변경할 수
있다.

```
from datetime import datetime

def do_rounds(database, species, *, utcnow=datetime.utcnow):
    now = utcnow()
    feeding_timedelta = database.get_food_period(species)
    animals = database.get_animals(species)
    fed = 0

    for name, last_mealtime in animals:
        if (now - last_mealtime) >= feeding_timedelta:
            database.feed_animal(name, now)
            fed += 1

    return fed
```

이제는 unittest.mock.patch를 사용해 목을 테스트 대상 코드에 주입할 필요
가 없으므로 do_rounds에 대한 테스트를 작성하기가 더 쉽다. path를 사용
하는 대신, 이제는 ZooDatabase를 표현하는 Mock 인스턴스를 만들어서 do_
rounds의 database로 넘길 수 있다. Mock 클래스는 자신의 애트리뷰트에 대
해 이뤄지는 모든 접근에 대해 목 객체를 반환한다. 이런 애트리뷰트들을 메
서드처럼 호출할 수 있고, 이 애트리뷰트들을 사용해 호출 시 반환될 예상 값
을 설정하고 호출 여부를 검증할 수 있다. 이런 기능을 통해 클래스 안에 있
는 모든 메서드에 대한 목을 쉽게 제공할 수 있다.

```
from unittest.mock import Mock

database = Mock(spec=ZooDatabase)
print(database.feed_animal)
database.feed_animal()
database.feed_animal.assert_any_call()
```

```
>>>
<Mock name='mock.feed_animal' id='4384773408'>
```

ZooDatabase 캡슐화를 사용하도록 Mock 설정 코드를 다시 작성할 수 있다.

```
from datetime import timedelta
from unittest.mock import call

now_func = Mock(spec=datetime.utcnow)
now_func.return_value = datetime(2019, 6, 5, 15, 45)

database = Mock(spec=ZooDatabase)
database.get_food_period.return_value = timedelta(hours=3)
database.get_animals.return_value = [
    ('점박이', datetime(2019, 6, 5, 11, 15)),
    ('털보', datetime(2019, 6, 5, 12, 30)),
    ('조조', datetime(2019, 6, 5, 12, 55))
]
```

이제 테스트 대상 함수를 실행하고, 함수가 의존하는 모든 메서드가 예상대로 호출됐는지 검증할 수 있다.

```
result = do_rounds(database, '미어캣', utcnow=now_func)
assert result == 2

database.get_food_period.assert_called_once_with('미어캣')
database.get_animals.assert_called_once_with('미어캣')
database.feed_animal.assert_has_calls(
    [
        call('점박이', now_func.return_value),
        call('털보', now_func.return_value),
    ],
    any_order=True)
```

클래스를 모킹할 때 spec 파라미터를 Mock에 사용하면, 테스트 대상 코드가 실수로 메서드 이름을 잘못 사용하는 경우를 발견할 수 있으므로 특히 도움

이 된다. 테스트 대상 코드와 단위 테스트 양쪽에서 메서드 이름을 똑같이 잘
못 사용하는 오류를 저질러서 프로덕션에 가서야 실제 오류를 발견하게 되는
함정을 예방할 수 있다.

```
database.bad_method_name()
```

```
>>>
Traceback ...
AttributeError: Mock object has no attribute 'bad_method_name'
```

이 프로그램을 중간 수준의 통합 테스트와 함께 단대단으로 테스트하고 싶다
면(Better way 77: 'setUp, tearDown, setUpModule, tearDownModule을 사용
해 각각의 테스트를 격리하라' 참고) 여전히 프로그램에 ZooDatabase를 주입
할 방법이 필요하다. **의존 관계 주입**(dependency injection)의 연결점 역할을 하
는 도우미 함수를 만들어서 ZooDatabase를 프로그램에 주입할 수 있다. 다음
코드에서는 global 문을 사용해 모듈 영역(Better way 86: '배포 환경을 설
정하기 위해 모듈 영역의 코드를 사용하라' 참고)에 ZooDatabase를 캐시해주
는 도우미 함수를 정의한다.

```
DATABASE = None

def get_database():
    global DATABASE
    if DATABASE is None:
        DATABASE = ZooDatabase()
    return DATABASE

def main(argv):
    database = get_database()
    species = argv[1]
    count = do_rounds(database, species)
    print(f'급양: {count} {species}')
    return 0
```

이제 patch를 사용해 목 ZooDatabase를 주입하고, 테스트를 실행하고, 프로그램 출력을 검증할 수 있다. 여기서는 목 datetime.utcnow를 사용하지 않고 단위 테스트와 비슷한 결과를 낼 수 있도록 목이 반환하는 데이터베이스 레코드의 시간을 현재 시간에 대해 상대적인 값으로 설정한다. 이런 접근 방법은 모든 것을 모킹하는 방식보다 신뢰성은 약간 떨어지지만, 더 많은 영역을 테스트할 수 있다.

```python
import contextlib
import io
from unittest.mock import patch

with patch('__main__.DATABASE', spec=ZooDatabase):
    now = datetime.utcnow()

    DATABASE.get_food_period.return_value = timedelta(hours=3)
    DATABASE.get_animals.return_value = [
        ('점박이', now - timedelta(minutes=4.5)),
        ('털보', now - timedelta(hours=3.25)),
        ('조조', now - timedelta(hours=3)),
    ]

    fake_stdout = io.StringIO()
    with contextlib.redirect_stdout(fake_stdout):
        main(['프로그램 이름', '미어캣'])

    found = fake_stdout.getvalue()
    expected = '급양: 2 미어캣\n'

    assert found == expected
```

결과가 예상한 값과 맞아떨어진다. 이런 통합 테스트도 쉽게 만들 수 있었던 이유는 테스트를 쉽게 작성할 수 있도록 프로그램을 구현했기 때문이다.

- 단위 테스트를 작성할 때 목을 만들기 위해 반복적인 준비 코드를 많이 사용해야 한다면, 테스트 대상이 의존하는 다른 기능들을 더 쉽게 모킹할 수 있는 클래스로 캡슐화하는 것이 좋다.
- unittest.mock 내장 모듈의 Mock 클래스는 클래스를 시뮬레이션할 수 있는 새로운 목을 반환한다. 이 목은 목 메서드처럼 작동할 수 있고 클래스 내 각각의 애트리뷰트에 접근할 수도 있다.
- 단대단 테스트를 위해서는 테스트에 사용할 목 의존 관계를 주입하는 데 명시적인 연결점으로 쓰일 수 있는 도우미 함수를 더 많이 포함하도록 코드를 리팩터링하는 것이 좋다.

BETTER WAY 80 pdb를 사용해 대화형으로 디버깅하라

프로그램을 개발하다 보면 누구나 버그와 마주치기 마련이다. print 함수를 사용하면 다양한 문제의 근원을 추적할 수 있다(Better way 75: '디버깅 출력에는 repr 문자열을 사용하라' 참고). 한편 문제가 될 법한 구체적인 경우에 대한 테스트를 작성하는 것도 문제를 격리시키는 좋은 방법이다(Better way 76: 'TestCase 하위 클래스를 사용해 프로그램에서 연관된 행동 방식을 검증하라' 참고). 하지만 이런 도구만으로는 버그의 근본적인 이유를 찾기에 충분하지 않다. 더 강력한 도구가 필요하다면 파이썬 내장 **대화형 디버거**를 사용해보라. 디버거를 사용하면 프로그램의 상태를 들여다보고, 지역 변수를 출력하고, 파이썬 프로그램을 한 번에 한 문장씩 실행할 수 있다.

대부분의 다른 프로그래밍 언어에서 디버거를 사용할 때는 소스 파일에서 프로그램 실행을 일시 중단하고 싶은 줄을 지정하고 프로그램을 실행한다. 이와 반대로 파이썬에서 디버거를 사용하는 가장 편한 방법은 문제를 조사하기에 가장 적합한 지점에서 프로그램이 디버거를 초기화할 수 있게 프로그램을 변경하는 것이다. 이는 파이썬 프로그램을 일반적인 상태로 시작하는 경우와 디버거로 시작하는 경우에 차이가 없다는 뜻이다.

디버거를 초기화하기 위해 해야 할 일은 breakpoint 내장 함수를 호출하는 것뿐이다. 이 함수는 pdb 내장 모듈을 임포트하고 set_trace 함수를 실행하는 것과 똑같은 일을 한다.

```
# always_breakpoint.py
import math

def compute_rmse(observed, ideal):
    total_err_2 = 0
    count = 0
    for got, wanted in zip(observed, ideal):
        err_2 = (got - wanted) ** 2
        breakpoint()  # 여기서 디버거를 시작함
        total_err_2 += err_2
        count += 1

    mean_err = total_err_2 / count
    rmse = math.sqrt(mean_err)
    return rmse

result = compute_rmse(
    [1.8, 1.7, 3.2, 6],
    [2, 1.5, 3, 5])
print(result)
```

breakpoint 함수가 실행되자마자, breakpoint 바로 다음 줄로 실행이 옮겨가기 전에 프로그램 실행이 일시 중단된다. 프로그램을 시작한 터미널에서는 대화형 파이썬 셸이 시작된다.

```
$ python3 always_breakpoint.py
> always_breakpoint.py(12)compute_rmse()
```

```
-> total_err_2 += err_2
(Pdb)
```

(Pdb) 프롬프트에서 p <이름>으로 지역 변수 이름을 입력하면 변수에 저장된 값을 출력할 수 있다. locals 내장 함수를 호출하면 모든 지역 변수 목록을 볼 수 있다. (Pdb) 프롬프트에서는 모듈을 임포트하거나, 새로운 객체를 만들거나, help 내장 함수를 실행하거나, 심지어는 (디버깅에 도움을 주기 위해 필요하다고 생각되면) 프로그램의 일부를 변경할 수도 있다.

추가로 디버거는 프로그램 실행을 제어하고 이해할 수 있게 도와주는 여러 가지 특별한 명령을 제공한다. (Pdb) 프롬프트에서 help를 입력하면 모든 명령어 목록을 볼 수 있다.

다음 세 가지 명령은 실행 중인 프로그램을 관찰할 때 아주 유용하다.

- where: 현재 실행 중인 프로그램의 호출 스택을 출력한다. 이 명령을 사용하면 실행 중인 프로그램의 현재 위치를 알 수 있고, breakpoint 트리거가 어떻게 발동됐는지 볼 수 있다.

- up: 실행 호출 스택에서 현재 관찰 중인 함수를 호출한 쪽(위)으로 호출 스택 영역을 한 단계 이동해서 해당 함수의 지역 변수를 관찰할 수 있게 한다.* up 대신 u만 써도 된다.

- down: 실행 호출 스택에서 한 수준 아래로 호출 스택 영역을 이동한다. Down 대신 d만 써도 된다.

---

* [역주] 개념적으로 활성 레코드(activation record)가 쌓이는 스택의 맨 위에는 가장 마지막으로 호출된 현재 실행 중인 함수(또는 메서드)의 활성 레코드가 있고 그 아래로 현재 실행 중인 함수를 호출한 함수의 활성 레코드가 호출 순서 역순으로 있다고 말하는 것이 맞다. 하지만 디버깅 시 중단점이 걸린 상태에서 호출 스택의 이동을 이야기할 때는 호출 순서를 거슬러 올라가면 더 위로 올라간다고 표현하고, 호출 순서를 따라가면 더 아래로 내려간다고 표현한다. 예를 들어 A -> B -> C 순서로 호출이 이뤄지고 C에 중단점을 설정했다면, C에서 B로 호출 스택을 올라가고 B에서 A로 호출 스택을 올라간다고 말한다. 디버거에서도 이런 개념에 따라 u와 d를 사용한다.

현재 상태를 살펴본 후에는 다음 다섯 가지 디버거 명령을 사용해 프로그램 실행을 다양한 방식으로 제어할 수 있다.

- step: 프로그램을 다음 줄까지 실행한 다음 제어를 디버거로 돌려서 디버거 프롬프트를 표시한다. 소스 코드 다음 줄에 함수를 호출하는 부분이 있다면 해당 함수의 첫 줄에서 디버거로 제어가 돌아온다.
- next: 프로그램을 다음 줄까지 실행한 다음 제어를 디버거로 돌려서 디버거 프롬프트를 표시한다. 소스 코드의 다음 줄에 함수를 호출하는 부분이 있다면, 해당 함수에서 반환된 다음에 제어가 디버거로 돌아온다.
- return: 현재 함수에서 반환될 때까지 프로그램을 실행한 후 제어가 디버거로 돌아온다.
- continue: 다음 중단점에 도달할 때까지 프로그램을 계속 실행한다(프로그램 소스 코드에 있는 breakpoint 호출이나 디버거에서 설정한 중단점에서 제어가 디버거에게 돌아온다). 실행하는 중에 중단점을 만나지 못하면 프로그램 실행이 끝날 때까지 프로그램을 계속 실행한다.
- quit: 디버거에서 나가면서 프로그램도 중단시킨다. 문제의 원인을 찾았거나, 프로그램을 너무 많이 실행했거나, 프로그램을 수정한 후 다시 시도해봐야 할 때 이 명령을 사용한다.

프로그램 어디에서든 breakpoint 함수를 호출할 수 있다. 디버깅하려는 문제가 어떤 구체적인 조건에서만 발생한다는 사실을 알고 있다면, 해당 조건을 만족시킨 후 breakpoint를 호출하는 평범한 파이썬 코드를 추가할 수 있다. 예를 들어 다음 코드에서는 데이터 지점의 오류 제곱(squared error)이 1보다 클 때만 디버거를 시작한다.

```
# conditional_breakpoint.py
def compute_rmse(observed, ideal):
    ...
    for got, wanted in zip(observed, ideal):
        err_2 = (got - wanted) ** 2
```

```
        if err_2 >= 1:  # True인 경우에만 디버거를 실행함
            breakpoint()
        total_err_2 += err_2
        count += 1
    ...
result = compute_rmse(
    [1.8, 1.7, 3.2, 7],
    [2, 1.5, 3, 5])
print(result)
```

프로그램을 실행하고 디버거에 들어오면, 지역 변수를 살펴봐서 조건을 만족하는지 확인할 수 있다.

```
$ python3 conditional_breakpoint.py
> conditional_breakpoint.py(14)compute_rmse()
-> total_err_2 += err_2
(Pdb) wanted
5
(Pdb) got
7
(Pdb) err_2
4
```

디버거를 시작하는 또 다른 유용한 방법으로 **사후 디버깅**(post-mortem debugging)(또는 부검 디버깅)이 있다. 사후 디버깅을 활용하면 예외가 발생하거나 프로그램에 문제가 생겨 중단된 뒤에 프로그램을 디버깅할 수 있다. 특히 breakpoint 함수 호출을 어디에 추가해야 할지 잘 모르는 경우 도움이 된다.

다음은 함수 인자로 7j라는 복소수를 넘겨서 프로그램이 중단되는 코드다.

```
# postmortem_breakpoint.py
import math

# 평균 제곱근 오차(root mean square error)를 구함
```

```
def compute_rmse(observed, ideal):
    ...

result = compute_rmse(
    [1.8, 1.7, 3.2, 7j],  # 잘못된 입력
    [2, 1.5, 3, 5])
print(result)
```

명령줄에서 python3 -m pdb -c continue 프로그램 경로를 사용하면 pdb 모듈
이 프로그램 실행을 제어하게 할 수 있다. continue 명령은 pdb에게 프로그
램을 즉시 시작하라고 명령한다. 프로그램이 실행된 후 문제가 발생하면 대
화형 디버거로 바로 들어가기 때문에 그 시점부터 코드 상태를 관찰할 수
있다.

```
$ python3 -m pdb -c continue postmortem_breakpoint.py
Traceback (most recent call last):
  File ".../pdb.py", line 1697, in main
    pdb._runscript(mainpyfile)
  File ".../pdb.py", line 1566, in _runscript
    self.run(statement)
  File ".../bdb.py", line 585, in run
    exec(cmd, globals, locals)
  File "<string>", line 1, in <module>
  File "postmortem_breakpoint.py", line 4, in <module>
    import math
  File "postmortem_breakpoint.py", line 16, in compute_rmse
    rmse = math.sqrt(mean_err)
TypeError: can't convert complex to float
Uncaught exception. Entering post mortem debugging
Running 'cont' or 'step' will restart the program
> postmortem_breakpoint.py(16)compute_rmse()
-> rmse = math.sqrt(mean_err)
(Pdb) mean_err
(-5.97-17.5j)
```

대화형 파이썬 인터프리터에서 프로그램을 실행하는 중에 예외가 발생했는데 처리되지 않은 경우, pdb 모듈의 pm 함수를 호출(import pdb; pdb.pm()처럼 한 줄로 처리하기도 한다)하면 사후 디버깅을 사용할 수 있다.

```
$ python3
>>> import my_module
>>> my_module.compute_stddev([5])
Traceback (most recent call last):
  File "<stdin>", line 1, in <module>
  File "my_module.py", line 17, in compute_stddev
    variance = compute_variance(data)
  File "my_module.py", line 13, in compute_variance
    variance = err_2_sum / (len(data) - 1)
ZeroDivisionError: float division by zero
>>> import pdb; pdb.pm()
> my_module.py(13)compute_variance()
-> variance = err_2_sum / (len(data) - 1)
(Pdb) err_2_sum
0.0
(Pdb) len(data)
1
```

기억해야 할 내용

- 프로그램에서 관심이 있는 부분에 breakpoint 내장 함수 호출을 추가하면 (프로그램을 실행하던 중에) 그 위치에서 파이썬 대화형 디버거를 시작할 수 있다.
- 파이썬 디버거 프롬프트는 완전한 파이썬 셸이기 때문에 실행 중인 프로그램의 상태를 원하는 대로 관찰하거나 변경할 수 있다.
- pdb 셸 명령어를 사용하면 프로그램 실행을 정밀하게 제어할 수 있고, 프로그램의 상태를 관찰하는 과정과 프로그램을 진행시키는 과정을 번갈아가며 수행할 수 있다.
- 독립 실행한 파이썬 프로그램에서 예외가 발생한 경우, pdb 모듈을 사용(python -m pdb -c continue 프로그램 경로)하거나 대화형 파이썬 인터프리터(import pdb; pdb.pm())를 사용해 디버깅할 수 있다.

BETTER WAY **81** 프로그램이 메모리를 사용하는 방식과
메모리 누수를 이해하기 위해 tracemalloc을
사용하라

파이썬 기본 구현인 CPython은 메모리 관리를 위해 참조 카운팅(reference counting)을 사용한다. 이로 인해 어떤 객체를 가리키는 참조가 모두 없어지면 참조된 객체도 메모리에서 삭제되고 메모리 공간을 다른 데이터에 내어줄 수 있다. CPython에는 순환 탐지기(cycle detector)가 들어 있으므로 자기 자신을 참조하는(또는 A -> B -> C -> A처럼 고리 모양으로 서로를 참조하는) 객체의 메모리도 언젠가는 쓰레기 수집(garbage collect)된다.

이는 이론적으로 대부분의 파이썬 개발자가 프로그램에서 메모리를 할당하거나 해제하는 것을 신경 쓰지 않아도 된다는 뜻이다. 파이썬 언어와 CPython 런타임*이 알아서 메모리 관리를 해준다. 하지만 실전에서는 더 이상 사용하지 않는 쓸모없는 참조†를 유지하기 때문에 언젠가 결국 메모리를 소진하게 되는 경우가 있다. 파이썬 프로그램이 사용하거나 누수시키는 메모리를 알아내기란 매우 어려운 일이다.

메모리 사용을 디버깅하는 첫 번째 방법은 gc 내장 모듈을 사용해 현재 쓰레기 수집기(garbage collector)가 알고 있는 모든 객체를 나열시키는 것이다. 꽤 둔탁한 방법이기는 하지만 프로그램 메모리가 어디에 쓰이고 있는지 빠르게 감을 잡을 수 있다.

---

* 역주 프로그램이 실행되는 시점인 실행 시점(runtime)에 프로그램 실행과 관련한 모든 환경을 실행 환경(runtime environment)이나 실행 시스템(runtime system)이라고 부른다. 그냥 영어 단어를 음차 표기해서 실행 시점을 '런타임'이라고 부르거나, 런타임 시스템을 줄여서 '런타임'이라고 부르는 경우도 자주 있다. 따라서 컨텍스트에 따라 런타임이 시간적인 실행 시점을 의미하는지 실행 환경을 의미하는지 구분해야 한다.

† 역주 참조가 유지되는 것은 겨우 4바이트에서 8바이트의 포인터가 유지되는 것뿐이지만, 참조가 유지되면 이 참조가 가리키는 객체를 쓰레기 수집기가 수집하지 못한다는 사실을 기억해야 한다. 순환 참조를 감지하는 탐지기가 필요한 이유는 참조 카운팅 기법의 쓰레기 수집기를 쓰는 경우 순환 참조하는 객체들의 참조 개수가 절대로 0이 되지 못하기 때문에 이런 경우를 감지해 메모리를 재활용하기 위한 것이다.

다음은 참조를 유지함으로써 메모리를 채우는 모듈 정의다.

```python
# waste_memory.py
import os

class MyObject:
    def __init__(self):
        self.data = os.urandom(100)

def get_data():
    values = []
    for _ in range(100):
        obj = MyObject()
        values.append(obj)
    return values

def run():
    deep_values = []
    for _ in range(100):
        deep_values.append(get_data())
    return deep_values
```

그리고 gc 내장 모듈을 사용해 실행 중 생성한 객체의 개수와 생성한 객체 중 일부를 출력하는 프로그램을 실행한다.

```python
# using_gc.py
import gc

found_objects = gc.get_objects()
print('이전:', len(found_objects))

import waste_memory

hold_reference = waste_memory.run()

found_objects = gc.get_objects()
print('이후:', len(found_objects))
```

```
for obj in found_objects[:3]:
    print(repr(obj)[:100])
```

```
>>>
이전: 6207
이후: 16801
<waste_memory.MyObject object at 0x10390aeb8>
<waste_memory.MyObject object at 0x10390aef0>
<waste_memory.MyObject object at 0x10390af28>
...
```

gc.get_objects의 문제점은 객체가 어떻게 할당됐는지를 알려주지 않는다는 것이다. 복잡한 프로그램에서는 특정 클래스에 속하는 객체가 여러 다른 방식으로 할당될 수 있다. 객체 전체 개수를 아는 것은 메모리를 누수시키는 객체를 할당한 코드를 알아내는 것만큼 중요하지 않다.

파이썬 3.4부터는 이런 문제를 해결해주는 tracemalloc이라는 내장 모듈이 새로 도입됐다. tracemalloc은 객체를 자신이 할당된 장소와 연결시켜준다. 이 정보를 사용해 메모리 사용의 이전과 이후 스냅샷(snapshot)을 만들어 서로 비교하면 어떤 부분이 변경됐는지 알 수 있다. 다음 코드는 이런 접근 방법을 사용해 프로그램에서 메모리를 낭비하는 세 가지 이유를 찾아낸다.

```
# top_n.py
import tracemalloc

tracemalloc.start(10)                   # 스택 깊이 설정
time1 = tracemalloc.take_snapshot()     # 이전 스냅샷

import waste_memory

x = waste_memory.run() # 이 부분의 메모리 사용을 디버깅함
time2 = tracemalloc.take_snapshot()     # 이후 스냅샷

stats = time2.compare_to(time1, 'lineno') # 두 스냅샷을 비교
```

```
for stat in stats[:3]:
    print(stat)
```

```
>>>
waste_memory.py:5: size=2392 KiB (+2392 KiB), count=29994
➡(+29994), average=82 B
waste_memory.py:10: size=547 KiB (+547 KiB), count=10001
➡(+10001), average=56 B
waste_memory.py:11: size=82.8 KiB (+82.8 KiB), count=100
➡(+100), average=848 B
```

출력에 있는 크기와 카운트 레이블을 보면 프로그램에서 메모리를 주로 사용하는 객체와 이런 객체를 할당한 소스 코드를 명확히 바로 알 수 있다.

tracemalloc 모듈은 각 할당의 전체 스택 트레이스(stack trace)를 출력한다(tracemalloc.start 함수에 전달한 프레임 최대 개수만큼만 거슬러 올라가며 출력한다). 다음 코드는 프로그램에서 메모리를 가장 많이 사용하는 곳의 스택 트레이스를 출력한다.

```
# with_trace.py
import tracemalloc

tracemalloc.start(10)
time1 = tracemalloc.take_snapshot()

import waste_memory

x = waste_memory.run()
time2 = tracemalloc.take_snapshot()

stats = time2.compare_to(time1, 'traceback')
top = stats[0]
print('가장 많이 사용하는 부분은:')
print('\n'.join(top.traceback.format()))
```

```
>>>
가장 많이 사용하는 부분은:
  File "with_trace.py", line 9
    x = waste_memory.run()
  File "waste_memory.py", line 17
    deep_values.append(get_data())
  File "waste_memory.py", line 10
    obj = MyObject()
  File "waste_memory.py", line 5
    self.data = os.urandom(100)
```

이와 같이 스택 트레이스는 프로그램에서 메모리를 소모하는 일반적인 함수나 클래스의 구체적인 용례를 파악할 때 가장 중요한 도구다.

기억해야 할 내용

- 파이썬 프로그램이 메모리를 사용하고 누수하는 양상을 이해하기는 어렵다.
- gc 모듈은 어떤 객체가 존재하는지 이해할 때는 도움이 되지만, 객체가 어떻게 할당됐는지 파악할 수 있는 정보는 제공하지 않는다.
- tracemalloc 내장 모듈은 프로그램이 메모리를 사용하는 이유를 알고 싶을 때 쓸 수 있는 강력한 도구다.

10

협업

파이썬은 API를 잘 정의하고 인터페이스 경계를 명확히 하고 싶을 때 도움이 되는 언어 기능을 제공한다. 파이썬 커뮤니티에는 시간이 지나도 코드를 최대한 잘 유지 보수할 수 있게 해주는 모범 사례가 잘 정리돼 있다. 또한, 파이썬과 함께 기본으로 제공되는 표준 도구들을 활용하면 분리된 여러 환경에 속한 대규모 팀이 서로 협업할 수 있다.

파이썬 프로그램을 작성하면서 다른 사람과 협업하려면 코드를 작성할 때 심사숙고해야 한다. 여러분이 작성한 코드를 남이 사용하지 않더라도, 다른 사람이 작성한 코드를 표준 라이브러리나 오픈 소스 패키지를 통해 사용하는 경우는 자주 있다. 따라서 다른 파이썬 프로그래머들과 쉽게 협업할 수 있는 메커니즘을 이해해야 한다.

BETTER WAY 82 커뮤니티에서 만든 모듈을 어디서 찾을 수 있는지 알아두라

파이썬에는 프로그램에 설치하고 사용할 수 있는 모듈을 모아둔 중앙 저장소가 있다(https://pypi.org). 이런 모듈은 여러분과 같은 사람들로 이뤄진 파이썬 커뮤니티에 의해 만들어지고 유지 보수된다. 낯선 문제에 직면했을 때는 문제를 해결하는 데 필요한 코드를 파이썬 패키지 인덱스(PyPI)에서 찾아보면 좋다.

패키지 인덱스를 사용하려면 pip라는 명령줄 도구를 사용해야 한다(pip는 'pip installs packages(pip는 패키지를 설치한다)'라는 재귀적인 문장의 약자다). python3 -m pip를 사용해 pip를 호출하면 패키지가 시스템에 설치된 파이썬 버전에 맞게 설치되도록 보장할 수 있다(Better way 1: '사용 중인 파이썬의 버전을 알아두라' 참고). pip를 사용하면 새로운 모듈을 쉽게 설치할 수 있다. 예를 들어 다음은 이 책의 다른 부분에서 사용한 pytz 모듈(Better way 67: '지역 시간에는 time보다는 datetime을 사용하라' 참고)을 설치하는 방법이다.

```
$ python3 -m pip install pytz
Collecting pytz
  Downloading ...
Installing collected packages: pytz
Successfully installed pytz-2018.9
```

프로젝트에 설치된 패키지들을 지속적으로 추적하도록 pip를 venv라는 내장 모듈과 함께 사용하는 것이 가장 유용하다(Better way 83: '가상 환경을 사용해 의존 관계를 격리하고 반복 생성할 수 있게 하라' 참고). 또한, PyPI 패키지를 직접 만들고 파이썬 커뮤니티와 공유하거나 pip에서 사용하기 위해 비공개 패키지 저장소를 만들 수도 있다.

PyPI에 들어 있는 각 모듈은 서로 다른 라이선스로 제공된다. 대부분의 패키지, 특히 유명한 패키지들은 보통 자유*로운 오픈 소스 라이선스(https://opensource.org에서 자세한 내용을 볼 수 있다)로 제공된다. 대부분의 경우 이런 라이선스는 여러분의 프로그램에 모듈을 복사해 포함시킬 수 있게 허용하지만, 잘 모르겠다면 변호사에게 문의하라.

기억해야 할 내용

- 파이썬 패키지 인덱스(PyPI)에는 파이썬 커뮤니티가 개발하고 유지하는 풍부한 공통 패키지가 들어 있다.
- pip는 PyPI에 있는 패키지를 설치하고 사용할 때 쓸 수 있는 명령줄 도구다.
- PyPI 모듈의 대다수는 자유 소프트웨어이거나 오픈 소스 소프트웨어다.

BETTER WAY 83 가상 환경을 사용해 의존 관계를 격리하고 반복 생성할 수 있게 하라

크고 복잡한 프로그램을 만들다 보면 파이썬 커뮤니티가 제공하는 다양한 패키지에 의존하게 되는 경우가 많다(Better way 82: '커뮤니티에서 만든 모듈을 어디서 찾을 수 있는지 알아두라' 참고). python3 -m pip 명령줄 도구를 사용해 pytz, numpy 등의 다양한 패키지를 자주 설치할 것이다.

문제는 pip가 새로운 패키지를 기본적으로 모든 파이썬 인터프리터가 볼 수 있는 전역 위치에 저장한다는 데 있다. 이로 인해 여러분의 시스템에서 실행되는 모든 파이썬 프로그램이 설치한 모듈의 영향을 받게 된다. 이론적으로는 이런 일이 문제가 되면 안 된다. 어떤 패키지를 설치했다 해도 import하지 않는다면, 이 패키지가 어떻게 여러분의 프로그램에 영향을 미치겠는가?

---

* [역주] free software를 '공짜 소프트웨어'라고 번역할 수도 있지만, 코드에 대한 사용권의 자유를 의미하는 뜻에서 '자유 소프트웨어'라고 번역했다.

하지만 추이적(transitive) 의존 관계에 의해 문제가 생길 수 있다. 추이적 의존 관계는 설치한 패키지가 다른 패키지에 의존하는(그리고 그 패키지가 또 다른 패키지에 의존하는) 경우를 말한다. 예를 들어 Sphinx를 설치한 후 pip를 통해 이 패키지가 의존하는 다른 패키지 목록을 볼 수 있다.

```
$ python3 -m pip show Sphinx
Name: Sphinx
Version: 2.1.2
Summary: Python documentation generator
Location: /usr/local/lib/python3.8/site-packages
Requires: alabaster, imagesize, requests,
➥sphinxcontrib-applehelp, sphinxcontrib-qthelp,
➥Jinja2, setuptools, sphinxcontrib-jsmath,
➥sphinxcontrib-serializinghtml, Pygments, snowballstemmer,
➥packaging, sphinxcontrib-devhelp, sphinxcontrib-htmlhelp,
➥babel, docutils
Required-by:
```

flask 같은 다른 패키지를 설치하면 이 패키지도 Jinja2 패키지에 의존한다는 사실을 알 수 있다.

```
$ python3 -m pip show flask
Name: Flask
Version: 1.0.3
Summary: A simple framework for building complex web applications.
Location: /usr/local/lib/python3.8/site-packages
Requires: itsdangerous, click, Jinja2, Werkzeug
Required-by:
```

시간이 지남에 따라 Sphinx와 flask가 서로 달라지므로 의존 관계 충돌이 발생할 수 있다. 현재는 두 패키지가 모두 똑같은 Jinja2 버전에 의존할 것이다. 하지만 6개월이나 1년 후에 Jinja2가 기존 버전을 사용하는 코드가 제대로 컴파일되거나 동작하지 못하게 하는(이런 변경을 기존 코드를 깨는 변경(breaking change)이라고 부른다) 새로운 버전을 릴리스할 수도 있다. pytyhon3 -m pip install --upgrade Jinja2를 사용해 전역 Jinja2의 버전을 갱신하면 Sphinx는 제대로 작동하지 않는데, flask는 계속 제대로 작동하는 모습을 보게 될 수도 있다.

이런 식으로 프로그램이 깨지는 이유는 파이썬에서 전역적으로는 어떤 모듈을 단 한 버전만 설치할 수 있기 때문이다. 설치한 패키지 중 일부는 새로운 버전을 사용해야 하고 다른 일부는 예전 버전을 사용해야 한다면 시스템이 제대로 작동하지 못하게 된다. 이런 상황을 일컬어 의존 관계 지옥 (dependency hell)이라고 부른다.

패키지 관리자들이 릴리스 사이의 API 호환성을 최대한 유지하기 위해 노력 (Better way 85: '패키지를 사용해 모듈을 체계화하고 안정적인 API를 제공하라' 참고)해도 이런 식의 고장이 생길 수 있다. 새로운 버전의 라이브러리가 해당 라이브러리의 API에 의존하는 코드의 동작을 크게 바꿀 수 있다. 시스템 사용자들이 패키지를 새 버전으로 바꿨는데, 다른 패키지는 업그레이드하지 않는다면 의존 관계가 깨질 수 있다. 주의를 기울이지 않는다면 여러분이 모르는 사이에 환경이 바뀔 위험이 늘 존재한다.

다른 컴퓨터에서 작업을 하는 개발자들과 서로 협업하는 경우 이런 어려움은 더 증폭된다. 이런 때는 최악의 경우를 가정하는 것이 최선이다. 즉, 다른 이들이 자신의 컴퓨터에 설치한 파이썬과 전역 패키지가 여러분의 컴퓨터에 설치된 버전과 살짝 다를 것이라고 예상해야 한다. 이로 인해 한 개발자의 컴퓨터에서는 코드베이스가 완벽히 동작하는데, 다른 개발자의 컴퓨터에서는 완전히 망가지는 당황스러운 경우가 생길 수 있다.

이 모든 문제를 해결하는 방법은 venv라는 도구를 쓰는 것이다. venv는 **가상 환경**(virtual environment)을 제공한다. 파이썬 3.4부터 파이썬 설치 시

pip와 venv(python -m venv로 접근할 수 있음) 모듈을 디폴트로 제공하기 시작했다.

venv를 사용하면 특정 버전의 파이썬 환경을 독립적으로 구성할 수 있고, 한 시스템 안에 같은 패키지의 다양한 버전을 서로 충돌 없이 설치할 수 있다. 한 컴퓨터 안에서 여러 다른 프로젝트 작업을 진행하면서 프로젝트마다 각각 다른 도구를 활용할 수 있다는 뜻이다. venv는 각 버전의 패키지와 의존 관계를 완전히 별도의 디렉터리 구조로 저장함으로써 이런 기능을 제공한다. 이렇게 하면 venv를 사용해 여러분의 코드가 제대로 동작하는 파이썬 환경을 반복해서 생성해낼 수 있다. venv는 (패키지 버전 충돌로 인한) 예기치 못한 프로그램 고장을 방지하는 신뢰할 만한 방법이다.

명령줄에서 venv 사용하기

venv를 효과적으로 사용하는 방법을 소개한다. venv 도구를 사용하기 전에 python3 명령어가 여러분 시스템의 명령줄에서 어떤 의미인지 알아둬야 한다. 내 컴퓨터에서 python3는 /usr/local/bin 디렉터리에 있고 버전 3.8.0을 수행한다(Better way 1: '사용 중인 파이썬의 버전을 알아두라' 참고).

```
$ which python3
/usr/local/bin/python3
$ python3 --version
Python 3.8.0
```

내 기존 작업 환경 설정을 보여주기 위해 pytz 모듈을 임포트하는 명령을 실행해도 오류가 발생하지 않는지 테스트해볼 수 있다. 이미 pytz 패키지를 전역 모듈로 설치했으므로 임포트해도 아무 문제가 없다.

```
$ python3 -c 'import pytz'
$
```

이제 venv를 사용해 myproject라는 새 가상 환경을 만든다. 각 가상 환경은 서로 다른 유일한 디렉터리 안에 존재해야 한다. venv로 가상 환경을 생성하는 명령을 실행하고 나면, 가상 환경을 관리하기 위해 필요한 파일과 디렉터리가 들어 있는 디렉터리 트리가 생긴다.

```
$ python3 -m venv myproject
$ cd myproject
$ ls
bin         include      lib        pyvenv.cfg
```

가상 환경을 사용하려면 bin/activate 스크립트에 대해 셸의 source 명령을 사용해야 한다. activate는 모든 환경 변수를 가상 환경에 맞춰 수정해주고, 명령줄 프롬프트를 가상 환경 이름("myproject")을 포함하도록 바꿔서 파이썬 가상 환경에서 실행 중이라는 사실을 명확히 보여준다.

```
$ source bin/activate
(myproject)$
```

윈도우에서는 같은 일을 하는 스크립트를 다음과 같이 실행할 수 있다.

```
C:\> myproject\Scripts\activate.bat
(myproject) C:>
```

윈도우 파워셸에서는 다음 명령을 사용한다.

```
PS C:\> myproject\Scripts\activate.ps1
(myproject) PS C:>
```

가상 환경을 활성화하면 python3 명령줄 도구 경로가 가상 환경 디렉터리 안의 도구 경로로 바뀐다.

```
(myproject)$ which python3
/tmp/myproject/bin/python3
(myproject)$ ls -l /tmp/myproject/bin/python3
... -> /usr/local/bin/python3.8
```

이렇게 해서 가상 환경 외부 시스템이 가상 환경으로부터 영향을 받지 않게 된다. 외부 시스템이 디폴트 파이썬 버전을 3.9로 업그레이드한다고 해도 가상 환경은 여전히 파이썬 3.8을 명시적으로 가리킨다.

여기서 venv로 만든 가상 환경은 pip와 setuptools를 제외한 어떤 패키지도 설치되지 않은 환경이다. 가상 환경 밖의 시스템에 전역으로 설치된 pytz 패키지를 사용하려고 시도하면 가상 환경 안에 pytz 패키지가 없으므로 오류가 발생한다.

```
(myproject)$ python3 -c 'import pytz'
Traceback (most recent call last):
  File "<string>", line 1, in <module>
ModuleNotFoundError: No module named 'pytz'
```

가상 환경 안에서 pip 명령줄 도구를 사용해 pytz 모듈을 가상 환경에 설치할 수 있다.

```
(myproject)$ python3 -m pip install pytz
Collecting pytz
  Downloading ...
Installing collected packages: pytz
Successfully installed pytz-2019.1
```

설치가 끝나면, 앞에서 했던 것처럼 import로 패키지를 쓸 수 있는지 테스트 해볼 수 있다.

```
(myproject)$ python3 -c 'import pytz'
(myproject)$
```

가상 환경에서 필요한 작업을 마치고 기본 시스템으로 돌아가고 싶다면 deactivate 명령을 사용한다. deactivate는 python3 명령줄 도구를 포함한 모든 환경을 시스템 기본 환경으로 되돌려준다.

```
(myproject)$ which python3
/tmp/myproject/bin/python3
(myproject)$ deactivate
$ which python3
/usr/local/bin/python3
```

다시 myproject 환경에서 작업을 해야 한다면 앞에서 했던 것처럼 source bin/activate를 실행하면 된다.

의존 관계 재생성하기

가상 환경 안에 있다면 필요할 때마다 pip를 사용해 계속 패키지를 설치할 수 있다. 언젠가는 여러분의 작업 환경을 다른 곳으로 복사하고 싶을 것이다. 예를 들어 내 개발 컴퓨터에서 사용하던 환경을 데이터 센터의 서버에 똑같이 만들고 싶거나, 다른 사람의 디버깅을 도와주기 위해 이 사람의 환경을 내 컴퓨터로 가져오고 싶을 수도 있다.

venv를 사용하면 쉽게 할 수 있다. python3 -m pip freeze 명령을 사용해 현재 명시적으로 의존하는 모든 의존 관계를 파일에 저장할 수 있다(이때 파일 이름은 관례적으로 requirements.txt다).

```
(myproject)$ python3 -m pip freeze > requirements.txt
(myproject)$ cat requirements.txt
certifi==2019.3.9
chardet==3.0.4
idna==2.8
numpy==1.16.2
pytz==2018.9
requests==2.21.0
urllib3==1.24.1
```

이제 myproject 환경과 똑같은 다른 가상 환경을 만들고 싶다고 하자. 먼저 venv를 사용해 새 가상 환경 디렉터리를 만들고 activate로 활성화해야 한다.

```
$ python3 -m venv otherproject
$ cd otherproject
$ source bin/activate
(otherproject)$
```

새 환경에는 아무 패키지도 설치돼 있지 않다.

```
(otherproject)$ python3 -m pip list
Package     Version
----------  -------
pip         10.0.1
setuptools  39.0.1
```

python3 -m pip freeze 명령으로 만든 requirements.txt에 대해 python3
-m pip install을 실행하면 myproject 환경의 패키지를 새 환경에 설치할
수 있다.

```
(otherproject)$ python3 -m pip install -r /tmp/myproject/
➡requirements.txt
```

이 명령을 실행하면 첫 번째 환경을 재생성하는 데 필요한 모든 패키지를 내
려받아 설치해야 하므로 약간 시간이 걸린다. 명령 실행이 끝나면, 두 번째
가상 환경에 설치된 패키지의 목록을 얻어서 첫 번째 가상 환경의 의존 관계
목록과 같은지 비교할 수 있다.

```
(otherproject)$ python3 -m pip list
Package     Version
----------  --------
certifi     2019.3.9
chardet     3.0.4
idna        2.8
numpy       1.16.2
pip         10.0.1
pytz        2018.9
requests    2.21.0
```

```
setuptools 39.0.1
urllib3    1.24.1
```

requirements.txt는 버전 관리 시스템을 사용해 다른 사람과 협업할 때 이상적이다. 여러분이 변경한 코드를 커밋(commit)할 때 여러분의 패키지 의존 관계 목록도 갱신할 수 있다. 하지만 여러분이 사용하는 구체적인 파이썬 버전은 requirements.txt 파일에 들어가지 않는다는 점에 유의하라. 따라서 파이썬 버전은 별도로 관리해야 한다.

가상 환경을 사용할 때 빠질 수 있는 함정으로, 가상 환경 디렉터리를 통째로 옮기면 모든 요소가 깨져버린다는 점을 들 수 있다. python3 등의 명령줄 도구 경로가 하드코딩돼 있기 때문이다. 하지만 결과적으로 이는 문제가 되지 않는다. 가상 환경을 사용하는 목표는 설정된 환경을 쉽게 재생성하는 것이다. 따라서 가상 환경 디렉터리를 직접 이동하는 대신, 새로운 디렉터리에 가상 환경을 만든 후 원래 디렉터리에서 python3 -m pip freeze를 실행해 얻은 requirements.txt 파일로 모든 모듈을 재설치하면 된다.

기억해야 할 내용

- 가상 환경을 사용하면 한 컴퓨터 안에서 pip를 사용해 패키지의 여러 버전을 충돌 없이 설치할 수 있다.
- python -m venv 명령으로 가상 환경을 만들고 source bin/activate로 가상 환경을 활성화하며, deactivate로 비활성화한다.
- python -m pip freeze를 사용해 어떤 환경 안의 모든 의존 관계를 덤프할 수 있다. python3 -m pip install -r requirements.txt를 사용해 환경을 다시 만들어낼 수 있다.

BETTER WAY 84 모든 함수, 클래스, 모듈에 독스트링을 작성하라

파이썬은 언어 자체의 동적인 특성으로 인해 문서화가 특히 중요하다. 파이썬은 코드 블록에 문서를 첨부하는 기능을 기본으로 제공한다. 다른 여러 언어와 달리 파이썬에서는 프로그램을 실행하는 중에 프로그램 소스 코드의 문서에 직접 접근할 수 있다.

예를 들어 함수 def 문 바로 다음에 **독스트링**을 사용해 문서를 추가할 수 있다.

```
def palindrome(word):
    """주어진 단어가 회문인 경우 True를 반환한다."""
    return word == word[::-1]

assert palindrome('tacocat')
assert not palindrome('banana')
```

파이썬 프로그램에서 독스트링을 가져오려면 __doc__ 특별 애트리뷰트를 사용하면 된다.

```
print(repr(palindrome.__doc__))
```

```
>>>
'주어진 단어가 회문인 경우 True를 반환한다.'
```

또 명령줄에서 내장 pydoc 모듈을 사용해 로컬 웹 서버를 실행할 수 있다. 이 서버는 여러분이 작성한 모듈을 비롯해 인터프리터에서 찾을 수 있는 모든 파이썬 문서를 제공한다.

```
$ python3 -m pydoc -p 1234
Server ready at http://localhost:1234/
Server commands: [b]rowser, [q]uit
server> b
```

독스트링을 함수, 클래스, 모듈에 첨부할 수 있다. 첨부하는 작업은 파이썬 프로그램을 컴파일하고 실행하는 과정의 일부분이다. 파이썬의 독스트링과 __doc__ 애트리뷰트 지원은 다음 세 가지 효과를 가져온다.

- 문서에 항상 접근할 수 있으므로 대화식 개발이 쉬워진다. help 내장 함수를 통해 함수, 클래스, 모듈의 내부 문서를 살펴볼 수 있다. 이로 인해 여러분이 알고리즘을 개발하거나 API를 테스트하거나 작은 코드를 작성할 때 파이썬 대화식 인터프리터(파이썬 '셸')나 IPython 노트북(https://ipython.org) 같은 도구를 즐겁게 사용할 수 있다.

- 코드 문서화를 정의하는 표준이 있으므로 문서 본문을 더 보기 좋은 형태 (HTML 등)로 바꿔주는 도구를 쉽게 만들 수 있다. 이로 인해 파이썬 커뮤니티 안에서 스핑크스(Sphinx)(https://www.sphinx-doc.org) 같은 훌륭한 문서 생성 도구가 여럿 생겼다. 또한, 오픈 소스 파이썬 프로젝트들의 보기 좋은 문서들을 무료로 호스팅해주는 리드더독스(https://readthedocs.org) 같은 사이트도 생겼다.

- 파이썬이 제공하는 훌륭하고, 접근하기 쉽고, 보기 좋은 문서들로 인해 사람들이 자극을 받고 더 많은 문서를 작성하게 된다. 파이썬 커뮤니티 구성원들은 문서화가 중요하다고 확신한다. 파이썬 커뮤니티에는 '좋은 코드'란 문서화도 잘된 코드라는 가정이 존재한다. 대부분의 파이썬 오픈 소스 라이브러리들이 좋은 문서를 제공할 것으로 기대해도 좋다는 뜻이다.

이렇게 훌륭한 문서화 문화에 동참하기 위해 독스트링을 작성할 때 따라야 할 몇 가지 지침이 있다. 전체 지침은 온라인 PEP 257(https://www.python.org/dev/peps/pep-0257/)에서 볼 수 있다. 여기서는 여러분이 따라야 하는 몇 가지 모범 사례를 소개한다.

모듈 문서화하기

각 모듈에는 최상위 독스트링(파일 소스 코드 첫 줄에 위치한 독스트링)이 있어야 한다. 이 최상위 문자열은 세 개의 큰따옴표(""")로 시작한다. 이 독스트링의 목적은 모듈과 모듈 내용을 소개하는 것이다.

독스트링 첫 줄은 모듈의 목적을 설명하는 한 문장이어야 한다. 다음에 오는 단락에는 모듈 사용자들이 모듈의 동작에 대해 알아둬야 하는 세부 사항을 적어야 한다. 모듈 독스트링은 모듈에서 찾을 수 있는 중요한 클래스와 함수를 강조해 알려주는 모듈 소개이기도 하다.

모듈 독스트링의 예는 다음과 같다.

```
# words.py
#!/usr/bin/env python3
"""단어의 언어 패턴을 찾을 때 쓸 수 있는 라이브러리.

여러 단어가 서로 어떤 연관 관계에 있는지 검사하는 것이 어려울 때가 있다!
이 모듈은 단어가 가지는 특별한 특성을 쉽게 결정할 수 있게 해준다.

사용 가능 함수:
- palindrome: 주어진 단어가 회문인지 결정한다.
- check_anagram: 주어진 단어가 어구전철(똑같은 글자들로 순서만 바뀐 경우)인지 결정한다.
...
"""

...
```

모듈이 명령줄 도구라면, 도구를 실행해 사용하는 방법을 모듈 독스트링에 제공하면 좋다.

클래스 문서화하기

각 클래스는 클래스 수준의 독스트링을 포함해야 한다. 클래스 수준 독스트링은 모듈 수준 독스트링과 거의 비슷한 패턴을 따른다. 첫 줄은 클래스 목적을 알려주는 한 문장이다. 뒤에 오는 단락들은 클래스의 동작 세부 사항 중 중요한 부분을 설명한다.

독스트링은 클래스에서 중요한 공개 애트리뷰트와 메서드를 강조해 표시해 줘야 한다. 그리고 이 클래스를 상위 클래스로 상속하는 하위 클래스가 보호 애트리뷰트나 메서드와 상호작용하는 방법을 안내해야 한다(Better way 42: '비공개 애트리뷰트보다는 공개 애트리뷰트를 사용하라' 참고).

다음은 클래스 독스트링 예제다.

```
class Player:
    """게임 플레이어를 표현한다.

    하위 클래스는 `tick` 메서드를 오버라이드해서 플레이어의 파워 레벨 등에 맞는
    움직임 애니메이션을 제공할 수 있다.

    공개 애트리뷰트:
    - power: 사용하지 않은 파워업들(0과 1 사이의 float).
    - coins: 현재 레벨에서 발견한 코인 개수(integer).
    """

    ...
```

함수 문서화하기

모든 공개 함수와 메서드에는 독스트링을 포함시켜야 한다. 함수나 메서드의 독스트링도 모듈이나 클래스 독스트링과 같은 패턴을 따른다. 첫 줄은 함수가 하는 일을 설명한다. 다음 단락부터는 함수 인자나 함수의 동작에 대해 구체적으로 설명한다. 반환 값이 있으면 이에 대해서도 설명해야 한다. 함수의

인터페이스에 속해 있으며 함수를 호출하는 쪽에서 꼭 처리해야 하는 예외도 설명해야 한다(Better way 20: 'None을 반환하기보다는 예외를 발생시켜라' 참고).

다음은 함수 독스트링 예제다.

```
def find_anagrams(word, dictionary):
    """주어진 단어의 모든 어구전철을 찾는다.

    이 함수는 '딕셔너리' 컨테이너의 원소 검사만큼 빠른 속도로 실행된다.

    Args:
        word: 대상 단어. 문자열.
        dictionary: 모든 단어가 들어 있는 collections.abc.Container 컬렉션.

    Returns:
        찾은 어구전철들로 이뤄진 리스트. 아무것도 찾지 못한 경우 Empty.
    """
    ...
```

함수 독스트링을 작성할 때 몇 가지 중요한 규칙을 고려해야 하는데, 그중에서 알아둬야 할 중요한 내용은 다음과 같다.

- 함수에 인자가 없고 반환 값만 있다면 설명은 한 줄로도 충분할 것이다.
- 함수가 아무 값도 반환하지 않는다면 'returns None'이나 'None을 반환함'이라고 쓰는 것보다 아예 반환 값에 대한 설명을 제외하는 편이 더 낫다.
- 함수 인터페이스에 예외 발생이 포함된다면(Better way 20: 'None을 반환하기보다는 예외를 발생시켜라'에서 예제를 볼 수 있다), 발생하는 예외와 예외가 발생하는 상황에 대한 설명을 함수 독스트링에 반드시 포함시켜야 한다.
- 일반적인 동작 중에 함수가 예외를 발생시키지 않을 것으로 예상한다면 예외가 발생하지 않는다는 사실을 적지 말라.

- 함수가 가변 인자(Better way 22: '변수 위치 인자를 사용해 시각적인 잡음을 줄여라' 참고)나 키워드 인자(Better way 23: '키워드 인자로 선택적인 기능을 제공하라' 참고)를 받는다면, 문서화한 인자 목록에 *args나 **kwargs를 사용하고 각각의 목적을 설명하라.
- 함수에 디폴트 값이 있는 인자가 있다면 디폴트 값을 언급해야 한다 (Better way 24: 'None과 독스트링을 사용해 동적인 디폴트 인자를 지정하라' 참고).
- 함수가 제너레이터(Better way 30: '리스트를 반환하기보다는 제너레이터를 사용하라' 참고)라면, 독스트링에는 이 제너레이터를 이터레이션할 때 어떤 값이 발생하는지 기술해야 한다.
- 함수가 비동기 코루틴(Better way 60: 'I/O를 할 때는 코루틴을 사용해 동시성을 높여라' 참고)이라면, 독스트링에 언제 이 코루틴의 비동기 실행이 중단되는지 설명해야 한다.

독스트링과 타입 애너테이션 사용하기

여러 가지 이유로 인해 파이썬도 이제 타입 애너테이션을 지원한다(Better way 90: 'typing과 정적 분석을 통해 버그를 없애라'에서 타입 애너테이션 사용법을 보라). 타입 애너테이션이 제공하는 정보는 전형적인 독스트링이 제공하는 정보와 중복될 수 있다. 예를 들어 다음은 타입 애너테이션을 붙인 find_anagrams 함수 시그니처다.

```
from typing import Container, List

def find_anagrams(word: str,
                  dictionary: Container[str]) -> List[str]:
    ...
```

더 이상 독스트링에서 word가 문자열이라고 설명할 필요는 없다. 타입 애너테이션이 이런 정보를 이미 포함하기 때문이다. dictionary 인자가

collections.abc.Container라는 설명도 마찬가지다. 반환 타입이 리스트라는 사실도 이미 명확하게 적혀 있기 때문에 굳이 독스트링에 이를 명시할 이유가 없다. 그리고 어구전철(anagram)을 찾지 못해도 반환 값은 여전히 리스트일 것이고, 반환 값이 없을 때 그 리스트에 아무 값도 들어 있지 않을 것이라는 사실을 쉽게 유추할 수 있으므로 독스트링에 이 사실을 설명할 필요도 없다. 이에 따라 이 함수의 독스트링을 줄여서 다시 쓴 코드는 다음과 같다.

```
def find_anagrams(word: str,
                  dictionary: Container[str]) -> List[str]:
    """주어진 단어의 모든 어구전철을 찾는다.

    이 함수는 '딕셔너리' 컨테이너의 원소 검사만큼 빠른 속도로 실행된다.

    Args:
        word: 대상 단어.
        dictionary: 모든 단어가 들어 있는 컬렉션.

    Returns:
        찾은 어구전철들.
    """
    ...
```

인스턴스 필드, 클래스 애트리뷰트, 메서드 등에서도 마찬가지로 타입 애너테이션과 독스트링의 정보 중복을 피해야 한다. 타입 정보는 가능하면 어느 한쪽에 몰아서 유지하는 것이 가장 좋다. 실제 구현과 문서가 달라질 위험성을 줄일 수 있기 때문이다.

기억해야 할 내용

- 독스트링을 사용해 모든 모듈, 클래스, 메서드, 함수에 대해 문서를 작성하라. 코드를 변경할 때마다 독스트링을 최신 상태로 유지하라.
- 모듈의 경우: 모듈의 내용과 사용자가 알아야 하는 중요한 클래스나 함수를 독스트링에 소개하라.

- 클래스의 경우: 동작, 중요한 애트리뷰트, 하위 클래스의 동작 등을 class 문 뒤에 나오는 독스트링에 문서화하라.
- 함수와 메서드의 경우: 모든 인자, 반환 값, 발생하는 예외, 기타 세부적인 동작 등을 def 문 바로 뒤에 오는 독스트링에 설명하라.
- 타입 애너테이션을 사용하는 경우: 타입 애너테이션에 들어 있는 정보를 독스트링에 기술하지 말라. 타입 애너테이션과 독스트링에 모두 타입 정보를 기술하는 것은 불필요한 중복 작업이다.

BETTER WAY 85 패키지를 사용해 모듈을 체계화하고 안정적인 API를 제공하라

프로그램 코드베이스 크기가 늘어나면 자연스럽게 코드 구조를 체계화, 즉 다시 조직하게 된다. 큰 함수를 여러 작은 함수로 나누고, 데이터 구조를 도우미 클래스로 리팩터링(Better way 37: '내장 타입을 여러 단계로 내포시키기보다는 클래스를 합성하라' 참고)하며, 기능을 나눠서 서로 의존적인 여러 모듈에 분산시킨다.

어느 시점이 되면 모듈이 너무 많아서 코드를 이해하기 어려우므로, 다른 계층을 추가로 도입해서 코드를 좀 더 이해하기 쉽도록 바꾸게 된다. 이런 경우에 대비해 파이썬은 **패키지**(package)를 제공한다. 패키지는 다른 모듈들을 포함하는 모듈이다.

대부분의 경우 __init__.py라는 이름의 빈 파일을 디렉터리에 추가함으로써 패키지를 정의한다. __init__.py가 있는 디렉터리가 있다면, 이 디렉터리에 있는 다른 파이썬 파일은 __init__.py가 있는 디렉터리를 기준으로 상대적인 경로를 통해 임포트해서 사용할 수 있다. 예를 들어 프로그램 디렉터리 구조가 다음과 같다고 하자.

```
main.py
mypackage/__init__.py
mypackage/models.py
mypackage/utils.py
```

utils 모듈을 임포트하려면 패키지 디렉터리 이름이 포함된 절대적인 모듈
이름을 사용하면 된다.

```
# main.py
from mypackage import utils
```

이 패턴은 다른 패키지 안에 패키지 디렉터리가 있는 경우에도 적용할 수 있
다(예를 들어 mypackage.foo.bar 같은 패키지 구조도 임포트할 수 있다).

파이썬에서 패키지 기능은 주로 두 가지 역할을 담당한다.

이름 공간

패키지의 첫 번째 역할은 모듈을 별도의 이름 공간(namespace)으로 분리하
는 것이다. 패키지를 사용하면, 파일 이름은 같지만 서로 다른 절대 유일한
경로를 통해 접근할 수 있는 모듈을 여럿 정의할 수 있다. 예를 들어 다음은
utils.py라는 같은 이름의 모듈로부터 애트리뷰트를 임포트하는 프로그램
이다.

```
# main.py
from analysis.utils import log_base2_bucket
from frontend.utils import stringify

bucket = stringify(log_base2_bucket(33))
```

패키지 안에 정의된 함수, 클래스, 하위 모듈의 이름이 같으면 이런 접근 방
법을 사용할 수 없다. 예를 들어 analysis.utils와 frontend.utils에 있는

inspect 함수를 함께 사용하고 싶다고 하자. 이 애트리뷰트를 직접 임포트하면 두 번째 import 문이 현재 영역의 inspect 값을 덮어 쓰기 때문에 두 함수를 함께 사용할 수 없다.

```
# main2.py
from analysis.utils import inspect
from frontend.utils import inspect  # 앞 줄에서 임포트한 inspect를 덮어 씀!
```

해결 방법은 import 문에 as 절을 사용해 현재 영역에 임포트한 대상의 이름을 변경하는 것이다.

```
# main3.py
from analysis.utils import inspect as analysis_inspect
from frontend.utils import inspect as frontend_inspect

value = 33
if analysis_inspect(value) == frontend_inspect(value):
    print('인스펙션 결과가 같음!')
```

as 절을 사용하면 import로 가져온 대상이 무엇이든 관계없이 이름을 마음대로 바꿀 수 있다. 심지어 임포트한 모듈 이름을 바꿀 수도 있다. 이 기능을 사용하면 이름 공간에 들어 있는 코드에 편하게 접근할 수 있고, 이름 공간에 속한 대상을 사용할 때 어떤 것에 접근하는지 더 쉽게 식별할 수 있다.

임포트한 이름이 충돌하지 않게 막는 다른 방법은 최상위 모듈 이름을 항상 붙여서 사용하는 것이다. 이는 앞 예제에서 import from 대신 기본적인 import를 사용한다는 뜻이다.

```
# main4.py
import analysis.utils
import frontend.utils

value = 33
```

```
if (analysis.utils.inspect(value) ==
        frontend.utils.inspect(value)):
    print('인스펙션 결과가 같음!')
```

이 접근 방법을 사용하면 as 절을 사용하지 않아도 된다. 또한, 코드를 처음 읽는 사람도 이름이 비슷한 함수가 어떤 모듈에서 왔는지 아주 명확하게 알 수 있다.

안정적인 API

파이썬 패키지의 두 번째 역할은 엄격하고 안정적인 API를 외부 사용자에게 제공하는 것이다.

오픈 소스 패키지(Better way 82: '커뮤니티에서 만든 모듈을 어디서 찾을 수 있는지 알아두라' 참고)처럼 널리 사용될 API를 작성할 경우에는 릴리스 할 때 변경되지 않는 안정적인 기능을 제공하고 싶을 것이다. 이런 안정적인 기능을 제공하려면 외부 사용자로부터 내부 코드 조직을 감춰야 한다. 그렇게 해야 외부 사용자의 코드를 깨지 않고 여러분 패키지의 내부 모듈을 리팩터링하고 개선할 수 있다.

파이썬에서는 모듈이나 패키지의 __all__ 특별 애트리뷰트를 통해 API 소비자에게 노출할 표면적을 제한할 수 있다. __all__의 값은 모듈에서 외부로 공개된 API로 익스포트(export)할 모든 이름이 들어 있는 리스트다. from foo import *를 실행한 소비자 코드는 foo로부터 foo.__all__에 있는 애트리뷰트만 임포트할 수 있다. foo에 __all__ 정의가 들어 있지 않으면 공개 애트리뷰트(이름 앞에 밑줄(_)이 붙어 있지 않은 애트리뷰트)만 임포트된다 (Better way 42: '비공개 애트리뷰트보다는 공개 애트리뷰트를 사용하라'에서 이런 관례에 대한 내용을 자세히 살펴볼 수 있다).

예를 들어 움직이는 발사체의 충돌을 계산하는 패키지를 제공한다고 하자.
다음 코드는 mypackage의 models 모델에 발사체에 대한 표현을 정의한다.

```
# models.py
__all__ = ['Projectile']

class Projectile:
    def __init__(self, mass, velocity):
        self.mass = mass
        self.velocity = velocity
```

그리고 발사체 사이의 충돌 시뮬레이션과 같은 Projectile 인스턴스에 대한
연산을 mypackage 밑의 utils 모듈에 정의한다.

```
# utils.py
from . models import Projectile

__all__ = ['simulate_collision']

def _dot_product(a, b):
    ...

def simulate_collision(a, b):
    ...
```

이제 API에서 공개적인 부분을 전부 mypackage 모듈의 애트리뷰트로 제공
하고 싶다. 이렇게 하면 이 API를 사용하는 사용자들이 mypackage.models나
mypackage.utils를 임포트하지 않고 mypackage에서 직접 필요한 요소를 임포
트할 수 있다. 그리고 mypackage 내부 구성을 변경해도(예를 들어 models.py
를 삭제해도) 외부 사용자의 코드는 전혀 문제없이 작동한다.

파이썬 패키지로 이런 동작을 수행하려면 mypackage 디렉터리에 있는 __
init__.py 파일을 변경해야 한다. 이 파일은 mypackage를 임포트할 때 실제

패키지 내용으로 인식되는 파일이다. 따라서 이 __init__.py 안에 여러분이
외부에 공개할 이름만 제한적으로 임포트해 넣으면 mypackage의 외부 API를
명시적으로 지정할 수 있다. 모든 내부 모듈에 이미 __all__을 지정했으므
로, 이 __init__.py 안에 내부 모듈의 모든 내용을 임포트하고 (mypackage의)
__all__ 내용을 적절히 변경하기만 하면 mypackage의 공개 인터페이스를 노
출시킬 수 있다.

```
# __init__.py
__all__ = []

from . models import *
__all__ += models.__all__

from . utils import *
__all__ += utils.__all__
```

다음은 내부 모듈 대신 mypackage로부터 직접 임포트하는 API 사용자 코
드다.

```
# api_consumer.py
from mypackage import *

a = Projectile(1.5, 3)
b = Projectile(4, 1.7)
after_a, after_b = simulate_collision(a, b)
```

코드를 보면 알 수 있듯이 mypackage.utils._dot_product와 같은 내부 전용
함수는 __all__에 들어 있지 않으므로 함수를 사용할 수 없다. __all__에서
제외됐다는 말은 from mypackage import * 명령으로 임포트해도 임포트되지
않는다는 뜻이기도 하다. 따라서 결과적으로 내부 전용 이름만 외부에서 볼
수 없게 감춰진다.

명시적이고 안정적인 API를 제공하는 것이 중요할 때 이런 접근 방법이 매우 효과적이다. 하지만 작성 중인 모듈 사이에 공유돼야 하는 API를 만들고 있다면 __all__ 기능이 불필요하거나, 아예 사용하지 말아야 할 수도 있다. 일반적으로 대규모 코드를 작성하면서 협업하는 프로그래머 팀 내부에서는 패키지가 제공하는 이름 공간에서 어느 정도 타당한 인터페이스 경계를 유지하는 것으로 충분한 경우가 많다.

> ⚠️ Warning │ **import *를 조심하라**
>
> from x import y 같은 임포트 문을 쓰면 x 패키지나 모듈로부터 y를 임포트한다고 명시하므로 x가 어디서 비롯됐는지 명확히 알 수 있다. 와일드카드(wildcard) 임포트인 from foo import *도 유용하다. 특히 대화식으로 파이썬을 사용하는 세션에서 이런 와일드카드 임포트가 꽤 쓸모 있다. 하지만 와일드카드를 사용하면 코드를 이해하기 어려워진다.
>
> - from foo import *를 사용하면 코드를 처음 보고 어떤 이름이 어디서 비롯됐는지 알지 못하게 된다. 어떤 모듈 안에 import * 문이 여럿 들어가 있다면, 어떤 이름이 들어 있는 모듈을 찾기 위해 와일드카드 임포트 문이 참조하는 모든 모듈을 뒤져야 한다.
> - import *로 가져온 이름이 현재 모듈에 있는(또는 현재 모듈에 더 먼저 임포트한) 이름과 겹치면 기존 이름을 덮어 쓰게 된다. 여러 import *문을 사용해 이름을 가져와서 사용할 때 이런 식으로 이름이 겹치는 경우에는 여러분의 코드와 겹친 이름으로 인해 이상한 문제가 발생할 수 있다.
>
> 가장 안전한 접근 방법은 코드를 작성할 때 import *를 사용하지 않고 from x import y 스타일을 써서 명시적으로 이름을 임포트하는 것이다.

기억해야 할 내용

- 파이썬 패키지는 다른 모듈을 포함하는 모듈이다. 패키지를 사용하면 서로 분리돼 충돌이 일어나지 않는, 유일한 절대 모듈 경로를 사용하는 이름 공간으로 코드를 나눌 수 있다.
- 다른 소스 파일이 들어 있는 디렉터리에 __init__.py 파일을 추가하면 간단한 패키지를 만들 수 있다. 소스 파일들은 디렉터리로 인해 생긴 패키지의 자식 모듈이 된다. 패키지 디렉터리에는 다른 패키지가 들어갈 수도 있다.
- 모듈 외부에서 볼 수 있게 허용할 이름을 __all__ 특별 애트리뷰트에 지정해 공개 API를 제공할 수 있다.

- 패키지의 __init__.py 파일에 외부에 공개할 이름만 임포트하거나 패키지 내부에서만 사용할 이름 앞에 _를 붙임으로써 패키지 내부에서만 사용할 수 있는 이름을 감출 수 있다.
- 단일 코드베이스나 단일 팀 안에서 협업을 진행한다면 아마도 __all__로 API를 명시할 필요가 없을 것이다.

BETTER WAY 86 배포 환경을 설정하기 위해 모듈 영역의 코드를 사용하라

배포 환경은 프로그램이 실행될 설정을 뜻한다. 모든 프로그램에는 배포 환경이 적어도 하나는 있다. 바로 **프로덕션 환경**(production environment)이다. 프로그램을 작성하는 궁극적인 목표는 프로덕션 환경에서 프로그램을 실행해 원하는 결과를 얻어내는 것이다.

프로그램을 작성하고 수정하려면 여러분이 프로그램을 개발할 때 사용하는 컴퓨터상에서 프로그램을 실행할 수 있어야 한다. 여러분의 **개발 환경**은 프로덕션 환경과 아주 많이 다를 수 있다. 예를 들어 엄청난 슈퍼컴퓨터에서 실행될 프로그램을 작은 기판 하나짜리 컴퓨터에서 개발할 수도 있다.

venv 같은 도구(Better way 83: '가상 환경을 사용해 의존 관계를 격리하고 반복 생성할 수 있게 하라' 참고)를 쓰면 모든 환경에 똑같은 파이썬 패키지가 설치되게 할 수 있다. 문제는 프로덕션 환경의 경우 개발 환경에서 재현하기 힘든 외부 가정이 많을 수 있다는 점이다.

예를 들어 웹 서버 컨테이너 안에서 프로그램을 실행시키되 프로그램이 데이터베이스에 접근할 수 있도록 허용하고 싶다고 하자. 프로그램 코드를 변경할 때마다 서버 컨테이너를 실행하고, 데이터베이스 스키마를 적절히 갱신해 줘야 한다. 또 데이터베이스 접근에 필요한 암호를 프로그램이 알고 있어야 한다. 프로그램에서 한 줄만 변경한 뒤 제대로 동작하는지 검증하고 싶을 뿐인데, 이 모든 작업을 다시 해야 한다면 비용이 너무 비싸다.

이러한 문제를 우회하는 가장 좋은 방법은 프로그램을 시작할 때 프로그램 일부를 오버라이드해서 배포되는 환경에 따라 다른 기능을 제공하도록 만드는 것이다. 예를 들어 프로덕션과 개발 환경에 따라 두 가지 __main__ 파일을 사용할 수도 있다.

```
# dev_main.py
TESTING = True

import db_connection

db = db_connection.Database()
```

```
# prod_main.py
TESTING = False

import db_connection

db = db_connection.Database()
```

두 파일의 차이는 TESTING 상수의 값이 다르다는 것뿐이다. 프로그램의 다른 모듈들은 __main__ 모듈을 임포트해서 TESTING의 값에 따라 자신이 정의하는 애트리뷰트 값을 결정할 수 있다.

```
# db_connection.py
import __main__

class TestingDatabase:
    ...

class RealDatabase:
    ...
```

```
if __main__.TESTING:
    Database = TestingDatabase
else:
    Database = RealDatabase
```

여기서 알아둬야 할 핵심은 (함수나 메서드 내부가 아니라) 모듈 영역에서 실행되는 코드가 일반적인 파이썬 코드일 뿐이라는 점이다. if 문을 모듈 수준에서 사용하면 모듈 안에서 이름이 정의되는 방식을 결정할 수 있다. 이를 통해 더 쉽게 다양한 배포 환경에 맞춰 모듈을 구성할 수 있고, 데이터베이스 설정처럼 비용이 많이 드는 가정이 불필요한 배포 환경이라면 아예 이런 설정을 제외시킬 수도 있다. 대화식 개발을 편하게 하도록 도와주는 로컬 구현이나 가짜 구현을 주입할 수도 있고, 테스트를 위해 목을 사용할 수도 있다(Better way 78: '목을 사용해 의존 관계가 복잡한 코드를 테스트하라' 참고).

> **Note** ≡ 배포 환경 설정이 복잡해지면 파이썬의 제약 사항(TESTING 등)을 전용 설정 파일로 옮겨야 한다. configparser 내장 모듈 같은 도구를 사용하면 프로덕션 설정을 코드로부터 분리해 유지 보수할 수 있다. 특히 제품을 운용하는 팀이 따로 있는 경우에는 협업할 때 설정과 코드를 구분하는 것이 중요하다.

이런 접근 방법은 외부 환경에 대한 가정을 우회하기 위한 것 이상의 용도로 사용될 수 있다. 예를 들어 프로그램이 호스트 플랫폼에 따라 다르게 작동해야 한다는 사실을 안다면, 모듈에서 최상위 요소들을 정의하기 전에 sys 모듈을 살펴보면 된다.

```
# db_connection.py
import sys

class Win32Database:
    ...

class PosixDatabase:
```

```
    ...

if sys.platform.startswith('win32'):
    Database = Win32Database
else:
    Database = PosixDatabase
```

비슷한 방식으로 os.environ에서 얻은 환경 변수를 모듈 정의에 참조할 수도
있다.

기억해야 할 내용

- 고유한 가정과 설정이 있는 다양한 배포 환경에서 프로그램을 실행해야 하는 경우가
  많다.
- 모듈 영역에서 일반적인 파이썬 문을 사용하면 각 배포 환경에 맞게 모듈의 내용을 조정
  할 수 있다.
- 모듈 내용은 모든 외부 조건에 따라 달라질 수 있는 결과물이다. 외부 조건에는 sys나
  os 모듈을 사용해 알아낸 호스트 인트로스펙션 정보가 포함된다.

BETTER WAY 87 호출자를 API로부터 보호하기 위해 최상위 Exception을 정의하라

모듈 API에서는 모듈 내에 여러분이 정의한 함수 또는 클래스만큼이나 여러
분이 발생시킬 예외도 API의 일부분으로서 중요하다(Better way 20: 'None
을 반환하기보다는 예외를 발생시켜라'에서 예제를 볼 수 있다).

파이썬 언어와 표준 라이브러리에는 이미 예외 계층 구조가 내장돼 있다. 여
러분이 직접 정의한 새로운 예외 타입을 사용해 오류를 보고하는 것이나 내장
예외 타입을 사용해 오류를 보고하는 것은 비슷하다. 예를 들어 직접 만든 모
듈의 함수에 잘못된 파라미터가 전달되면 ValueError 예외를 던질 수도 있다.

```
# my_module.py
def determine_weight(volume, density):
    if density <= 0:
        raise ValueError('밀도는 0보다 커야 합니다')
    ...
```

경우에 따라 ValueError를 사용하는 편이 타당할 때도 있지만, API의 경우 새로운 예외 계층 구조를 정의하는 편이 훨씬 강력하다. 모듈에 최상위 Exception을 정의하고 모듈이 발생시키는 다른 모든 예가 이 최상위 예외를 상속하게 만듦으로써 API에서 발생하는 예외의 계층 구조를 만들 수 있다.*

```
# my_module.py
class Error(Exception):
    """이 모듈에서 발생할 모든 예외의 상위 클래스."""

class InvalidDensityError(Error):
    """밀도 값이 잘못된 경우."""

class InvalidVolumeError(Error):
    """부피 값이 잘못된 경우."""

def determine_weight(volume, density):
    if density < 0:
        raise InvalidDensityError('밀도는 0보다 커야 합니다')
    if volume < 0:
        raise InvalidVolumeError('부피는 0보다 커야 합니다')
    if volume == 0:
        density / volume
```

어떤 모듈 안에 최상위 예외가 있으면 API 사용자들이 이 모듈에서 발생한 모든 오류를 더 쉽게 잡아낼 수 있다. 예를 들어, 우리가 정의한 API를 사용

---

* 역주 눈치챈 독자도 있겠지만 코드 예제의 예외 내용과 if 문의 조건이 서로 일치하지 않고, 마지막에 volume이 0인지 검사하는데 0으로 나눌 수는 없고 0이 아닌 경우는 아무 일도 하지 않는다. 이 부분은 저자가 의도적으로 심어둔 버그다. 정상적인 코드라면 부피와 밀도가 양수인지 <=을 사용해 검사해야 하며, 맨 마지막의 if 문은 없어야 하고 밀도를 부피로 나눈 값을 반환해야 한다.

596

하는 사용자가 함수를 호출하면서 try/except 문을 사용함으로써 최상위 예외를 잡아낼 수 있다.

```
try:
    weight = my_module.determine_weight(1, -1)
except my_module.Error:
    logging.exception('예상치 못한 오류')
```

```
>>>
ERROR:root:예상치 못한 오류
Traceback (most recent call last):
  File "main.py", line 5, in <module>
    weight = my_module.determine_weight(1, -1)
  File "...my_module.py", line 14 in determine_weight
    raise InvalidDensityError('밀도는 0보다 커야 합니다')
my_module.InvalidDensityError: 밀도는 0보다 커야 합니다
```

여기서 logging.exception 함수가 잡아낸 예외의 전체 스택 트레이스를 출력하기 때문에 더 쉽게 이 상황을 디버깅할 수 있다. try/except 문을 사용하면 우리 모듈에서 발생한 예외가 모듈을 호출하는 코드로부터 아주 멀리 전달돼 프로그램이 깨지는 상황을 방지할 수 있다. 이런 식으로 최상위 예외가 있으면 우리가 제공하는 API로부터 호출하는 코드를 보호할 수 있다. 이런 보호로 인해 세 가지 유용한 효과가 나타난다.

첫 번째 효과는 최상위 예외가 있으면 API를 호출하는 사용자가 API를 잘못 사용한 경우를 더 쉽게 이해할 수 있다는 점이다. 호출자가 API를 제대로 사용한다면 API에서 의도적으로 발생시킨 여러 예외를 잡아내야만 한다. 사용자가 이런 예외를 잡아내지 않으면, 우리가 만든 모듈의 최상위 예외를 잡아내는 방어적인 except 블록까지 예외가 전달된다. 이 블록은 API 사용자의 주의를 환기시키고, 사용자가 깜빡한 예외 타입을 제대로 처리할 기회를 제공한다.

```
try:
    weight = my_module.determine_weight(-1, 1)
except my_module.InvalidDensityError:
    weight = 0
except my_module.Error:
    logging.exception('호출 코드에 버그가 있음')
```

```
>>>
ERROR:root:호출 코드에 버그가 있음
Traceback (most recent call last):
  File "main2.py", line 5, in <module>
    weight = my_module.determine_weight(-1, 1)
  File "...", line 16, in determine_weight
    raise InvalidVolumeError('부피는 0보다 커야 합니다')
my_module.InvalidVolumeError: 부피는 0보다 커야 합니다
```

두 번째 효과는 API 모듈 코드의 버그를 발견할 때 도움이 된다는 점이다. 우리가 작성한 모듈 코드는 의도적으로 모듈 내에서 정의한 예외 계층에 속하는 예외만 발생시킬 수 있다. 이 경우 우리 모듈에서 (우리가 정한 예외 계층에 속하지 않는) 다른 타입의 예외가 발생한다면, 이 예외는 우리가 의도하지 않은 것이다. 즉, 우리가 구현한 API 코드에 버그가 있다는 뜻이다.

앞에서 설명한 모듈의 최상위 예외를 잡아내는 try/except 문이 모듈의 버그로부터 API 소비자들을 보호하지는 못한다. 그러므로 호출하는 쪽에서 파이썬의 기반 Except 클래스를 잡아내는 다른 except 블록을 추가해야 한다.

이렇게 두 가지 except 문을 사용하면 API 소비자가 API 모듈에 수정해야 할 버그가 있는 경우를 쉽게 감지할 수 있다. 다음 예제의 출력은 logging. exception이 출력한 메시지와 파이썬 Exception을 다시 발생시켰으므로 인터프리터가 출력한 디폴트 예외 메시지를 모두 보여준다.

```
try:
    weight = my_module.determine_weight(0, 1)
```

```python
except my_module.InvalidDensityError:
    weight = 0
except my_module.Error:
    logging.exception('호출 코드에 버그가 있음')
except Exception:
    logging.exception('API 코드에 버그가 있음!')
    raise  # 예외를 호출자 쪽으로 다시 발생시킴
```

```
>>>
ERROR:root:API 코드에 버그가 있음!
Traceback (most recent call last):
  File "example.py", line 3, in <module>
    weight = my_module.determine_weight(0, 1)
  File ".../my_module.py", line 14, in determine_weight
    density / volume
ZeroDivisionError: division by zero
Traceback ...
ZeroDivisionError: division by zero
```

세 번째 효과는 미래의 API를 보호해준다는 점이다. 시간이 지남에 따라 API 를 확장해 특정 상황에서 더 구체적인 예외를 제공하고 싶을 때가 있다. 예를 들어 밀도가 음수인 경우를 오류 조건으로 표시해주는 Exception 하위 클래 스를 추가할 수 있다.

```python
# my_module.py
...

class NegativeDensityError(InvalidDensityError):
    """밀도가 음수인 경우."""


...

def determine_weight(volume, density):
    if density < 0:
        raise NegativeDensityError('밀도는 0보다 커야 합니다')
    ...
```

모듈을 호출하는 코드는 변경하지 않아도 예전과 똑같이 잘 작동한다. InvalidDensityError 예외(NegativeDensityError의 부모 클래스)를 이미 처리하기 때문이다. 나중에 호출하는 코드에서 새로운 타입의 예외를 더 처리하기로 결정하면, 그에 따라 처리 동작을 적절히 수정할 수 있다.

```
try:
    weight = my_module.determine_weight(1, -1)
except my_module2.NegativeDensityError as exc:
    raise ValueError('밀도로 음수가 아닌 값을 제공해야 합니다') from exc
except my_module.InvalidDensityError:
    weight = 0
except my_module.Error:
    logging.exception('호출 코드에 버그가 있음')
except Exception:
    logging.exception('API 코드에 버그가 있음!')
    raise

>>>
Traceback ...
NegativeDensityError: 밀도는 0보다 커야 합니다

The above exception was the direct cause of the following
➡exception:

Traceback ...
ValueError: 밀도로 음수가 아닌 값을 제공해야 합니다
```

최상위 예외 바로 아래에 폭넓은 예외 상황을 표현하는 다양한 오류를 제공하면 미래의 코드 변경에 대한 보호를 더 강화할 수 있다. 예를 들어 무게 계산 관련 예외, 부피 계산 관련 예외, 밀도 계산 관련 예외를 추가하는 경우가 있을 수 있다.

```
# my_module.py
class Error(Exception):
    """이 모듈에서 발생할 모든 예외의 상위 클래스."""
```

```
class WeightError(Error):
    """무게 계산 관련 예외의 상위 클래스."""

class VolumeError(Error):
    """부피 계산 관련 예외의 상위 클래스."""

class DensityError(Error):
    """밀도 계산 관련 예외의 상위 클래스."""
...
```

구체적인 예외는 이런 일반적인 예외를 상속한다. 각각의 중간 단계 예외는
각각 (서로 다른 예외 상황에 대해) 최상위 예외 역할을 한다. 이렇게 하면
API 코드로부터 API를 호출하는 코드를 보호하는 계층을 쉽게 추가할 수 있
다. 모든 호출 코드가 구체적인 Exception 하위 클래스 예외를 일일이 처리하
게 하는 것보다 이런 식의 예외 계층 구조를 채택하는 편이 훨씬 낫다.

기억해야 할 내용

- 모듈에서 사용할 최상위 예외를 정의하면 API 사용자들이 자신을 API로부터 보호할 수
  있다.
- 최상위 예외를 잡아내면 API를 소비하는 코드의 버그를 쉽게 찾을 수 있다.
- 파이썬 Exception 기반 클래스를 잡아내면 API 구현의 버그를 쉽게 찾을 수 있다.
- 중간 단계의 최상위 예외를 사용하면, 미래에 새로운 타입의 예외를 API에 추가할 때
  API를 사용하는 코드가 깨지는 일을 방지할 수 있다.

BETTER WAY 88 순환 의존성을 깨는 방법을 알아두라

다른 사람들과 협업하다 보면 불가피하게 모듈들이 상호 의존하는 경우가 생
긴다. 이는 심지어 한 프로그램의 여러 부분을 홀로 작업할 때도 발생할 수
있다.

예를 들어 GUI 애플리케이션에서 문서 저장 위치를 선택할 수 있는 대화창을 띄우고 싶다. 대화창이 표시하는 정보는 이벤트 핸들러의 인자를 통해 구체적으로 전달된다. 하지만 대화창이 사용자 선호 설정 등과 같은 전역 상태를 읽어야 자기 자신을 화면에 바로 그릴 수 있다.

다음 코드는 전역 선호도 설정에서 디폴트 문서 저장 위치를 가져오는 대화창을 정의한다.

```
# dialog.py
import app

class Dialog:
    def __init__(self, save_dir):
        self.save_dir = save_dir
    ...

save_dialog = Dialog(app.prefs.get('save_dir'))

def show():
    ...
```

문제는 prefs 객체가 들어 있는 app 모듈이 프로그램 시작 시 대화창을 표시하고자 앞에서 정의한 dailog 클래스를 임포트한다는 점이다.

```
# app.py
import dialog

class Prefs:
    ...
    def get(self, name):
        ...

prefs = Prefs()
dialog.show()
```

이로 인해 순환 의존 관계가 생겼다. app 모듈을 메인 프로그램에서 임포트하려고 시도하면

```
# main.py
import app
```

다음과 같이 예외가 발생한다.

```
>>>
$ python3 main.py
Traceback (most recent call last):
  File ".../main.py", line 17, in <module>
    import app
  File ".../app.py", line 17, in <module>
    import dialog
  File ".../dialog.py", line 23, in <module>
    save_dialog = Dialog(app.prefs.get('save_dir'))
AttributeError: partially initialized module 'app' has no
➡attribute 'prefs' (most likely due to a circular import)
```

여기서 어떤 일이 벌어졌는지 이해하려면 파이썬의 임포트 기능이 일반적으로 어떻게 작동하는지 알아야 한다(자세한 사항을 모두 살펴보려면 importlib 내장 패키지를 보라). 모듈이 임포트되면 파이썬이 실제로 어떤 일을 하는지를 깊이 우선순위(depth first order)로 나타냈다.

1. sys.path에서 모듈 위치를 검색한다.
2. 모듈의 코드를 로딩하고 컴파일되는지 확인한다.
3. 임포트할 모듈에 상응하는 빈 모듈 객체를 만든다.
4. 모듈을 sys.modules에 넣는다.
5. 모듈 객체에 있는 코드를 실행해서 모듈의 내용을 정의한다.

순환 의존 관계에서 문제는 어떤 모듈의 애트리뷰트를 정의하는 코드(5단계)가 실제로 실행되기 전까지는 모듈 애트리뷰트가 정의되지 않는다는 점이다.

하지만 모듈 자체는 import 문을 사용해서 sys.modules에 추가되자마자(4단계) import 문을 사용해 로드할 수 있다.

위 예제에서 app 모듈은 다른 모든 내용을 정의하기 전에 dialog 모듈을 임포트한다. 그 후 dialog 모듈은 app을 임포트한다. app이 아직 실행(app은 지금 dialog를 임포트하는 중이다)되지 않았기 때문에 app 모듈은 비어 있다(4단계). 따라서 prefs 애트리뷰트를 정의하는 코드가 아직 실행되지 못했기(app의 5단계가 아직 끝나지 않았다) 때문에 (dialog의 5단계를 실행하는 도중에) AttributeError가 발생한다.

이 문제를 해결하는 가장 좋은 해결 방법은 코드를 리팩터링해서 prefs 데이터 구조를 의존 관계 트리의 맨 밑바닥으로 보내는 것이다. 이렇게 변경하고 나면, app과 dialog가 모두 (prefs가 들어 있는) 같은 유틸리티 모듈을 임포트하고 순환 임포트를 피할 수 있다. 하지만 리팩터링이 너무 어려워서 노력할 만한 가치가 없거나 아예 이런 식의 명확한 구분이 불가능한 경우도 있다.

순환 임포트를 깨는 다른 세 가지 방법이 있다.

임포트 순서 바꾸기

첫 번째 접근 방법은 임포트 순서를 바꾸는 것이다. 예를 들어 app 모듈의 다른 내용이 모두 실행된 다음, 맨 뒤에서 dialog 모듈을 임포트하면 AttributeError가 사라진다.

```
# app.py
class Prefs:
    ...

prefs = Prefs()
```

```
import dialog  # 위치 바꿈
dialog.show()
```

이런 코드가 제대로 작동하는 이유는 dialog 모듈이 나중에 로딩될 때 dialog 안에서 재귀적으로 임포트한 app에 app.prefs가 이미 정의돼 있기 때문이다 (app에 대해 5단계가 거의 다 수행됨).

이런 방식이 AttributeError를 없애주기는 하지만, PEP 8(Better way 2: 'PEP 8 스타일 가이드를 따르라' 참고) 스타일 가이드에 위배된다. 스타일 가이드는 항상 파이썬 파일의 맨 위에 임포트를 넣으라고 제안한다. 그리고 임포트가 맨 앞에 있어야 여러분이 의존하는 모듈이 여러분 모듈 코드의 모든 영역에서 항상 사용 가능할 것이라 확신할 수 있다.

파일의 뒷부분에 임포트를 넣으면 깨지기 쉽고, 코드 순서를 약간만 바꿔도 전체 모듈이 망가질 수 있다. 순환 임포트 문제를 해결하기 위해 임포트 순서를 변경하는 것은 권하지 않는다.

임포트, 설정, 실행

순환 임포트 문제에 대한 두 번째 해결 방법은 임포트 시점에 부작용을 최소화한 모듈을 사용하는 것이다. 모듈이 함수, 클래스, 상수만 정의하게 하고, 임포트 시점에 실제로 함수를 전혀 실행하지 않게 만든다. 그 후 다른 모듈이 모두 임포트를 끝낸 후 호출할 수 있는 configure 함수를 제공한다. configure의 목적은 다른 모듈들의 애트리뷰트에 접근해 모듈 상태를 준비하는 것이다. 다른 모든 모듈을 임포트한 다음에(다른 모듈의 5단계가 끝난 후) configure를 실행하므로 configure가 실행되는 시점에는 항상 모든 애트리뷰트가 정의돼 있다.

다음 코드는 configure가 호출될 때만 prefs 객체에 접근하도록 dialog 모듈을 재정의한다.

```
# dialog.py
import app

class Dialog:
    ...

save_dialog = Dialog()

def show():
    ...

def configure():
    save_dialog.save_dir = app.prefs.get('save_dir')
```

또한, app 모듈도 임포트 시 동작을 수행하지 않게 다시 정의한다.

```
# app.py
import dialog

class Prefs:
    ...

prefs = Prefs()

def configure():
    ...
```

마지막으로 main 모듈은 모든 것을 임포트하고, 모든 것을 configure하고, 프로그램의 첫 동작을 실행하는 세 가지 단계를 거친다.

```
# main.py
import app
import dialog
```

```
app.configure()
dialog.configure()

dialog.show()
```

이런 구조는 대부분 잘 작동하며 **의존 관계 주입** 같은 다른 패턴을 적용할 수도 있다. 하지만 코드 구조를 변경해서 명시적인 configure 단계를 분리할 수 없을 때도 있다. 모듈 안에 서로 다른 단계가 둘 이상 있으면, 객체를 정의하는 부분과 객체를 설정하는 부분이 분리되기 때문에 코드를 읽기가 더 어려워진다.

동적 임포트

순환 임포트에 대한 세 번째(그리고 가장 단순한 경우가 많은) 해결 방법은 import 문을 함수나 메서드 안에서 사용하는 것이다. 프로그램이 처음 시작하거나 모듈을 초기화하는 시점이 아니라 프로그램이 실행되는 동안 모듈 임포트가 일어나기 때문에 이를 **동적 임포트**라고 부른다.

다음 코드는 동적 임포트를 사용해 dialog 모듈을 재정의한다. dialog 모듈이 초기화될 때 app을 임포트하는 대신, dialog.show 함수가 실행 시점에 app 모듈을 임포트한다.

```
# dialog.py
class Dialog:
    ...

save_dialog = Dialog()

def show():
    import app  # 동적 임포트
    save_dialog.save_dir = app.prefs.get('save_dir')
    ...
```

이제 app 모듈은 맨 처음 예제 코드와 똑같다. app 모듈은 dialog를 맨 위에서 임포트하고 맨 아래에서 dialog.show를 호출한다.

```
# app.py
import dialog

class Prefs:
    ...

prefs = Prefs()
dialog.show()
```

이런 접근 방법은 앞에서 본 임포트, 설정, 실행 단계를 사용하는 방식과 비슷한 효과를 나타낸다. 차이가 있다면, 동적 임포트 방식에서는 모듈을 정의하고 임포트하는 방식을 구조적으로 바꾸지 않아도 된다는 점이다. 단지 순환적인 임포트를 실제로 다른 모듈에 접근해야만 하는 시점으로 지연시켰을 뿐이다. 이 시점에서는 모든 다른 모듈이 이미 초기화됐다는 것을 충분히 확신할 수 있다(모든 모듈에 대해 5단계가 끝남).

일반적으로 이런 동적인 임포트는 피하면 좋다. import 문의 비용이 무시하지 못할 만큼 크며, 특히 자주 빠르게 반복되는 루프 안에서 임포트를 사용하면 악영향이 커진다. 동적 임포트를 사용하면 임포트 실행을 미루기 때문에 실행 시점에 예기치 못한 오류로 인해 놀랄 수도 있다. 예를 들어 프로그램이 시작되고 실행된 다음에 한참 있다가 SyntaxError가 발생하는 등의 일이 벌어질 수 있다(이런 경우를 피하는 방법은 Better way 76: 'TestCase 하위 클래스를 사용해 프로그램에서 연관된 행동 방식을 검증하라' 참고). 하지만 이런 단점을 감수하는 것이 프로그램 전체 구조를 바꾸는 것보다 더 나은 경우가 많다.

기억해야 할 내용

- 두 모듈이 임포트 시점에 서로를 호출하면 순환 의존 관계가 생긴다. 순환 의존 관계가 있으면 프로그램이 시작되다가 오류가 발생하면서 중단될 수 있다.
- 순환 의존 관계를 깨는 가장 좋은 방법은 상호 의존 관계를 의존 관계 트리의 맨 아래에 위치한 별도의 모듈로 리팩터링하는 것이다.
- 동적 임포트는 리팩터링과 복잡도 증가를 최소화하면서 모듈 간의 순환 의존 관계를 깨는 가장 단순한 해법이다.

BETTER WAY 89 리팩터링과 마이그레이션 방법을 알려주기 위해 warning을 사용하라

예전에 예측하지 못했던 필요를 만족시키는 새로운 요구 사항을 충족하기 위해 자연스럽게 API를 변경하게 된다. API가 작고 상위 의존 관계나 하위 의존 관계가 거의 없다면 API를 변경하는 것도 단순하다. 프로그래머가 혼자 작은 API와 그 API를 호출하는 모든 지점을 변경하고 한꺼번에 커밋할 수 있을 정도다.

하지만 코드베이스가 커지면 API를 호출하는 지점 수가 너무 많아지거나 여러 소스 코드 저장소에 호출 지점이 흩어지므로, API 변경과 호출 지점 변경을 함께 일관성 있게 수행하는 것이 실용적이지 않거나 불가능할 수 있다. 대신 여러분은 사람들에게 자신의 코드를 리팩터링하고 여러분의 API를 사용하는 부분을 최신 API에 맞춰 변경하도록 협력을 요청할 수 있는 방법을 찾아야 한다.

예를 들어 평균 속력과 시간이 주어지면 얼마나 멀리 자동차가 이동할 수 있는지 계산하는 모듈을 제공하고 싶다. 다음 코드는 속력(단위: 마일/시간)과 시간(단위: 시간)을 받아서 거리를 계산하는 함수를 보여준다.

```python
def print_distance(speed, duration):
    distance = speed * duration
    print(f'{distance} 마일')

print_distance(5, 2.5)

>>>
12.5 마일
```

코드가 아주 잘 작동해서 이 함수에 의존하는 프로그램이 아주 많아졌다고 생각해보자. 우리와 협업하는 다른 프로그래머들은 공유된 코드베이스의 여러 곳에서 이 함수를 사용해 거리를 계산하고 출력해야 한다.

잘 작동함에도 불구하고, 이 구현은 계산 단위가 암시적이므로 함수 사용자가 오류를 저지르기 쉽다. 예를 들어, 총알이 초당 1,000미터 속도로 3초간 움직인 거리가 얼마인지 알고 싶다면 잘못된 결과를 얻을 것이다.

```python
print_distance(1000, 3)

>>>
3000 마일
```

print_distance가 speed와 duration에 대한 단위와 계산한 값을 출력할 때 사용할 거리 단위를 선택적인 키워드 인자(Better way 23: '키워드 인자로 선택적인 기능을 제공하라', Better way 25: '위치로만 인자를 지정하게 하거나 키워드로만 인자를 지정하게 해서 함수 호출을 명확하게 만들라' 참고)로 받게 하면 이 문제를 해결할 수 있다.

```python
# 키에 해당하는 단위로 돼 있는 값을
# SI 단위계 단위로 바꿀 때 곱해야 하는 숫자를 저장하는 딕셔너리
CONVERSIONS = {
    'mph': 1.60934 / 3600 * 1000,  # 마일/초 -> 미터/초
    '시간': 3600,                   # 시간 -> 초
```

```
    '마일': 1.60934 * 1000,        # 마일 -> 미터
    '미터': 1,                     # 미터 -> 미터
    'm/s': 1,                     # 미터/초 -> 미터/초
    '초': 1,                      # 초 -> 초
}

def convert(value, units):
    rate = CONVERSIONS[units]
    return rate * value

def localize(value, units):
    rate = CONVERSIONS[units]
    return value / rate

def print_distance(speed, duration, *,
                   speed_units='mph',
                   time_units='시간',
                   distance_units='마일'):
    norm_speed = convert(speed, speed_units)
    norm_duration = convert(duration, time_units)
    norm_distance = norm_speed * norm_duration
    distance = localize(norm_distance, distance_units)
    print(f'{distance} {distance_units}')
```

이제 빠른 총알의 거리를 계산하는 코드를 변경해 단위를 마일로 변환함으로 써 정확하게 표시하도록 만들 수 있다.

```
print_distance(1000, 3,
               speed_units='미터',
               time_units='초')
```

```
>>>
1.8641182099494205 마일
```

이 함수에 단위를 지정할 수 있게 하는 것이 아주 좋은 방향인 것 같다. 단위 를 명시하면 오류 가능성이 낮아지고 코드를 새로 읽는 사람도 코드를 이해

하기 쉽다. 하지만 어떻게 기존 API를 호출하는 모든 사용자가 항상 단위를 지정하게 할 수 있을까? 어떻게 해야 print_distance에 의존하는 코드가 깨지는 경우를 최소화하면서 이 함수를 호출하는 쪽의 코드에 가능한 한 빨리 새로운 단위 인자를 포함시키도록 장려할 수 있을까?

이를 위해 파이썬은 warnings 내장 모듈을 제공한다. warnings 모듈을 사용하면, 다른 프로그래머에게 자신이 의존하는 모드가 변경됐으므로 각자의 코드를 변경하라고 안내할 수 있다. 컴퓨터가 자동으로 오류를 처리할 때는 주로 예외를 사용하지만(Better way 87: '호출자를 API로부터 보호하기 위해 최상위 Exception을 정의하라' 참고), 프로그래머가 협업하는 사람들에게 의사를 전달할 때는 경고를 사용한다.

print_distance를 변경해 단위를 지정하는 키워드 인자를 제공하지 않았다고 경고를 발생시킬 수도 있다. 이런 방식으로 print_distnace에 의존하는 사람들에게 적절한 조치를 취하지 않으면 미래에 코드가 깨질 수 있다는 경고를 명시적으로 제공하면서 잠시 동안 키워드 인자를 선택적으로 유지할 수 있다(Better way 24: 'None과 독스트링을 사용해 동적인 디폴트 인자를 지정하라' 참고).

```
import warnings

def print_distance(speed, duration, *,
                    speed_units=None,
                    time_units=None,
                    distance_units=None):
    if speed_units is None:
        warnings.warn(
            'speed_units가 필요합니다', DeprecationWarning)
        speed_units = 'mph'

    if time_units is None:
```

```
            warnings.warn(
                'time_units가 필요합니다', DeprecationWarning)
            time_units = '시간'

        if distance_units is None:
            warnings.warn(
                'distance_units가 필요합니다', DeprecationWarning)
            distance_units = '마일'

        norm_speed = convert(speed, speed_units)
        norm_duration = convert(duration, time_units)
        norm_distance = norm_speed * norm_duration
        distance = localize(norm_distance, distance_units)
        print(f'{distance} {distance_units}')
```

예전과 같은 인자를 적용해 이 함수를 호출하고 warnings의 sys.stderr 출력
을 살펴보면 경고가 발생되는지 검증할 수 있다.

```
import contextlib
import io

fake_stderr = io.StringIO()
with contextlib.redirect_stderr(fake_stderr):
    print_distance(1000, 3,
                   speed_units='미터',
                   time_units='초')

print(fake_stderr.getvalue())

>>>
1.8641182099494205 miles
.../example.py:97: DeprecationWarning: distance_units가 필요합니다
warnings.warn(
```

이 함수에 경고를 추가하려면 반복적인 준비 코드가 꽤 많이 필요하고, 이런
코드는 읽거나 유지하기 어렵다. 또한, 경고 메시지는 warnings.warn이 호출

된 위치를 표시하지만, 실제 우리가 가리키고 싶은 위치는 조만간 필수로 바뀔 키워드 인자를 제공하지 않고 print_distance를 호출하는 부분이다.

다행히 warnings.warn 함수는 stacklevel이라는 파라미터를 지원한다. 이 파라미터를 사용하면 호출 스택에서 경고를 발생시킨 위치를 제대로 보고할 수 있다. stacklevel을 활용하면 다른 코드를 대신해 경고를 표시하는 함수를 쉽게 작성할 수 있으므로 준비 코드를 줄일 수 있다. 다음 코드는 선택적인 인자가 제공되지 않은 경우에 경고를 표시하고 빠진 인자에 대한 디폴트 값을 제공해주는 도우미 함수를 정의한다.

```python
def require(name, value, default):
    if value is not None:
        return value
    warnings.warn(
        f'{name}이(가) 곧 필수가 됩니다. 코드를 변경해 주세요',
        DeprecationWarning,
        stacklevel=3)
    return default

def print_distance(speed, duration, *,
                   speed_units=None,
                   time_units=None,
                   distance_units=None):
    speed_units = require('speed_units', speed_units, 'mph')
    time_units = require('time_units', time_units, '시간')
    distance_units = require(
        'distance_units', distance_units, '마일')

    norm_speed = convert(speed, speed_units)
    norm_duration = convert(duration, time_units)
    norm_distance = norm_speed * norm_duration
    distance = localize(norm_distance, distance_units)
    print(f'{distance} {distance_units}')
```

프로그램을 실행한 결과를 검사하면 이 함수가 경고할 대상 위치를 제대로 전달하는지 확인할 수 있다.

```python
import contextlib
import io

fake_stderr = io.StringIO()
with contextlib.redirect_stderr(fake_stderr):
    print_distance(1000, 3,
                   speed_units='미터',
                   time_units='초')

print(fake_stderr.getvalue())
```

```
>>>
1.8641182099494205 마일
.../example.py:174: DeprecationWarning: distance_units이(가) 곧 필수가
➡️됩니다. 코드를 변경해 주세요
  print_distance(1000, 3,
```

또한, warnings 모듈은 경고가 발생할 때 해야 할 작업을 설정할 수 있게 해 준다. 한 가지 옵션은 모든 경고를 오류로 바꾸는 것이다. 이렇게 하면 경고 할 일이 발생했을 때 sys.stderr에 경고를 출력하는 대신 예외가 발생한다.

```python
warnings.simplefilter('error')
try:
    warnings.warn('이 사용법은 향후 금지될 예정입니다',
                  DeprecationWarning)
except DeprecationWarning:
    print("DeprecationWarning이 예외로 발생")
    pass  # 예외가 발생할 것으로 예상함
```

```
>>>
DeprecationWarning이 예외로 발생
```

이런 식으로 예외를 발생시키는 동작 방식은 상위 의존 관계에 있는 변경을 감지해 적절히 실패하는 자동화된 테스트에서 특히 유용하다. 이런 식으로 테스트 실패를 활용하는 것은 협업하는 사람들에게 코드를 변경해야 한다는 사실을 명확히 알려주는 아주 좋은 방법이다. warnings.simplefilter('error')를 쓰지 않더라도, -W error 명령줄 인자를 파이썬 인터프리터에게 넘기거나 PYTHONWARNINGS 환경 변수를 설정해 이런 정책을 사용할 수 있다.

```
# ex6.py
import warnings
try:
    warnings.warn('이 사용법은 향후 금지될 예정입니다',
                    DeprecationWarning)
except DeprecationWarning:
    print("DeprecationWarning이 예외로 발생")
```

이 예제를 파이썬 인터프리터로 그냥 실행하면 경고가 표시된다.

```
$ python ex6.py
ex6.py:4: DeprecationWarning: 이 사용법은 향후 금지될 예정입니다
  warnings.warn('이 사용법은 향후 금지될 예정입니다',
```

하지만 -W error를 지정하면 경고가 예외로 간주된다.

```
$ python -W error ex6.py
DeprecationWarning이 예외로 발생
```

일단 앞으로 사용이 금지될 API에 의존하는 코드를 담당하는 사람들이 자신의 코드를 변경해야 한다는 사실을 알고 나면, simplefilter와 filterwarnings 함수를 사용해 오류를 무시할 수 있다(자세한 내용은 https://docs.python.org/3/library/warnings에서 볼 수 있다).

```
warnings.simplefilter('ignore')
warnings.warn('이 경고는 표준 오류(stderr)에 표시되지 않습니다')
```

프로그램을 프로덕션에 배포하고 나면, 중요한 시점에 프로그램이 중단될 수
도 있으므로 경고가 오류를 유발하는 것은 타당하지 않다. 그 대신에 더 나은
접근 방법으로 경고를 logging 내장 모듈에 복제하는 것을 고려할 수 있다.
다음 코드는 logging.captureWarning 함수를 호출하고 적절한 py.warnings
로거를 설정한다.

```
import logging

fake_stderr = io.StringIO()
handler = logging.StreamHandler(fake_stderr)
formatter = logging.Formatter(
    '%(asctime)-15s WARNING] %(message)s')
handler.setFormatter(formatter)

logging.captureWarnings(True)
logger = logging.getLogger('py.warnings')
logger.addHandler(handler)
logger.setLevel(logging.DEBUG)

warnings.resetwarnings()
warnings.simplefilter('default')
warnings.warn('이 경고는 로그 출력에 표시됩니다')

print(fake_stderr.getvalue())

>>>
2020-08-29 23:15:43,465 WARNING] ex8.py:17: UserWarning: 이 경고는 로그
➡출력에 표시됩니다
  warnings.warn('이 경고는 로그 출력에 표시됩니다')
```

로깅을 사용해 경고를 잡아내면, 프로그램에 오류 보고 시스템이 설정된 경
우 프로덕션 환경에서도 중요한 경고를 통보받을 수 있다. 실제 사용 시 발생

할 수 있는 모든 미묘한 경우를 테스트가 다 체크하지 못하는 경우에는 이런 식으로 경고를 받는 기능이 특히 유용하다.

또한, API 라이브러리 관리자는 경고가 제대로 된 환경에서 명확하고 해결 방법을 제대로 알려주는 메시지와 함께 만들어지는지 검증하는 단위 테스트를 작성해야 한다(Better way 76: 'TestCase 하위 클래스를 사용해 프로그램에서 연관된 행동 방식을 검증하라' 참고). 다음 코드는 warnings.catch_warnings 함수를 컨텍스트 매니저(Better way 66: '재사용 가능한 try/finally 동작을 원한다면 contextlib과 with 문을 사용하라'에서 배경지식을 얻을 수 있다)로 사용해 앞에서 정의한 require 함수 호출을 감싼다.

```
with warnings.catch_warnings(record=True) as found_warnings:
    found = require('my_arg', None, '가짜 단위')
    expected = '가짜 단위'
    assert found == expected
```

경고 메시지를 수집하고 나면 경고의 개수, 자세한 메시지, 분류가 예상과 맞아떨어지는지 확인할 수 있다.

```
assert len(found_warnings) == 1
single_warning = found_warnings[0]
assert str(single_warning.message) == (
    'my_arg이(가) 곧 필수가 됩니다. 코드를 변경해 주세요')
assert single_warning.category == DeprecationWarning
```

기억해야 할 내용

- warnings 모듈을 사용하면 여러분의 API를 호출하는 사용자들에게 앞으로 사용 금지될 사용법에 대해 알려줄 수 있다. 경고 메시지는 API 사용자들이 (API 변경으로 인해) 자신의 코드가 깨지기 전에 코드를 변경하도록 권장한다.
- -w error 명령줄 인자를 파이썬 인터프리터에게 넘기면 경고를 오류로 높일 수 있다. 의존 관계에서 잠재적인 회귀 오류가 있는지 잡아내고 싶은 자동화 테스트에서 이런 기능이 특히 유용하다.

- 프로덕션 환경에서는 경고를 `logging` 모듈로 복제해 실행 시점에 기존 오류 보고 시스템이 경고를 잡아내게 할 수 있다.
- 다운스트림 의존 관계에서 알맞은 때 경고가 발동되도록 코드가 생성하는 경고에 대해 테스트를 작성하면 유용하다.

BETTER WAY 90 typing과 정적 분석을 통해 버그를 없애라

문서는 API 사용자가 API를 제대로 사용하는 방법을 알려주는 훌륭한 방법이다(Better way 84: '모든 함수, 클래스, 모듈에 독스트링을 작성하라' 참고). 하지만 문서만으로는 충분하지 않은 경우가 많고, API를 잘못 사용하면 여전히 버그가 생긴다. 이상적으로는 여러분의 API를 호출하는 사람이 API를 올바른 방법으로 사용하고 여러분의 코드가 하위 의존 관계를 올바른 방법으로 활용하는지 검사하는 메커니즘이 있어야 한다. 이를 위해 여러 프로그래밍 언어가 컴파일 시점 타입 검사를 제공한다. 컴파일 시점 타입 검사는 몇몇 유형의 버그를 없앨 수 있다.

역사적으로 파이썬은 동적인 기능에 초점을 맞췄고 컴파일 시점의 타입 안전성을 전혀 제공하지 않았다. 하지만 최근 들어 파이썬에도 특별한 구문과 typing 모듈이 도입돼 변수, 클래스 필드, 함수, 메서드에 타입 애너테이션을 덧붙일 수 있게 됐다. 이런 **타입 힌트**(type hint)를 사용하면 타입이 필요할 때마다 코드베이스를 점진적으로 변경하는 **점진적 타입 지정**이 가능하다.

타입 애너테이션을 파이썬 프로그램에 추가하면 **정적 분석** 도구로 프로그램 소스 코드를 검사해서 버그가 생길 가능성이 높은 부분을 식별할 수 있다는 장점이 있다. typing 내장 모듈은 실제 그 자체로는 어떠한 타입 검사 기능도 제공하지 않는다. 단지 파이썬 코드에 적용할 수 있고 별도의 도구가 소비할 수 있는, 제너릭스(generics)(여러 타입에 대해 작동할 수 있는 일반적인 코드를 작성할 수 있게 해주는 기능)를 포함한 타입을 정의할 때 사용하는 공통 라이브러리를 제공할 뿐이다.

파이썬 인터프리터 구현이 여럿 있는 것처럼(예: CPython, PyPy) typing 을 사용하는 정적 분석 도구 구현도 여러 가지가 있다. 현재(2020년 상반기) 가장 유명한 도구로는 mypy(https://github.com/python/mypy), pytype(https://github.com/google/pytype), pyright(https://github.com/microsoft/pyright), pyre(https://pyre-check.org) 등이 있다. 이 책의 typing 예제에서는 mypy에 --strict 플래그를 사용한다. --strict 플래그로 mypy 도구가 지원하는 여러 가지 경고를 모두 사용할 수 있다. 다음은 명령줄에서 mypy와 함께 프로그램을 실행하는 방법이다.

```
$ python3 -m mypy --strict example.py
```

이런 도구들은 프로그램을 실행하기도 전에 수많은 일반적인 오류를 감지할 수 있다. 이로 인해 정적 분석은 좋은 단위 테스트(Better way 76: 'TestCase 하위 클래스를 사용해 프로그램에서 연관된 행동 방식을 검증하라' 참고)에 안전성 계층을 추가해준다. 예를 들어, 다음 코드에 있는 단순한 함수에서 컴파일은 잘되지만 실행 시점에 예외가 발생하는 버그를 찾을 수 있는가?

```
def subtract(a, b):
    return a - b

subtract(10, '5')
```

```
>>>
Traceback ...
TypeError: unsupported operand type(s) for -: 'int' and 'str'
```

파라미터와 변수 타입 애너테이션 사이는 콜론(예: 이름: 타입)으로 구분한다. 반환 값 타입은 함수 인자 목록 뒤에 -> 타입이라는 형태로 지정한다. 이런 타입 애너테이션과 mypy를 사용하면 버그를 쉽게 찾을 수 있다.

```
def subtract(a: int, b: int) -> int:    # 함수에 타입 애너테이션을 붙임
    return a - b
```

```
subtract(10, '5')    # 아이고! 문자열 값을 넘김
```

```
$ python3 -m mypy --strict example.py
.../example.py:4: error: Argument 2 to "subtract" has
➡incompatible type "str"; expected "int"
```

또 다른 (특히 최근에 파이썬 2에서 파이썬 3로 옮겨온 프로그래머들이 잘 저지르는) 실수는 bytes와 str 인스턴스를 섞어 쓰는 것이다(Better way 3: 'bytes와 str의 차이를 알아두라' 참고). 다음 예제에서 실행 시점 오류의 원인이 되는 문제점을 찾을 수 있는가?

```
def concat(a, b):
    return a + b
```

```
concat('first', b'second')
```

```
>>>
Traceback ...
TypeError: can only concatenate str (not "bytes") to str
```

타입 힌트와 mypy를 사용하면 프로그램을 실행하기 전에 정적으로(statically) 이 문제를 감지할 수 있다.

```
def concat(a: str, b: str) -> str:
    return a + b
```

```
concat('첫째', b'second')   # 아이고! bytes 값을 넘김
```

```
$ python3 -m mypy --strict example.py
.../example.py:4: error: Argument 2 to "concat" has
➡incompatible type "bytes"; expected "str"
```

타입 애너테이션을 클래스에 적용할 수도 있다. 예를 들어 다음 클래스에는
프로그램을 실행하면 예외가 발생하는 버그가 두 개 있다.

```
class Counter:
    def __init__(self):
        self.value = 0

    def add(self, offset):
        value += offset

    def get(self) -> int:
        self.value
```

첫 번째 버그는 add 메서드를 호출할 때 발생한다.

```
counter = Counter()
counter.add(5)

>>>
Traceback ...
UnboundLocalError: local variable 'value' referenced before
➡assignment
```

두 번째 버그는 get 메서드를 호출할 때 발생한다.

```
counter = Counter()
found = counter.get()
assert found == 0, found

>>>
Traceback ...
AssertionError: None
```

mypy를 사용하면 두 문제를 모두 쉽게 찾을 수 있다.

```
class Counter:
    def __init__(self) -> None:
        self.value: int = 0   # 필드/변수 애너테이션

    def add(self, offset: int) -> None:
        value += offset        # 아이고! 'self.'를 안 씀

    def get(self) -> int:
        self.value             # 아이고! 'return'을 안 씀

counter = Counter()
counter.add(5)
counter.add(3)
assert counter.get() == 8
```

```
$ python3 -m mypy --strict example.py
.../example.py:6: error: Name 'value' is not defined
.../example.py:8: error: Missing return statement
```

동적으로 작동하는 파이썬의 강점은 덕 타입(duck type)(Better way 15: '딕 셔너리 삽입 순서에 의존할 때는 조심하라', Better way 43: '커스텀 컨테이너 타입은 collections.abc를 상속하라' 참고)에 대해 작동하는 제너릭 기능을 작성하기 쉽다는 것이다. 덕 타입에 대한 제너릭 기능을 사용하면, 한 구현으로 다양한 타입을 처리할 수 있으므로 반복적인 수고를 줄일 수 있고 테스트도 단순해진다. 다음 코드는 리스트의 값을 모두 조합하는 덕 타입을 지원하는 제너릭 함수를 정의한다. 마지막 단언문이 실패한 이유를 알 수 있는가?

```
def combine(func, values):
    assert len(values) > 0

    result = values[0]
    for next_value in values[1:]:
```

```
        result = func(result, next_value)

    return result

def add(x, y):
    return x + y

inputs = [1, 2, 3, 4j]
result = combine(add, inputs)
assert result == 10, result  # 실패함
```

```
>>>
Traceback ...
AssertionError: (6+4j)
```

typing 모듈의 제너릭 지원을 사용하면 이 함수에 애너테이션을 붙일 수 있고, 이 코드의 문제를 정적으로 발견할 수 있다.

```
from typing import Callable, List, TypeVar

Value = TypeVar('Value')
Func = Callable[[Value, Value], Value]

def combine(func: Func[Value], values: List[Value]) -> Value:
    assert len(values) > 0

    result = values[0]
    for next_value in values[1:]:
        result = func(result, next_value)

    return result

Real = TypeVar('Real', int, float)

def add(x: Real, y: Real) -> Real:
    return x + y
```

```
inputs = [1, 2, 3, 4j]  # 아이고!: 복소수를 넣었다
result = combine(add, inputs)
assert result == 10

$ python3 -m mypy --strict example.py
.../example.py:21: error: Argument 1 to "combine" has
➡incompatible type "Callable[[Real, Real], Real]"; expected
➡"Callable[[complex, complex], complex]"
```

또 다른 아주 흔한 오류로는 올바른 객체가 있다고 생각했는데 None 값을 만나는 경우를 들 수 있다(Better way 20: 'None을 반환하기보다는 예외를 발생시켜라' 참고). 이 문제는 겉보기에 간단해 보이는 코드에도 영향을 미칠 수 있다. 다음 코드에서 이런 문제를 발견했는가?

```
def get_or_default(value, default):
    if value is not None:
        return value
    return value

found = get_or_default(3, 5)
assert found == 3

found = get_or_default(None, 5)
assert found == 5, found  # 실패함

>>>
Traceback ...
AssertionError: None
```

typing 모듈은 **선택적인 타입**을 지원한다.* 선택적인 타입은 프로그램이 널 검사를 제대로 수행한 경우에만 값을 다룰 수 있게 강제한다. 이를 활용하

---

* 역주 여기서 말하는 '선택적인 타입(optional type)' 개념은 코틀린이나 스위프트의 '널이 될 수 있는 타입 (nullable type)'과 같은 개념이다. 반대로 함수형 프로그래밍 언어나 코틀린, 자바 등에서 사용하는(그리고 흔히 '옵션 타입'이라고 부르는) Option이나 Optional 타입과는 다르다.

면 mypy가 코드 안에 버그가 있는지 추론할 수 있다. 다음 코드에서 두 번째 return 문에 사용한 값은 반드시 None이어야 하고, 이 값은 함수 시그니처가 요구하는 int 타입과 맞아떨어지지 않는다.

```
from typing import Optional

def get_or_default(value: Optional[int],
                   default: int) -> int:
    if value is not None:
        return value
    return value  # 아이고!: 'default'를 반환해야 하는데 'value'를 반환했다
```

```
$ python3 -m mypy --strict example.py
.../example.py:7: error: Incompatible return value type (got
➥"None", expected "int")
```

typing 모듈은 이외에도 매우 다양한 기능을 제공한다. https://docs.python.org/3.8/library/typing에서 자세한 내용을 살펴보라. 한편 예외는 포함되지 않았다는 사실에 유의하라. 검증 예외(checked exception)라는 종류의 예외가 있으므로 API 경계에서 모든 메서드가 자신이 발생시킬 예외를 선언하고 사용하는 쪽에서 예외를 처리하는지 검증해야 하는 자바와 달리, 파이썬의 타입 애너테이션은 C#과 비슷하다. 즉, 파이썬 typing 모듈은 예외를 인터페이스 정의의 일부분으로 간주하지 않는다. 따라서 예외를 제대로 발생시키고 잡아내는지 검증하고 싶다면 테스트를 작성해 사용해야 한다.

typing 모듈을 사용하다가 흔히 빠지게 되는 함정으로, 여러분이 전방 참조[*] (Better way 88: '순환 의존성을 깨는 방법을 알아두라'에서 비슷한 문제를

---

[*] 역주 이름을 선언하고 이름의 모든 특성을 지정하기 전에 해당 이름을 사용하는 경우를 전방 참조(forward reference)라고 부른다(선언(declaration)보다 앞에 참조(reference)가 있기 때문이다). 파이썬에서 전방 참조에 해당하는 상황으로는 일반적인 변수의 경우 변수 이름에 값을 대입하기 전에 변수 값을 읽어서 사용할 때, 클래스나 함수의 경우 클래스나 함수 정의가 있는 코드가 실행되기 전에 함수를 호출하거나 클래스를 사용(인자로 받거나 객체를 만들거나 반환 값으로 돌려주는 등)하는 코드가 실행될 때가 있다.

볼 수 있다)를 처리할 때 생기는 문제를 들 수 있다. 예를 들어 두 클래스가 있는데, 한 클래스가 다른 클래스의 참조를 저장하는 경우를 보자.

```
class FirstClass:
    def __init__(self, value):
        self.value = value

class SecondClass:
    def __init__(self, value):
        self.value = value

second = SecondClass(5)
first = FirstClass(second)
```

이 프로그램에 타입 힌트를 추가하고 mypy를 실행해도 mypy는 아무 문제가 없다고 보고한다.

```
class FirstClass:
    def __init__(self, value: SecondClass) -> None:
        self.value = value

class SecondClass:
    def __init__(self, value: int) -> None:
        self.value = value

second = SecondClass(5)
first = FirstClass(second)
```

```
$ python3 -m mypy --strict example.py
```

하지만 실제로 이 코드를 실행하면, SecondClass가 실제로 정의되기 전에 FirstClass.__init__ 메서드의 파라미터에서 SecondClass를 사용하기 때문에 실패한다.

```
class FirstClass:
    def __init__(self, value: SecondClass) -> None:  # 깨짐
        self.value = value

class SecondClass:
    def __init__(self, value: int) -> None:
        self.value = value

second = SecondClass(5)
first = FirstClass(second)
```

```
>>>
Traceback ...
NameError: name 'SecondClass' is not defined
```

이런 상황을 우회하기 위해 정적 분석 도구가 지원하는 방법 중 하나는 전방 참조가 포함된 타입 애너테이션을 표현할 때 문자열을 쓰는 것이다. 분석 도구는 이 문자열을 구문 분석해서 체크할 타입 정보를 추출한다.

```
class FirstClass:
    def __init__(self, value: 'SecondClass') -> None:  # OK
        self.value = value

class SecondClass:
    def __init__(self, value: int) -> None:
        self.value = value

second = SecondClass(5)
first = FirstClass(second)
```

더 나은 접근 방법은 from __future__ import annotations를 사용하는 것이다. 이 방법은 파이썬 3.7부터 사용할 수 있고, 파이썬 4에서는 디폴트 동작이 될 것이다. 이 임포트는 파이썬 인터프리터가 프로그램을 실행할 때 타입 애너테이션에 지정된 값을 완전히 무시하라고 지시한다. 이렇게 하면 전방

참조 문제도 해결할 뿐 아니라 프로그램을 시작할 때 성능도 향상시킬 수 있다.

```
from __future__ import annotations

class FirstClass:
    def __init__(self, value: SecondClass) -> None:  # OK
        self.value = value

class SecondClass:
    def __init__(self, value: int) -> None:
        self.value = value

second = SecondClass(5)
first = FirstClass(second)
```

타입 힌트를 사용하는 방법과 타입 힌트의 잠재적인 이점을 살펴봤다. 타입 힌트를 사용할 때는 심사숙고해야 한다. 다음은 염두에 둘 만한 모범적인 사용법이다.

- 새로운 코드를 작성하면서 처음부터 타입 애너테이션을 사용하려고 하면 개발 과정이 느려진다. 일반적인 전략은 아무 타입 애너테이션도 사용하지 않으면서 최초 버전을 작성하고, 이어서 테스트를 작성한 다음, 타입 정보가 가장 유용하게 쓰일 수 있는 곳에 타입 정보를 추가하는 것이다.
- 타입 힌트는 여러분의 코드에 의존하는 많은 호출자(따라서 다른 사람들)에게 기능을 제공하는 API와 같이 코드베이스의 경계에서 가장 중요하다. 타입 힌트는 API를 변경해도 API를 호출하는 사람들이 예기치 못한 오류를 보거나 코드가 깨지는 일이 없도록 하기 위해 통합 테스트(Better way 77: 'setUp, tearDown, setUpModule, tearDownModule을 사용해 각각의 테스트를 격리하라' 참고)나 경고(Better way 89: '리팩터링과 마이그레이션 방법을 알려주기 위해 warning을 사용하라' 참고)를 보완한다.

- API의 일부분이 아니지만 코드베이스에서 가장 복잡하고 오류가 발생하기 쉬운 부분에 타입 힌트를 적용해도 유용할 수 있다. 하지만 타입 힌트를 코드의 모든 부분에 100% 적용하는 것은 바람직하지 않다. 타입을 추가하다 보면, 타입을 추가해서 얻을 수 있는 이익(한계 이익)이 점점 줄어들기 마련이다(한계수확 체감 법칙(low of diminishing returns)).
- 가능하면 여러분의 자동 빌드와 테스트 시스템의 일부분으로 정적 분석을 포함시켜서 코드베이스에 커밋할 때마다 오류가 없는지 검사해야 한다. 추가로 타입 검사에 사용할 설정을 저장소에 유지해서 여러분이 협업하는 모든 사람이 똑같은 규칙을 사용하게 해야 한다.
- 코드에 타입 정보를 추가해나갈 때는 타입을 추가하면서 타입 검사기를 실행하는 일이 중요하다. 타입을 추가하면서 타입 검사기를 실행하지 않으면, 타입 힌트를 여기저기 흩뿌려 놓으면서 타입 검사 도구가 엄청나게 많은 오류를 표시하는 것을 보게 된다. 이런 일이 발생하면, 낙담해서 결국 타입 힌트를 아예 사용하지 않게 될 수도 있다.

마지막으로 타입 애너테이션이 필요하거나 타입 애너테이션을 사용하고 싶은 경우가 그리 많지 않을 것이라는 사실을 알아두자. 작은 프로그램이나 아무렇게나 짠 코드, 레거시 코드베이스, 프로토타입 등에서는 타입 힌트가 제공하는 가치보다 타입 힌트를 추가하는 데 드는 노력이 더 큰 경우가 많을 것이다.

기억해야 할 내용
- 파이썬은 변수, 필드, 함수, 메서드에 타입 정보를 추가할 수 있게 특별한 구문과 typing 내장 모듈을 제공한다.
- 정적인 타입 검사기를 사용하면 타입 정보를 활용해 런타임에 발생할 수 있는 다양한 일반적인 오류를 방지할 수 있다.
- 타입을 프로그램에 도입하고, API에 타입을 적용하고, 타입 정보를 추가해도 생산성이 떨어지지 않도록 해주는 다양한 모범 사례가 있다.

숫자